◎新・建築学◎
TKA-2

建築構造解析

塩原　等

数理工学社

編者のことば

現代都市の生活は，建築物がもたらすさまざまな利便性や安全性により，未だかつてなく快適なものとなっている．寒暑や恐怖から家族を守るシェルターとしてスタートした建築は，時代の変遷とともにその姿を進化させ，東京のような巨大都市における無数の構成要素へと変貌してきた．それは，現代の日本人，特に若い人々にとっては生まれながらに眼にする原風景であり，それを建築の姿として当然のことと考えるのは仕方がないことかもしれない．しかし，ひとたび地震などの自然災害が都市を襲い，電気や水道が止まり，壊れて使用できなくなる建築物がでてくれば，建築という社会インフラによってつくられる日本人の生活環境は，歴史に根付き，さまざまな思慮と工夫によって計画され，エネルギーと資源の消費の上に成り立っているものであるという事実に改めて気がつかされよう．

正直にいって，建築を学び始めるほとんどの学生は，建築学が扱っている領域がそれほどの広がりを持つものであることを理解して志望して来るのではないと思われる．しかし，大学で建築を学ぶ学生はそのような建築のつくりだす日本社会の利便性や安全性をこれからも維持することを担う人材として社会から嘱望されているのである．社会における役割があるということは，それ自体大変すばらしいことである．現在の建築学で取り扱う領域はたいへん広く，建築物をつくるために必要な知識は，物理学，化学等の自然科学だけでなく，人文科学，歴史学等も含めた多くの分野の知識に根ざしている．また，それらの相対的な重要性は時代とともに変化しており，その変化を知ること自体大変興味深い．

これまでの歴史を振り返れば，20 世紀においては，新しい材料の開発や構造解析法の発達，化石エネルギーの活用の容易化によって，さまざまな建築の設計技術が変容し，次々と新しい形態の建築が可能になった．21 世紀においては，地球規模での環境問題の解決がより重要となり，人類の行く末に対する関心が高まっている．新築時には莫大な資源を使う建築を維持・補修して少しでも寿命を延ばすためにはどうすればよいか，都市・建築の理想像はどう変わって行くのかなど，建築学の扱うべき課題はこれからも尽きそうにない．

本ライブラリは，主に東京大学の建築学科の教員が学部で行っている講義をもとにそれぞれの巻を分担して執筆している．このような広い領域にまたがる建築学に関する幅広い知識を効率よく身につけるためには，内容を厳選し，分量を決定し，適切に構成した，良い教科書があることが不可欠である．そういった観点から，それぞれの巻は，原則として 1 名が執筆することとしている．このライブラリは，残念ながら現在の課題に対する答えを示すものではないが，このライブラリで建築を学び，建築に関する課題に積極果敢に取り組もうと志す若者が増えることを心より期待するものである．

2009 年 5 月

編者　塩原　等・西出　和彦・平手小太郎・野口　貴文

「新・建築学」書目一覧

書目群 I	書目群 II
1　建築計画の基礎	A–1　建築史
2　建築構造解析	A–2　建築計画
3　建築弾塑性学	A–3　都市建築史
4　建築信頼性工学	A–4　都市計画
5　建築材料学	A–5　鉄筋コンクリート構造
6　建築熱環境	A–6　鉄骨構造
7　建築空気環境	A–7　木構造
8　建築音環境	A–8　基礎構造
9　建築光環境・視環境	A–9　建築耐震工学
	A–10　建築大空間構造
	A–11　建築防火計画
	A–12　建築構法計画
	A–13　建築経済
	A–14　建築維持保全
	A–15　空気調和設備
	A–16　給排水衛生設備
	A–17　都市環境・都市設備・都市災害

（A: Advanced）

はじめに

本書は，東京大学工学部建築学科の学部 2 年生と学部 3 年生のために開講される建築構造解析の講義内容をもとに教科書として作成された．材料力学と構造解析を合わせて構造力学として授業が行われる大学も多いと聞く．本書では，構造解析を中心とし，その理解に必要な最小限の材料力学の内容は，付録に述べることとした．

現在，実務においては，コンピュータにより構造計算が行われることが普通になっている．構造設計者は，その結果に基づいて構造物の詳細まで決定するが，その安全性に関して大きな責任を有している．特にヒューマンエラーによる誤りには注意する必要がある．使用するプログラムの妥当性の確認にも責任がある．不注意によるコンピュータへのデータの入力における誤りや，プログラムの理解が不十分で適切な指定が行われず，誤った計算結果が出力されることがある．計算結果の妥当性を確認するためには，手計算の経験に裏打ちされた，結果における力の釣合いの確認が大きな武器となる．

本書の目的は，理論の理解のみならず，理論を実際の問題に適用し，その大まかな傾向は，数値計算をするまでもなくわかるようになってもらうためである．そのためにできる限り具体的な数値の計算例を示した．また，各章の章末には演習問題を示した．是非，自ら問題を解いてみることをお勧めしたい．各章の章末にある演習問題の解答例は，本書には含まれていない．出版社のウェブサイトからダウンロードできる．マトリクス構造解析についての演習問題の解答例は，MATLAB のライブスクリプトの形式で示すこととした．

本書の完成までに，思いの他多くの年月を要した．根気強くお付き合いいただいた数理工学社の田島伸彦氏，西川遣治氏には感謝するばかりである．研究室の田尻清太郎准教授と大西直毅助教には，本書の脱稿前の短い時間に，内容や例題の答えの最終確認をお願いし快く引き受けていただいた．誤りのないように推敲と校正をすすめたが，生来の粗忽ものゆえ思わぬ計算ミスが全くないと思えずご容赦を願うところである．

2023 年 12 月

塩原　等

サイエンス社・数理工学社のサポートページ

https://www.saiensu.co.jp

目　　次

・本書に掲載されている会社名，製品名は一般に各メーカーの登録商標または商標です．
・なお，本書では ™，® は明記しておりません．

1 構造物と力の釣合い

地球に現れた最初の**構造物**は生物である．樹，木の葉，昆虫，細胞など，生物は様々な物質が一定の秩序で構成されてできており，種の持続という目的のための形態と機能を備える．人類が造り出す構造物は，ある秩序を持った形態で構成され，主に人間社会に必要な機能を果たすことを目的に作られる．中には美の追求のために作られる象徴的・モニュメンタルなものもある．

これまでに人類は，様々な構造物を構築してきた．中には，建物・橋・ダム・港湾施設・容器構造などの大規模なものもある．構造物に目的にかなう機能を持たせ，かつ，安全であるように構築するための知識の体系のことを**構造工学**という．

1.1 構造解析

様々な力の作用する構造物やその構成要素である**部材**に生じる変形量・損傷量・転倒・倒壊などの状態を推定する方法のことを**構造解析**という．そのため，構造解析は構造物を安全なものとするために特に有用である．建設工事に着手する前に，あらかじめ構造物の材料・形状・寸法などを決めておく作業を**構造設計**という．構造設計では，次の理論や情報が合わせて用いられる．

a	力学理論	例：数学，物理学，材料力学，構造解析
b	材料試験	例：鉄，木材，コンクリートなどの建設材料の力学特性
c	経験則	例：設計基準（荷重・材料特性のばらつきなど）
d	工学的判断	例：設計基準（モデル化の方法や妥当性の判定基準）

古典的な構造解析理論は，ルネッサンスから産業革命にかけてその基礎が確立した代数学と微積分を使う構造解析の方法である．しかし，実務に適用するには膨大な計算が必要で実用的ではない．そこで図解法などの方法が発達した．20 世紀に入ると計算量を減らすことのできる実用的な解析法が提案され普及した．しかしこれらの方法は汎用性に欠けていた．**現代的な構造解析理論**は，コンピュータを使用して膨大な計算を行うことを前提とした方法で，20 世紀後半以降に飛躍的発展を遂げた構造解析の方法である．今では構造設計の実務で日常的に使われており，**マトリクス構造解析**とも呼ばれている．マトリクスの記法の導入により，古典的な構造解析理論の計算手順をコンピュータのプログラムに書き換えて，短時間に計算を行うことができるので，複雑な構造物の構造解析も実用的に行える．

本書では，前半の1〜10章で古典的な構造解析理論を学び，具体的な例題で理解を深め，後半の11〜14章で現代的な構造解析理論を学び，マトリクス構造解析の入門とすることを意図している．

1.2　構造物の形態

人類が実現してきた様々な構造物は，形態により次のように分類される．

(1)　引張・圧縮構造

引張・圧縮構造には，i) **張力構造**（**ケーブル構造**．例えば吊り橋で主として鉄で構成される），ii) **圧縮構造**（**アーチ構造**．例えばアーチ橋で主として石，レンガや鉄で構成される），iii) **圧縮・引張構造**（**トラス構造**．例えばトラス橋で，材料は主として鉄や木材）がある．これらの形態の構造の特徴は，材料の強度が効率的に適用できること，力の流れが構造物の形態として表現されるということである．しかしこれは構造物の形状が力学的な制約から限定され，自由な造形は難しいということでもある．古代ローマ時代には石を使った巨大なアーチ構造が作られた．アーチ構造は材料が圧縮力を負担する構造である．産業革命で鉄が生産されるようになると，材料の使用量を減らした軽量の構造が可能となり，世界で最初の鉄橋は，鋳鉄のアーチ構造であった．鋳鉄では大きな一体の部材ができないため，大スパンにすることは難しかった．時代が下って鋼が発明されると，鋼に引張力を負担させるトラス構造が発達し，大スパンの橋が生まれ，吊り橋などのケーブル構造も生まれた．最初の吊り橋ではチェーンが使われたが，柔軟な鋼より線の実用化によりスパンが飛躍的に増大した．

(2)　梁・柱と骨組構造

梁と呼ばれる水平の横架材は曲げに抵抗し，**柱**と呼ばれる鉛直部材は梁の両端を支

図1.1　骨組構造

持して鉛直力を地面に伝える．梁と柱を組み合わせて結合したものが**骨組**である（図1.1）．骨組による構造は最も古く歴史が長い．**骨組構造**は，空間を積み重ねて多層化するのに適しているが，一つの部材の中に引張りと圧縮を受ける部分が混在するので，材料強度が効率的に利用しにくい．また一体の長い部材が必要だが，重量が大きくなり運搬が難しくなる．これを補う技術として，現場で鉄筋と安価なコンクリートとを一体化させ大きな部材とすることができる鉄筋コンクリートが発明され，また鋼材の製造技術や大型部材の運搬方法が発達すると，それぞれ実用的な構造となっていった．

(3)　面材・膜材による構造

面材や膜材による構造には，床に使われる**スラブ**や，平面の辺を別の平面の辺と共有する形態の**折板構造**，曲線を直線移動させてできる面の**ボールト構造**，回転曲面の**ドーム構造**，三次元曲面の**シェル構造**などの連続体構造がある．その他，軽量で柔軟性が高く引張力を受ける膜材料で空間を覆う**空気膜構造**，**ケーブル膜構造**などがある．

本書では，主にトラス構造と，骨組構造の構造解析について取り扱う．

1.3　構造物のモデル化

現実の建築構造物は，一棟一棟すべてが異なっている．構造設計者が，顧客や社会に対して，それぞれの設計が社会的に妥当なものであることに関して，説明責任を果たし，第三者も確認できるように透明性を確保するための手段として，構造解析を用いる方法が広く社会に認められており，実務の標準となっている．

(1)　構造物の構成要素

構造物を構成する要素が**部材**である．構造物に含まれている部材の種類やそれらの結合の仕方は様々である．部材自体の挙動や部材の結合部分の挙動も様々であり，構造物を地盤に固定する方法や地盤の特性も立地条件により違いがある．これらのすべてを忠実に反映させる構造解析は，複雑すぎて困難であるため，本質を損なわない範囲で**単純化**された実物の**モデル**に対して構造解析が行われる．

実際の構造物をさらに詳細に見ると，それぞれの部分の作り方にも様々な方法がある．これを**構造詳細**という．例えば，鉄骨構造では，部材を構成する形鋼やボルト，鋼材の配置やボルト穴の位置と寸法，溶接方法は構造詳細である．鉄筋コンクリート部材の形状や寸法もまた自由で様々である他，内部の鉄筋のサイズや本数，位置や折り曲げ方などもやはり構造詳細にあたる．

(2)　構造物の単純化

構造詳細をあるがままに取り扱う構造解析はあまりに複雑すぎる．そこで例えば，図1.2のように柱や梁のような長さに比べて太さの小さい部材を，太さのない1本の線部材として考える．部材の端部の接合は，ピンで結合されている（自由に回転する），

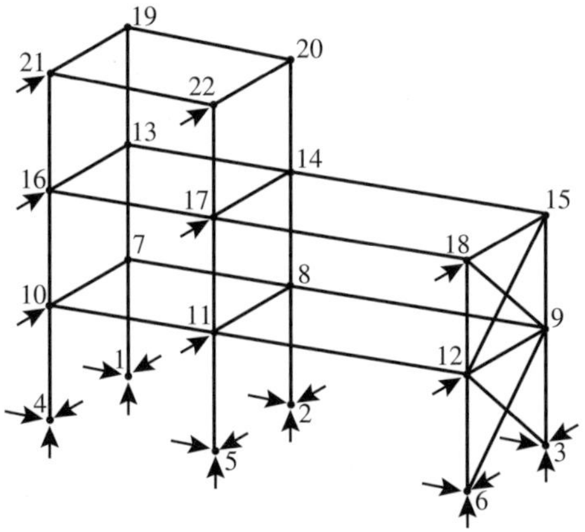

図 1.2　三次元構造物のモデル化

剛接合である（完全に一体的である），あるいは，回転バネがついているなどの仮定をおく．このような単純化のことを**モデル化**という．モデル化により構造解析に数学的理論の適用が可能になる．しかし単純化されたモデルは，現象を近似的に再現しているに過ぎない．そこで設計においては，反対にそれぞれの部材や接合部分の挙動が，構造解析で用いるモデルと同等となるように，構造詳細の設計が行われる必要がある．構造設計者は，構造解析におけるモデル化の妥当性と，構造解析の結果に基づくすべての部分の設計の妥当性について顧客や社会に責任を負っている．

(3)　構造物に作用する力の単純化

構造設計においては，構造物に作用する力や強制変位は，**荷重**または**作用**と呼ばれ考慮される．例えば，重力や地震時に作用する慣性力などの構造物に作用する力は，床→小梁→梁→柱→基礎→地球 のように順次伝えられる．この伝達経路の途中においてそれぞれの部材に作用する力に着目する．このような作用する力の単純化により，構造解析の対象とする部分を，図 1.3 のような三次元の構造物全体ではなく，平面構造物，床のような部分構造物，個々の部材の問題に還元することが行われる．

(4)　モデル化における構造設計者の役割

現代的な構造解析理論が確立され実用化する 1970 年代まで，図 1.2 のような三次元モデルに単純化された構造物ですら，構造解析の対象とすることは不可能であった．現在のコンピュータでも，構造詳細まで含めて構造物をあるがままに構造解析の対象とすることは現実的でない．単純化は，これまでもまたこれからも構造設計者に求められている．単純化の方法として何が正しいかは，ケースバイケースで自明なことではない．構造設計基準や標準には，過去の経験や研究に基づいて，適切なモデル化の方法が示されている．また，これらの基準や標準の内容は，研究成果の蓄積や新しい

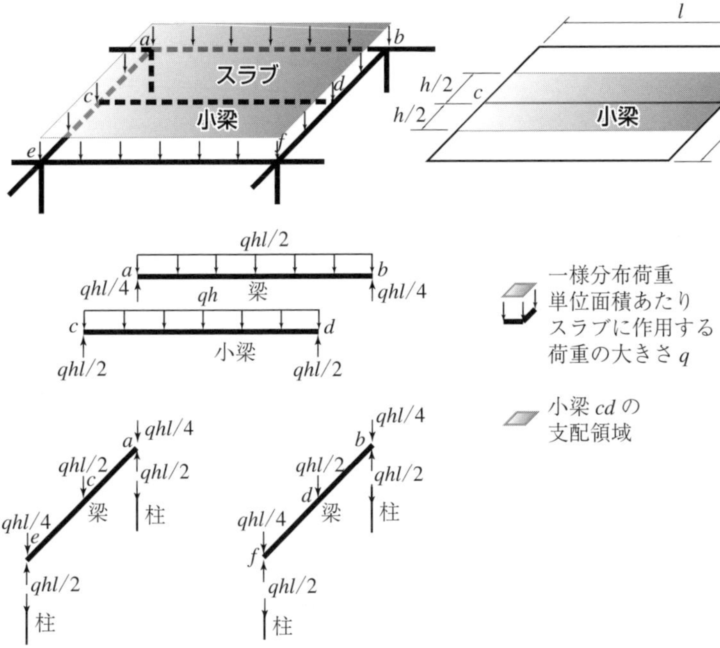

図 1.3　床スラブ構造における荷重の伝達経路のモデル化

発見により，逐次アップデートされている．構造設計者は，それらの活用や，必要に応じて行われる構造部材の載荷実験を通じて，モデル化の方法の妥当性に関して常にその説明責任を果たすことが求められている．

1.4　荷　　重

(1)　荷重

構造設計で考慮すべき力は**荷重**と呼ばれる．荷重の種類や大きさは，社会のコンセンサスにより定められた構造設計基準や標準に定められたものが使われる．**固定荷重**は，構造物自体と構造物に固定されるものに作用する鉛直力であり，**積載荷重**は，人・什器・家具などの構造物に載せられ固定されないものに作用する鉛直力である．**地震荷重**は地震時に慣性力として構造物自体と構造物に固定されるものの質量に作用する力から定められる荷重である．

(2)　力の単位

日本の構造設計の実務では，力の大きさを表すのに SI 単位系が用いられる．力の単位は，N（ニュートン）である．1 N は，1 kg（キログラム）の質量に 1 m/s^2 の加速度を生じさせる力のことである．モーメントは力と腕の長さの積で表される物理量であり，単位には，Nm（ニュートンメートル）などの力の単位と長さの単位を組み合わせた単位が用いられる．

(3) 静力学と動力学

力には，静的な力と動的な力がある．**静力学**は，時間により位置や変形が変化しない物体と時間により変化しない力を取り扱う．**動力学**は，時間により変化する力と時間により位置や変形が変化する問題を取り扱い，力と変形に加えて運動を対象としている．本書では静力学のみを取り扱う．

1.5 力の釣合いとフリーボディ

(1) 力の表現

力は，向きと大きさを持つので，ベクトルで表すことが便利である．この場合の力は，設定した座標系における力の成分の大きさを表す数値の組により表される．例えば，平面上の i 番目の力 P_i は，次のように2つの成分の組で表される．

$$P_{ix} = P_i \cos\alpha, \quad P_{iy} = P_i \sin\alpha, \quad P_i = \sqrt{P_{ix}^2 + P_{iy}^2}, \quad \alpha = \tan^{-1}\frac{P_{iy}}{P_{ix}}$$

ここに，P_{ix}：力の x 方向の成分の大きさ，P_{iy}：力の y 方向の成分の大きさ，P_i：力の大きさの絶対値，α：力の向き（x 軸から反時計回りに測った角度），i：力の作用する位置で，座標で表す場合は (x_i, y_i) とする．

三次元の力の場合には，同様に3つの成分の組で表される．

$$P_{ix} = P_i \cos\alpha, \quad P_{iy} = P_i \cos\beta, \quad P_{iz} = P_i \cos\gamma, \quad P_i = \sqrt{P_{ix}^2 + P_{iy}^2 + P_{iz}^2}$$

ここに，P_{ix}：力の x 方向の成分の大きさ，P_{iy}：力の y 方向の成分の大きさ，P_{iz}：力の z 方向の成分の大きさ，α, β, γ：力の向きをそれぞれ x 軸，y 軸，z 軸から測った角度．

(2) フリーボディ

フリーボディとは，構造物全体もしくは仮想の切断面で分割された構造物の一部分のことである．**フリーボディ図**は，フリーボディに作用するすべての力（仮想の切断面に働く内部の力を含む）をすべてもれなく示したものである．図1.4はフリーボディ図の例である．(a) は構造物全体のフリーボディ図を (b) は仮想の切断面で分割してできた2つのフリーボディ図を表している．構造物の未知の支持反力の大きさを求めたり，内部に作用する応力を推定する時にフリーボディとフリーボディ図が用いられる．

(3) 外力と反力

フリーボディに働く力は，図1.5のように外部から作用する**外力**と構造物が支持される点に生じる**反力**に分けられる．それらの力は，大きさ，向き，作用位置で表され

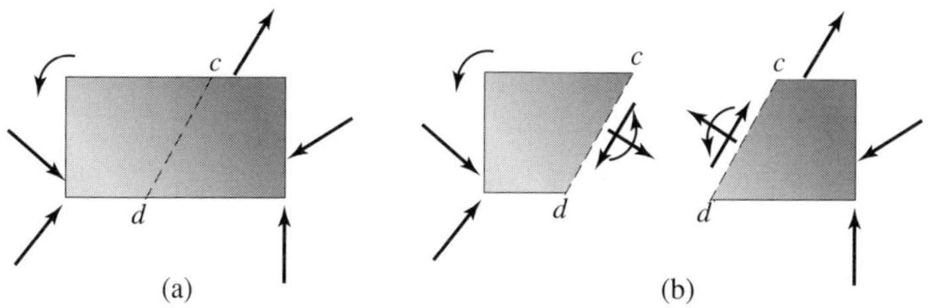

図 1.4　フリーボディとフリーボディに作用する力

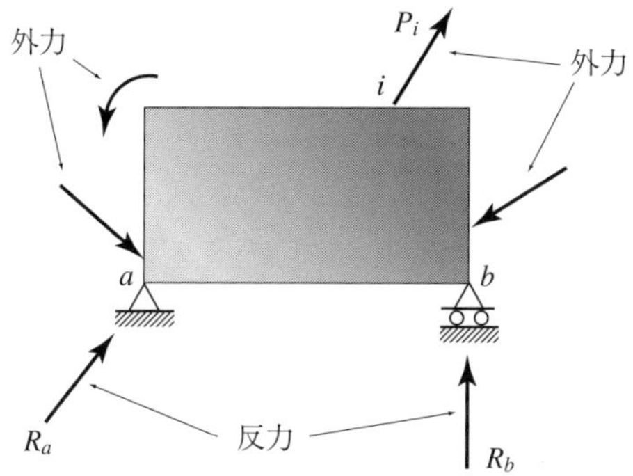

図 1.5　外力と反力

る．これらは**力の三要素**と呼ばれている．

以下，本書では原則として外力を P，反力を R の記号で表す．外力 P が作用する位置を表す記号 i は，P_i のように添字で表す．外力や反力が偶力の場合には通常の力と区別して M の記号で表すことがある．外力の作用位置を図に表す場合には，外力の作用線が作用位置を通っていればよく，必ずしも矢印の始点や終点で表す必要はない．

(4)　力の釣合い条件

力を受けたフリーボディが静止している時，**力の釣合い状態**にあるという．力の釣合い状態にある時に，それらの力の向きや大きさが満たす条件を表す数式を**釣合い条件式**という．構造物またはフリーボディに n 個の外力が作用して，構造物が静止している時，これらの n 個の力の間には，必ず釣合い条件式が成立している．これらの式は，静止している構造物なら，構造物全体であろうとそこから一部分を取り出したものであろうと，必ず成立している．ただし，これらの釣合い式の中で，式を別の式から導くことができないものを，独立した釣合い条件式であるという．平面構造物の場合の互いに独立な釣合い条件式の数は 3 つ，三次元構造物の場合の互いに独立な釣合い条件式の数は 6 つである．

1.6　構造物の力の釣合い

(1)　平面構造物の力の釣合い条件 1

図 1.6 のフリーボディに n 個の力が作用し，その作用位置を i，x 方向の成分を P_{ix}，y 方向の成分を P_{iy} とする．x-y 平面上にある平面構造物の釣合い条件は，次の独立な 3 つの式で表される．式 (1.1a)–(1.1c) は，互いに独立した釣合い条件式の組合せの一つである．

$$\sum P_{ix} = 0 \tag{1.1a}$$

$$\sum P_{iy} = 0 \tag{1.1b}$$

$$\sum M_{iz} = 0 \tag{1.1c}$$

ここに，$\sum P_{ix}$：力の x 方向成分の総和，$\sum P_{iy}$：力の y 方向成分の総和，$\sum M_{iz}$：力の z 軸周りのモーメントの総和で，任意の点周りのモーメントを考えて適用してよい．原点 $O(0,0)$ 周りのモーメントを考える場合には，式 (1.1c) は，式 (1.1d) のように書ける．

$$\sum M_{iz}|_O = \sum \left(x_i P_{iy} - y_i P_{ix}\right) = 0 \tag{1.1d}$$

ここに，x_i, y_i：i 番目の力の作用位置の x 座標と y 座標．

互いに平行で大きさ P が等しく距離 D 隔てて反対向きに作用する一対の力のことを**偶力**という．偶力によるモーメントは，どの点周りで考えても必ず $P \times D$ となる．よって，式 (1.1c) のようなモーメントの釣合い式においては，偶力は $P \times D$ を式に直接加え合わせることができる．

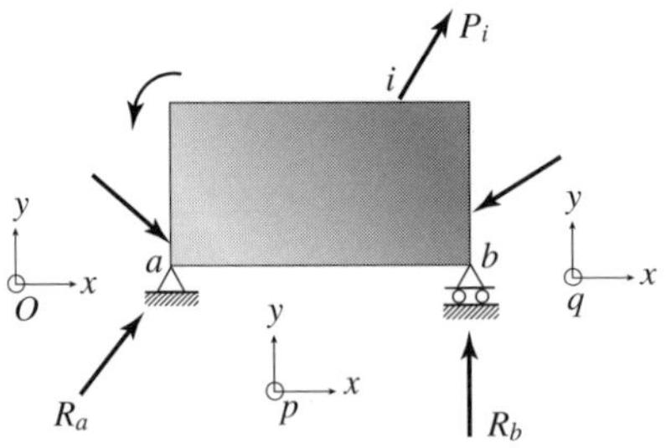

z 軸は紙面に垂直とする

図 1.6　力の釣合い

(2)　平面構造物の力の釣合い条件 2

モーメントに関する釣合い式を 2 つ含んでいる式 (1.2a)–(1.2c) も，互いに独立な 3 つの釣合い条件式の組合せの一つである．

$$\sum P_{ix} = 0 \tag{1.2a}$$

$$\sum M_{iz}|_O = 0 \tag{1.2b}$$

$$\sum M_{iz}|_p = 0 \tag{1.2c}$$

ここに，$\sum M_{iz}|_O$：点 O を通る z 軸周りのモーメントの総和．$\sum M_{iz}|_p$：点 $p\,(x_p, y_p)$ を通る z 軸周りのモーメントの総和．$\sum M_{iz}|_p$ は，次の式で計算できる．

$$\sum M_{iz}|_p = \sum (x_i - x_p)P_{iy} - \sum (y_i - y_p)P_{ix} \tag{1.2d}$$

(3)　平面構造物の力の釣合い条件 3

さらに，別の点 $q\,(x_q, y_q)$ 周りのモーメントに関する 3 つの釣合い式からなる組合せの式 (1.3a)–(1.3c) も，互いに独立な 3 つの釣合い条件式の組合せの一つである．

$$\sum M_{iz}|_O = 0 \tag{1.3a}$$

$$\sum M_{iz}|_p = 0 \tag{1.3b}$$

$$\sum M_{iz}|_q = 0 \tag{1.3c}$$

ここに，$\sum M_{iz}|_q$：点 q を通る z 軸周りのモーメントの総和．

(1) から (3) までのどの場合においても，平面構造物における独立な釣合い条件式の数は，常に 3 である．これらの中から一組の 3 つの独立な釣合い条件式を選べば，3 つの未知の力の成分の値を定めることができる．これらのどの組合せを使ってもよいが，できるだけ計算の手間が少なくなるように選ぶのがコツである．

(4)　平面構造物の特別な場合の力の釣合い条件

図 1.7 の A と B の場合には，独立な釣合い条件が 2 つしか存在しない．それらの釣合い条件は，それぞれ以下の式 (1.4a), (1.4b) や式 (1.5a), (1.5b) で表される．

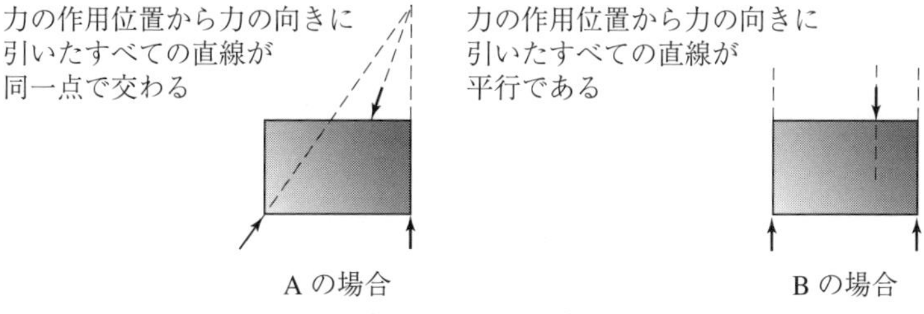

図 1.7　独立な釣合い条件が 2 つしか存在しない特別な場合

(A)　構造物に働くすべての力 P_i について，力の作用位置から力の方向に引いた直線が，すべて同一点で交わる場合である．この場合の互いに独立な釣合い条件式は，

$$\sum P_{ix} = 0 \tag{1.4a}$$

$$\sum P_{iy} = 0 \tag{1.4b}$$

この場合には，これらの直線が交わる点の周りのモーメントがゼロであり既に釣合い式の一つが満たされている．そのため，独立な釣合い条件が 2 つしか存在しない．

(B)　構造物に働くすべての力 P_i がすべて平行な直線上にある場合である．この場合の釣合い条件式は，

$$\sum P_i = 0 \tag{1.5a}$$

$$\sum M_{iz}|_O = 0 \tag{1.5b}$$

この場合，作用する力に直交する方向の力の成分はゼロであり既に釣合い式の一つが満たされている．そのため，独立な釣合い条件が 2 つしか存在しない．

(5)　立体構造物の力の釣合い条件

立体構造物における互いに独立な釣合い条件式は 6 つであり，その一つの例は，式 (1.6) で表される．

$$\begin{aligned} &\sum P_{ix} = 0, \quad \sum P_{iy} = 0, \quad \sum P_{iz} = 0, \\ &\sum M_{ix} = 0, \quad \sum M_{iy} = 0, \quad \sum M_{iz} = 0 \end{aligned} \tag{1.6}$$

これらの釣合い条件は，静止している構造物であれば，構造物全体であれ，構造物の一部分であれ，いずれの場合も必ず成立する．

1.7　力の釣合い条件式の応用

力の表し方，フリーボディダイヤグラム，力の釣合い条件式の理解を確認するために，力の釣合いを使って解ける最も簡単な構造解析の問題と解の例を示す．

例 1.1　梁の反力 1

図の外力が作用する梁の未知の反力を求める．フリーボディ図に梁に作用する外力と反力を表示する．力の成分は，力が作用する点の記号と向きを表す記号を添字として表して区別する．以下の式の中の，$\rightarrow^{+}$ や $\uparrow^{+}$ および $\circlearrowleft^{+}$ の記号は，力やモーメントの向きが正と考える方向を表している．

フリーボディ図　フリーボディ図は，図の右のようになる．梁の左側の支持点は a を中心に自由に回転はするが移動はできない．梁の右側の支持点 b は，回転が自由でしかも，水平方向には摩擦力が生じないようにローラーが挿入されている．

よって，点 a の反力 R_a は，x 方向の成分 R_{ax} と y 方向の成分 R_{ay} により表される．点 b は，水平方向の力が生じないので，R_{bx} は常にゼロとなり，R_{by} のみにより表される．

力の釣合い　梁が静止した状態にあることから，フリーボディに作用する外力と反力が釣合い条件を満足していなければならない．平面構造物の釣合い条件は，3 つの方程式で表されることを思い出して式 (1.1a)–(1.1c) を適用する．3 つの未知数 R_{ax}, R_{ay}, R_{by} を使って釣合い式を立てる．この梁構造の場合には，未知の反力の成分数 3 と釣合い条件式の数 3 とが等

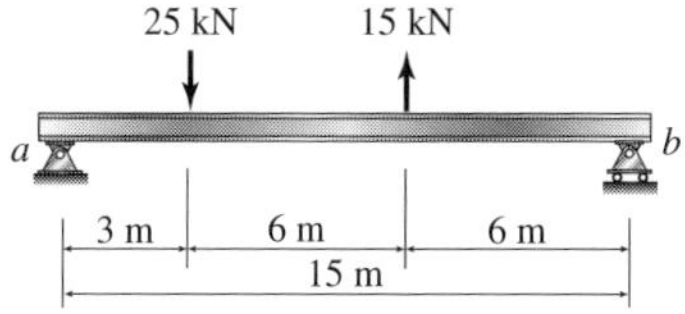

梁構造と外力

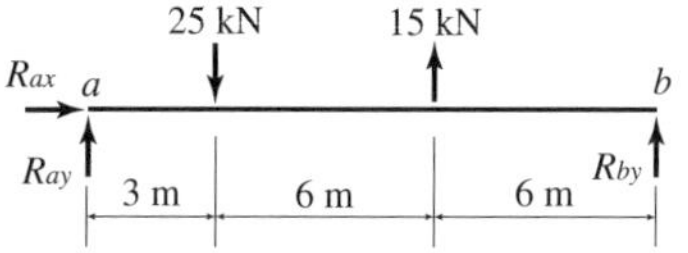

フリーボディ図

しい．このような場合には，すべての未知の反力の成分の値は一意に決定される．

まず，式 (1.1a) の x 方向の力の釣合い式を適用すれば，

$$\sum P_{ix} = 0 \rightarrow^{+};\quad R_{ax} = 0$$

式 (1.1c) のモーメントの釣合いは，次の式で表されるが，力の作用点の座標はすべて $y = 0$ なので，

$$\sum M_{iz} = \sum x_i P_{iy} - \sum y_i P_{ix} = \sum x_i P_{iy}$$

とできる．したがって，点 a 周りのモーメントの釣合い式を適用すれば，

$$\sum M_{iz}|_a = 0 \circlearrowleft^{+};\ -(25 \times 3) + (15 \times 9) + (R_{by} \times 15) = 0;\ R_{by} = -4\,\mathrm{kN}$$

さらに，式 (1.1b) の y 方向の力の釣合い式を適用すれば，

$$\sum P_{iy} = 0 \uparrow^{+};\ R_{ay} - 25 + 15 + R_{by} = 0;\ R_{ay} = 25 - 15 - (-4) = 14\,\mathrm{kN}$$

よってすべての未知の反力が求められ $R_{ax} = 0$, $R_{by} = -4\,\mathrm{kN}$, $R_{ay} = 14\,\mathrm{kN}$ である．

例 1.2　**梁の反力 2**

次の梁の反力を求める．梁には分布する荷重が下向きに作用している．分布する荷重の強さは単位長さあたりの力の大きさとして表される．

フリーボディ図　フリーボディ図は下の図に示されている．反力を求める場合には，台形に分布する荷重は，三角形と長方形に分け，それぞれの力が重心に作用するものとして考えることができる．

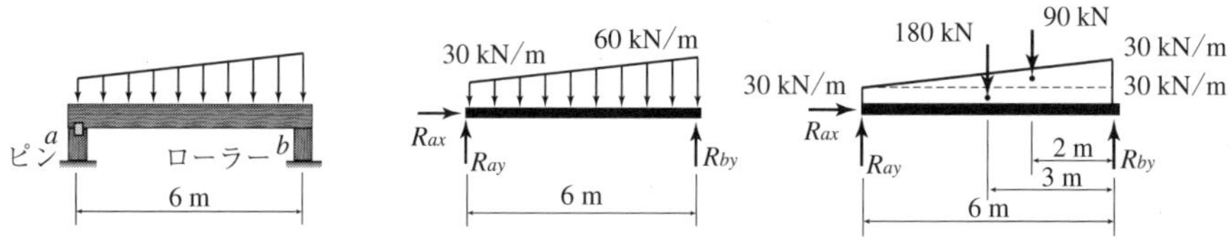

力の釣合い　フリーボディに作用する力の釣合い条件式は，

$$\sum P_{ix} = 0 \rightarrow^{+};\ R_{ax} = 0$$

$$\sum M_{iz}|_b = 0 \circlearrowleft^{+};\ (180 \times 3) + (90 \times 2) - (R_{ay} \times 6) = 0;\ R_{ay} = 120\,\mathrm{kN}$$

$$\sum P_{iy} = 0 \uparrow^{+};\ R_{ay} - 180 - 90 + R_{by} = 0;\ R_{by} = 180 + 90 - 120 = 150\,\mathrm{kN}$$

よって反力は，$R_{ax} = 0$, $R_{ay} = 120\,\mathrm{kN}$, $R_{by} = 150\,\mathrm{kN}$ である．

例 1.3　**集中モーメント**

下図の梁の反力を求める．この梁には，反時計回りに 40 kN m の集中モーメントが働いている．**集中モーメント**とは偶力の一種である．偶力は，互いに平行で，大きさ P が等しく，距離 D を隔てて反対の向きに作用する一対の力のことをいう．偶力の大きさは $P \times D$ で定義される．偶力のうち，距離 D が構造物や部材の大きさに比べて十分に小さい場合には，その偶力は集中モーメントと呼ばれる．

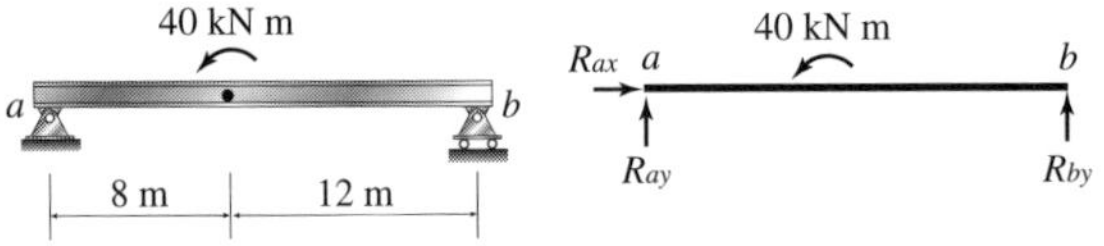

構造物　　　フリーボディ図

フリーボディ図　　フリーボディ図は上の図の右のようになる．外力は大きさが 40 kN m で反時計回りの集中モーメントである．

力の釣合い　　釣合い式は次のように表せる．まず，x 方向の力の釣合い式を適用すれば，

$$\sum P_{ix} = 0 \rightarrow^{+};\ R_{ax} = 0$$

点 a 周りのモーメントの釣合いは，次の式で表される．集中モーメント 40 kN m は，作用位置によらずそのまま足し合わせることができるので，

$$\sum M_{iz}|_a = 0 \circlearrowleft^{+};\ 40 + (R_{by} \times 20) = 0;\ R_{by} = -2\,\mathrm{kN}$$

さらに，y 方向の力の釣合い式を適用すれば，

$$\sum P_{iy} = 0 \uparrow^{+};\ R_{ay} + R_{by} = 0;\ R_{ay} = 2\,\mathrm{kN}$$

よって反力は，$R_{ax} = 0,\ R_{by} = -2\,\mathrm{kN},\ R_{ay} = 2\,\mathrm{kN}$ である．

1 章の問題

□ **1**　次の (a) から (d) までの構造物のフリーボディ図を示し，ついで，力の釣合い条件式を示し，すべての未知の反力の成分を求めよ．（ヒント：釣合い条件において，分布力は重心位置に作用する集中力と等価である．）

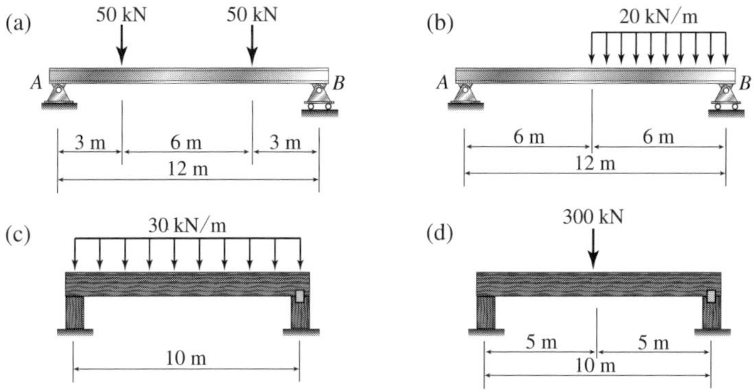

2 支持・反力

地上の構造物は，安全であるために地面に安定して支持されていることが必要である．安定に支持されていれば外力に応じて，構造物が支持される部分に**反力**が生じ，力の釣合いが常に満たされ，静止した状態が保たれ，転倒や移動などの有害な現象が起こらない．反力の大きさは，構造物に働く力の向きや大きさ，構造物を支持する部分の機構によって決まる．構造物が支持される状態には，a) いかなる力に対しても移動や回転が起こらない状態（**安定**という）と，その逆の，b) ある力に対して移動や回転が可能である状態（**不安定**という）がある．その他，支持されている状態の区別に，c) **外的静定**と d) **外的不静定**がある．

この章では，点で支持される構造物が，安定して支持されているかどうかの判別方法と，力の釣合い式を利用して，外的静定の構造物の支持点に生じる反力の大きさを求める方法について学ぶ．

2.1 支持機構と反力

構造物が点で支持される代表的な支持機構を図 2.1 に分類している．

(1) ピン支持

ピン支持は，回転できるが移動はできない支持機構である．回転を妨げる摩擦はない．支持点 a の反力 R_a は，R_{ax} と R_{ay} の直交する 2 つの成分の大きさで表現することができる．ピン支持点の独立な反力の成分の数は 2 である．

(2) ローラー支持

ローラー支持は，回転が可能で，しかも一方向に移動でき，その直交方向には移動できない支持機構である．回転や移動を妨げる摩擦はない．支持点 a が移動する方向には反力が生じることはなく，その方向の反力の成分 R_{ax} は常にゼロとなる．反力は，移動する方向に直交する方向に生じる反力の成分 R_{ay} だけで表され，支持点の独立な反力の成分の数は 1 である．

(3) 固定支持

固定支持は，移動も回転もできない支持機構である．反力 R_a は，互いに直交する R_{ax} と R_{ay} の 2 つの成分と偶力 M_{az} の大きさで表される．なお，偶力 M_{az} を使わず，反力の 2 つの成分 R_{ax}, R_{ay} を合わせた力の作用線と支持点との距離 e で反力を表す方法がある．この場合 $e \cdot R_a$ は偶力 M_{az} に等しい．どちらの方法も，固定支持点の反力を表す独立な成分の数は 3 である．

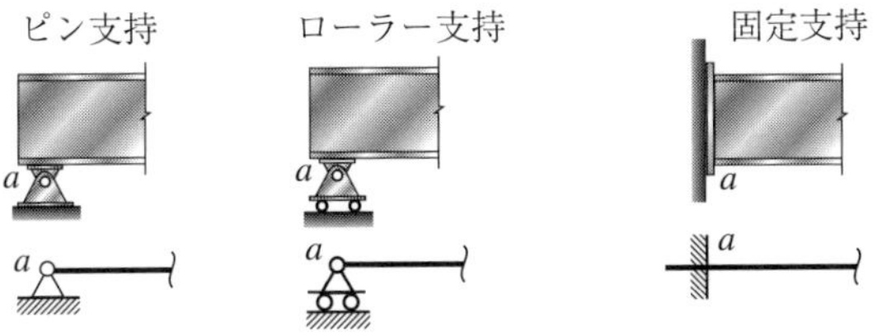

(a)　支持機構の種類

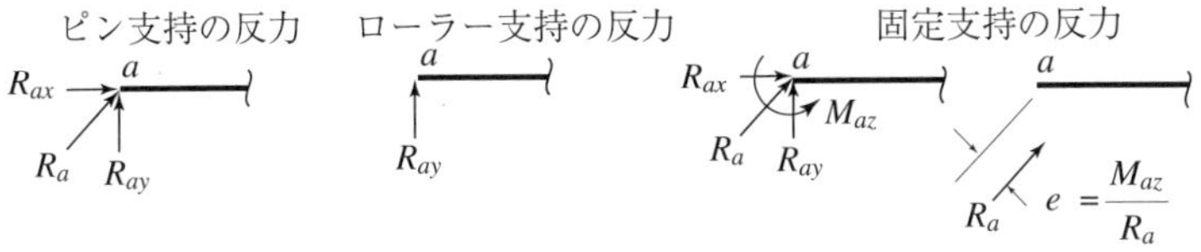

e は，力の作用 R_a と作用点 a との距離を表す

(b)　支持機構の反力

図 2.1　支持機構の種類と反力

表 2.1　支持機構の種類

支持点の機構の種類		記　号	拘束される変位の成分	反力の成分	
ピン支持	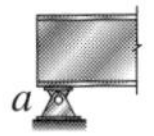	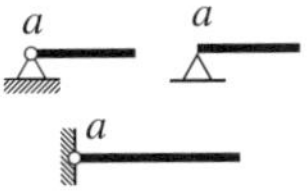	水平 鉛直	R_{ax}, R_{ay} $M_{az} = 0$	未知 既知
ローラー支持	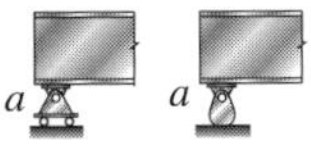	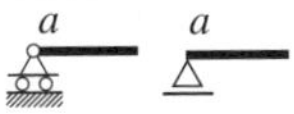	鉛直	R_{ay} $R_{ax} = M_{az} = 0$	未知 既知
斜めローラー支持	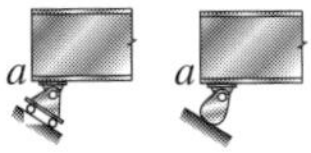	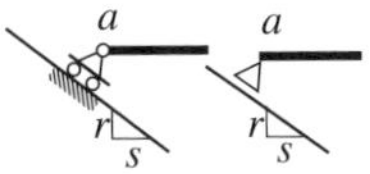	傾斜	R_{ay} $R_{ax} = R_{ay}\dfrac{r}{s}$ $M_{az} = 0$	未知 既知
リンク	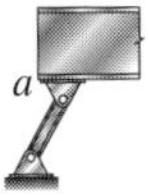	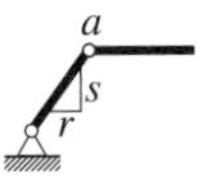			
固定支持 (埋め込み)	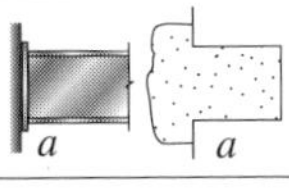		水平 鉛直 回転	R_{ax}, R_{ay}, M_{az}	未知
ガイド (スライダー)	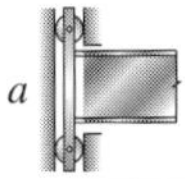	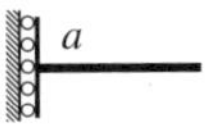	水平 回転	R_{ax}, M_{az} $R_{ay} = 0$	未知 既知

(4)　その他の支持機構の種類と反力

点で支持する支持機構の種類は，図 2.1 の 3 つに限らない．表 2.1 はそれらの支持機構の種類と反力を表現する独立な力の成分の数を示している．表 2.1 に示されている**斜めのローラー支持**（ローラー支持で移動できる方向が x 軸に対して傾いている場合）と**リンク**では，反力の成分は R_{ax} と R_{ay} で力の成分の数は 2 である．しかし反力 R の向きは一定であり，R_{ax} に応じて R_{ay} が決まるので，独立な力の成分の数は 1 であることに注意する．点で支持する支持機構は，表 2.1 のように，△や○などを組み合わせたの簡単な記号で表されることもある．

(5)　実構造物の支持条件とモデルの相違点

支持機構の選択は，構造物に必要とされる性能を考慮して行われる．例えば橋桁では，片側をピン・ローラー支持する機構が採用される．これは，橋桁が昼間と夜間あるいは夏と冬のような外気温の変動により伸縮するので，片側の端をピン・ローラー支持にしておくことにより，伸縮を拘束するための水平反力が支持点に生じることがなく，部材もしくは支承の損傷を防ぐことができる．しかし，実構造物の支持点は，完全に摩擦が生じないように作ることはできない．実際には小さな反力が生じる．支持点には大きな力が集中して働くのでその周囲の材料や地盤が局所的に変形し沈下や移動が生じる．それらの変形が相対的に十分に小さければ支持条件の仮定は成り立つものと見なされる．構造設計では，このように実現象とモデルの違いにより生ずる力にも配慮することが求められる．

2.2　安定・不安定の判別方法

構造物が安定に支持されているかどうかは，構造物を動かすことができるかで視覚的に判断できる場合もあるが，簡単ではない場合もある．そこで，構造物の反力を表すのに必要な独立な成分の数 r_a と，その構造物の釣合い条件を表すのに必要な独立な式の数の大小関係を使って判別する方法を考える．ここで，平面構造物の独立な釣合い条件式の数は 1.6 節に述べたように特別な場合を除いて 3 である．表 2.2 に安定・不安定の判別の例を示す．

(1)　安定

もし構造物がいかなる外力に対しても支持点に必要な反力が決まり，必ず力の釣合いが保たれる場合には，移動や回転が起こらず，このことを**安定**に支持されているという．

(2)　外的静定

平面構造物の独立な反力の成分の数 r_a が平面構造物の独立な釣合い条件式の数 3 に等しい（$r_a = 3$）場合，力の釣合い条件だけからすべての未知の反力の成分が定ま

表 2.2　構造物の支持条件による安定・不安定の分類

理想化された構造物の表示		独立な反力の成分の数 r_a	分類
(a)		3	$r_a = 3$; 外的静定，安定
(b)		3	$r_a = 3$; 外的静定，安定
(c)		4	$r_a > 3$; 外的不静定，安定
(d)		2	$r_a < 3$; 不安定
(e)		5	$r_a > 3$; 外的不静定，安定
(f)		4	$r_a > 3$; 外的不静定，安定
(g)		2	$r_a < 3$; 外的に幾何学的不安定 外力が鉛直力の時移動しない
(h)	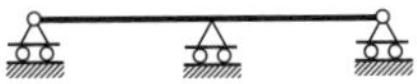	3	$r_a = 3$; 幾何学的不安定 外力が鉛直力の時移動しない
(i)	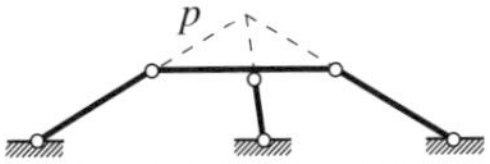	3	$r_a = 3$; 幾何学的不安定 外力が点 p を通る時移動しない

る．このことを**外的静定**であるという．外的に静定である場合には安定に支持されている．ただし，(6) のような例外があるので注意が必要である．

(3)　外的不静定

平面構造物の独立な反力の成分の数 r_a が 3 より大きい（$r_a > 3$）場合，独立な釣合い条件式の数が不足し，釣合い条件だけで未知の反力の値を一意に定めることができない．このような場合を**外的不静定**であるという．この状態は，釣合い式を満たす反力の組合せが無数にあることを意味している．したがって外的に不静定な構造物も安定に支持されている．

(4)　不安定

構造物がある外力により移動・回転させることが可能であることを**不安定**であるという．平面構造物の場合，独立な反力の成分の数 r_a が 3 より小さい（$r_a < 3$）場合に，外力と反力が釣合い条件を満たすことができない．そのため，外力を加えると構造物は移動もしくは回転するので不安定である．

(5)　判別式

(1) から (4) までをまとめると構造物の独立な反力の成分の数 r_a から構造物の支持状態を判別することができる．

$r_a < r = 3$ の場合，不安定
$r_a = r = 3$ の場合，安定かつ外的静定
$r_a > r = 3$ の場合，安定かつ外的不静定

(6) 幾何学的不安定

r_a と 3 との大小の関係式は，構造物の安定と不安定の判別に役に立つので**判別式**と呼ばれる．ただし，$r_a = 3$ か $r_a > 3$ であるにも関わらず，不安定となる特殊な平面構造物がある．例を挙げれば，a) すべての反力の作用線が 1 点で交わる場合と，b) すべての反力が平行である場合である．これらのケースでは，判別式上は安定と見なされるが，実際には不安定となる．これを，**幾何学的不安定**であるという．

2.3 中間節点のある構造物の安定・不安定

構造物によっては，図 2.2 (a) のように構造物が $abec$ と fge のように 2 つ以上の部分に分かれており，それらの回転もしくは相対移動を可能とするヒンジ e のような機構により，緩く結合されているものがある．このような構造物であっても，適切な支持点の組合せで支持すれば，構造物を安定とすることができる．

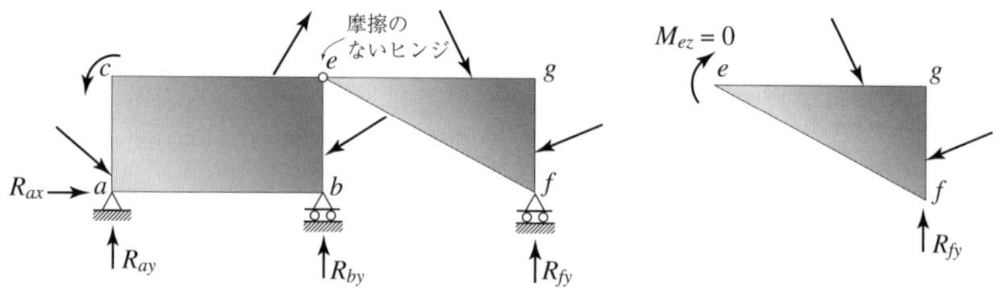

(a)　中間節点 e を有する構造物　　(b)　状態条件式を活用したフリーボディ図

図 2.2　中間節点のある構造物

このような構造物における，ヒンジに相当する部分を**中間節点**と呼ぶ．中間節点のある構造物は，支持点が不適切な場合には，構造物の部分で互いに相対的な移動や回転が起こり不安定となる．そこで，中間節点が含まれる構造物の安定・不安定を判別するための条件を考える．

(1) 状態条件式

図 2.2 (a) の点 e のように中間節点がヒンジの場合には，構造物の支持点を仮に取り除くと，構造物は中間節点 e を中心にして，2 つの部分が互いに相対的に回転させることができる．この時ヒンジの片側のフリーボディを取り出すと，フリーボディに働く力の中間節点 e 周りのモーメントの総和 $\sum M_{iz}|_e$ は必ずゼロになる．これは，平面

構造物の 3 つの独立な釣合い式とは別の独立な釣合い条件式であることから，**状態条件式**と呼んで単なる釣合い式と区別する．また，定義より，状態条件式の数は中間節点の数に等しい．

$$\sum M_{iz}|_e = 0 \quad （状態条件式） \tag{2.1}$$

状態条件式は，中間節点の両側のフリーボディの間で互いに伝達される力の大きさに関しての制約条件を表すものと解釈される．

(2)　判別式

中間節点のある構造物においては，独立な状態条件式の数 n だけ，条件式が増えるので，解くことのできる未知の反力の成分数も増える．したがって安定・不安定の判別式は，平面構造物の場合，状態条件式の数を n，構造物の反力の成分の数を r_a として，次のように拡張することができる．

表 2.3　中間節点のある構造物の外的静定・外的不静定・不安定の判定

<table>
<tr><th>構造物</th><th>独立な反力の成分の数
r_a</th><th>中間節点の状態条件式の数 n</th><th>安定となるために必要な反力の成分数
$r = 3 + n$</th><th>分類</th></tr>
<tr><td>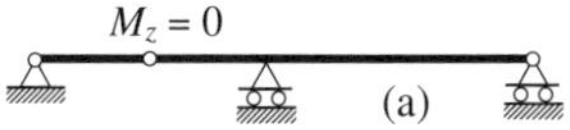
</td><td>4</td><td>1</td><td>3 + 1 = 4</td><td>$r_a = r$
外的静定，安定</td></tr>
<tr><td>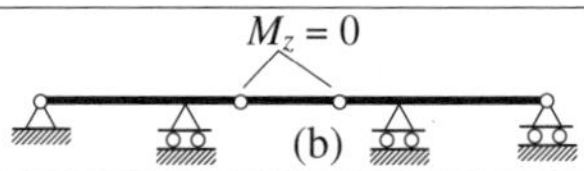
</td><td>5</td><td>2</td><td>3 + 2 = 5</td><td>$r_a = r$
外的静定，安定</td></tr>
<tr><td>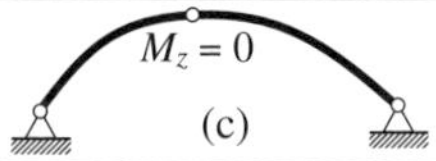
</td><td>4</td><td>1</td><td>3 + 1 = 4</td><td>$r_a = r$
外的静定，安定</td></tr>
<tr><td>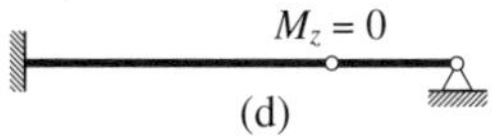
</td><td>5</td><td>1</td><td>3 + 1 = 4</td><td>$r_a > r$
外的不静定，安定</td></tr>
<tr><td>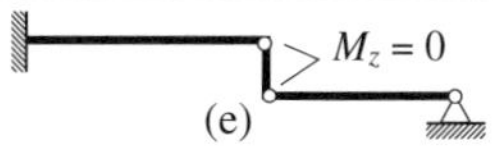
</td><td>5</td><td>2</td><td>3 + 2 = 5</td><td>$r_a = r$
外的静定，安定</td></tr>
<tr><td>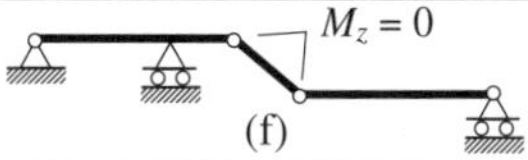
</td><td>4</td><td>2</td><td>3 + 2 = 5</td><td>$r_a < r$
不安定</td></tr>
<tr><td>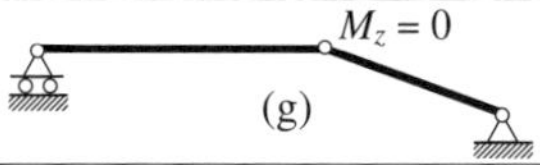
</td><td>3</td><td>1</td><td>3 + 1 = 4</td><td>$r_a < r$
不安定</td></tr>
<tr><td>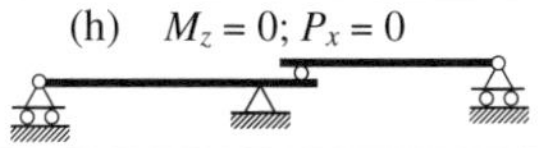
</td><td>4</td><td>2</td><td>3 + 2 = 5</td><td>$r_a < r$
不安定</td></tr>
</table>

$r_a < r = 3 + n$ の場合，不安定

$r_a = r = 3 + n$ の場合，安定かつ外的静定

$r_a > r = 3 + n$ の場合，安定かつ外的不静定

表 2.3 は，この方法によって，中間節点のある構造物の外的静定・外的不静定・不安定を判定した例を示している．表 2.3 の (h) の構造物では，中間節点にピンとローラーの両方の機構が含まれるので，中間節点の片側のフリーボディに作用する力に関して，モーメント $\sum M_{iz} = 0$，水平方向の力 $\sum P_{ix} = 0$ の 2 つの状態条件式が存在している．

2.4　構造物の支持点の反力の算定

外的静定な構造物の反力は，中間節点のある構造物を含めて，次の手順により算定することができる．それらは，1) 支持条件と中間節点の観察，2) 支持条件の静定・不静定の判定，3) 未知の反力の成分の確認，4) 力の釣合い条件（状態条件式を含む）の適用，5) 連立方程式を解いて未知の反力を求める，の順である．

早くかつ間違えないように解くコツは，釣合い式をやみくもに立てず，計算を始める前に，特に次の点に留意することである．それらは，1) 中間節点を正しく見つける，2) 状態条件式を適切な式として表す，3) 独立な力の釣合い式を選ぶ，4) モーメントの釣合い式では中心をどこに選ぶと未知数が減るかを考える．5) どの順で釣合い式を適用すると計算が減るかを考える，などである．

例 2.1　反力の算定 1

下図の外的静定構造物の反力を求める．外力の大きさは図中に与えられている．

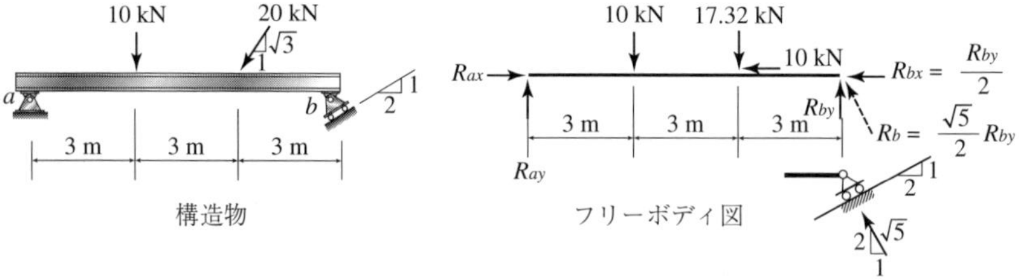

構造物　　　フリーボディ図

構造物の分類　この構造物は $r_a = 3$ で，中間節点はない．外的に静定である．よって，力の釣合い条件式を満たす解として，すべての反力の成分を一意に求めることができる．

フリーボディ図　構造物に外力と未知の反力をすべて記入したフリーボディ図（ダイヤグラム）を作成する．未知の反力は，ピン支持の点 a では，R_{ax} と R_{ay} とする．点 b の 2 つの反力成分 R_{bx} と R_{by} もやはり未知数である．しかし互いに比例関係にあり独立な未知数に R_{by} を選ぶ．

反力の算定　ここでは，数値は四捨五入して小数点以下 1 桁まで求める．

$$\sum M_z|_a = 0 \circlearrowleft^{+};\ -10 \times 3 - 17.32 \times 6 + R_{by} \times 9 = 0;\ R_{by} = 14.9\,\mathrm{kN}$$

$$R_{bx} = \frac{R_{by}}{2} = 7.5\,\mathrm{kN};\ R_b = R_{by}\frac{\sqrt{5}}{2} = 14.9 \times \frac{\sqrt{5}}{2} = 16.7\,\mathrm{kN}$$

$$\sum P_y = 0 \uparrow^{+};\ R_{ay} - 10 - 17.3 + R_{by} = 0;$$

$$R_{ay} = 27.3 - R_{by} = 27.3 - 14.9 = 12.4\,\mathrm{kN}$$

$$\sum P_x = 0 \rightarrow^{+};\ R_{ax} - 10 - R_{bx} = 0;$$

$$R_{ax} = 10 + R_{bx} = 10 + 7.5 = 17.5\,\mathrm{kN}$$

例 2.2　反力の算定 2

下図の外的静定構造物の反力を求める．支持点 a はガイド（スライダー）となっており，反力はスライダーに垂直な成分 R_{ay} と偶力 M_{az} である．支持点 b は，両端ピンのリンクにより支持されている．リンクは，圧縮力と引張力のみを伝えるので，支持点 b の反力の成分 R_{bx} と R_{by} には $R_{by} = R_{bx}/\sqrt{3}$ の関係がある．

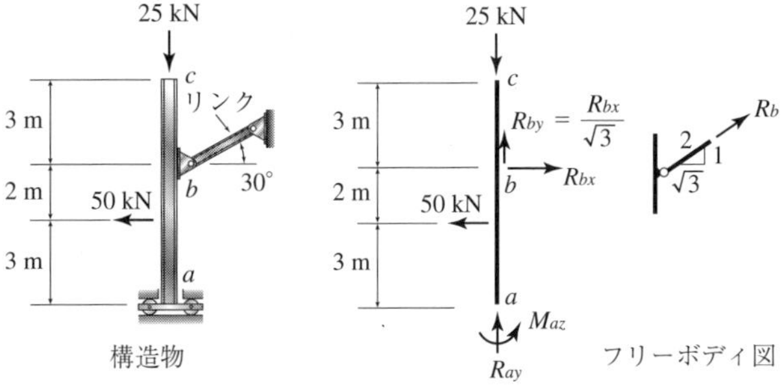

構造物の分類　この構造物は $r_a = 3$ で外的に静定である．

フリーボディ図　外力と未知の反力をフリーボディ図に示す．

反力の算定

$$\sum P_x = 0 \rightarrow^{+};\ R_{bx} - 50 = 0;\ R_{bx} = 50\,\mathrm{kN}$$

$$R_{by} = \frac{R_{bx}}{\sqrt{3}} = 28.867 \approx 28.9\,\mathrm{kN};\ R_b = 2R_{by} = 2 \times 28.9 = 57.8\,\mathrm{kN}$$

$$\sum P_y = 0 \uparrow^{+};\ R_{ay} + R_{by} - 25 = 0;\ R_{ay} = 25 - 28.9 = -3.9\,\mathrm{kN}$$

$$\sum M_z|_a = 0 \circlearrowleft^{+};\ -R_{bx} \times 5 + 50 \times 3 + M_{az} = 0;$$

$$M_{az} = 50 \times 5 - 150 = 100\,\mathrm{kN\,m}$$

例 2.3　反力の算定 3

下図左の骨組構造物の反力を求める.

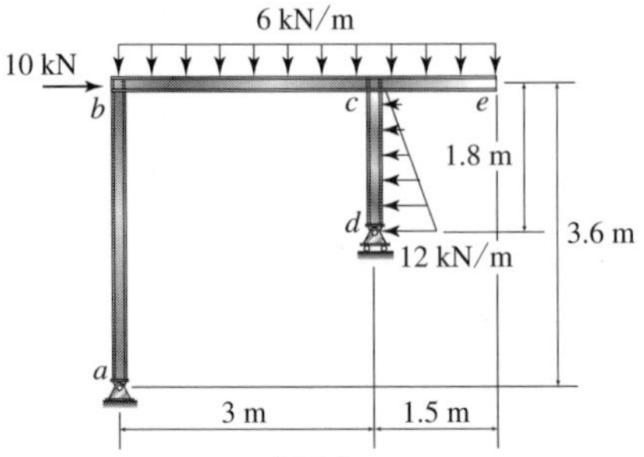

構造物

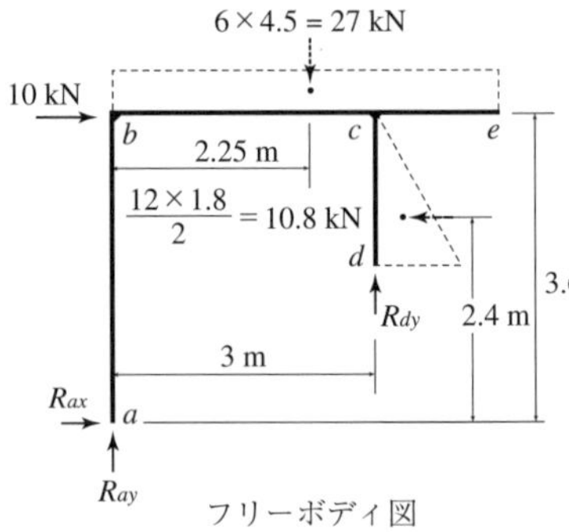

フリーボディ図

構造物の分類　支持点の反力の未知な成分数 $r_a = 3$ であり外的静定である.

フリーボディ図　分布力は重心位置の合力に置換して考えることができる. 外力の大きさと未知の反力の成分の記号を図の右に示す.

反力の算定

$$\sum M_z|_a = 0 \circlearrowleft^{+};\ -10 \times 3.6 - 27 \times 2.25 + 10.8 \times 2.4 + R_{dy} \times 3 = 0;$$

$$R_{dy} = 23.61\,\mathrm{kN}$$

$$\sum P_x = 0 \rightarrow^{+};\ R_{ax} + 10 - 10.8 = 0;\ R_{ax} = 0.8\,\mathrm{kN}$$

$$\sum P_y = 0 \uparrow^{+};\ R_{ay} - 27 + R_{dy} = 0;\ R_{ay} = 27 - R_{dy} = 27 - 23.61 = 3.39\,\mathrm{kN}$$

例 2.4　反力の算定 4

下図の外的静定構造物の反力を求める. 外力は, 斜めの部材に一様分布する荷重が作用している.

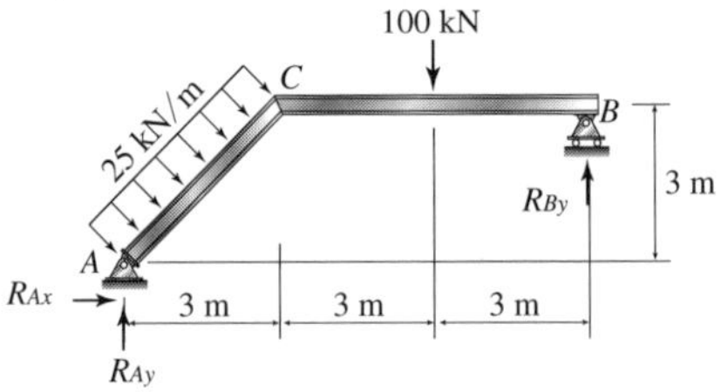

構造物

$$\sum M_z|_A = 0 \circlearrowleft^{+};\ -100 \times 6 - 25 \times \frac{3\sqrt{2}}{\sqrt{2}} \times 1.5 - 25 \times \frac{3\sqrt{2}}{\sqrt{2}} \times 1.5 + R_{By} \times 9 = 0;$$

$$R_{By} = 91.666 \approx 91.7\,\mathrm{kN}$$

$$\sum P_x = 0 \rightarrow^{+};\ R_{Ax} + 25 \times 3 \times \frac{\sqrt{2}}{\sqrt{2}} = 0;\ R_{Ax} = -7.5\,\mathrm{kN}$$

$$\sum P_y = 0 \uparrow^+;\ -25 \times 3 \times \frac{\sqrt{2}}{\sqrt{2}} - 100 + 91.7 + R_{Ay} = 0;$$

$$-75 - 100 + 91.7 + R_{Ay} = 0;\ R_{Ay} = 83.3\,\text{kN}$$

例 2.5　中間節点のある構造物の反力 1

下図左の中間節点が一つある 3 ヒンジアーチの反力を求める．

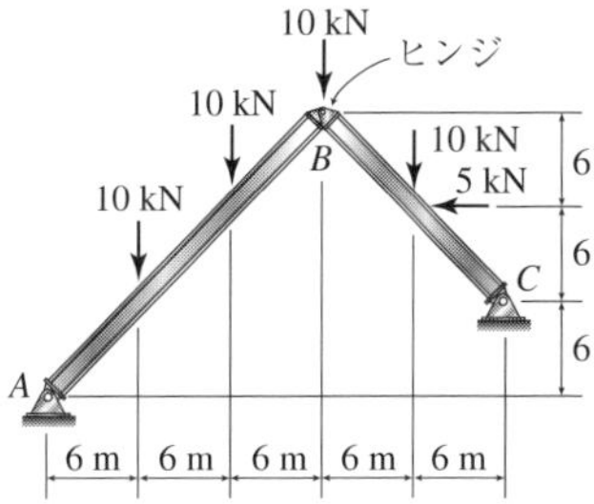

構造物

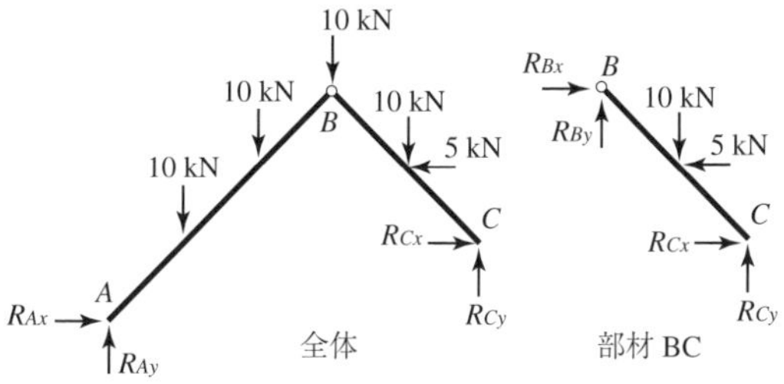

フリーボディ図

構造物の分類　反力の成分数は 4，節点 B はヒンジであり，構造物の支持点を仮に取り除くと，節点 B を中心に両側の部分が互いに回転することができる．よって状態条件式の数は $n = 1$ である．$r_a = 4$, $r = 3 + n = 4$ で，$r_a = r$ が成り立ち，構造物は外的に静定である．

フリーボディ図　外力の大きさと未知の反力の成分の記号をフリーボディ図に示す．

反力の算定　構造物全体についての 3 つの力の釣合い式は次のとおり．

$$\sum M_z|_A = 0 \circlearrowleft^+;\ -10 \times (6 + 12 + 18 + 24) + 5 \times 12 - R_{Cx} \times 6 + R_{Cy} \times 30 = 0;$$

$$-6R_{Cx} + 30R_{Cy} = 540$$

$$\sum P_y = 0 \uparrow^+;\ R_{Ay} + R_{Cy} - 40 = 0;\ R_{Ay} + R_{Cy} = 40$$

$$\sum P_x = 0 \rightarrow^+;\ R_{Ax} + R_{Cx} - 5 = 0;\ R_{Ax} + R_{Cx} = 5$$

状態条件式より，フリーボディ BC について点 B 周りのモーメントの和がゼロであることから，

$$\sum M_z|_B = 0 \circlearrowleft^+;\ -10 \times 6 - 5 \times 6 + R_{Cx} \times 12 + R_{Cy} \times 12 = 0;$$

$$12R_{Cx} + 12R_{Cy} = 90$$

したがって次の 4 つの条件式が成立しなければならない．

$$-6R_{Cx} + 30R_{Cy} = 540, \quad R_{Ay} + R_{Cy} = 40,$$

$$R_{Ax} + R_{Cx} = 5, \quad 12R_{Cx} + 12R_{Cy} = 90$$

この連立一次方程式を解いて反力は次のように求められる．

$$R_{Ax} = 13.75\,\text{kN}, \quad R_{Ay} = 23.75\,\text{kN}, \quad R_{Cx} = -8.75\,\text{kN}, \quad R_{Cy} = 16.25\,\text{kN}$$

例 2.6　中間節点のある構造物の反力 2

下図の梁の途中点 C に，水平方向の移動と回転ができるリンクが設けられた，連続梁の反力を求める．

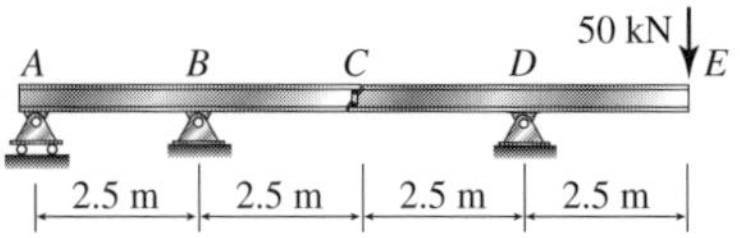

構造物の分類　点 C には，水平方向に互いに移動でき，かつ，点 C 周りで自由に回転するリンクが組み込まれている．そのため，点 C で伝達される軸方向の力はゼロであり，点 C で伝達されるモーメントもゼロとなる．よって，状態条件式は 2 つある．また，独立な反力の成分は，R_{Ay}, R_{Bx}, R_{By}, R_{Dx}, R_{Dy} で 5 つあるため $r_a = 3$ で $n = 2$ となり，外的に静定である．

反力の算定　フリーボディ CDE の点 C 周りモーメントの釣合いより

$$\sum M_z|_C = 0 \circlearrowleft^{+};\ 2.5 \times R_{Dy} - 5 \times 50 = 0;\ R_{Dy} = 100\,\mathrm{kN}$$

フリーボディ CDE の水平力の力の釣合いより

$$\sum P_x = 0 \rightarrow^{+};\ R_{Dx} = 0\,\mathrm{kN}$$

全体の水平力の力の釣合いより

$$\sum P_x = 0 \rightarrow^{+};\ R_{Bx} + R_{Dx} = 0\,\mathrm{kN};\ R_{Bx} = 0\,\mathrm{kN}$$

全体の点 A 周りモーメントの釣合いより

$$\sum M_{Az} = 0 \circlearrowleft^{+};\ 2.5 \times R_{By} + 7.5 \times R_{Dy} - 10 \times 50 = 0;\ R_{By} = -100\,\mathrm{kN}$$

全体の鉛直力の力の釣合いより

$$\sum P_y = 0 \uparrow^{+};\ R_{Ay} + R_{By} + R_{Dy} - 50 = 0\,\mathrm{kN};\ R_{Ay} = 50\,\mathrm{kN}$$

例 2.7　中間節点のある構造物の反力 3

下図の外的に静定な構造物の反力を求める．

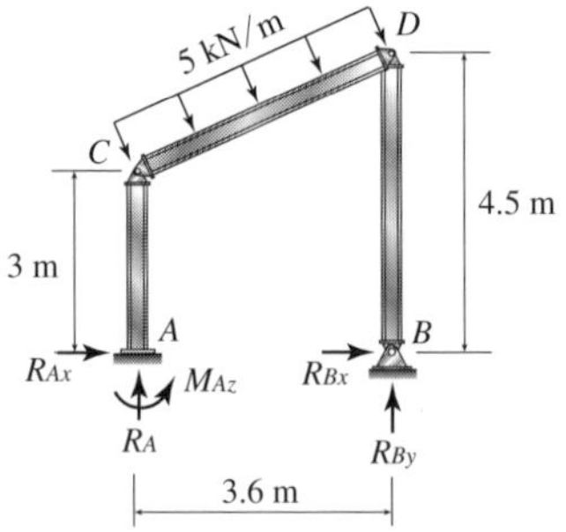

構造物の分類　図の構造物の独立な反力の成分は R_{Ax}, R_{Ay}, M_A, R_{Bx}, R_{By} の 5 つで，ヒンジが 2 つ含まれるため，$r_a = 5$ で $n = 2$ であり，外的に静定である．

反力の計算　部材 CD に沿った一様分布荷重は，重心に作用する力に置き換え，CD の中点に $F_x = 7.5\,\mathrm{kN}$, $F_y = -18\,\mathrm{kN}$ を作用させる．

状態条件式より，フリーボディ DB の点 D 周りモーメントの釣合いを考え，

$$\sum M_z|_D = 0 \circlearrowleft^+;\ 4.5 \times R_{Bx} + 0 \times R_{By} = 0;\ R_{Bx} = 0\,\mathrm{kN}$$

状態条件式より，フリーボディ CDB の点 C 周りモーメントの釣合いを考え，

$$\sum M_z|_C = 0 \circlearrowleft^+;\ -5 \times 3.9 \times \frac{3.9}{2} + 3.6 \times R_{By} = 0;\ R_{By} = 10.6\,\mathrm{kN}$$

全体の水平力の力の釣合いより

$$\sum P_x = 0 \rightarrow^+;\ F_x + R_{Ax} + R_{Bx} = 0;\ R_{Ax} = -7.5\,\mathrm{kN}$$

全体の鉛直方向の力の釣合いより

$$\sum P_y = 0 \uparrow^+;\ F_y + R_{Ay} + R_{By} = 0;\ R_{Ay} = 7.4\,\mathrm{kN}$$

フリーボディ CA の点 C 周りのモーメントの釣合いより

$$\sum M_z|_C = 0 \circlearrowleft^+;\ 3 \times R_{Ax} + M_A = 0;\ M_A = 22.5\,\mathrm{kN\,m}$$

例 2.8　中間節点のある構造物の反力 4

下図の中間節点のある構造物の反力を求める．

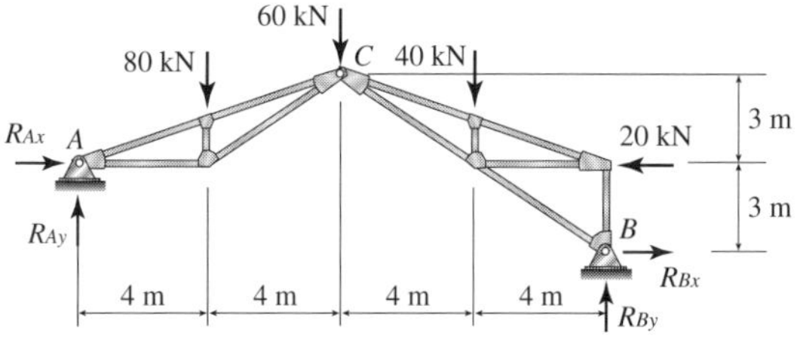

構造物の分類　この構造物は，A と B の支持点を仮に取り除くと，節点 C のヒンジの両側で構造物の 2 つの部分が互いに回転することができる．つまり，C は中間節点であり，状態条件式が一つ成立し，$n = 1$ となっている．よって，$r_a = 4$, $r = 3 + n = 4$ で，$r_a = r$ が成り立ち，構造物は外的に静定である．外力と未知の反力の成分の記号 R_{Ax}, R_{Ay}, R_{Bx}, R_{By} を図中に示す．

反力の計算　構造物全体についての力の釣合いより，

$$\sum M_z|_A = 0 \circlearrowleft^+;\ -80 \times 4 - 60 \times 8 - 40 \times 12 + R_{By} \times 16 + R_{Bx} \times 3 = 0;$$

$$3R_{Bx} + 16R_{By} - 1280 = 0$$

$$\sum P_x = 0 \rightarrow^+;\ R_{Ax} + R_{Bx} - 20 = 0$$

$$\sum P_y = 0 \uparrow^+;\ R_{Ay} - 80 - 60 - 40 + R_{By} = 0;\ R_{Ay} + R_{By} - 180 = 0$$

節点 C のヒンジの右側のフリーボディに状態条件式を適用すると，

$$\sum M_z|_C = 0 \circlearrowleft^{+};\ R_{Bx} \times 6 + R_{By} \times 8 - 40 \times 4 - 20 \times 3 = 0;$$

$$6R_{Bx} + 8R_{By} - 220 = 0$$

反力の 4 つの未知数 R_{Ax}, R_{Ay}, R_{Bx}, R_{By} についての連立一次方程式を解いて，

$$R_{Ax} = 113.3\,\mathrm{kN},\quad R_{Ay} = 82.5\,\mathrm{kN},\quad R_{Bx} = -93.3\,\mathrm{kN},\quad R_{By} = 97.5\,\mathrm{kN}$$

求められた外力と反力は上の釣合い式に再び代入してゼロになることで計算間違いがないかを確認することが望ましい．

例 2.9　中間節点のある構造物の反力 5

下図左の中間節点が 2 つある構造物の反力を求める．

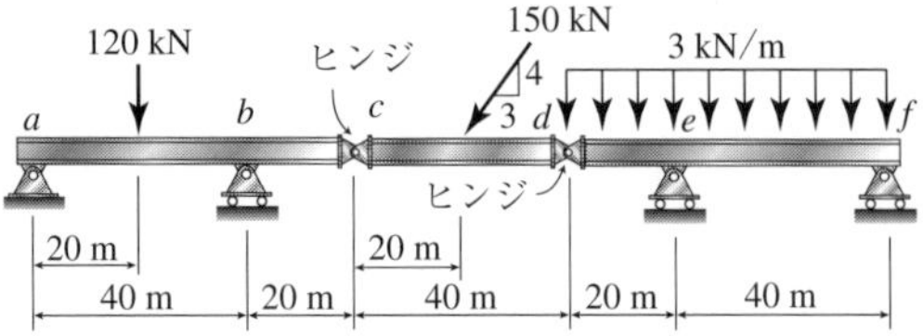

構造物

構造物の分類　この構造物では，ヒンジが 2 つある．構造物の $abef$ の支持点を仮に取り除くと，c と d のヒンジで 3 つに分割され，それらは互いに回転することができる．つまり，状態条件式が 2 つ成立し，$n = 2$ となっている．そこで，$r = 3 + n = 3 + 2 = 5$ となる．また，支持点の反力の独立な成分の数は 5 である．したがって，外的に静定である．

反力を定めるには，全体構造物について釣合い方程式が 3 つ，状態条件式が 2 つあるので，それらを組み合わせた 5 つの方程式を満たす解を求めればよい．ここでは，それぞれのフリーボディの釣合い条件式に状態条件式を組み合わせて適用し解析を行う．

フリーボディ図　構造を 3 つのフリーボディに分けて考える．区間 bc と区間 de は，片持ち梁となっており，区間 cd を支持している．

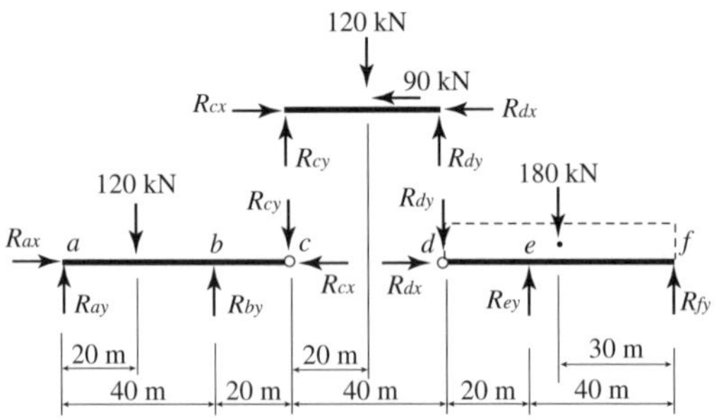

フリーボディ図

反力の計算　中間節点の c と d はヒンジ（自由に回転できる）となっているため，点 c と点 d でのモーメントは，ゼロとなる状態条件式を適用する．フリーボディ def の x 方向の力の釣合いより，$R_{dx} = 0$ である．よって，区間 cd に作用する反力の未知の成分は，R_{cx}, R_{dy}, R_{cy} の 3 つとなる．フリーボディ cd についての力の釣合いより

$$\sum P_x = 0 \rightarrow^+;\ R_{cx} - 90 - R_{dx} = 0;\ R_{cx} = 90\,\mathrm{kN}$$

$$\sum M_z|_c = 0 \circlearrowleft^+;\ -120 \times 20 + R_{dy} \times 40 = 0;\ R_{dy} = 60\,\mathrm{kN}$$

$$\sum P_y = 0 \uparrow^+;\ R_{cy} + R_{dy} - 120 = 0;\ R_{cy} = 60\,\mathrm{kN}$$

フリーボディ abc は，点 c に作用する力 R_{cx} が既に求められている．力の釣合い式と状態条件式より，

$$\sum P_x = 0 \rightarrow^+;\ R_{ax} - R_{cx} = 0;\ R_{ax} = 90\,\mathrm{kN}$$

$$\sum M_z|_a = 0 \circlearrowleft^+;\ 40 \times R_{by} - 120 \times 20 - 60 \times 60 = 0;\ R_{by} = 150\,\mathrm{kN}$$

$$\sum P_y = 0 \uparrow^+;\ R_{ay} - 120 + 150 - 60 = 0;\ R_{ay} = 30\,\mathrm{kN}$$

フリーボディ def は，R_{dy} が既に求められているので，力の釣合い式と状態条件式より，

$$\sum M_z|_d = 0 \circlearrowleft^+;\ 20 \times R_{ey} - 180 \times 30 + 60 \times R_{fy} = 0;$$

$$\sum P_y = 0 \uparrow^+;\ -R_{dy} + R_{ey} + R_{fy} - 180 = 0;$$

連立一次方程式を解いて，$R_{ey} = 225\,\mathrm{kN}$, $R_{fy} = 15\,\mathrm{kN}$ を得る．

2章の問題

□ **1** 以下の構造物の外的に静定・外的に不静定・不安定の判定をせよ.

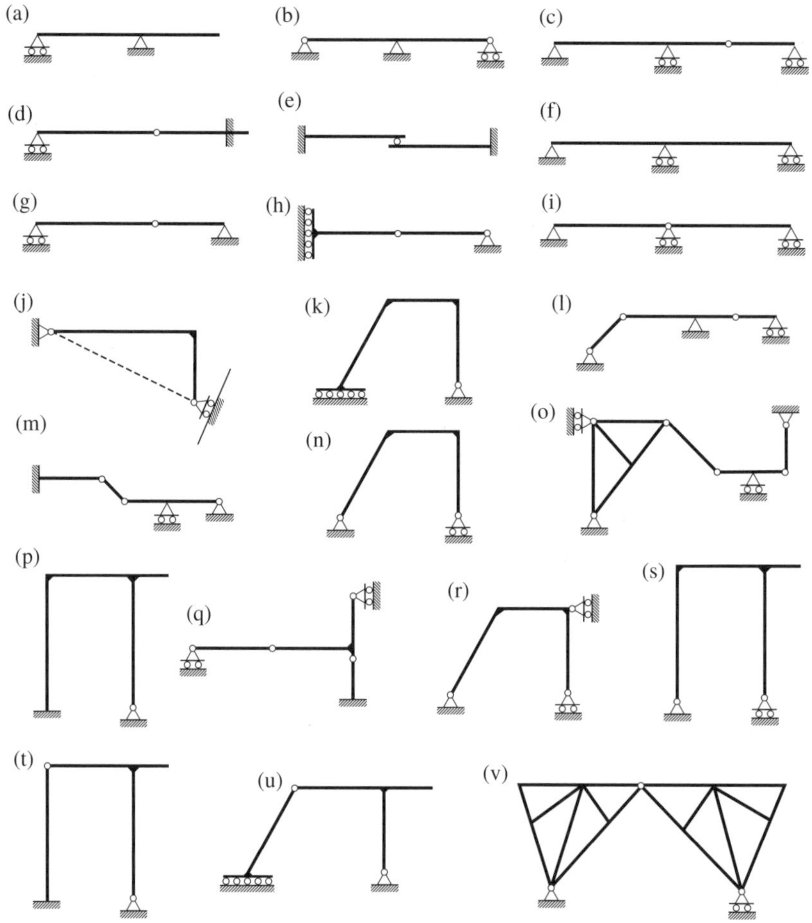

□**2** 次の様々な静定平面構造物の反力を求めよ.

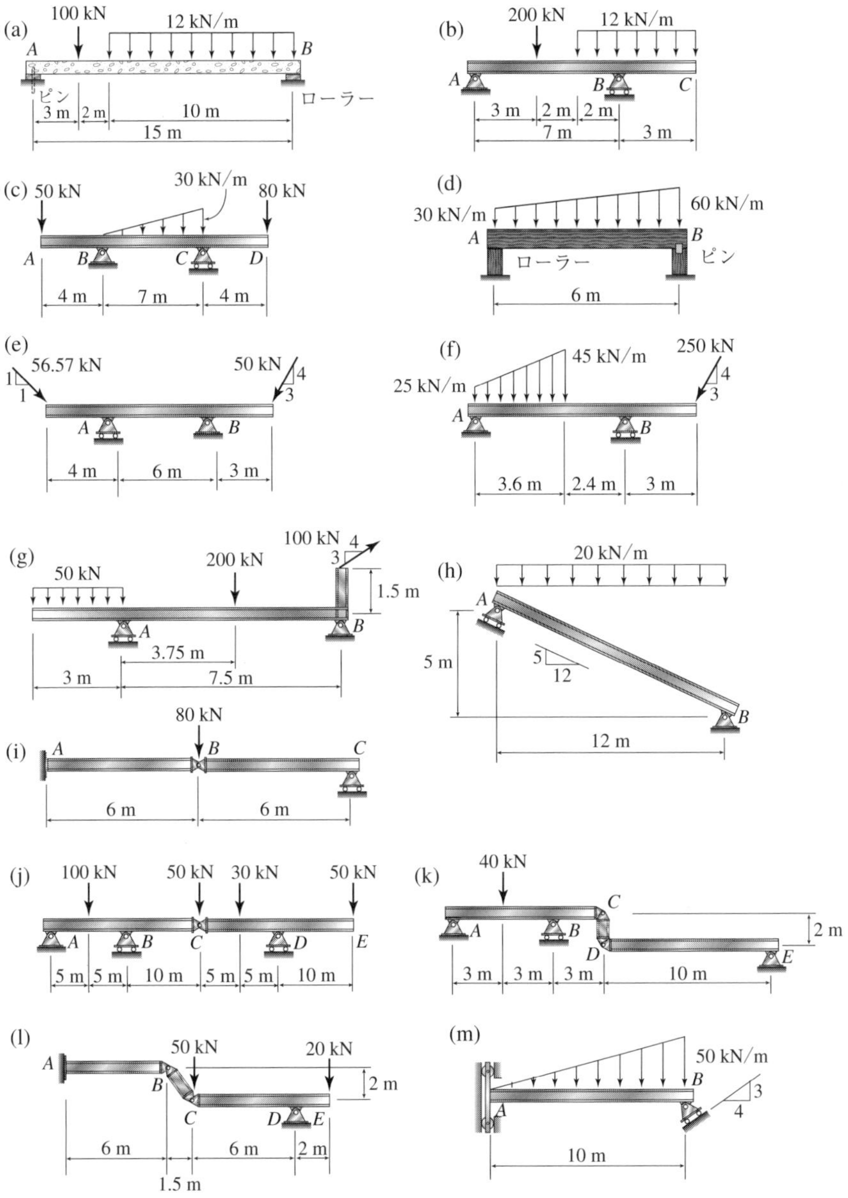

□ **3**　以下の様々な外的静定平面構造物の反力を求めよ.

(a)

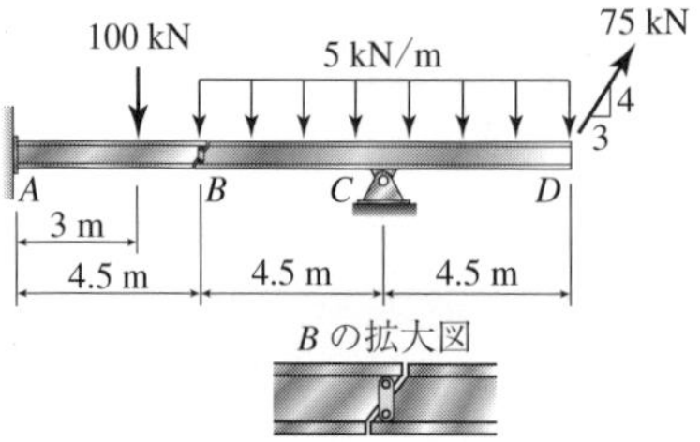

(b)

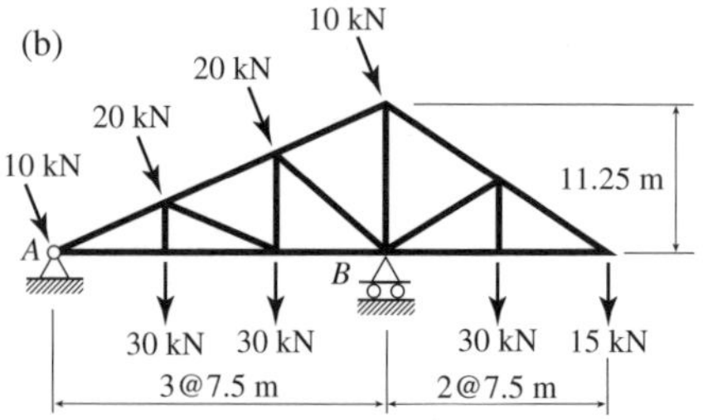

(c)

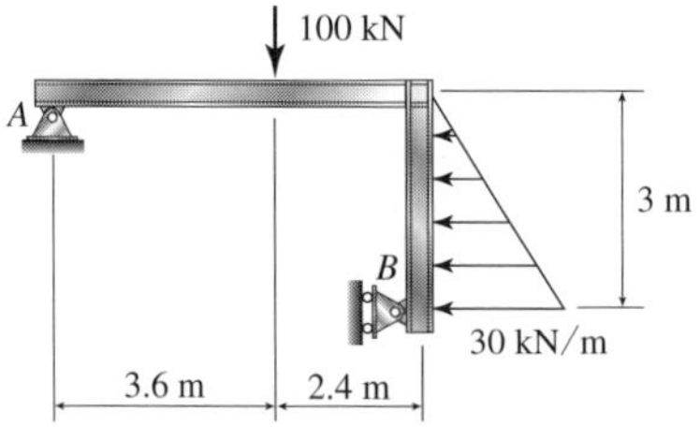

(d)

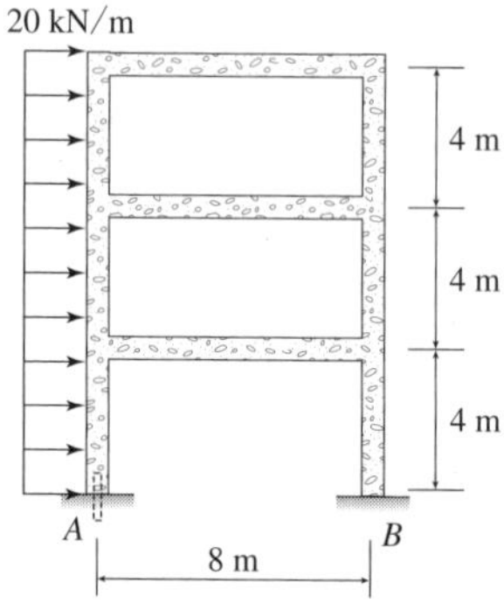

3 トラスの応力

構造物は複数の部材から成り立っている．部材と部材が結合される位置を表す点を**節点**という．例えば，直線の部材の端部同士を結合し，三角形の三辺となるように配置すると，部材の長さが変化しない限り，節点の位置は互いに変化しない．このような原理に基づいて，節点にピン接合の接合部を設けて，外力が作用しても，各部材が材軸方向の力を受けてほとんど伸縮せず，一定の形状を保持する状態となるようにしたものを**トラス**という．中でもすべての部材と節点が同一平面上にあるものを**平面トラス**という．図 3.1 に平面トラスを用いた構造物の例を示す．平面トラスは，橋や小屋組などに幅広く用いられる．この章では，平面トラスの性質と，平面トラスから構成される構造物の部材に働く力の大きさの求め方について学ぶ．

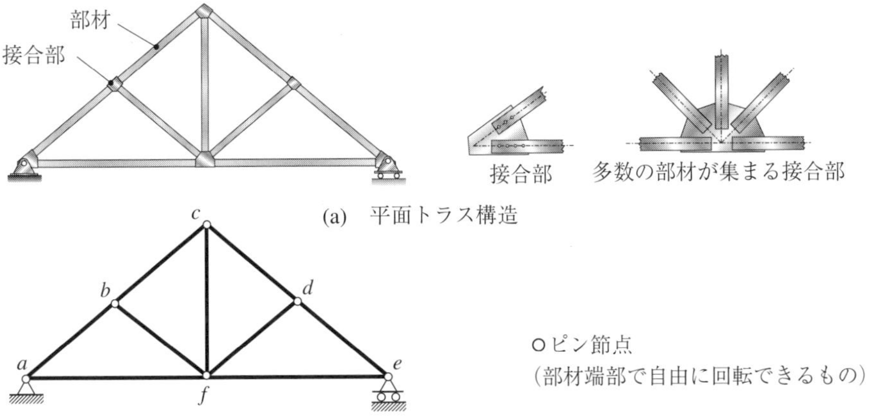

(a)　平面トラス構造

(b)　平面トラス構造のモデル化

図 3.1　平面トラス構造

3.1　平面トラスと立体トラス

平面トラスを実際に製作しようとすると，部材の断面の重心と，接合部の重心が，完全に同一平面上になるようにすることは難しい．同一平面上にない場合には，軸力が生じる部材には面外に**偏心モーメント**と呼ばれる軸力以外の応力が生じる．その大きさは，部材の軸力に，部材と接合部の重心のずれの長さ（**偏心距離**という）を乗じたものとなる．偏心の影響が小さく無視できる場合に限り，平面トラス構造として取り扱われる．三次元の空間に部材が配置されるトラスは**立体トラス**と呼ばれ，塔状の構造物，大屋根，宇宙空間の構造物などに使われ，三次元の力が考慮されなければならない．トラスを用いる構造では，実際の構造物とモデルの違いについて特に次の点に注意する．

a.　**部材端部のピン接合**　部材はピン接合の節点の周りを摩擦なく回転すると仮定される．

b.　**荷重と反力の作用位置**　平面トラスでは，荷重と反力が，部材と同一の平面上にあり，外力は節点に作用するものと仮定される．

c.　**部材と接合部の形状・配置**　すべての部材において断面の重心は直線であるものと仮定される．また，接合部に集まる3本以上の部材の重心の直線は，同一点で交わるものと仮定される．節点に設けられた接合部は，部材端でやり取りされる力を安全に伝えることができるものと仮定される．

これらのa.からc.のすべての仮定が成り立つ時，部材には圧縮もしくは引張りの力だけが生じる．この力を**一次応力**という．これらの仮定が一つでも満たされない場合に生じる力を**二次応力**という．設計では，部材と接合部が一次応力に対して安全であるようにし，二次応力はできるだけ小さくなるように配慮する．さらに，必要に応じて二次応力の影響を考慮する．

3.2　平面トラスの形態の分類

平面トラスの形態は，a) 単純トラス，b) 組合せトラス，c) 複雑トラスの3種類に分類される．

(1)　単純トラス

図3.2 (a) のように3本の直線部材が3つの節点 a, b, c でピン接合される三角形は，力を受けても形は変化しない．図3.2 (b) のように4本の直線部材が4つの節点 a, b, c, d でピン接合された四辺形は，部材の長さの変化がなくても，わずかな力を加えると容易に形態が変化する不安定な構造となる．図3.3 (a) のように，安定な三角形 abc の2個の節点（ここでは a と c）を選び，新たに2本の直線部材を加えてそれらの他端に

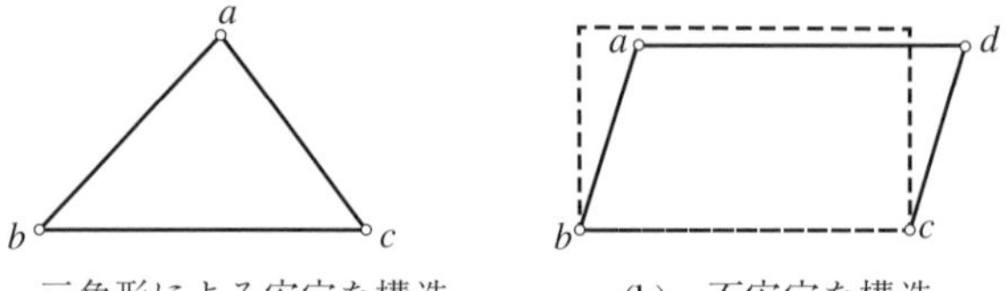

(a)　三角形による安定な構造　　(b)　不安定な構造

図3.2　トラス構造が安定な理由

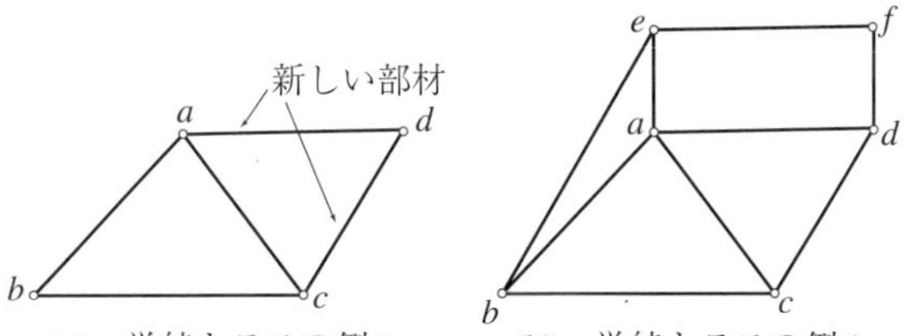

(a)　単純トラスの例 1　　(b)　単純トラスの例 2

図 3.3　単純トラスの例

1 個の節点（ここでは d）を加える．新しい節点 d は三角形 abc に対して位置が変化しないので，$abcd$ も安定にすることができる．このような手順を繰り返して節点を増やして構築できるトラスは**単純トラス**と呼ばれ，力を受けても形態が変化しない．例えば図 3.3 (b) は，三角形 abc に，節点 d，節点 e，節点 f の順で加えてできる単純トラスである．この例から，トラスが安定であるために必ずしもすべてが三角形で構成されている必要はないことがわかる．

(2)　組合せトラス

複数の単純トラスを，次のどちらかの方法により組み合わせてできるトラスを**組合せトラス**という．一つ目の方法は，図 3.4 (a) のように 1 箇所で節点を共有させ，2 個の節点を 1 本の部材でつなぐ方法である．こうすると，共有節点は両側のトラスの相対移動を拘束し，1 本の部材は，共有する節点周りの互いの回転を拘束する．2 つ目の方法は，図 3.4 (b) のように互いの節点を平行でない 3 本の部材でつなぐ方法である．こうすると，2 本の部材は互いの移動を拘束し，残り 1 本の部材は互いの回転を拘束する．したがって，組合せトラスの形態は変化しない．

図 3.4 (b) の方法において，3 本の部材がすべて平行である場合や，3 本の部材を延長した 3 本の直線が 1 点で交わる場合には，互いの単純トラスを移動（回転）させ形態を変化させることができるため安定とはならない．

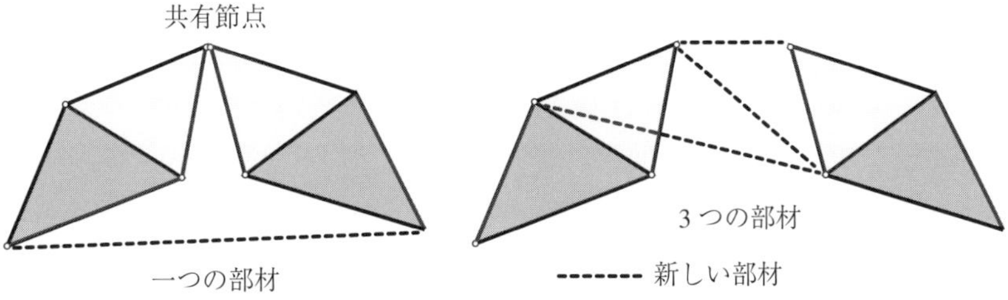

(a)　一つの節点を共有する 2 つの単純トラス　　(b)　2 つの離れた単純トラス

図 3.4　組合せトラスの例

(3)　複雑トラス

単純トラスにも組合せトラスにも当てはまらないトラスを**複雑トラス**という．図 3.5 は不安定なトラス構造の例であり，変形前と変形後を比較してわかるように，部材の長さが変化しなくても構造物全体の形が変わることができ安定ではない．このトラス構造に 1 本の部材を追加すると形態が変化しないようにすることができる．図 3.6 (a) は，1 本の追加により組合せトラスになっていることがわかる．一方，図 3.6 (b) は，複雑トラスである．1 本の部材の追加により形態が変化しないが，単純トラスにも組合せトラスにも該当しない．一般には単純トラスにも組合せトラスにも該当しない場合，形態を変える不安定な構造であるかどうかの判定は簡単ではない．その判定方法の一つは，3.4 節で述べる．

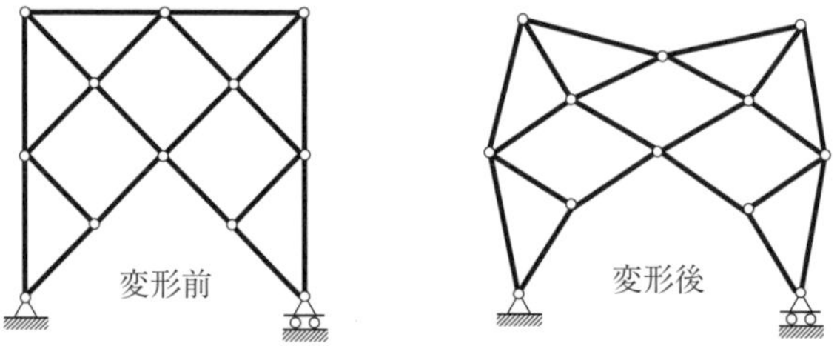

図 3.5　不安定なトラス構造の例

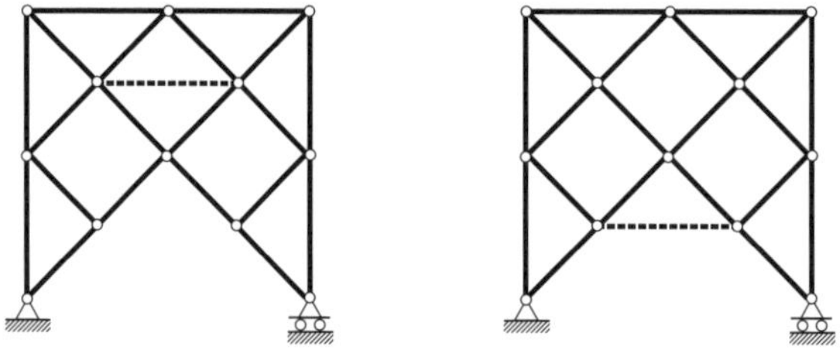

(a)　組合せトラス　　(b)　複雑トラス

図 3.6　組合せトラスと複雑トラス

3.3　平面トラスの部材の応力

トラスに支持点を設けて支持した構造物に外力が作用すると，支点に反力が生じると同時に，トラスのそれぞれの部材には力が生じる．トラスの部材に生じている力の性質について考える．

(1)　トラスの応力

トラスの部材 ab の両端部 a, b に逆向きで大きさが等しい力が働いて静止している．

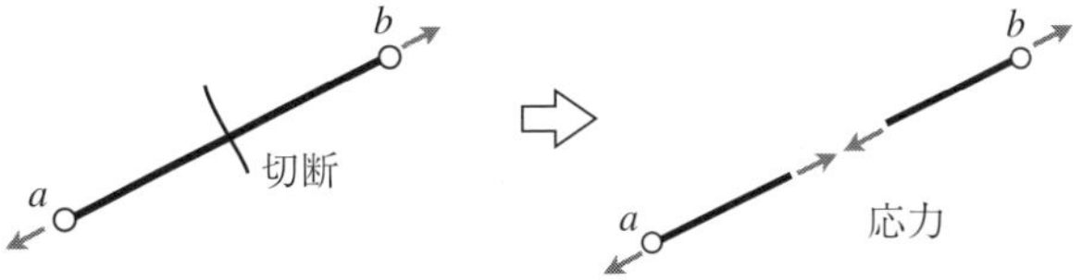

図 3.7　トラスの応力

この部材を仮に途中で切断してできる 2 つのフリーボディを考える（図 3.7）．それぞれのフリーボディについても，力の釣合いが成り立っている．したがって，切断面の両側に両端部 a, b に働く力と向きが反対で大きさが等しい一対の力が作用していると考えることができる．このように部材の内部に存在すると考えられる一対の力のことを**応力**という．

(2)　応力の向き

トラスの部材の両端は，トラスの仮定より，ピンで接合され自由に回転できるように結合されている．そのため，部材の両端に作用する力の大きさは等しく向きは常に部材の向きと同じでなければならない．またトラスの部材の応力は，どこで切断しても同じである．さらに，その大きさは必ず部材の端部に働く力と同じ大きさとなっている．

上記 (2) の理由は次のように説明できる．フリーボディとして取り出した部材を ab として，もし点 b に作用する力の作用線が，図 3.8 のように点 a を通らないと，力の釣合いを成立させるためには点 a に偶力を加える必要がある．一方で，点 a はピンで接合されているため点 a に偶力を加えることは不可能で矛盾している．したがって，点 b に作用する力の作用線は必ず点 a を通る．よって，部材の両端に働く力は，部材の向きと等しい方向に作用しどこでも同じ大きさでなければならない．また，途中のどの点で切断してフリーボディを考えても，切断面での力は部材端部に作用する力と等しくなるので，トラスの部材の応力は長さに沿ってどこでも等しくなる．

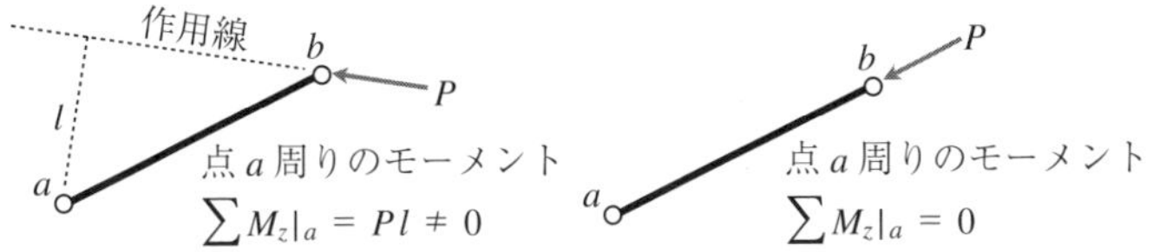

図 3.8　トラスの部材に働く力

このことから，図 3.9 のように，部材の長さを L_{ab}，部材の x 軸への投影長さを x_{ab}，部材の y 軸への投影長さを y_{ab} として，節点から部材端 b に働く外力の大きさを F_{ab} とする時，その x 方向の成分 X_{ab} と y 方向の成分 Y_{ab} の間には，次の関係が常に成り立つ．

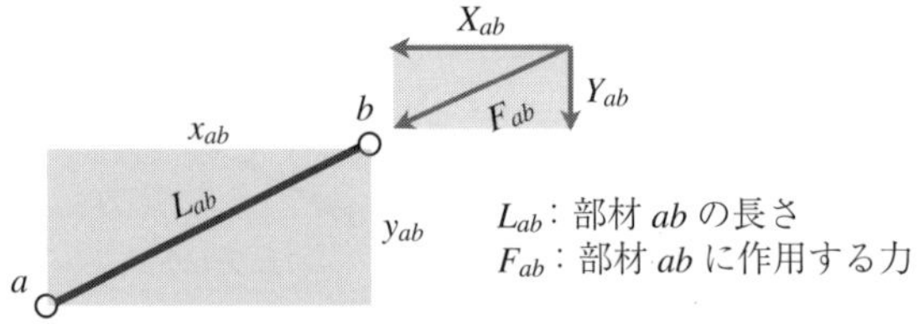

図 3.9　トラスの部材に働く力の成分

$$\frac{F_{ab}}{L_{ab}} = \frac{X_{ab}}{x_{ab}} = \frac{Y_{ab}}{y_{ab}} \tag{3.1}$$

また，この式を変形すれば

$$X_{ab} = F_{ab}\left(\frac{x}{L}\right)_{ab} = Y_{ab}\left(\frac{x}{y}\right)_{ab} \tag{3.2a}$$

$$Y_{ab} = F_{ab}\left(\frac{y}{L}\right)_{ab} = X_{ab}\left(\frac{y}{x}\right)_{ab} \tag{3.2b}$$

が成り立つ．これらの式は，力の向きと部材の向きが等しいということを代数式で表したものに他ならない．

(3)　トラス部材の応力の表し方と符号の約束

トラスの部材の応力は，大きさが等しく向きが反対のトラスの材軸方向に働く一対の力である．その一対の力が切断したフリーボディを近づける方向に働いている場合には，**引張り**の応力が生じているという．反対に一対の力が切断した部材が互いに遠ざかる方向に働いている場合には，**圧縮**の応力が生じているという．構造解析では部材の応力の値を，引張りが正，圧縮が負とする符号を採用して表すことが一般的である．

トラスの部材の両端部に作用する力は，フリーボディの選び方により，図 3.10 (a) と図 3.10 (b) のように異なる 2 つの表し方がある．どちらも使われるが，2 つの方法では，同じ引張状態であっても力の矢印の向きが逆に表現されているので混乱しやすく，どちらの表し方を使っているのか特に注意したい．

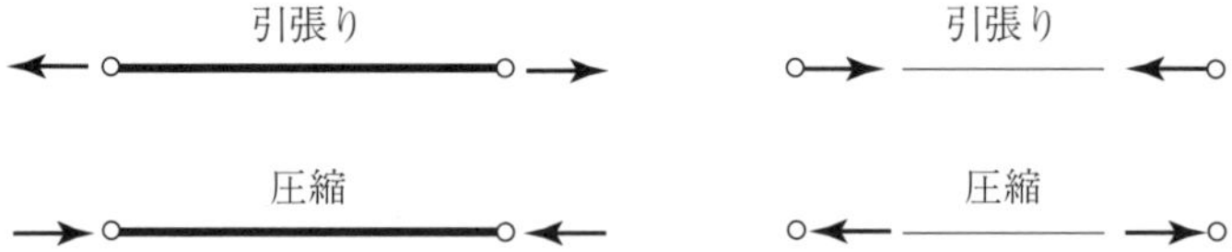

(a)　節点から部材に作用する力　　(b)　部材から節点に作用する力

図 3.10　トラス部材の応力の図示の方法

3.4 平面トラス構造の安定・不安定

ここでは，支持点により地面に固定されているトラスを**トラス構造**と呼ぶことにする．いかなる外力を与えても構造物の形態や位置が変化することがないことを構造物が**安定**であるといい，ある力によって構造物の形態や位置が変化することがあることを構造物が**不安定**であるという．平面トラス構造には，安定なものや不安定なものがあり，また，力の釣合い式だけを使って未知の反力や応力を定めることができるもの，できないものがある．そこで，平面トラス構造について，それらが定まる条件を考える．

(1) 単純トラス

1 個の三角形からなる平面トラスが支持点で支持された外的静定の構造物を考える．この構造物は，いかなる外力を与えても構造物の形態が変化しないので安定である．反力の独立な成分の数は 3 である．未知の独立な部材の応力の数は部材の数と等しく 3 である．よって，未知の独立な応力と反力の成分の数は全体で $3+3=6$ である．また x 方向の力と y 方向の力に関して，節点あたり独立な 2 つの釣合い条件が成り立つ．この構造では支点も含めた節点数は 3 なので，独立な釣合い条件式の数は，全体で $2\times 3=6$ 個となる．つまり，未知の独立な力の数と独立な釣合い条件式の数は 6 で等しく，未知の部材の応力と支持点の反力の成分は，すべて力の釣合い条件のみから一意に定めることができる．このことを単に**静定**である，または，外的静定と区別して**内的静定**であるという．なお，この考え方の場合，節点での釣合い式を考えている．第 2 章で説明した状態条件式は，節点での釣合い式から導かれるので，トラス構造の場合には，状態条件式の数は考えないことに注意する．

単純トラスは，3.2 節で述べたように，単純トラスに 2 本の部材と 1 個の節点を増やしてできるものであることを思い起こせば，部材数が 2 個増加すると未知の部材応力の数が 2 増え，節点の釣合い式も 2 増える．よって，単純トラスでは，未知数の数と釣合い式の数は常に等しいままである．したがって，外的静定に支持される単純トラスは，必ず安定な構造でかつ内的静定である．

(2) 組合せトラス

2 組の単純トラスがそれぞれ外的静定で安定するものとする．図 3.4 (a) のように，それぞれが，一つずつ節点を共有し，2 個の節点を 1 本の部材でつないで合体させた組合せトラスを作るものとする．構造物が合体した後も外的静定とするために，一部の支持点を取り除き未知の反力の数を 3 個に減らすこととする．一方，部材数は 1 増加し未知の応力の数は 1 個増加する．よって，未知の反力と応力の数は 2 減少する．この時，全体の節点数は 1 個減少し独立な釣合い条件式も 2 個減少するので，反力の数と応力の数の和は，常に釣合い式の数と等しい．よって外的に静定に支持される組合せトラスは，必ず安定でかつ内的に静定である．

外的静定に支持された，2 組の単純トラスのそれぞれの節点を図 3.4 (b) のように，3 本の部材で接続して組合せトラスとする操作では，2 組の単純トラスを合体させたとき，外的静定とするために，一部の支持点を取り除き未知の反力の数を 3 個に減らす必要がある．一方，部材数は 3 増加するので，未知の反力の数と未知の応力の数を合わせた数は増減しない．一方，節点数は変わらないので，釣合い条件式の数も変化しない．よって，未知数の数と釣合い条件式の数は必ず同じとなる．したがって，このタイプの組合せトラスも安定でかつ内的に静定となる．ただし例外がある．「3 本の部材すべてが平行の場合」，または，「3 本の部材の軸線を伸ばした直線が一つの点で交わる場合」である．2 つの単純トラスは互いの移動を拘束できないので外的に静定な支持条件でも，構造物は外力により形態が変えられる．このような構造物は**幾何学的不安定**であるという．

(3)　判別式

複雑トラスを含んだすべての平面トラス構造の安定・不安定は次のように判別することができる．ある平面トラス構造に含まれる部材数を m_a，節点数を j，支持点における独立な反力の成分の数を r_a とすると，未知の応力と反力の数の和は，$m_a + r_a$ である．一方，釣合い条件式の数は，節点あたり 2 で，すべての独立な釣合い条件式の数は，$2j$ となる．よって，与えられた平面トラス構造が，力の釣合い条件式だけを使って，反力と部材応力を定めることができるか否かによって，安定・不安定を次のように判別することができる．

$m_a + r_a < 2j$ または $m_a < m = 2j - r_a$ の場合，平面トラスは不安定
$m_a + r_a = 2j$ または $m_a = m = 2j - r_a$ の場合，平面トラスは安定で（内的に）静定
$m_a + r_a > 2j$ または $m_a > m = 2j - r_a$ の場合，平面トラスは安定で（内的に）不静定

また，$m_a + r_a - 2j$ の値のことを**不静定次数**という．

(4)　判別式の例外

単純トラスは外的に静定に支持されていれば必ず静定かつ安定となる．組合せトラスも外的に静定に支持されていれば一部の例外を除いて静定かつ安定となる．ところが複雑トラスを含む一般の平面トラス構造では，$m_a \geqq m$ は，安定と判定できるための必要条件だが，十分条件ではない．部材の配置によっては不安定になる場合がある．図 3.11 のように構造物の一部に矩形の部分が存在する場合，$m_a \geqq m$ でも不安定となるときがある．その変形状況のスケッチも合わせて示している．これらは，視察によって判断される必要があり，そのためには例を沢山見て経験を積む必要がある．さらに，$m_a < m$ の場合例外なく不安定となる．表 3.1 は，様々な平面トラス構造の静定・不静定，安定・不安定を判別式を適用して判定した例を示している．

表 3.1　平面トラスの静定・不静定の例

構造物		構造物の特性値			支持反力による分類		内部応力による分類	
		j	m_a	r_a	$r+n$	分類	$m=2j-r_a$	分類
(a)	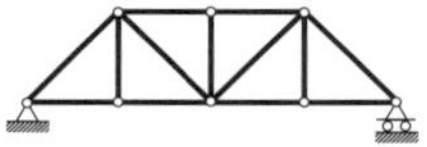	8	13	3	3	$r_a=r$，外的静定・安定	$13=16-3$	$m_a=m$，内的静定・安定
(b)	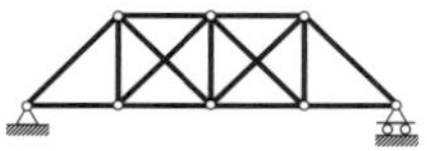	8	15	3	3	$r_a=r$，外的静定・安定	$13=16-3$	$m_a>m$，内的不静定・安定
(c)	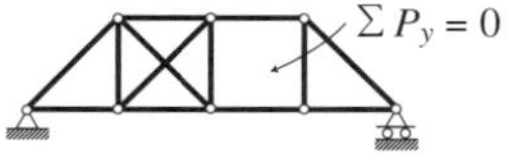	8	13	3	$3+1=4$	$r_a<r$，不安定	$13=16-3$	$m_a=m$，しかし不安定
(d)	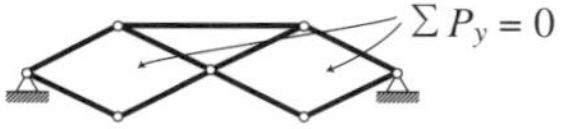	7	9	4	$3+2=5$	$r_a<r$，不安定	$9=14-5$	$m_a=m$，しかし不安定
(e)	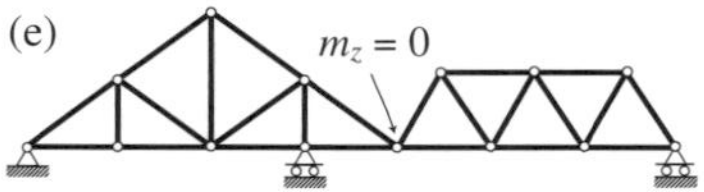	14	24	4	$3+1=4$	$r_a=r$，外的静定・安定	$24=28-4$	$m_a=m$，内的静定・安定
(f)	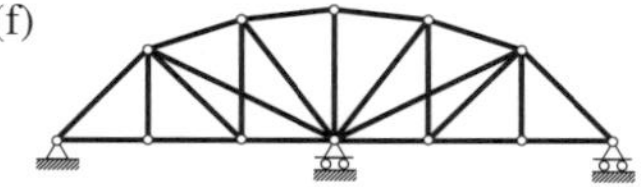	12	23	4	3	$r_a>r$，外的不静定・安定	$20=24-4$	$m_a>m$，内的不静定・安定
(g)	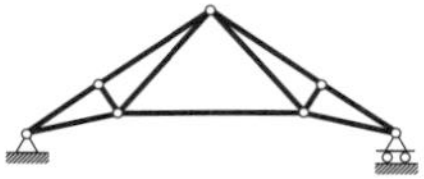	7	11	3	3	$r_a=r$，外的静定・安定	$11=14-3$	$m_a=m$，内的静定・安定
(h)	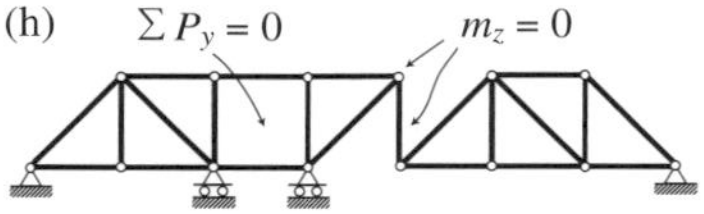	14	22	6	$3+3=6$	$r_a=r$，外的静定・安定	$22=28-6$	$m_a=m$，内的静定・安定

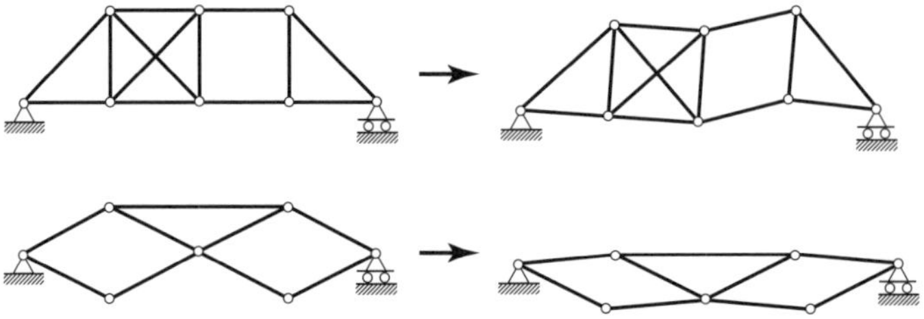

図 3.11　不安定な平面トラスの例とその変形

3.5　節点法と切断法

内的静定なトラス構造は，釣合い条件だけから，すべての反力と部材の応力の値を定めることができる．平面トラス構造の応力の大きさを具体的に求める方法としては，18 世紀に発明された**クレモナの図式解法**が有名である．しかし，ここでは，数値解法の節点法と切断法を紹介する．力の成分に分けて力の釣合い条件を考え，数値により平面トラス構造の応力の算出を行う方法である．これを実際に適用するには，①,②の順で行う．

① 与えられた外力に対して生じる反力を決定する
② 求めた反力も外力と考え，節点法と切断法を適切に組み合わせて適用する．

(1)　節点法

節点法は，一つの節点とその節点に接続するすべての部材の途中で切り出した部分をフリーボディ（例：図 3.12 1-1′ の切断）にし，部材から節点に伝えられる力の釣合い条件を適用する方法である．節点に集まる部材の中で，部材の応力の大きさが未知である部材の数がちょうど 2 である場合には，その節点に関する 2 つの力の釣合い式を使って，2 つの未知の部材の応力の大きさが決められる．そこで，最初は，未知の応力の数が 2 つである節点から適用を始める．当該の未知の応力が定まれば，隣の節点について，応力が不明の部材数が一つ減る．もしその節点の未知の応力の数が 2 になれば，さらにその 2 つの未知の応力を決めることができる．このように，節点から節点に逐次進めて部材の応力を定めることができる．ただしそのような節点が一つも見つからない場合には，次に述べる切断法の適用を考える．

(2)　切断法

切断法は，構造物全体を切断して 2 個のフリーボディ（例：図 3.12 2-2′ の切断）に分け，どちらか片側のフリーボディに力の釣合い条件を適用する方法である．切断の仕方は，次の条件を満たしていなければならない．まず，分割したフリーボディは，ちょうど 3 箇所で部材の切断をすることにより得られたものでなければならず，切断

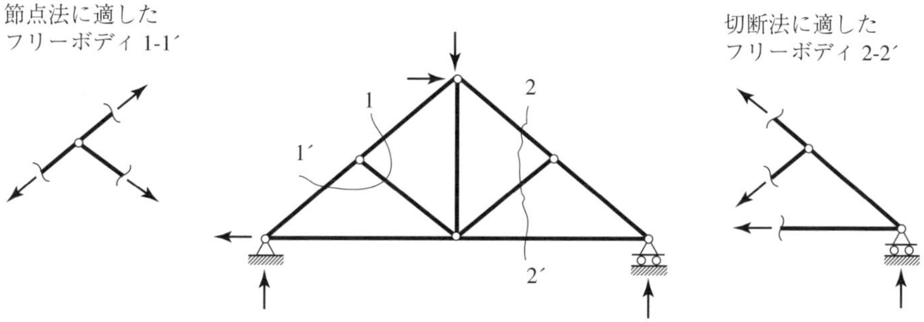

図 3.12　節点法に適したフリーボディと切断法に適したフリーボディ

した後どちらのフリーボディにも，2 個以上の節点が含まれなければならない．さらに，切断した部材は，3 本がすべて互いに平行であってはならず，また，3 本の部材の軸線を伸ばした直線は，すべてが同一点で交わるものであってはならない．

このフリーボディにおいては，力の釣合いに関する独立した 3 つの釣合い条件が存在している．これらを用いて 3 箇所の部材の切断点の未知の応力を定めることができる．切断法は，トラスの中間部の特定の部材応力だけを求めればよいような場合に特に有用である．未知な部材応力が定まれば，再び節点法が適用できる節点が生まれるので，それらの節点に節点法を適用することによりさらに別の部材の応力が定められる．

例 3.1　**平面トラスの部材応力 1**

節点法により，次に示す平面トラス構造のすべての部材の応力を求める．

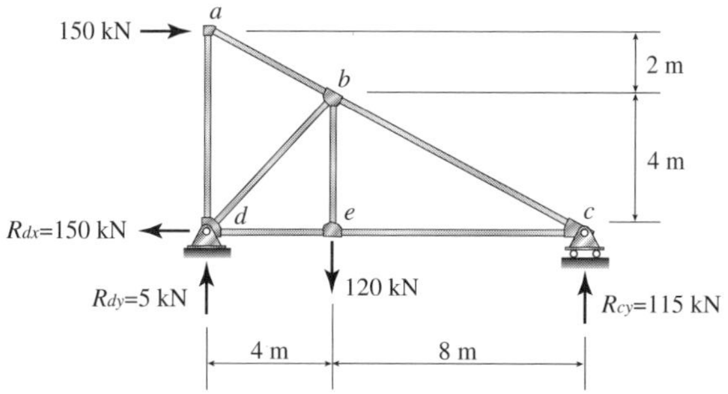

静定・不静定の判別　外的静定に支持される単純トラスであるため，この平面トラス構造は安定で内的に静定である．

部材応力の算定　トラスは外的静定であり，力の釣合いから反力を求めることができる．反力の大きさは既に図に示してある．軸力の数値は，引張りを正，圧縮を負とする．

節点をフリーボディとして取り出して，釣合い条件式を適用する．これをすべての節点について逐次適用して，未知の部材の軸力を求める．

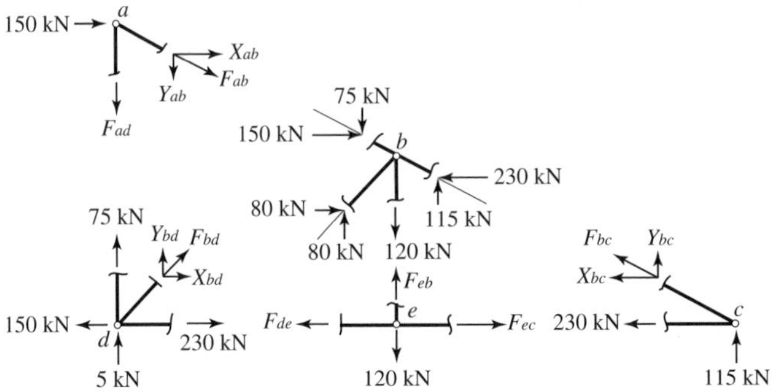

節点 a について：

x 方向の力の釣合い（$\sum P_x = 0 \rightarrow^+$）より，

$$150 + X_{ab} = 0;\ X_{ab} = -150\,\mathrm{kN}$$

$$Y_{ab} = X_{ab}\left(\frac{y}{x}\right)_{ab} = -150\left(\frac{2}{4}\right) = -75\,\mathrm{kN}$$

$$F_{ab} = X_{ab}\left(\frac{L}{x}\right)_{ab} = -150\left(\frac{\sqrt{20}}{4}\right) = -150\left(\frac{4.47}{4}\right) = -167.6\,\mathrm{kN}$$

y 方向の力の釣合い（$\sum P_y = 0 \downarrow^+$）より，

$$F_{ad} + Y_{ab} = 0;\ F_{ad} = -(-75) = 75\,\mathrm{kN}$$

節点 d について：

y 方向の力の釣合い $\sum P_y = 0 \uparrow^+$ より，

$$75 + 5 + Y_{bd} = 0;\ Y_{bd} = -80\,\mathrm{kN}$$

$$X_{bd} = Y_{bd}\left(\frac{4}{4}\right) = -80\mathrm{kN},\quad F_{bd} = Y_{bd}\left(\frac{5.66}{4}\right) = -113.2\,\mathrm{kN}$$

x 方向の力の釣合い $\sum P_x = 0 \rightarrow^+$ より，

$$F_{de} + X_{bd} - 150 = 0;\ F_{de} = 150 - (-80) = +230\,\mathrm{kN}$$

節点 e について：

$$\sum P_x = 0 \rightarrow^+;\ F_{ec} - 230 = 0;\ F_{ec} = +230\,\mathrm{kN}$$

$$\sum P_y = 0 \uparrow^+;\ F_{eb} - 120 = 0;\ F_{eb} = +120\,\mathrm{kN}$$

節点 c について：

$$\sum P_x = 0 \leftarrow^+;\ X_{bc} + 230 = 0;\ X_{bc} = -230\,\mathrm{kN}$$

$$Y_{bc} = X_{bc}\left(\frac{4}{8}\right) = -115\,\mathrm{kN},\quad F_{bc} = X_{bc}\left(\frac{8.94}{8}\right) = -257.0\,\mathrm{kN}$$

これで，すべての部材の応力が求められた．残りの釣合い式を答えの検算に使う．

$\sum P_y = 0 \uparrow^+;\ 115 - 115 = 0$　釣合いの確認 OK

節点 b について：

$$\sum P_x = 0 \rightarrow^+;\ 150 + 80 - 230 = 0\quad \text{釣合いの確認 OK}$$

$$\sum P_y = 0 \uparrow^+;\ -75 + 80 - 120 + 115 = 0\quad \text{釣合いの確認 OK}$$

途中での計算ミスがあれば，ここで釣合いが確認できない．その場合には，どこかに計算ミスがないかを探す．

以上をまとめて，部材の軸力は次のとおり．次のように力の大きさを矢印の長さで示す方法を使えば，視察により比較的容易に節点法を適用することができる．

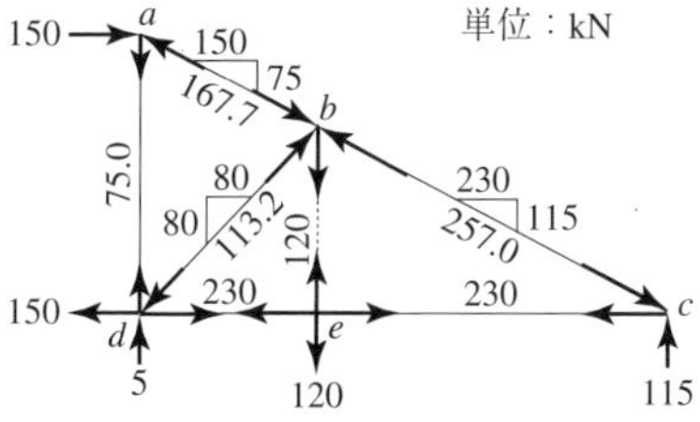

部材端から節点に働く力

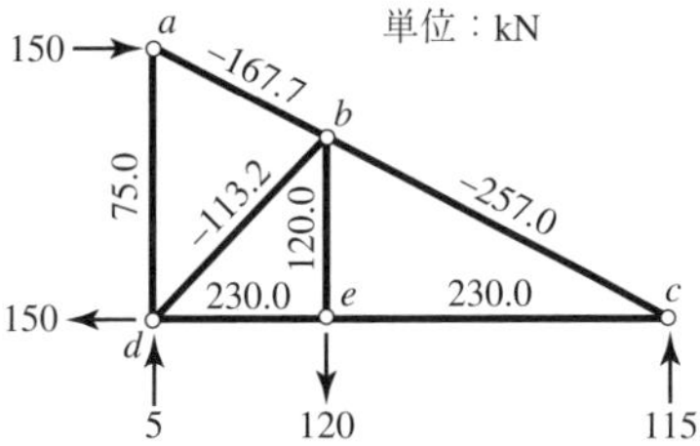

部材の応力（引張り正）

例 3.2　平面トラスの部材応力 2

切断法により，次に示すトラスの部材 cd, Cd, CD, BC, cC（図中の×印）の軸力を求める．既に反力は求めてあり，図中に示した値を用いる．

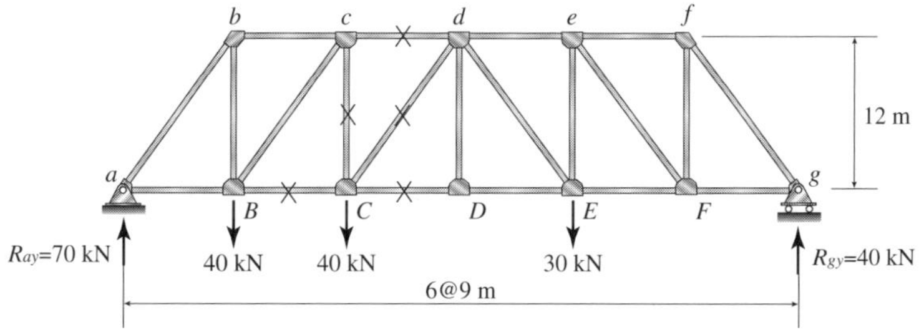

静定・不静定の判別　$m = 2j - r = 2 \times 12 - 3 = 21$ となる．$m_a = 21$ であるため，この平面トラスは内的に静定であり，力の釣合い条件だけから，すべての部材の応力を決定することができる．

部材応力の算定　部材 cd, Cd, CD の 3 箇所で切断した左側の構造物を切り出してフリーボディとする．未知の軸力を次の図に示す．

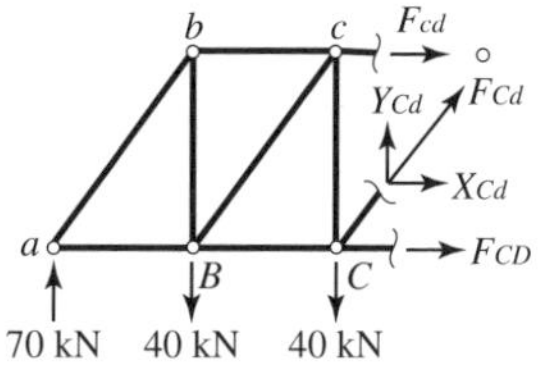

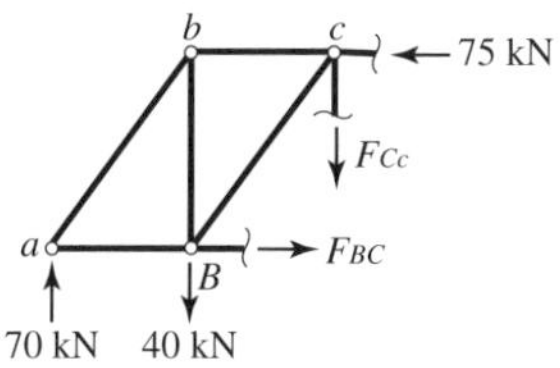

フリーボディに作用する力の F_{Cd} と F_{CD} の作用線は，どちらも節点 C を通っているので点 C 周りのモーメントに関する力の釣合いを考えれば，F_{cd} を求めることができる．

$$\sum M_z|_C = 0 \circlearrowleft^+;\ -70\times 18 + 40\times 9 - F_{cd}\times 12 = 0;\ F_{cd} = -75\,\text{kN}$$

フリーボディに作用する y 方向の力の釣合いより，

$$\sum P_y = 0 \uparrow^+;\ Y_{Cd} + 70 - 40 - 40 = 0;\ Y_{Cd} = +10\,\text{kN}$$

$$X_{Cd} = \frac{9}{12}\times Y_{Cd} = +7.5\,\text{kN},\ F_{Cd} = \frac{15}{12}\times Y_{Cd} = +12.5\,\text{kN}$$

フリーボディに作用する x 方向の力の釣合いより，

$$\sum P_x = 0 \rightarrow^+;\ F_{CD} + X_{Cd} + F_{cd} = 0;\ F_{CD} = -7.5 - (-75) = +67.5\,\text{kN}$$

図のように部材 cd, Cc, BC で切断した左側の部分をフリーボディとする．

$$\sum P_x = 0 \rightarrow^+;\ F_{BC} - 75 = 0;\ F_{BC} = +75\,\text{kN}$$

$$\sum P_y = 0 \uparrow^+;\ -F_{Cc} - 40 + 70 = 0;\ F_{Cc} = +30\,\text{kN}$$

例 3.3　平面トラスの部材応力 3

節点法と切断法を併用して，次の塔状のトラスの部材 ad と bd の軸力を求める．次の構造物は静定である．

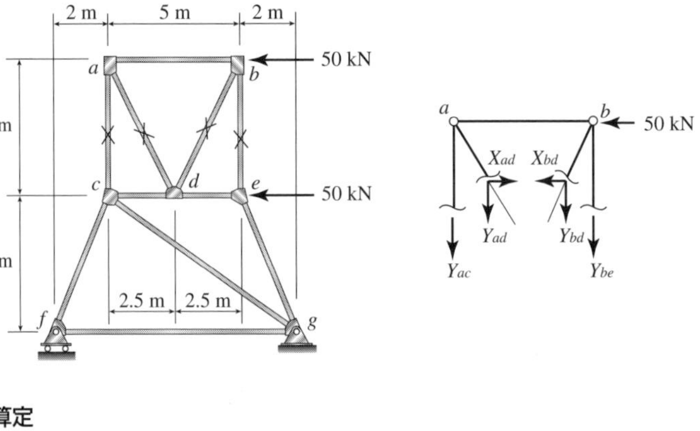

部材応力の算定

節点 d における力の釣合い：

節点 d における y 方向の力の釣合い条件を用いる（節点法）．

$$\sum P_y = 0 \uparrow^+;\ Y_{ad} + Y_{bd} = 0;\ Y_{ad} = -Y_{bd}$$

部材 ad と bd の傾きは等しいので

$$X_{ad} = -X_{bd},\ F_{ad} = -F_{bd}$$

節点 a と節点 b の下の 4 箇所の×で切断し，節点 a と節点 b を含むフリーボディを考え，x 方向の力の釣合い条件を適用する（切断法）．

$\sum P_x = 0 \to^{+};\ X_{ad} - X_{bd} - 50 = 0$　ただし，　$X_{ad} = -X_{bd}$

$$X_{ad} + X_{ad} = 50;\ X_{ad} = +25\,\mathrm{kN},\ F_{ad} = +25\left(\frac{5.59}{2.5}\right) = +55.9\,\mathrm{kN}$$

$$F_{bd} = -F_{ad} = -55.9\,\mathrm{kN}$$

例 3.4　平面トラスの部材応力 4

次の平面トラスの部材の応力を求める．この構造物は内的にも外的にも静定であり，反力が示されている．

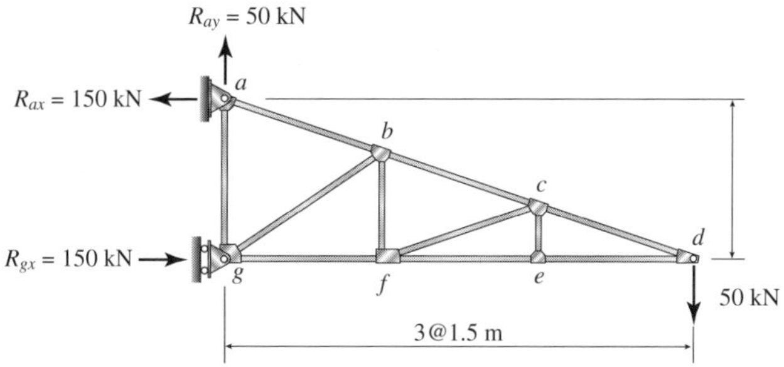

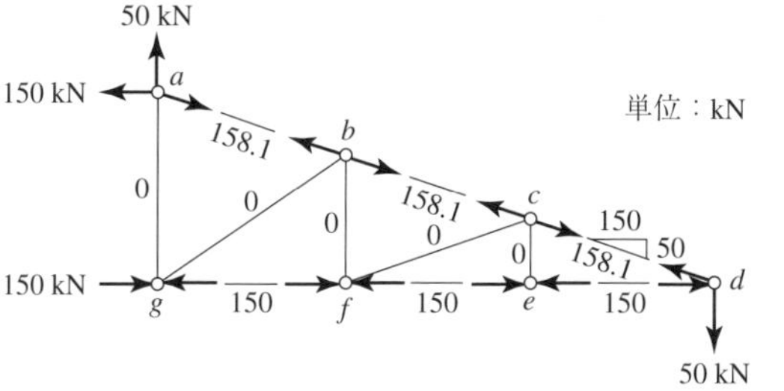

部材応力の算定　　節点法を $d \to e \to c \to f \to b \to g$ の順に逐次適用して，視察により応力を求めると次のようになる．算出過程は例えば次のようになる．

節点 d：$Y_{dc} = +50\,\mathrm{kN},\ X_{dc} = +150\,\mathrm{kN},\ F_{dc} = +158.1\,\mathrm{kN}$

$X_{de} = -150\,\mathrm{kN},\ F_{de} = -150\,\mathrm{kN}$

節点 e：$F_{ef} = -150\,\mathrm{kN},\ F_{ec} = 0\,\mathrm{kN}$

節点 c：$\sum P_{y'} = 0;\ F_{cf} = 0\,\mathrm{kN}$

（ここに y' とは，部材 cd に垂直な斜上方向を表す）

$\sum P_{x'} = 0;\ F_{bc} = +158.1\,\mathrm{kN}$

（ここに x' とは，部材 cd に平行な右下方向を表す）

節点 f：$F_{fg} = -150\,\mathrm{kN},\ F_{fb} = 0\,\mathrm{kN}$

節点 b：節点 c と同様に，$F_{bg} = 0\,\mathrm{kN},\ F_{ba} = +158.1\,\mathrm{kN}$

節点 g：$F_{ga} = 0\,\mathrm{kN}$

例 3.5　**平面トラスの部材応力 5**

節点法と切断法を併用して，次の組合せトラスのすべての部材の軸力を求める．応力は引張り正，反力は上向きおよび右向きを正とする．整数でない場合は，小数は有効数字 3 桁とする．

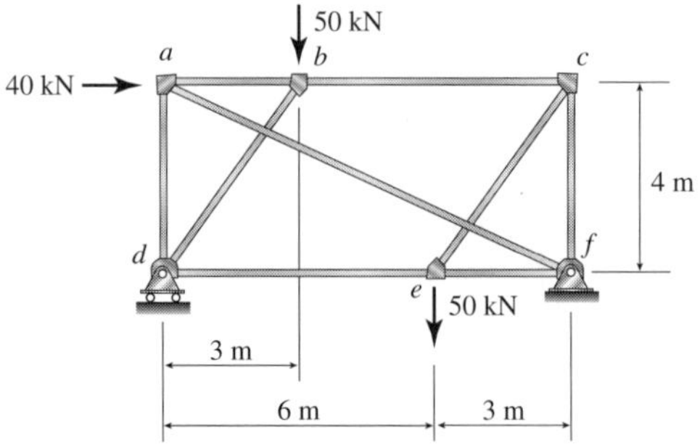

部材応力の算定　反力が既に，$R_{dy} = 32.2\,\mathrm{kN}$, $R_{fx} = -40.0\,\mathrm{kN}$, $R_{fy} = 67.8\,\mathrm{kN}$ と求められている．ここで切断法を適用して，部材 de，部材 af，部材 bc を切断したフリーボディの力の釣合いからこれらの部材応力 F_{de}, F_{af} と F_{bc} を求める．

節点 f 周りのモーメントの釣合いより，

$$\sum M_z|_f = 0 \circlearrowleft^{+};\ 3 \times 50 + 4 \times F_{bc} = 0;\ F_{bc} = -37.5\,\mathrm{kN}$$

節点 a 周りのモーメントの釣合いより，

$$\sum M_z|_a = 0 \circlearrowleft^{+};\ -3 \times 50 + 4 \times F_{de} = 0;\ F_{de} = 37.5\,\mathrm{kN}$$

x 方向の力の釣合いより，$40 - 37.5 + 37.5 + (F_{af})_x = 0$ よって $(F_{af})_x = -40$

$$(F_{af})_y = -40 \times \frac{4}{9} = -17.8\,\mathrm{kN}, \quad F_{af} = -40 \times \frac{\sqrt{4^2 + 9^2}}{9} = -43.8\,\mathrm{kN}$$

以降節点法を適用して部材の応力を求める．

節点 c：

$$\sum P_x = 0 \rightarrow^{+};\ (F_{ce})_x - 37.5 = 0 \text{ よって } (F_{ce})_x = 37.5,$$

$$(F_{ce})_y = 37.5 \times \frac{4}{3} = 50;\ F_{ce} = 37.5 \times \frac{5}{3} = 62.5\,\mathrm{kN}$$

$$\sum P_y = 0 \uparrow^{+};\ F_{cf} + 50 = 0 \text{ よって } F_{cf} = -50\,\mathrm{kN}$$

節点 e：

$$\sum P_x = 0 \rightarrow^{+};\ F_{ef} - 37.5 + 37.5 = 0 \text{ よって } F_{ef} = 0\,\mathrm{kN}$$

$\sum P_y = 0 \uparrow^{+}$; 既に，$(F_{ce})_y = 50$ が求められ，確かに力の釣合いを満たしている．

節点 a：

$$\sum P_x = 0 \rightarrow^{+};\ F_{ab} + 40 - 40 = 0 \text{ よって } F_{ab} = 0\,\mathrm{kN}$$

$$\sum P_y = 0 \uparrow^{+};\ -F_{ad} + 17.8 = 0 \text{ よって } F_{ad} = 17.8\,\mathrm{kN}$$

節点 b：

$\sum P_x = 0 \rightarrow^+$; $-(F_{bd})_x - 37.5 = 0$ よって $(F_{bd})_x = -37.5$,

$(F_{bd})_y = -37.5 \times \dfrac{4}{3} = -50$, $F_{bd} = -37.5 \times \dfrac{5}{3} = -62.5\,\mathrm{kN}$

$\sum P_y = 0 \uparrow^+$; 既に，$(F_{bd})_y = -50$ が求められており力の釣合いを満たしている．

これですべての軸力が求められた．

例 3.6　平面トラスの部材応力 6

節点法を適用して次のトラスのすべての部材の軸力を求める．以下，応力は引張り正，反力は上向きおよび右向きを正とする．整数でない場合は，有効数字 3 桁の小数とする．

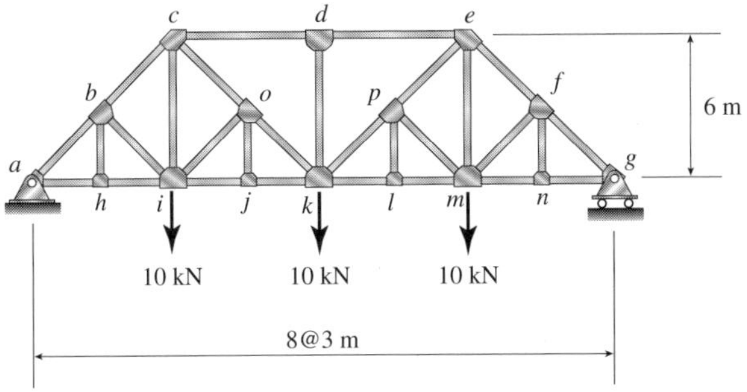

反力は，$R_{ax} = 0\,\mathrm{kN}$, $R_{ay} = 15\,\mathrm{kN}$, $R_{gy} = 15\,\mathrm{kN}$ となる．

部材応力の算定　視察より，$F_{bh} = F_{bi} = F_{io} = F_{oj} = F_{pl} = F_{pm} = F_{mf} = F_{fn} = F_{dk} = 0\,\mathrm{kN}$．残りの部材の軸力を求めるために節点法を適用する．左右対称なので，部材応力も対称となる．よって，左半分だけについて考える．

節点 a に働く力の釣合いより

$\sum P_y = 0 \uparrow^+$; $(F_{ab})_y + R_{ay} = 0$; $(F_{ab})_y = (F_{bc})_y = -15\,\mathrm{kN}$;

$F_{ab} = F_{bc} = -21.2\,\mathrm{kN}$

$\sum P_x = 0 \rightarrow^+$; $(F_{ab})_x + R_{ax} = 0$; $(F_{ab})_x = (F_{bc})_x = -15\,\mathrm{kN}$;

$F_{ah} = F_{hi} = 15\,\mathrm{kN}$

節点 i に働く力の釣合いより

$\sum P_y = 0 \uparrow^+$; $F_{ij} = F_{jk} = 15\,\mathrm{kN}$

$\sum P_x = 0 \rightarrow^+$; $F_{ci} = 10\,\mathrm{kN}$

節点 c に働く力の釣合いより

$\sum P_y = 0 \uparrow^+$; $(F_{co})_y = (F_{ok})_y = 5\,\mathrm{kN}$; $(F_{co})_x = (F_{ok})_x = 5\,\mathrm{kN}$;

$F_{co} = F_{ok} = 7.07\,\mathrm{kN}$

$\sum P_x = 0 \rightarrow^+$; $F_{cd} = -20\,\mathrm{kN}$

3章の問題

□**1**　以下の平面トラス構造の静定・不静定・不安定の判定をせよ．

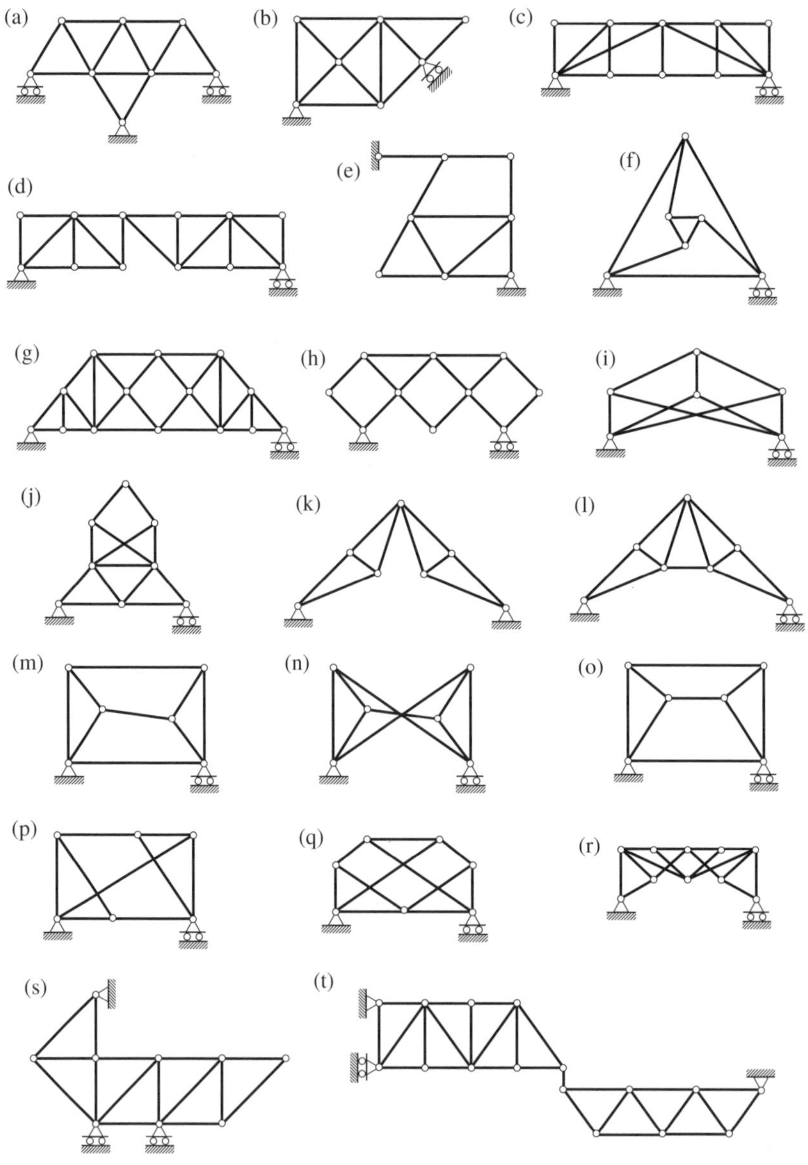

□**2** 次の様々な平面静定トラス構造の部材の応力を求めよ.

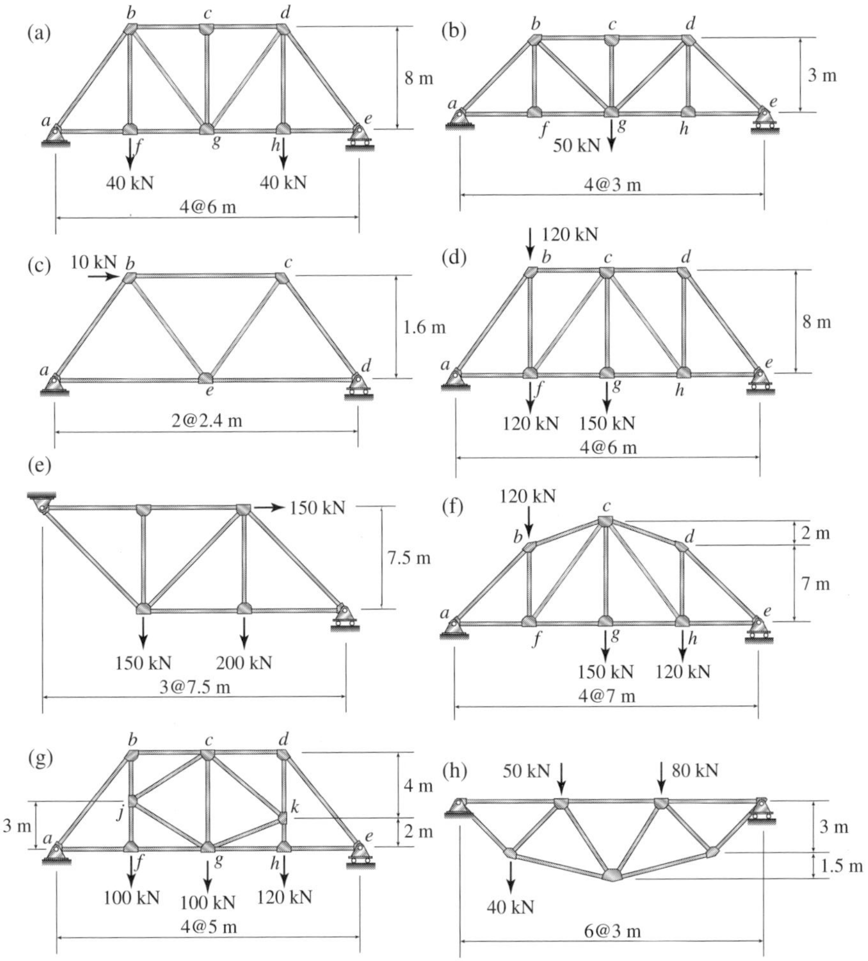

□**3**　次の様々な平面静定トラス構造の部材の応力を求めよ．

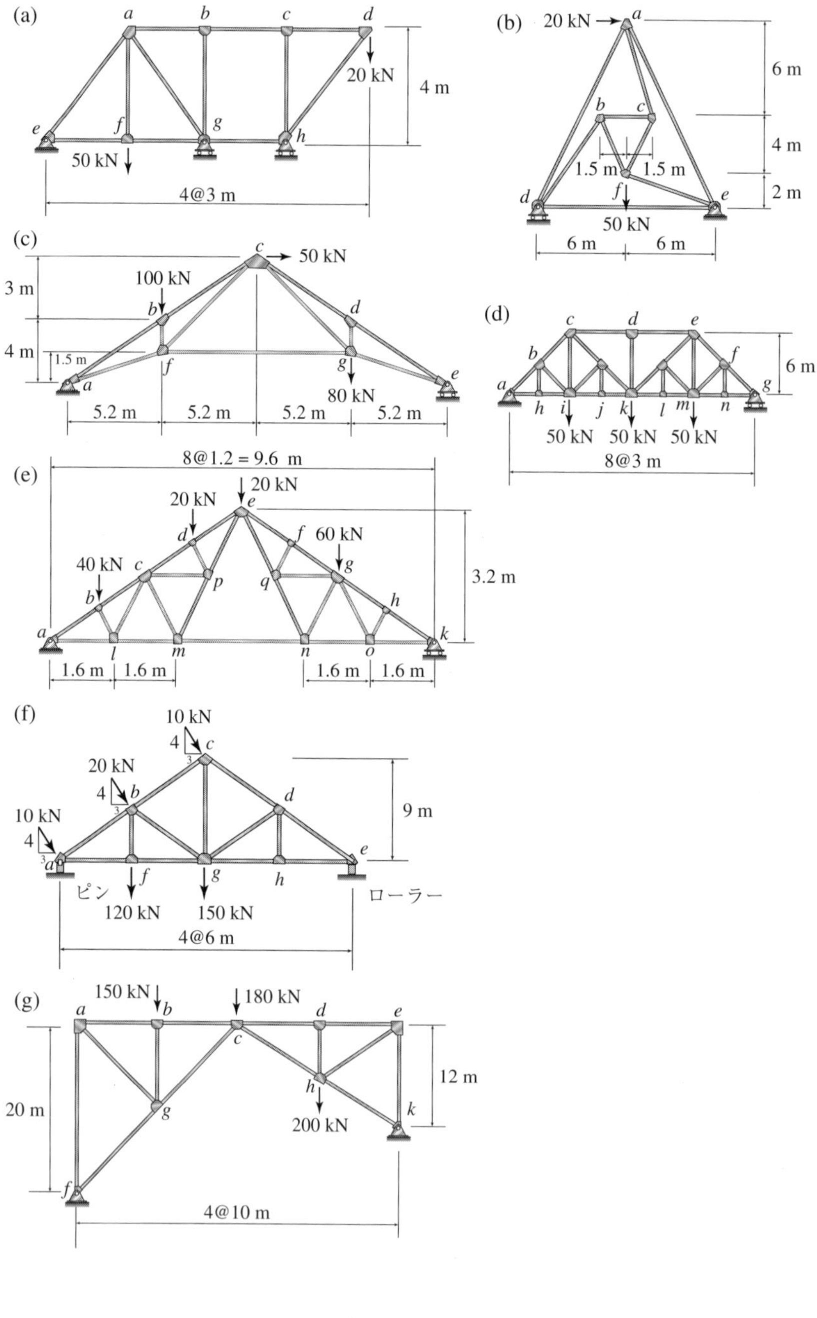

4 梁・骨組の応力

構造物には，曲げる力に抵抗する部材がたいてい含まれている．図 4.1 の**梁**や**骨組**はその例で，外力が加わると部材が曲げに抵抗して形状を保ち安定となっている．梁は曲げに抵抗する水平部材である．骨組は，曲げに抵抗する直線部材の端部を仕口で剛に結合して一体としたもので，部材群が協力して外力に抵抗するものである．また骨組は，部材を三角形に配置して構造物を安定させるトラスと異なり，空間を遮る部材が目立たないすっきりとした多層空間を構成するのに適している．骨組は**ラーメン**とも呼ばれ，ドイツ語の Rahmen（絵の額縁）に由来する．

梁や骨組に生じる応力は，材軸に沿って必ずしも一定とはならない．そのため構造設計では，梁や骨組の材軸に沿って応力の大きさはどのように変化するか，どこで最大となるかなど，応力の分布が重要なポイントとなっている．この章では，部材と外力の向きが同一平面上にある，梁や平面骨組の性質と，それらの部材に働く応力の大きさや分布の求め方について学ぶ．

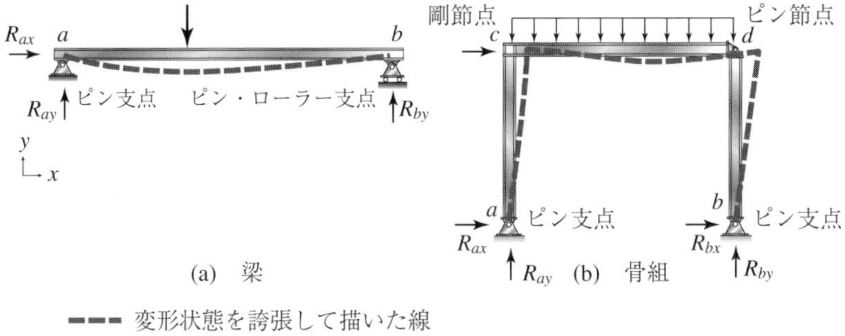

図 4.1　梁と骨組

4.1　軸力・せん断力・曲げモーメント

応力とは，部材を仮に切断した時に，切断面の両側に働いていると考えられる，大きさが等しく逆向きの一対の力で表される量のことである．曲げる力を受ける部材の応力も，切断によって分割されてできた片側のフリーボディに作用する力の釣合い条件から常に求めることができる．例えば，図 4.2 の梁 ab において，点 c における応力は，左側のフリーボディの ac の点 c に働く力から求まる．右側のフリーボディの cb の点 c に働く力は，それらと大きさが等しく逆向きの力となる．この力は，独立な 3 つの力の釣合い式から求められるので，3 つの成分を座標系とともに指定すれば，応

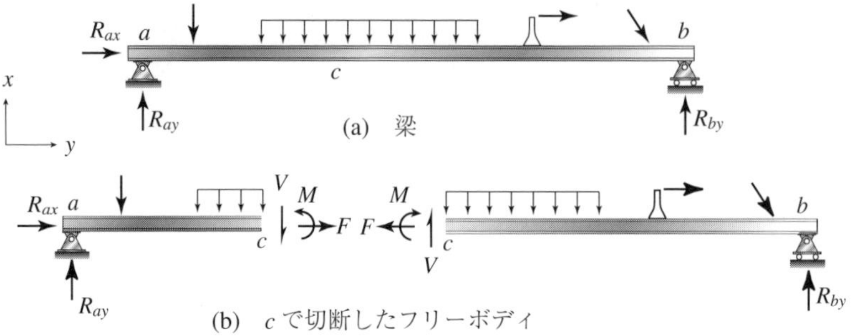

図 4.2　梁の応力

力を一意に表すことができる．通常，梁や骨組の応力を表すのに**軸力**，**せん断力**，**曲げモーメント**の 3 つの独立した成分が用いられる．ここに，軸力 F は，切断点に働く力の材軸方向の成分から定義される．せん断力 V は，切断点に働く力の材軸に直交する力の成分から定義される．また曲げモーメント M は，切断点に働く偶力から定義される．

4.2　応力の記号と符号の規約

本書では，応力の値の正負は，次のようにする．軸力 F は，部材端の力により引張りになる場合を正（単位 N, kN など）とする．せん断力 V は，応力を近傍の微小区間に働く力で表した時，微小区間に時計回りの回転を起こさせるものを正（単位 N, kN など）とする．曲げモーメント M（曲げの力；単位 N m, kN m など）は，梁を下に凸に変形させようとする方向（下端引張り）を正とする．これは日本で慣習的に用いられている定義でもある．

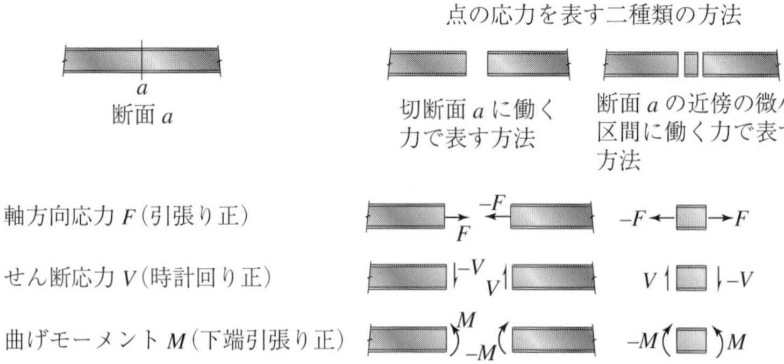

図 4.3　梁断面の応力の種類

図 4.3 はいずれも正の向きの応力が働く場合にフリーボディの切断面に作用する一対の応力を矢印で図示している．梁もしくは骨組の，ある点での応力の成分を図示するには，図 4.3 のように，その点に仮想切断面を設けて，そこに作用する一対の力で図示する方法がある．これとは別に，その点近傍の微小区間を取り出し，微小区間の両端部に作用する一対の力で表示する方法もある．どちらも使われる方法である．

4.3　フリーボディの利用

梁や骨組の応力を求めるための原則は，梁や骨組を，応力を知りたい点で仮に切断して，その両側のフリーボディのうちどちらかを考え，力の釣合い条件が満たされるように，その切断点に加えるべき力を算出することである．この力から応力の符号の規約により応力を定める．なお，当然ながら，切断したどちらのフリーボディに釣合いを適用しても得られる応力は同じとなる．

1. 応力を知りたい点で切断したフリーボディを考える．
2. 軸力 F は，フリーボディに働く材軸方向の力の成分の釣合いから求める．
3. せん断力 V は，フリーボディに働く材軸直交方向の力の成分の釣合いから求める．
4. 曲げモーメント M は，切断した点周りのモーメントの釣合いから求める．これは，フリーボディに働く，a) 材軸直交方向の力の成分によるものと，b) 集中モーメント（偶力）によるものの総和として求められる．

例 4.1　片持ち梁の応力 1

先端に下向きに 10 kN の力が作用する片持ち梁の点 b における応力の成分 F, V, M を求める．点 b で切断した右側のフリーボディ ba に作用する力の釣合いより，

$\sum P_x = 0 \rightarrow^+;\ -F = 0;\ F = 0\,\mathrm{kN}$　（軸力：引張り正）

$\sum P_y = 0 \uparrow^+;\ V - 10 = 0;\ V = 10\,\mathrm{kN}$　（せん断力：時計回り正）

$\sum M_z|_b = 0 \circlearrowleft^+;\ -M - 10 \times 2.5 = 0;\ M = -25\,\mathrm{kN\,m}$　（曲げモーメント：下端引張り正）

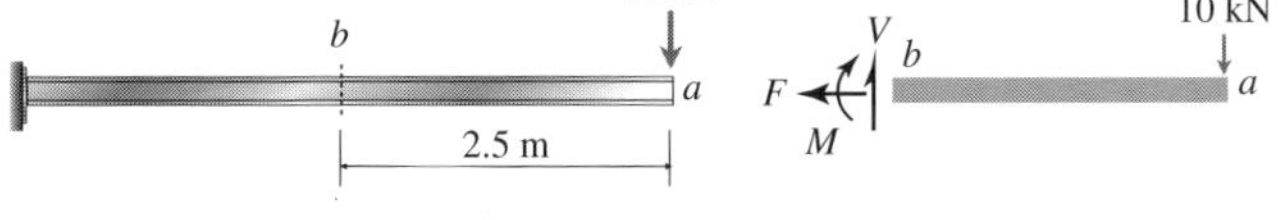

例 4.2　片持ち梁の応力 2

先端に下向きに 10 kN の力が作用する片持ち梁の点 c における応力 F, V, M を求める．点 c は左から点 a に限りなく近づいた点とする．フリーボディ ca の力の釣合いより，

$\sum P_x = 0 \rightarrow^+;\ -F = 0;\ F = 0\,\mathrm{kN}$　（軸力：引張り正）

$\sum P_y = 0 \uparrow^{+};\ V - 10 = 0;\ V = 10\,\mathrm{kN}$　（せん断力：時計回り正）

$\sum M_z|_c = 0 \circlearrowleft^{+};\ -M - 10 \times 0 = 0;\ M = 0\,\mathrm{kN\,m}$

（曲げモーメント：下端引張り正）

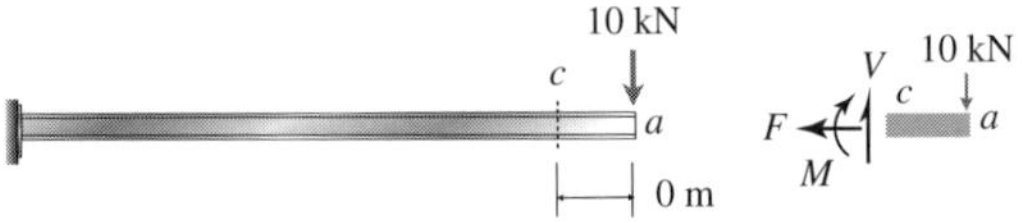

例 4.3　片持ち梁の応力 3

片持ち梁の点 e における応力 F, V, M を求める．フリーボディ ea の力の釣合いより，

$\sum P_x = 0 \rightarrow^{+};\ -F = 0;\ F = 0\,\mathrm{kN}$　（軸力：引張り正）

$\sum P_y = 0 \uparrow^{+};\ V - 2 \times 2 = 0;\ V = 4\,\mathrm{kN}$　（せん断力：時計回り正）

$\sum M_z|_e = 0 \circlearrowleft^{+};\ -M - 2 \times 2 \times 1 = 0;\ M = -4\,\mathrm{kN\,m}$

（曲げモーメント：下端引張り正）

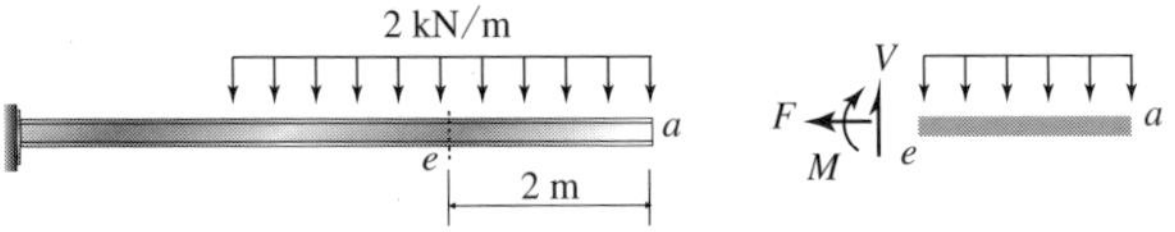

例 4.4　連続梁の応力 1

連続梁の点 a における応力 F, V, M を求める．反力は図に記入してある値とする．

$\sum P_x = 0 \rightarrow^{+};\ -F = 0;\ F = 0\,\mathrm{kN}$　点 a の右側（軸力：引張り正）

$-F + 6 = 0;\ F = 6\,\mathrm{kN}$　点 a の左側（軸力：引張り正）

$\sum P_y = 0 \uparrow^{+};\ V + 4 = 0;\ V = -4\,\mathrm{kN}$　点 a の右側（せん断力：時計回り正）

$V - 8 + 4 = 0;\ V = 4\,\mathrm{kN}$　点 a の左側（せん断力：時計回り正）

$\sum M_z|_a = 0 \circlearrowleft^{+};\ -M + 4 \times 6 = 0;\ M = 24\,\mathrm{kN\,m}$　（曲げモーメント：下端引張り正）

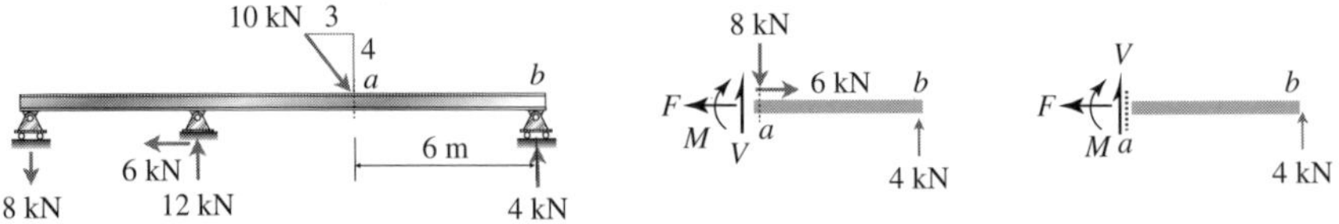

例 4.5　連続梁の応力 2

連続梁の支点 c の上における応力 F, V, M を求める．反力は図に記入してある値とする．

$\sum P_x = 0 \rightarrow^{+};\ -F + 6 = 0;\ F = 6\,\mathrm{kN}$　点 c の右側（軸力：引張り正）

$-F + 6 - 6 = 0;\ F = 0\,\mathrm{kN}$　点 c の左側（軸力：引張り正）

$\sum P_y = 0 \uparrow^{+};\ V - 8 + 4 = 0;\ V = 4\,\mathrm{kN}$　点 c の右側（せん断力：時計回り正）

$V-8+4+12=0$; $V=-8\,\mathrm{kN}$　点 c の左側（せん断力：時計回り正）

$\sum M_z|_c=0$ ↺$^+$; $-M+4\times 10-8\times 4=0$; $M=8\,\mathrm{kN\,m}$

（曲げモーメント：下端引張り正）

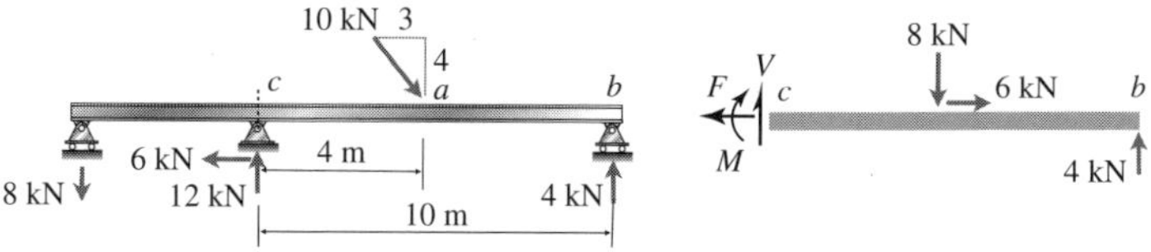

例 4.6　単純支持梁の応力 1

梁の点 c における応力 F, V, M を求める．

$\sum P_x = 0 \rightarrow^+$; $-F + 0 = 0$; $F = 0\,\mathrm{kN}$　（軸力：引張り正）

$\sum P_y = 0 \uparrow^+$; $V - 50 \times 3 + 150 = 0$; $V = 0\,\mathrm{kN}$　（せん断力：時計回り正）

$\sum M_z|_c = 0$ ↺$^+$; $-M - 50 \times 3 \times 1.5 + 150 \times 3 = 0$; $M = 225\,\mathrm{kN\,m}$

（曲げモーメント：下端引張り正）

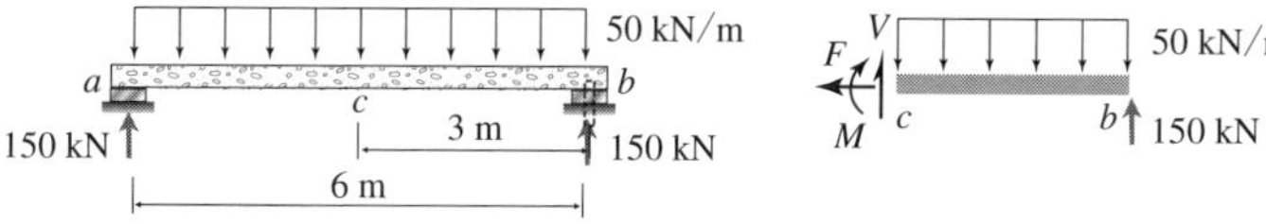

例 4.7　集中モーメント（偶力）が作用する点における単純支持梁の応力

次の梁について，点 D のせん断力 V と曲げモーメント M を求める．

切断する点に作用する外力をフリーボディの釣合に考えるか考えないかで，応力の値が異なる値になる場合には，その両方の値を示すものとする．

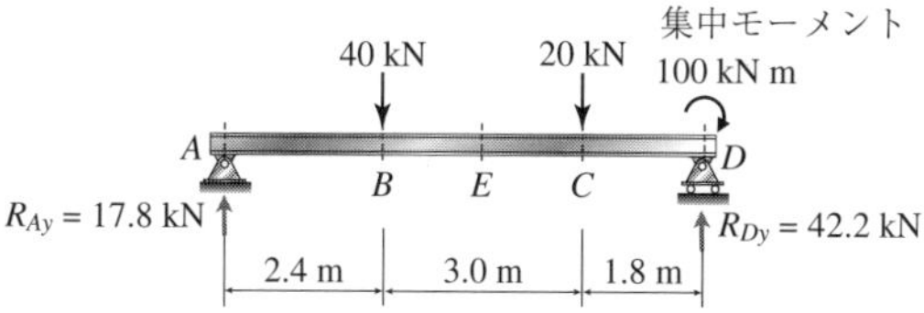

点 A と点 D の反力を求める．

$\sum M_z|_A = 0$ ↺$^+$; $-40 \times 2.4 - 20 \times 5.4 - 100 + 7.2R_{Dy} = 0$; $R_{Dy} = 42.2\,\mathrm{kN}$

$\sum P_y = 0 \uparrow^+$; $R_{Ay} - 40 - 20 + 42.2 = 0$; $R_{Ay} = 17.8\,\mathrm{kN}$

点 D について：指定した点の左側のフリーボディについての力の釣合いより，

$\sum P_x = 0 \rightarrow^+$; $F + 0 = 0$; $F = 0\,\mathrm{kN}$　（引張り正）

$\sum P_y = 0 \uparrow^+$; $-V + 17.8 - 40 - 20 = 0$; $V = -42.2\,\mathrm{kN}$　D の左側（時計回り正）

$$-V + 17.8 - 40 - 20 + 42.2 = 0;\ V = 0\,\mathrm{kN}$$ D の右側（時計回り正）

$\sum M_z|_D = 0 \circlearrowleft^{+};\ M - 17.8 \times 7.2 + 40 \times 4.8 + 20 \times 1.8 = 0;$

$M = -100\,\mathrm{kN\,m}$　D の左側（下端引張り正）

$\sum M_z|_D = 0 \circlearrowleft^{+};\ M - 17.8 \times 7.2 + 40 \times 4.8 + 20 \times 1.8 - 100 = 0;$

$M = 0\,\mathrm{kN\,m}$　D の右側（下端引張り正）

例 4.8　集中モーメント（偶力）が作用する単純支持梁の応力の分布

次の静定梁について，点 A から点 B にいたる各点でのせん断力 V と曲げモーメント M を求める．

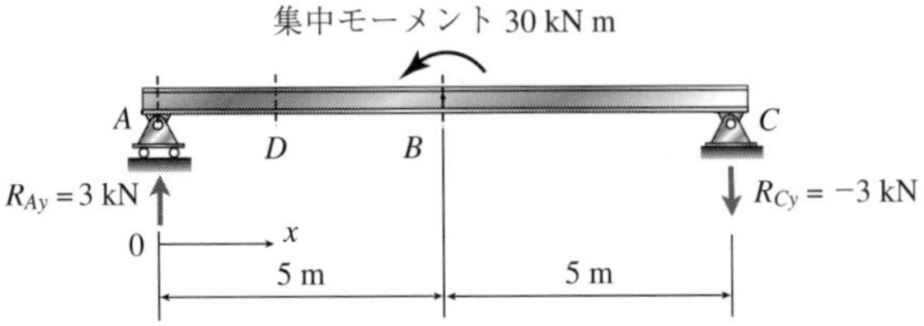

支点 A と 支点 C の反力を求める．

$\sum M_z|_A = 0 \circlearrowleft^{+};\ 30 + 10R_{Cy} = 0;\ R_{Cy} = -3\,\mathrm{kN}$　（上向き正）

$\sum P_y = 0 \uparrow^{+};\ R_{Ay} - 3 = 0;\ R_{Ay} = 3\,\mathrm{kN}$　（上向き正）

点 D（点 A から右に x メートル位置）について；フリーボディ AD の力の釣合いより

$\sum P_x = 0 \rightarrow^{+};\ F(x) + 0 = 0;\ F(x) = 0\,\mathrm{kN}$　（引張り正）

$\sum P_y = 0 \uparrow^{+};\ -V(x) + 3 = 0;\ V(x) = 3\,\mathrm{kN}$　（時計回り正）

$\sum M_z|_D = 0 \circlearrowleft^{+};\ M(x) - 3x = 0;\ M(x) = (3x)\,\mathrm{kN\,m}$　（下端引張り正）

点 D のように荷重が作用していない点では，せん断力 $V(x)$ は定数であることから，V は一定値であり，曲げモーメント $M(x)$ は x の一次関数であることから M は線形的に変化する．
点 B について；フリーボディ AB の力の釣合いより

$\sum P_x = 0 \rightarrow^{+};\ F + 0 = 0;\ F = 0\,\mathrm{kN}$　（引張り正）

$\sum P_y = 0 \uparrow^{+};\ -V + 3 = 0;\ V = 3\,\mathrm{kN}$　（時計回り正）

$\sum M_z|_B = 0 \circlearrowleft^{+};$ B の左側では, $M - 3 \times 5 = 0;\ M = 15\,\mathrm{kN\,m}$　（下端引張り正）

B の右側では, $M - 3 \times 5 + 30 = 0;\ M = -15\,\mathrm{kN\,m}$　（下端引張り正）

例 4.9　単純支持梁の応力 2

下の図の梁の区間 bd 内と区間 eg 内の任意の点 x（点 a から x メートル右の位置）での応力を求め x で表す．反力は既に求められており図中に示してある．

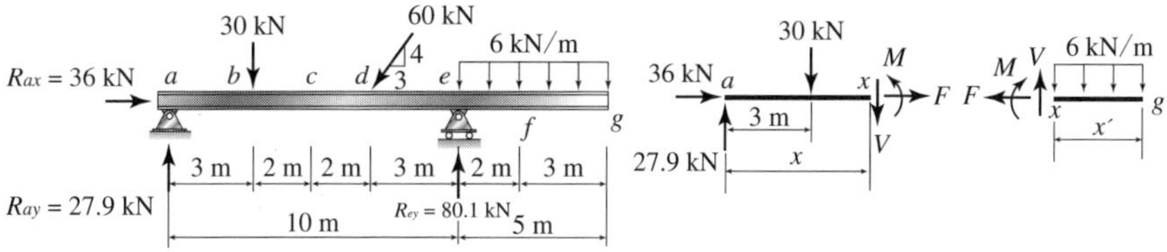

区間 bd 内の点 x での応力を求める．

$$\sum P_x = 0 \rightarrow^{+};\ F(x) + 36 = 0;\ F(x) = -36\,\mathrm{kN}\quad（引張り正）$$

$$\sum P_y = 0 \uparrow^{+};\ -V(x) + 27.9 - 30 = 0;\ V(x) = -2.1\,\mathrm{kN}\quad（時計回り正）$$

$$\sum M_z|_x = 0 \circlearrowleft^{+};\ M(x) + 30(x-3) - 27.9x = 0;$$

$$M(x) = -2.1x + 90\,\mathrm{kN\,m}\quad（下端引張り正）$$

区間 eg 内の点 x での応力を求める．

$$\sum P_x = 0 \rightarrow^{+};\ -F(x) + 0 = 0;\ F(x) = 0\,\mathrm{kN}$$

$$\sum P_y = 0 \uparrow^{+};\ -V(x) + 27.9 - 30 - 48 + 80.1 - (x-10)\times 6 = 0;$$

$$V(x) = (-6x + 90)\,\mathrm{kN}$$

$$\sum M_z|_x = 0 \circlearrowleft^{+};\ M(x) - 27.9x + 30(x-3) + 48(x-7) - 80.1(x-10)$$

$$+6(x-10)\left(\frac{x-10}{2}\right) = 0;$$

よって，$M(x) = (-3x^2 + 90x - 675)\,\mathrm{kN\,m}$

別の方法として，右側のフリーボディにおける力の釣合いについて考え，x' を点 g からの距離として求めることもできる．

$$\sum P_x = 0 \rightarrow^{+};\ F(x') = 0\,\mathrm{kN}$$

$$\sum P_y = 0 \uparrow^{+};\ V(x') - 6x' = 0;\ V(x') = 6x'\,\mathrm{kN}$$

$$\sum M_z|_{x'} = 0 \circlearrowleft^{+};\ -M(x') - 6x'\left(\frac{x'}{2}\right) = 0;\ M(x') = -3(x')^2\,\mathrm{kN\,m}$$

$x' = 15 - x$ を代入すれば x との関係が得られる．当然はじめに計算した $M(x)$ と同じ結果が得られる．

4.4　せん断力図と曲げモーメント図

梁や骨組の材軸に沿った応力の変化を視覚的に示すために，**曲げモーメント図**と**せん断力図**が使われる．これらは，曲げモーメント M やせん断力 V の大きさを直交する方向にとった線で表す方法であり，梁や骨組の応力の分布を一目で理解するのに適しているので，構造設計の実務における判断の根拠の記録に不可欠な方法である．曲げモーメント図やせん断力図の正しい描き方を知りその意味が理解できることは設計者にとってとても重要である．

例 4.10　**せん断力図と曲げモーメント図**

曲げモーメント図は，値の正負によらず，曲げで凸になる側に線を引かなければならないルールがある．ピークの値や，極値の値など主要な数値が記入される．水平部材では曲げモーメントが正の場合に線が部材の下側になるようにする．せん断力図は，微小要素に働くせん断力を考えた時に，時計回りに回転させようとする力が正となる．主要な数値も記入される．せん断力が正の場合には部材の上になるようにする．

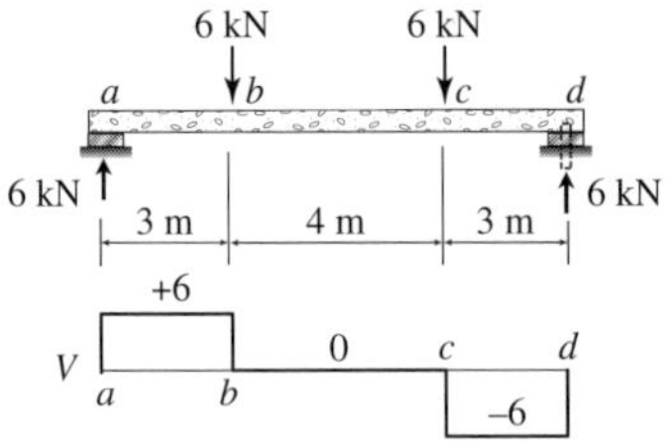

せん断力図（単位：kN）

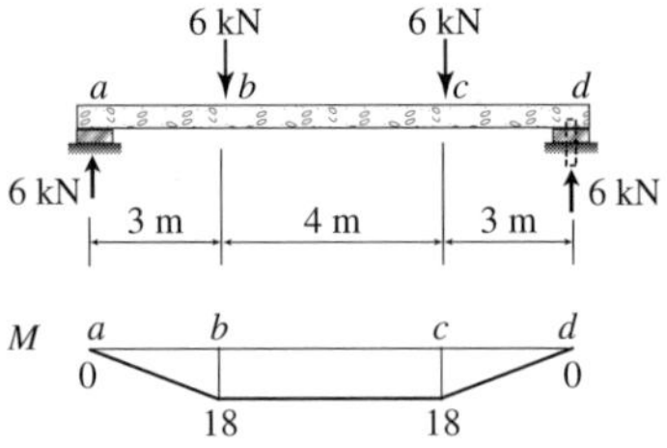

曲げモーメント図（単位：kN m）

4.5　平面骨組の安定・不安定

骨組構造物にも，安定・不安定・静定・不静定の別がある．力の釣合い条件のみからすべての支持点での反力の成分と内部の応力の成分が定められる構造を「静定」と呼び，力の釣り合い条件が不足して反力と応力が一意に定められない構造を「不静定」と呼ぶ．図 4.4 は，静定で安定な構造の例である．

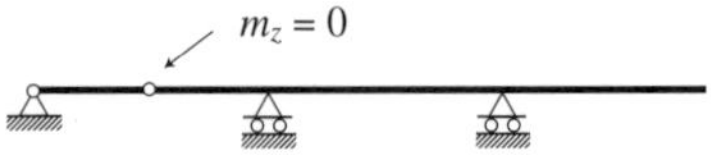

図 4.4　静定で安定な構造物の例

(1)　梁・骨組構造の未知数の数と釣合い条件式などの数

梁や骨組構造物にも，トラス構造物と同様に，独立な未知の部材応力の成分の数，独立な未知の反力の成分の数，釣合い条件の数，状態条件式の数から，安定・不安定・静定・不静定を判断する判別式がある．ここでは，平面構造物を対象とした判別式を考える．

(2)　判別式

構造物内の部材の応力は，部材の途中で変化する．しかし部材の途中の一断面で，軸力 F，せん断力 V，曲げモーメント M が指定され，その部材に働く外力の位置と大きさが指定されていれば，残りの断面における応力の分布状態は，そこから一意に定まる．つまり，部材応力を表すために必要な独立な未知数の数は，部材あたり 3 となる．したがって構造物を構成する部材数を m_a とすれば，すべての部材応力を表すために必要な独立な未知数の数は $3 \times m_a$ となる．また，構造物の支持点における反力の成分も独立な未知数でありその数を r_a とする．したがって，独立な未知数の数は $3m_a + r_a$ である．一方で，ある節点を取り出したフリーボディにおいて成立する独立な釣合い条件式の数は 3 である．もし構造物に含まれる節点の数（支点も含む）が j であれば，構造物全体についての，独立な釣合い条件式の数は $3 \times j$ となる．さらに，例えば構造物内のヒンジのように，応力に関する制約条件を表す式がある場合にこれを**状態条件式**と呼び，この数を n とする．したがって，独立な条件式の数は $3j + n$ である．この時，$3m_a + r_a = 3j + n$ が成立する場合には，未知数の数と，独立な条件式の数は等しいので，未知の部材応力と未知の支点反力は，力の釣合い条件と応力に関する制約条件から，一意に定まる．このことを**静定**（または，外的静定と区別して**内的静定**である）という．

したがって平面骨組構造物においては，次の判別式を用いることができる．

$3m_a + r_a < 3j + n$;　不安定

$3m_a + r_a = 3j + n$;　安定・内的静定

$3m_a + r_a > 3j + n$;　安定・内的不静定

ここに，m_a：部材数，r_a：独立な未知の反力の成分の数，j：節点数，n：状態条件式の数．また，$(3m_a + r_a) - (3j + n)$ の値を**不静定次数**という．

(3)　判別式適用の場合の注意事項

判別式において，$3m_a + r_a \geqq 3j + n$ であることは構造物が安定となるための必要条件である．しかし十分条件ではない．幾何学的不安定に注意し，常に視察による判定が必要である．

モーメントに関する制約条件（状態条件式）の数 n は，通常 n = ピン接合の数とすればよい．ただし，3 本以上の部材が 1 箇所に集まりピン接合となっている場合やピン支持点に 2 本以上の部材が集まりピン接合となっている場合には，その部材数を m

として，モーメントに関する制約条件（状態条件式）の数 n を $m-1$ として算定しなければならない．

(4)　梁の種類の分類

梁には，図 4.5 のような種類がある．一端がピン支持，他端がピンローラー支持の梁は，**単純支持梁**もしくは**単純梁**と呼ばれ，$m_a = 1$, $r_a = 3$, $j = 2$, $n = 0$, $3m_a + r_a = 3j + n$ で，安定で静定となる．一端が固定支持され他端は自由な梁は，**片持ち梁**と呼ばれ，$m_a = 1$, $r_a = 3$, $j = 2$, $n = 0$, $3m_a + r_a = 3j + n$ であり，安定で静定となる．両端が固定支持の梁は，$m_a = 1$, $r_a = 6 > 3$, $j = 2$, $n = 0$, $3m_a + r_a > 3j + n$ であり，安定で不静定となる．3 個以上の支点がある連続した梁は**連続梁**と呼ばれ 一般に安定で不静定となる．

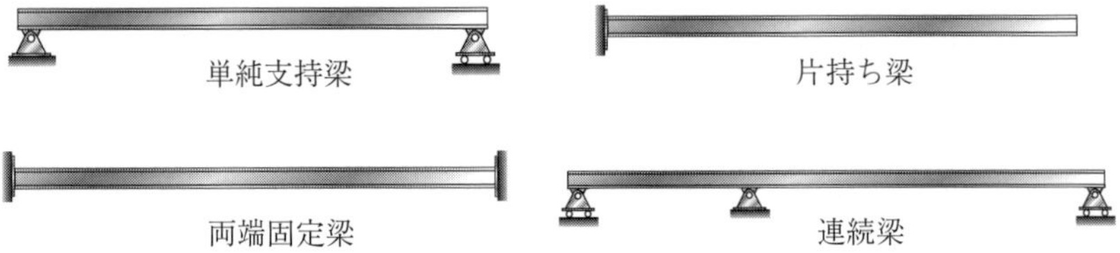

図 4.5　梁の種類

例 4.11　状態条件式の数

平面骨組構造で，モーメントに関する制約条件（状態条件式）の数 n を調べる場合には，節点もしくは支点のピン周りで，m 本の部材が独立して回ることができる場合，状態条件式の数 n は，$n = m - 1$ であり，図に描かれたピンの個数から n にすることは必ずしも正しくないことに注意する．例えば，次の図の平面骨組構造物にはいくつかのピンが含まれている．

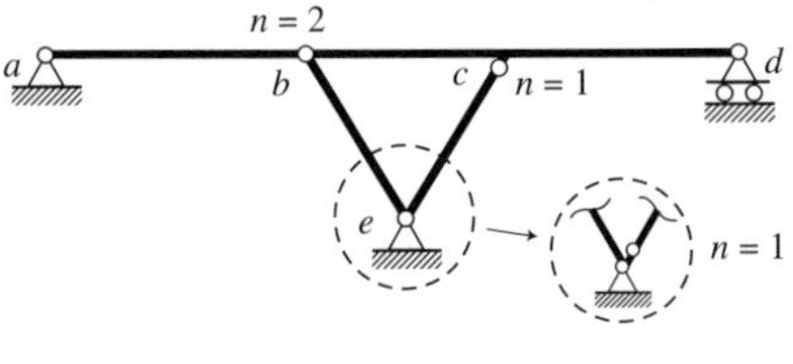

ピン接合を含む骨組の状態条件式の数

節点 b においては部材 ab，部材 be，部材 bc が集まり，ピンによりそれらの 3 部材が節点 b の周りで独立に回転できる．よって，ピンの個数は 1 であるが節点 b の状態条件式の数 n は，$m-1 = 3-1 = 2$ としなければならない．

節点 c においては，部材 bc と部材 cd は剛節でありピンを含まず，部材 ce の端部にピンがある．よって独立に回転できる部材数は，ce の 1 部材であり，状態条件式の数 n は 1 となる．

支点 e においては，ピン支点に部材 be と部材 ce が接合され，部材 be と部材 ce の 2 部材は，独立に支点 e の周りで回転できる．よって，支点 e の状態条件式の数 n は，$m-1 = 2-1 = 1$

表 4.1　梁・平面骨組の静定・不静定・不安定の例

構造物	構造物の特性値				独立な支持反力の成分の数による分類		独立な部材応力の成分の数による分類		
	j	n	m_a	r_a	$r = 3 + n$	分類	$3m_a + r_a$	$3j + n$	分類
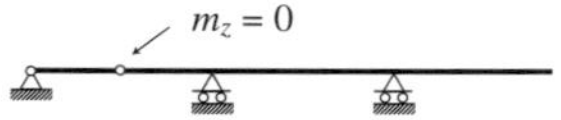 (a)	4	1	3	4	$4 = 3 + 1$	$r_a = r$ 外的静定・安定	$3 \times 3 + 4 = 13$	$3 \times 4 + 1 = 13$	$3m_a + r_a = 3j + n$ 静定・安定
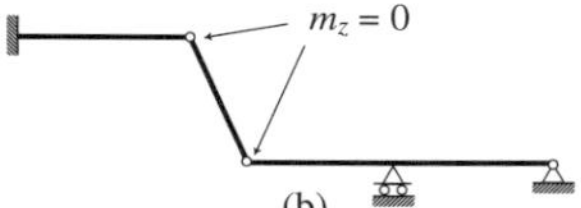 (b)	5	2	4	6	$5 = 3 + 2$	$r_a > r$ 外的不静定・安定 外的不静定次数 1	$3 \times 4 + 6 = 18$	$3 \times 5 + 2 = 17$	$3m_a + r_a > 3j + n$ 不静定・安定 不静定次数 1
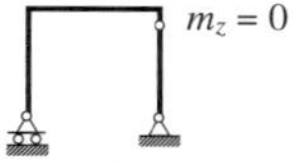 (c)	4	1	3	3	$4 = 3 + 1$	$r_a < r$ 外的不安定	$3 \times 3 + 3 = 12$	$3 \times 4 + 1 = 13$	$3m_a + r_a < 3j + n$ 不安定
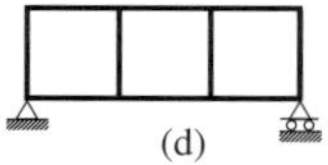 (d)	8	0	10	3	$3 = 3 + 0$	$r_a = r$ 外的静定・安定	$3 \times 10 + 3 = 33$	$3 \times 8 + 0 = 24$	$3m_a + r_a > 3j + n$ 不静定・安定 不静定次数 9
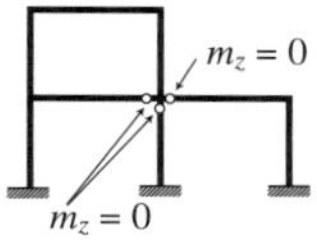 (e)	8	3 (2)*	8	9	$5 = 3 + 2$	$r_a > r$ 外的不静定・安定 外的不静定次数 4	$3 \times 8 + 9 = 33$	$3 \times 8 + 3 = 27$	$3m_a + r_a > 3j + n$ 不静定・安定 不静定次数 6
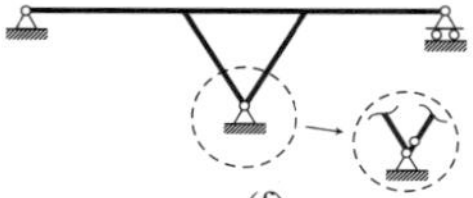 (f)	5	1 (0)*	5	5	$3 = 3 + 0$	$r_a > r$ 外的不静定・安定 外的不静定次数 2	$3 \times 5 + 5 = 20$	$3 \times 5 + 1 = 16$	$3m_a + r_a > 3j + n$ 不静定・安定 不静定次数 4

* 括弧内の数は，外的静定・不静定の判定で用いる制約条件式 n の数

となり，これらを合算するとこの構造物の状態条件式の数は，$n = 2 + 1 + 1 = 4$ となる．

表 4.1 に各種の梁や骨組の静定不静定の判定の例を示す．

4.6　荷重・せん断力・曲げモーメントの関係

梁や骨組について，特定の点の軸力・せん断力・曲げモーメントを知りたい場合には，その点で切断したフリーボディに，力の釣合いを適用することができる．これは応力の定義そのものであり基本でもある．しかし，梁の材軸に沿った最大の応力の値を知りたい場合には，応力の分布を知ることが必要になる．そのような場合には，断面に沿った荷重の分布，せん断力の分布，曲げモーメントの分布が代数式で表されると，それらの間に成立する一定の法則があることを知っておくことは有用である．また，この法則は応力の計算結果の検算にも適用できる点で役に立つ．

図 4.6 のように，梁 ab に直交して分布荷重 $p(x)$（上向き正）が作用している時，区間 Δx に作用する y 方向の力の釣合いより，

$$p_a \Delta x + V - (V + \Delta V) = 0 \quad \text{整理すると} \quad \frac{\Delta V}{\Delta x} = p_a \tag{4.1}$$

ここに，p_a は，区間の荷重の平均値．Δx が十分に小さければ

$$\frac{dV}{dx} = p \tag{4.2}$$

このことから，せん断力 V の変化率（せん断力図の傾き）は長さあたりの荷重 p に等しい．ただし，集中力 P が働く時には，せん断力は不連続に変化する．

次に，Δx の区間に作用する力の点 O 周りのモーメントに関する釣合い式より，

$$-M - V\Delta x - p_a \Delta x(\lambda \Delta x) + (M + \Delta M) = 0 \tag{4.3}$$

整理すると，

$$\frac{\Delta M}{\Delta x} = V + p_a \lambda \Delta x \tag{4.4}$$

ここに，$\lambda \Delta x$ は，区間の荷重の平均値が作用する合力の作用位置の点 O からの距離．

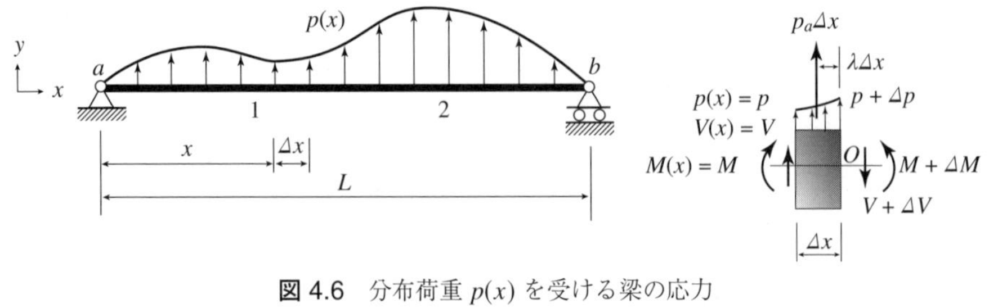

図 4.6　分布荷重 $p(x)$ を受ける梁の応力

Δx が十分に小さければ

$$\frac{dM}{dx} = V \tag{4.5}$$

つまり，曲げモーメントの変化率（曲げモーメント図の傾き）はせん断力 V に等しい．ただし集中モーメント M が作用する点では曲げモーメントは不連続となる．式 (4.5) の両辺を x で微分すると，

$$\frac{d^2M}{dx^2} = \frac{d}{dx}\left(\frac{dM}{dx}\right) = \frac{dV}{dx} = p \tag{4.6}$$

ここに，L：梁の長さ，x：左端 a を基準に右向きを正とした座標系における座標，Δx：位置が x 付近の微小区間の長さ，$p(x)$：梁に直交して作用する単位長さあたりの荷重の強さ（上向き正），$V(x)$：梁のせん断力（時計回り正），$M(x)$：梁の曲げモーメント（下が凸となる方向；下端引張りを正）．これらの関係から，

$$V = \int p\,dx + C_1 \quad （C_1：積分定数）\text{または}\quad V_2 - V_1 = \int_{x_1}^{x_2} p\,dx \tag{4.7a}$$

x_1, x_2 の 2 点の間のせん断力の変化量は，その区間内の荷重図の面積に等しい．

$$M = \int V\,dx + C_2 \quad （C_2：積分定数）\text{または}\quad M_2 - M_1 = \int_{x_1}^{x_2} V\,dx \tag{4.7b}$$

x_1, x_2 の 2 点の間のモーメントの変化量は，その区間内のせん断力図の面積に等しい．分布荷重 $p(x)$，せん断力 $V(x)$，およびモーメント $M(x)$ の関係をまとめると，図 4.7 のように表される．

なお，外力として分布荷重 $p(x)$ 以外に，集中力 P や集中モーメント M が働く場合には微積分の適用方法に注意を要する．例えば，集中力 P は，極く短い領域 Δx に極く大きな分布荷重 $p = \frac{P}{\Delta x}$ が作用する場合の $\Delta x \to 0$ の極限と考える．

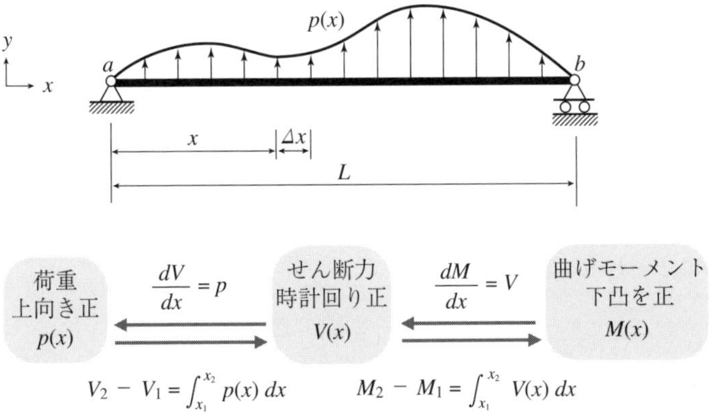

図 4.7　分布荷重 $p(x)$ を受ける梁の応力

例 4.12　覚えておくと役に立つせん断力と曲げモーメント分布に関するルール

ここでは，覚えておくと役に立つ規則を以下に確認しておく．ただし，次の点に留意する．分布荷重 p（単位長さあたりの荷重）は部材軸に直交する成分のみを考える．（部材軸に平行な方向の荷重の成分は軸力に影響するが，せん断力図とモーメント図に影響しない．）

曲げモーメント M とせん断力 V の関係

$$\frac{dM}{dx} = V, \quad M_2 - M_1 = \int_{x_1}^{x_2} V\,dx$$

a.　せん断力 V がゼロの区間の曲げモーメント M は一定.

b.　せん断力 V が単調に変化する場合，V がゼロ点の前後で曲げモーメント M の勾配の正負が逆転する．また，せん断力 V がゼロとなる点で，曲げモーメント M が極大値か極小値となる.

c.　せん断力 V が一定の区間では，曲げモーメント M の勾配は V で一定.

d.　せん断力 V が変化する区間では，曲げモーメント M の勾配は V と同じ.

e.　集中荷重 P が作用する点で，曲げモーメント M は連続だが，勾配が不連続に P だけ変化する．（曲げモーメント図が折れ曲がる.）せん断力 V が変化する区間で，その区間の両端の曲げモーメントの変化量 $\varDelta M$（$= M_2 - M_1$）は，その区間のせん断力 V の面積に等しい.

f.　集中モーメント（偶力）M_0 が作用する点においては，曲げモーメント M はその点で不連続に $\varDelta M$（$= M_0$）だけ変化する.

g.　同じ断面の場合に，曲げモーメント M が大きいほど曲がり方が強くなる.

せん断力 V と分布荷重 p の関係

$$\frac{dV}{dx} = p, \quad V_2 - V_1 = \int_{x_1}^{x_2} p\,dx$$

a.　集中荷重 P も分布荷重 p も荷重が作用しない区間のせん断力 V は一定.

b.　一様分布荷重 p が作用する区間ではせん断力 V の傾きは p と等しい.

c.　分布荷重 p が変化する区間のせん断力 V の傾きは p に応じて変化する.

d.　集中荷重 P が作用する点でせん断力 V は $\varDelta V$（$= P$）だけ不連続に変化する.

e.　集中モーメント（偶力）が作用する点ではせん断力 V は変化しない.

f.　分布荷重 p が作用する区間では，その区間の分布荷重 p の面積は，その区間の両端のせん断力 V_1 と V_2 の差に等しい.

g.　任意の 2 点間のせん断力の変化量 $\varDelta V$（$= V_2 - V_1$）は，その間の区間に作用する荷重をすべて加え合わせた値になる.

曲げモーメントと分布荷重の関係

$$\frac{d^2M}{dx^2} = \frac{d}{dx}\left(\frac{dM}{dx}\right) = \frac{dV}{dx} = p$$

a.　集中荷重も分布荷重も作用しない区間では，曲げモーメントは直線的に変化する.

b.　強さ一定の分布荷重が作用する区間では，曲げモーメントは放物線となる.

例 4.13　**集中モーメントが作用する梁の応力分布**

両端に集中モーメントが作用する単純支持梁のせん断力図と曲げモーメント図を作成する．支持点の反力は逆向きで大きさが等しく 10 kN である．

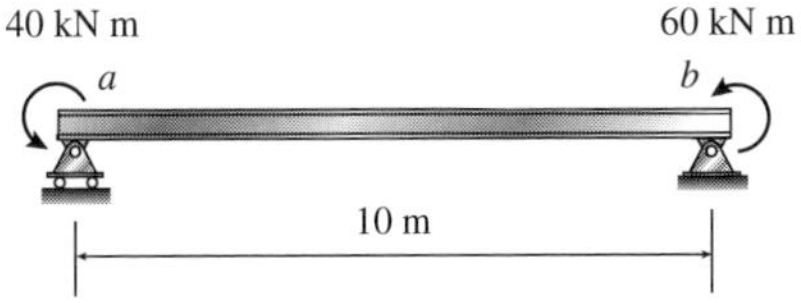

フリーボディに作用する力

点 a のせん断力は，支点反力の値より，$V_a = 10\,\mathrm{kN}$; 区間 ab には荷重がないのでせん断力は変化せず，せん断力は一定値となる．点 a では，その左には荷重が作用しておらず，右には 40 kN m の集中モーメントが作用している．この力により上に凸となる変形が生じているので，曲げモーメントの値は $M_a = -40\,\mathrm{kN\,m}$ である．点 b では，点 b の右には荷重が作用せず，左には集中モーメント 60 kN が作用しており，その点で下に凸の変形が生じているので，曲げモーメントの値は $M_b = 60\,\mathrm{kN\,m}$ である．区間 ab においてはせん断力が一定であり，曲げモーメントの勾配も一定値であるため，部材の途中の曲げモーメント図は，点 a と点 b の曲げモーメントを直線で結んだ線として表される．

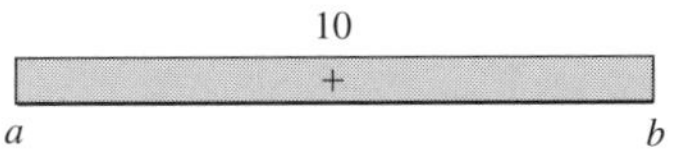

せん断力図 V(kN)

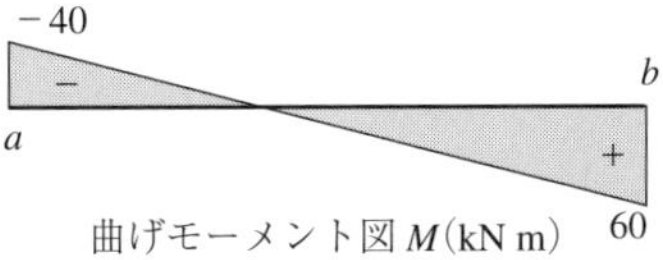

曲げモーメント図 M(kN m)

概略の変形図

例 4.14　**集中モーメントの作用する静定梁の応力分布**

中間に集中モーメントが作用する単純支持梁のせん断力図，モーメント図を作成する．概略の変形図を作成する．反力は図中の値を用いる．支持点の反力は逆向きで大きさが等しく 2 kN である．

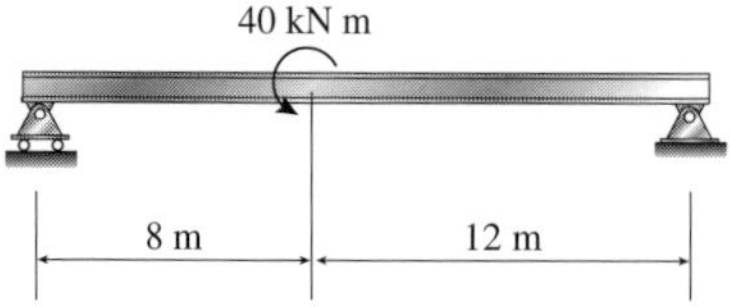

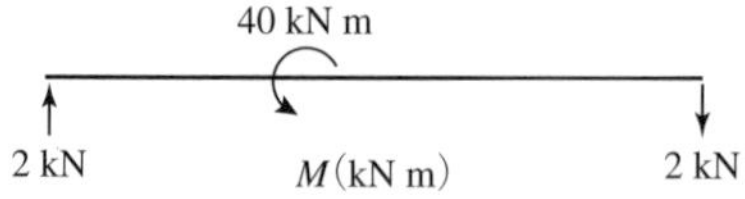

フリーボディに作用する力

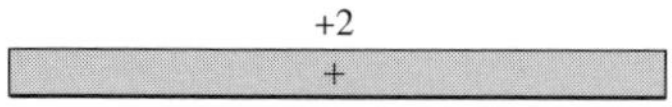

せん断力図 V(kN)

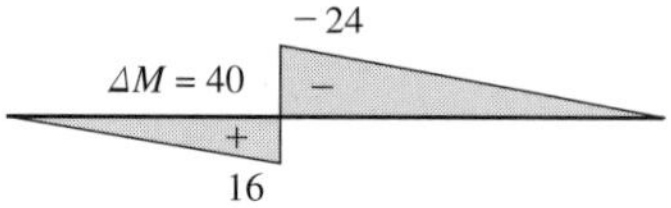

曲げモーメント図 M(kN m)

変形の概略図

例 4.15　**分布荷重が作用する梁の応力分布**

次の一様分布荷重が作用する梁のせん断力図，曲げモーメント図を作成する．反力は図中に与えられている．

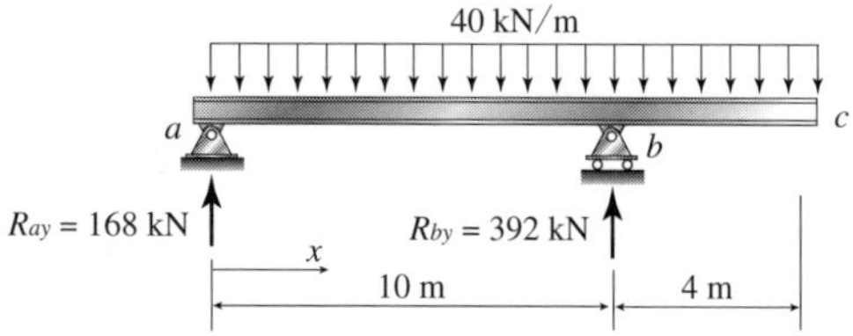

せん断力 V を，左から始めて右に向かって求めていく．

点 a のせん断力は支点反力の値より，$V_a = 168\,\mathrm{kN}$;

区間 ab において，せん断力の変化率 $\frac{dV}{dx}$ は荷重 $p = -40\,\mathrm{kN/m}$ に等しく一定．

区間 ab におけるせん断力の変化量 $\Delta V_{a\text{–}b}$ は，

$\Delta V_{a\text{–}b} = -40 \times 10 = -400\,\mathrm{kN}$

区間 ab において，せん断力は一定の勾配 $-40\,\mathrm{kN/m}$ で減少していく．したがって，せん断力がちょうどゼロになる点は，点 a から $\frac{168}{40} = 4.2\,\mathrm{m}$ の点．また，点 b のすぐ左側の点では，$V_{b,l} = V_a + \Delta V_{a\text{–}b} = 168 - 400 = -232\,\mathrm{kN}$ となる．点 b では，支点反力 392 kN が働くので，せん断力は不連続に変化し，

点 b のすぐ右側の点：$V_{b,r} = 392 - 232 = 160\,\mathrm{kN}$

区間 bc において，せん断力の変化率 $\frac{dV}{dx}$ は荷重 $p = -40\,\mathrm{kN/m}$ に等しく一定だから，区間 bc でせん断力が減少しその変化量 $\Delta V_{b\text{–}c}$ は，

$\Delta V_{b\text{–}c} = -40 \times 4 = -160\,\mathrm{kN}$

点 c：$V_{c,l} = V_{b,r} + \Delta V_{a\text{–}b} = 160 - 160 = 0\,\mathrm{kN}$

そのため，点 c でせん断力がちょうどゼロになる．これは支持条件から考えてもゼロであることは明らかである．もしそうならない場合は，途中の計算か反力の計算に誤りがあるこ

となり，見直しをする．ここからわかるように，せん断力図の傾きは，単位長さあたりの荷重強さに等しい．集中荷重が働く点ではせん断力が，その点に作用する集中荷重の大きさだけ，不連続に変化する．これをせん断力図としてまとめると次の図のようになる．

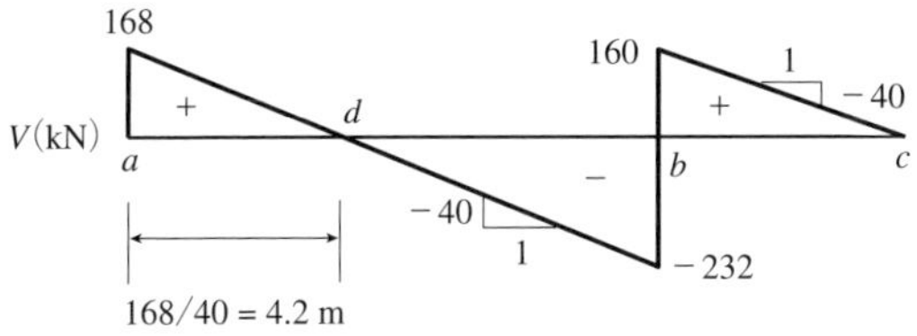

曲げモーメント M を左から始めて右に向かって曲げモーメントを求めていく．点 a の曲げモーメントは，支持条件より $M_a = 0$．区間 ad において，曲げモーメントの変化量はせん断力図の面積に等しい．

$$\varDelta M_{a\text{–}d} = \{\text{区間 } ad \text{ のせん断力の面積}\} = \frac{1}{2} \times (168 \times 4.2) = 352.8\,\mathrm{kN\,m}$$

よって，点 d では，$M_d = M_a + \varDelta M_{a\text{–}d} = 352.8\,\mathrm{kN\,m}$

区間 db において，曲げモーメントの変化量はせん断力図の面積に等しく，

$$\varDelta M_{d\text{–}b} = \{\text{区間 } db \text{ のせん断力の面積}\} = \frac{1}{2} \times (232 \times 5.8) = -672.8\,\mathrm{kN}$$

$\frac{dM}{dx} = V$ であり，0 kN から −232 kN まで直線的に変化するため，曲げモーメント M の勾配も直線的に変化する．

点 b の左側の点の曲げモーメントは，$M_{b,l} = M_d + \varDelta M_{d\text{–}b} = 352.8 + (-672.8) = -320\,\mathrm{kN\,m}$
点 b の左側の点の曲げモーメントの勾配は，せん断力に等しく −232 kN，点 b の右側の点の曲げモーメントは，$M_{b,l}$ に等しく，$M_{b,r} = -320\,\mathrm{kN\,m}$，点 b の右側の点の曲げモーメントの勾配は，せん断力に等しく 160 kN.

区間 bc において，曲げモーメントの変化量はせん断力図の面積に等しく，

$$\varDelta M_{b\text{–}c} = \{\text{区間 } bc \text{ のせん断力の面積}\} = \frac{1}{2} \times (160 \times 4) = 320\,\mathrm{kN\,m}$$

$\frac{dM}{dx} = V$ であり，勾配は 0 から −232 まで直線的に変化する．

点 c の曲げモーメントは，$M_c = M_b + \varDelta M_{b\text{–}c} = -320 + 320 = 0\,\mathrm{kN\,m}$
点 c における曲げモーメントの勾配は，せん断力に等しくゼロとなる．一定の分布荷重の区間では，勾配が直線的に変化するので，曲げモーメント図は放物線になる．集中荷重が働く点では傾きが不連続に変化する．

これを曲げモーメント図としてまとめると次のようになる．せん断力がゼロの点で曲げモーメントは極小値となる．せん断力とその点の曲げモーメント図の傾きは等しい．これを曲げモーメント図としてまとめると次のようになる．

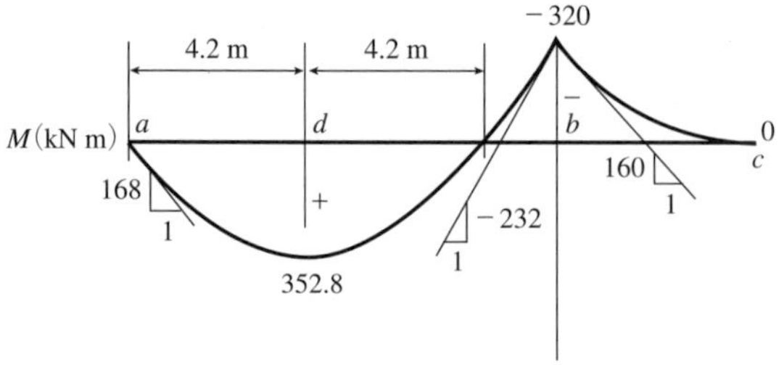

例 4.16　分布荷重と集中荷重が組み合わさった静定梁の応力分布

次の図の静定梁のせん断力図，モーメント図を作成する．まず梁に働く材軸に直交する方向の荷重と反力の成分を計算してフリーボディ図に記入しておく．

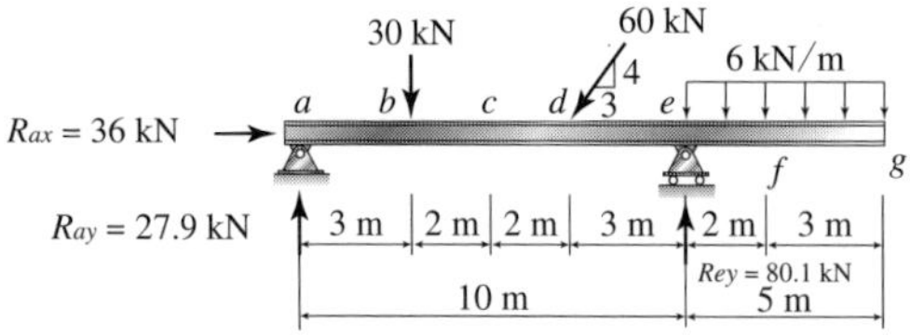

荷重と反力

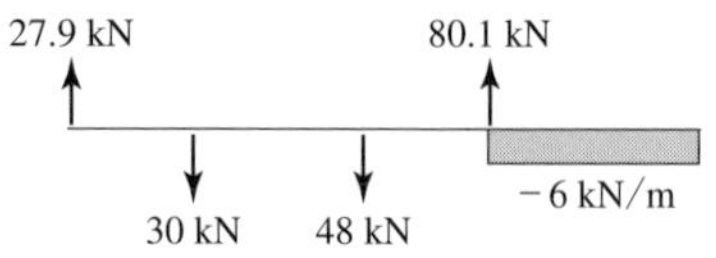

材軸直交荷重

せん断力 V を，左から始めて右に向かって求めていく．

支点 a では，反力 27.9 kN が働くのでせん断力は不連続に変化し，支点 a の左では，$V_a = 0\,\mathrm{kN}$; 点 a の右では $V_a = 27.9\,\mathrm{kN}$．区間 ab においては荷重がないのでせん断力は変化しない．

点 b では力 −30 kN が働くのでせん断力は不連続に変化しせん断力の変化量は $\Delta V_b = -30\,\mathrm{kN}$，点 b のすぐ左の点では $V_{b,l} = 27.9\,\mathrm{kN}$，点 b のすぐ右の点では $V_{b,r} = 27.9 - 30 = -2.1\,\mathrm{kN}$．区間 bd においては荷重がないので せん断力は変化しない．

点 d では力 −48 kN が働くのでせん断力の変化量は $\Delta V_d = -48\,\mathrm{kN}$，点 d のすぐ左の点では $V_{d,l} = -2.1\,\mathrm{kN}$，点 d のすぐ右の点では $V_{d,r} = -2.1 - 48 = -50.1\,\mathrm{kN}$．区間 de においては荷重がないので せん断力は変化しない．

支点 e では反力 80.1 kN が働くのでせん断力の変化量は $\Delta V_e = 80.1\,\mathrm{kN}$，支点 e のすぐ左の点では $V_{e,l} = -50.1\,\mathrm{kN}$，点 e のすぐ右の点では $V_{e,r} = -50.1 + 80.1 = 30.0\,\mathrm{kN}$.

区間 eg においてはせん断力の変化率 $\frac{dV}{dx}$ は荷重 $p = -6.0\,\mathrm{kN/m}$ に等しく一定．区間 eg におけるせん断力の変化量 ΔV_{e-g} は，

$$\Delta V_{e-g} = -6 \times 5 = -30\,\mathrm{kN}$$

区間 eg において，せん断力は一定の勾配 −6 kN/m で減少していき点 g でちょうどゼロとなる．まとめるとせん断力図は次のページのようになる．

曲げモーメント M を，左から右に向かって求めていく．支点 a で切断した左側のフリーボディについて支点 a 周りのモーメントの釣合いより曲げモーメントは，$M_a = 0\,\mathrm{kN\,m}$ である．区間 ab においては荷重がないので，曲げモーメントは直線的に変化する．曲げモーメントの変化量は $\Delta M_{a-b} = 27.9 \times 3 = 83.7\,\mathrm{kN}$ であり，点 b の曲げモーメントは $M_b = M_a + \Delta M_{a-b} = 83.7\,\mathrm{kN\,m}$

となる．

区間 bd においても曲げモーメントは直線的に変化し，曲げモーメントの変化量は $\Delta M_{b-d} = -2.1 \times 4 = -8.4\,\mathrm{kN\,m}$ であり，点 d の曲げモーメントは $M_d = M_b + \Delta M_{b-d} = 75.3\,\mathrm{kN\,m}$ となる．

区間 de においては，曲げモーメント図の傾き $\frac{dM}{dx} = V = -50.1$ で一定であり，曲げモーメントの変化量は $\Delta M_{d-e} = -50.1 \times 3 = -150.3\,\mathrm{kN\,m}$ であり，点 e の曲げモーメントは $M_e = M_d + \Delta M_{d-e} = -75.0\,\mathrm{kN\,m}$ となる．また，曲げモーメントがゼロになるのは，点 d から $\frac{75.3}{50.1} = 1.5\,\mathrm{m}$ 右の位置となる．

区間 eg においては，分布荷重 $p = -6.0\,\mathrm{kN/m}$ が一定であり，せん断力は一定の割合 $-6.0\,\mathrm{kN/m}$ で $30\,\mathrm{kN}$ から $0\,\mathrm{kN}$ に変化する．曲げモーメントの勾配も一定の割合 $-6.0\,\mathrm{kN/m}$ で $30\,\mathrm{kN}$ から $0\,\mathrm{kN}$ に変化する．そのため曲げモーメントは放物線を描く．点 g においては，点 g より右のフリーボディを考え，点 g を中心としたモーメントの釣合いより，点 g の曲げモーメントは，$M_g = 0\,\mathrm{kN\,m}$ となる．まとめると曲げモーメント図は次の図のようになる．

さらに，曲げモーメントが正の区間では下に凸な曲げ変形が生じ，負の区間では上に凸な曲げ変形が生じることと，支点では鉛直方向の移動がゼロであることを念頭におくと，たわみの概形を図（たわみのスケッチ）のように推定することができる．

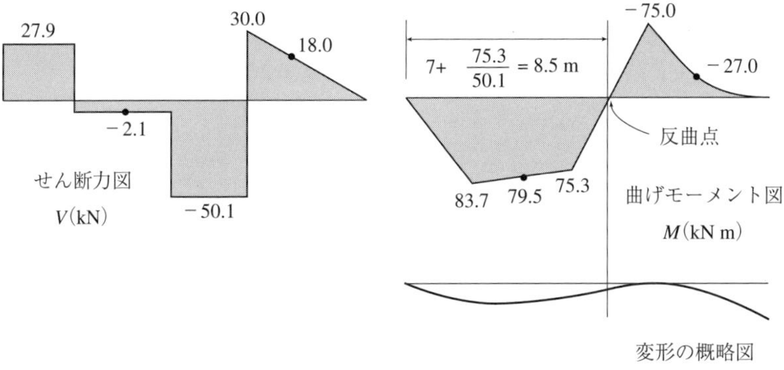

例 4.17　**静定梁の応力分布**

次の静定梁のせん断力図，モーメント図を作成し，概略の変形図を作成した例を示す．

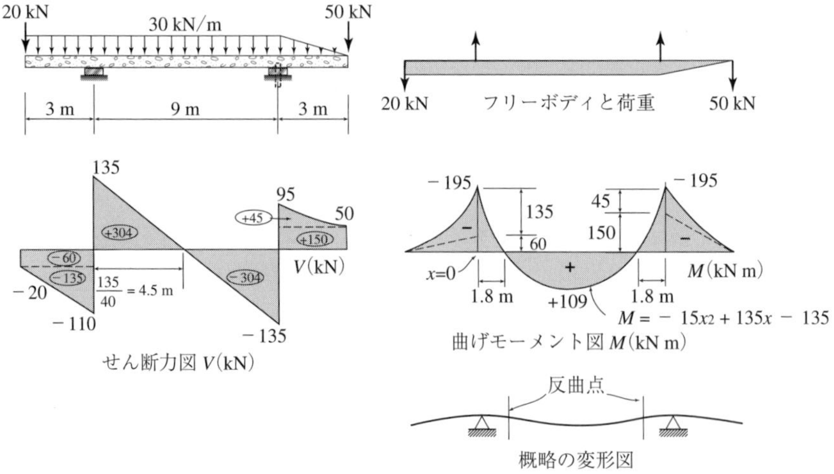

例 4.18　**偏心力が働く静定梁の応力分布**

次の静定梁のせん断力図，モーメント図を作成した結果を示す．

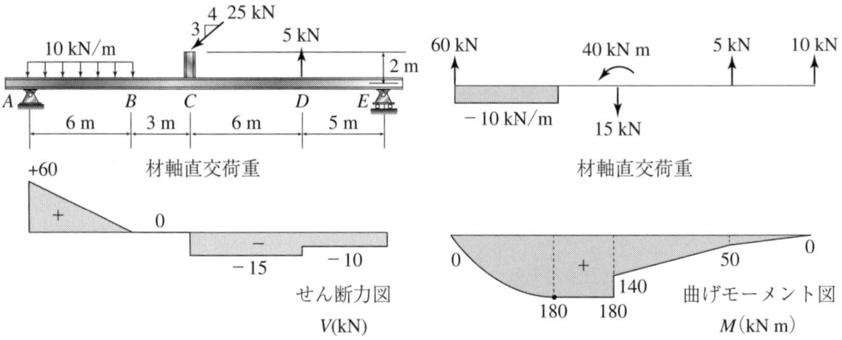

例 4.19　**骨組の応力分布 1**

静定骨組の応力分布を求めるには，次の手順を取ればよい．(1) 支持点の反力を求める．(2) 節点で構造物を切断してフリーボディに分解し，節点における応力を求める．(3) 部材ごとに，両端の節点における応力より，部材端部に作用する力が求まり，部材の中間部に作用する力は，部材の方向に直交する成分力から求める．(4) 梁と同じ方法で，せん断力，曲げモーメントの分布を算出すればよい．

不静定骨組の応力分布を求めるには，変位法などの構造解法を適用して，部材ごとに取り出したフリーボディについて部材端部に作用する力を求め，同様の手順により部材の応力が求められる．

静定骨組の場合には，それぞれの部材の端部に働く力を求めるのは容易である．この例では，まず，点 b で切断して部材 ab を取り出しフリーボディとしている．フリーボディの力の釣合いより，部材 ab の b 端に加えられている力は，$F_{bx} = 0$, $F_{by} = 4\times 3 = 12\,\mathrm{kN}$, $M_b = -18\,\mathrm{kN\,m}$ であることがわかる．この力の符号を逆にした力が，部材 ab から部材 bc の b 端に加えられている．このようにして部材 ab と 部材 cb の部材端に作用している力が求められるので，それぞれ，梁の考え方を適用してせん断力，曲げモーメントなどの応力分布を求めることができる．

下の静定骨組のせん断力図，モーメント図を作成すると次のようになる．ここでは，せん断力の値を記入する場合には時計回りを正としている．せん断力図の線は，せん断力の値が正の場合，水平部材では上側に，鉛直部材では左側になるように引いている．曲げモーメントの値を記入する場合には，水平部材では下端引張を正，鉛直部材では右端引張を正としている．曲げモーメント図の線は，水平部材も鉛直部材も引張りになる側に引いている．

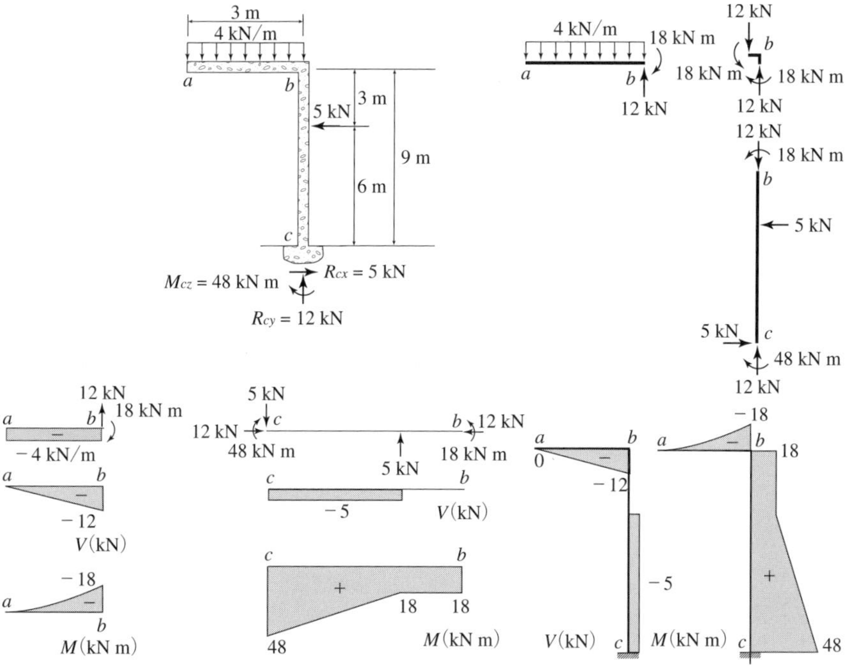

例 4.20　骨組の応力分布 2

次の水平力と鉛直力を受ける静定門形骨組の応力分布を求めてせん断力図と曲げモーメント図を作成した例を示す.

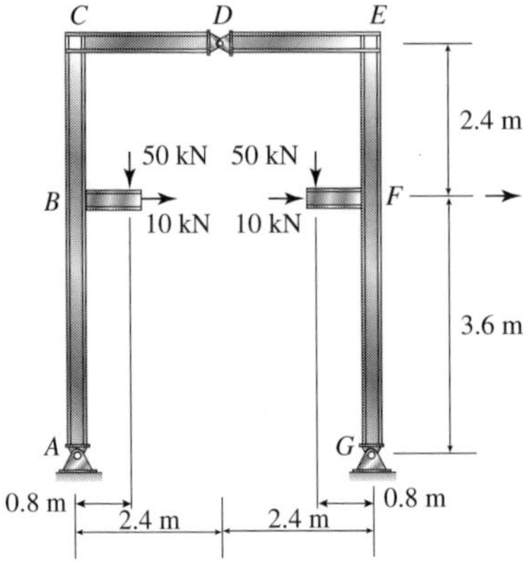

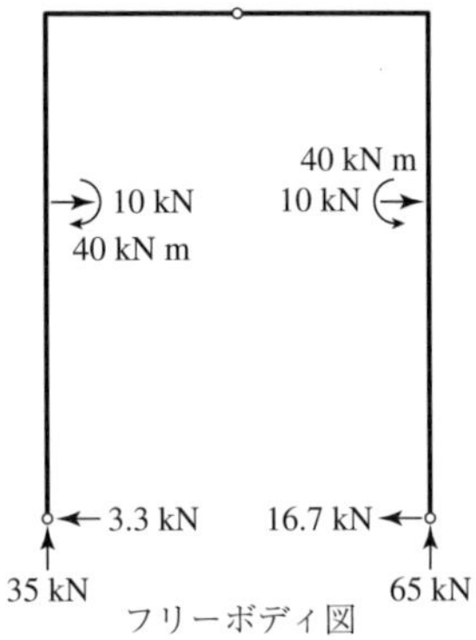

フリーボディ図

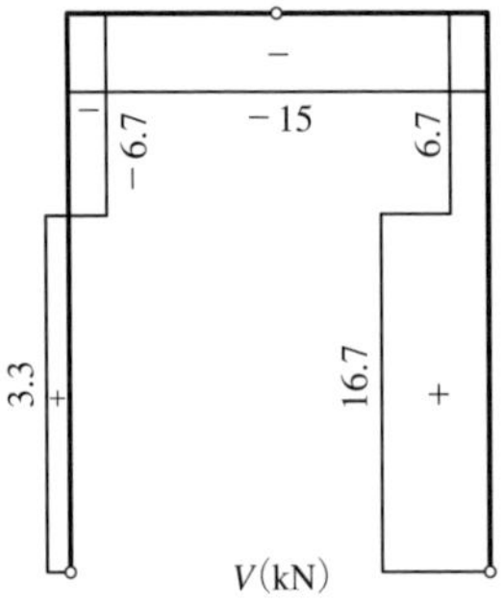

せん断力図

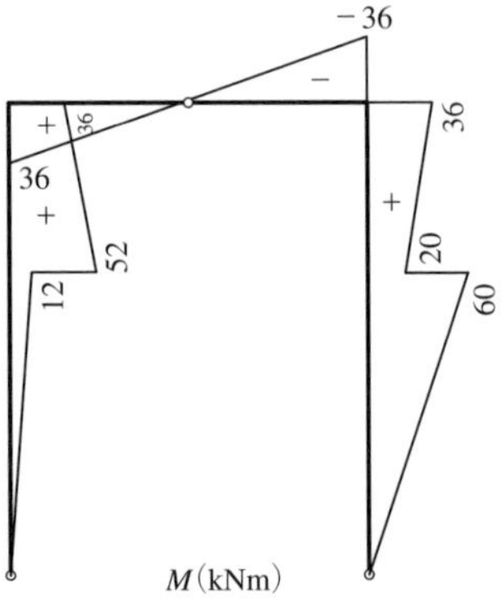

曲げモーメント図

4章の問題

□ **1**　以下の平面骨組構造物の静定・不静定，安定・不安定の判別をせよ．

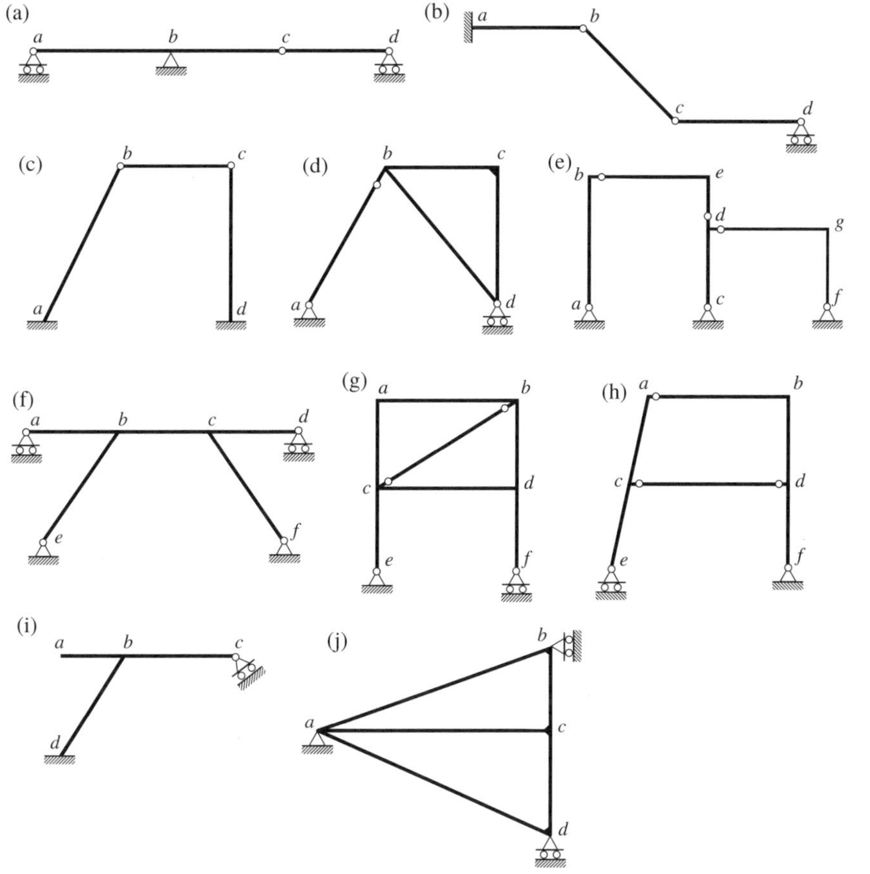

□**2**　次の様々な静定梁の曲げモーメント図とせん断力図を作成せよ.

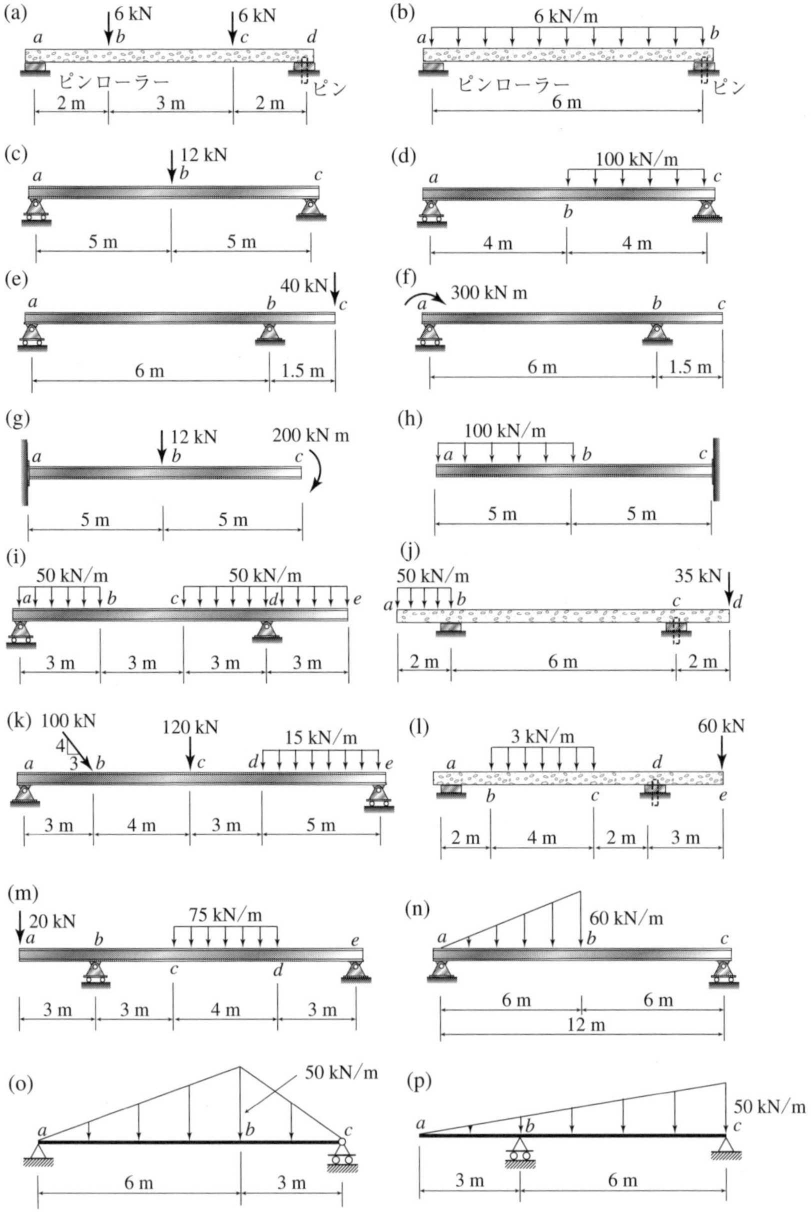

□ **3** 次の静定梁と静定骨組の曲げモーメント図とせん断力図を作成せよ.

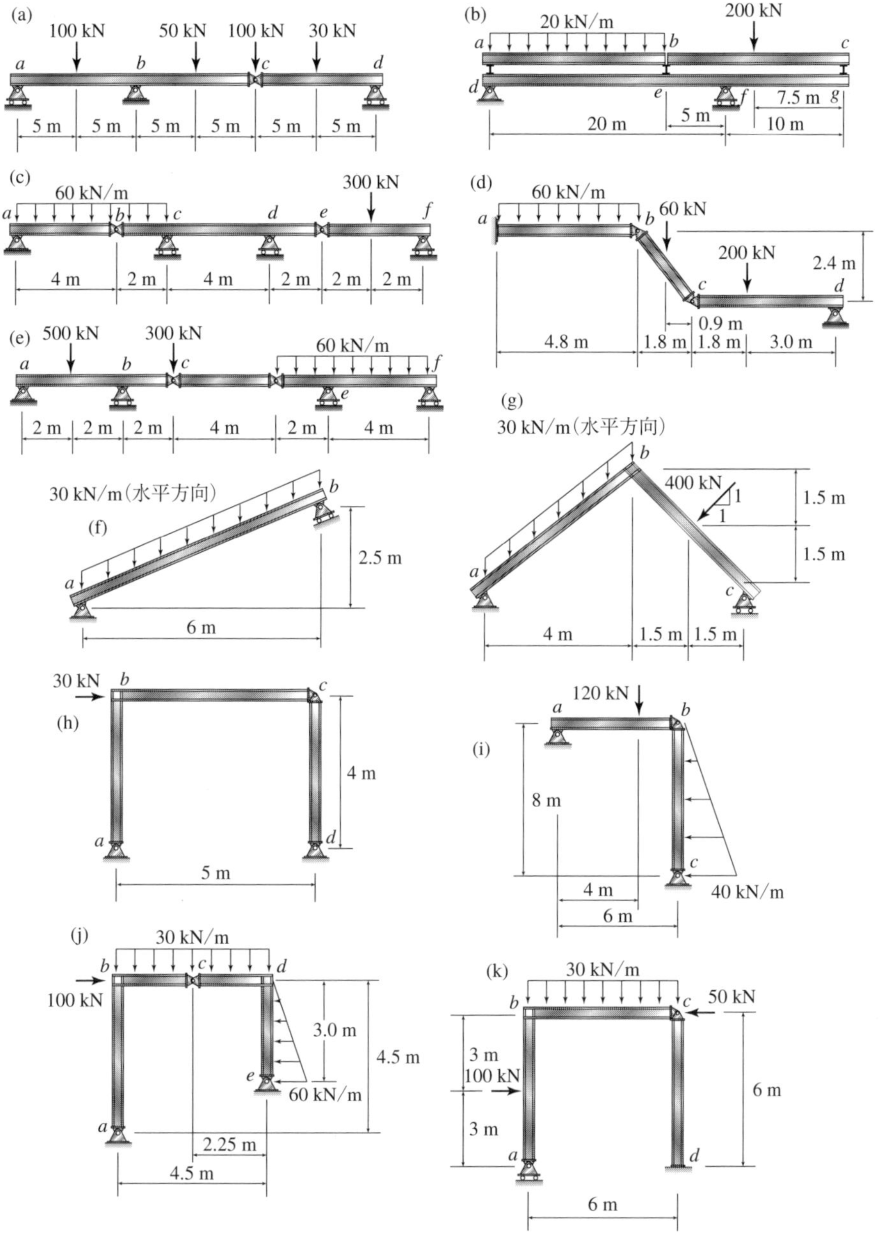

□ **4**　次の曲げモーメント図とせん断力図を作成せよ.

(a)

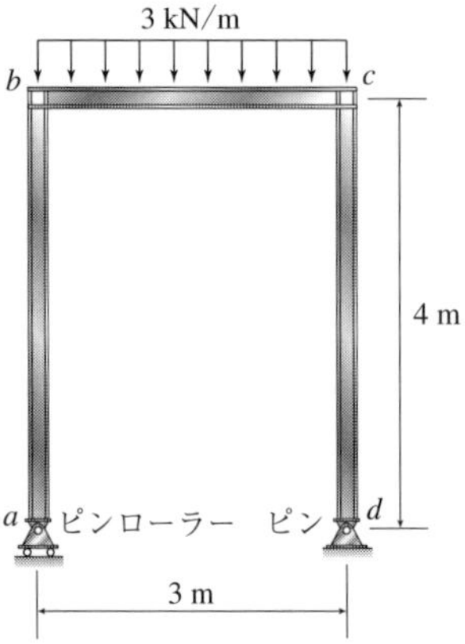

(b)

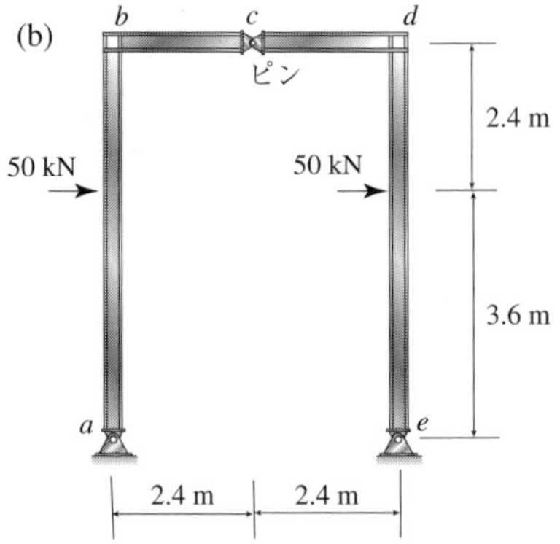

(c)

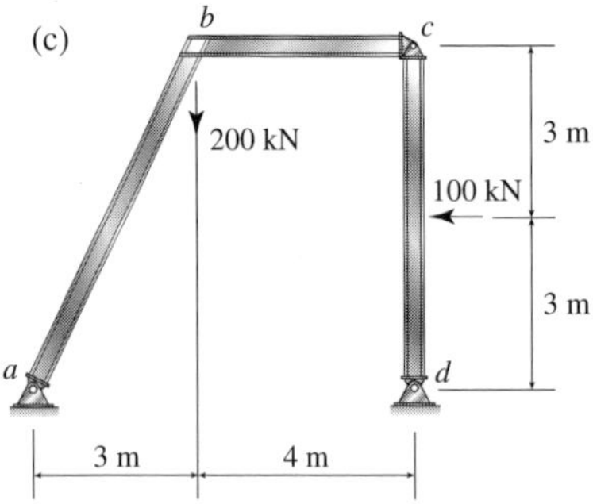

(d)

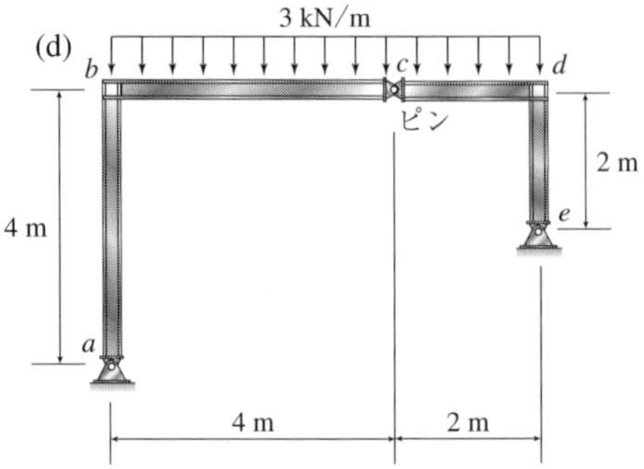

(e)

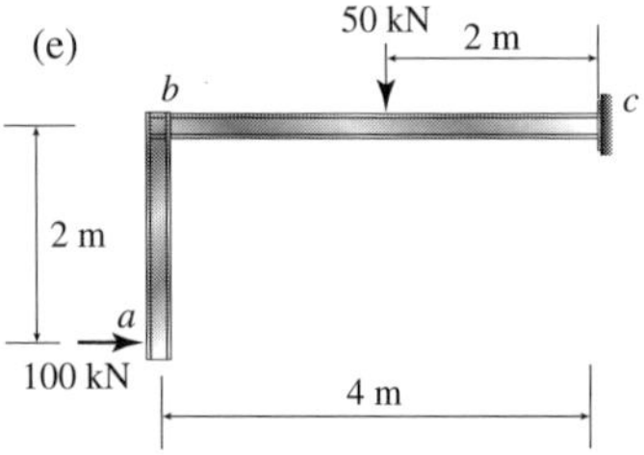

(f)

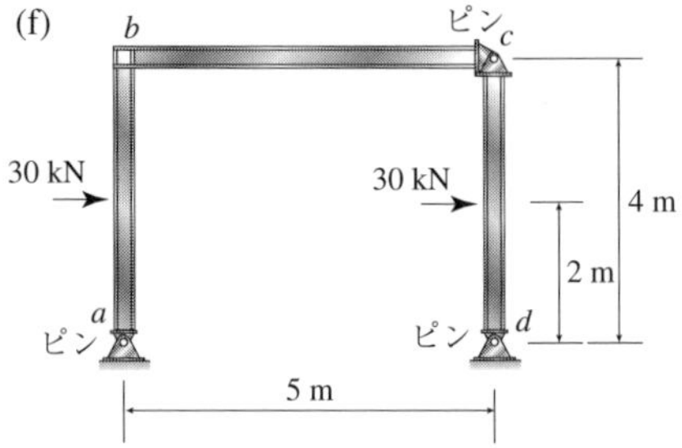

(g)

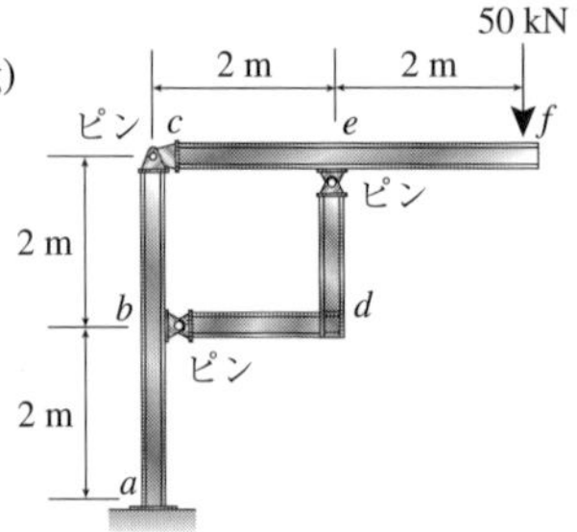

5 トラスの変形

現実の世界のあらゆる物体は，力を受けて変形する．たとえ安定な構造物でも外力を受けるとわずかに変形する．構造物内の変形の大きさと分布は，外力，部材の変形量と配置により決まる．構造物の変形を求める解析の目的の一つは，不静定構造物の応力を求めるための解析であり，力の釣合い条件に加えて，構造物の変形量が用いられる．また，構造設計の実務の観点から，日常の使用条件下で建物に不都合で不快な状態が生じないこと（使用性）を確認する必要があり，その判断基準には，応力よりはむしろ変形量が役に立つ．例えば，使用性の限界は，床のたわみ量や床の剛性の値で決めておくと明快である．変形量は，構造物の固有周期にも関係している．変形が小さい構造物ほど剛性が大きく固有周期は短く，周期の短い地震動に共振しやすい．さらに，内外装材や設備の耐震設計では，地震時に構造物に生じる変形に対してそれらの取り付け部分が破損しないことを確認することが行われる．

構造物の**変形**には大きく分けて「弾性変形」と「塑性変形」がある．**弾性変形**は，力を取り除くと元の状態に復元する変形である．このうち特に，力の大きさと変形の大きさが正比例することを**線形弾性**という．一方**塑性変形**は，力を取り除いても元に戻らない変形である．最新の耐震設計では塑性変形が考慮されているが，古典的な構造解析理論で塑性変形は扱われない．本書では，変形が線形弾性の場合の解析方法について述べている．本章は，その中でも特にトラスの弾性変形の求め方について学ぶ．

5.1 変形と変位

一般に，構造物や部材に力が加えられた時，変形の状態は，構造物や部材の各点の**移動**（距離）と**回転**（角度）の数値の組で表すことができる．移動と回転を合わせて，**変位**と呼ぶ．例えば，図 5.1 の平面構造物では，構造物内の一つの点 c の変位は，x 方

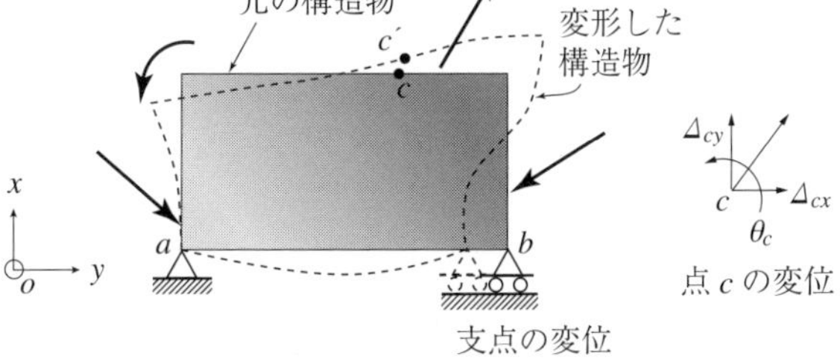

図 5.1　構造物の変位と変形

向の移動量 $\varDelta_{cx}$，y 方向の移動量 $\varDelta_{cy}$ および回転角 θ_c の 3 つの独立な成分の数値で表される．構造物の変形の状態は，構造物内のすべての点の変位，すなわち構造物内における各点の $\varDelta_x, \varDelta_y$ と θ の分布状態を指定することにより精確に表すことができる．

5.2　軸力と軸方向変形の関係

トラス構造において，直線部材の軸方向の応力（軸力）を F とすると，軸方向の応力度 σ は，応力 F を部材の直交断面積 A で除して求められ式 (5.1) で表される．

$$\sigma = \frac{F}{A} \tag{5.1}$$

断面積 A が部材の長さ方向に沿ってどの位置でも同じで，部材の途中に別の外力が作用しない場合には，軸方向のひずみ度 ϵ は，部材の伸び $\varDelta l$ を部材の長さ l で除した無次元数であり式 (5.2) で表される．

$$\epsilon = \frac{\varDelta l}{l} \tag{5.2}$$

部材がフックの法則に従う線形弾性材料でできている場合には，軸力 F と部材の伸び $\varDelta l$ の間には，式 (5.3) の関係が成り立つ．

$$F = \frac{EA}{l}\varDelta l \tag{5.3}$$

ここに，F：軸力，A：断面積，E：ヤング率，l：部材の長さ，$\varDelta l$：部材の伸び．

5.3　ウィリオの変位図

第 3 章で述べたように静定のトラス構造では，力の釣合い条件から各部材の軸応力 F_i が一意に定まる．各部材の断面積 A_i，長さ l_i，ヤング率 E_i の値がわかっていれば，すべての部材の伸び $\varDelta l_i$（伸縮量：伸びを正とする）の値は，式 (5.3) から求まる．

ウィリオの変位図は，各部材の伸び $\varDelta l_i$ からトラス構造物の各節点の変位を求めるために使われる図解法である．

例えば図 5.2 のような 2 本の部材からなる構造において，部材 $\overline{AB}$ と部材 $\overline{BC}$ が伸び縮みしたとする．その結果，節点 B は B' の位置に移動する．点 B' は，正確には点 A を中心とした半径 $(l_{AB} + \varDelta l_{AB})$ の円弧と，点 C を中心とした半径 $(l_{CB} + \varDelta l_{CB})$ の円弧の交点となる．部材の伸縮量が部材長さに比べて十分に小さい場合には，点 B' は，直線 $\overline{AB}$ を $\varDelta l_{AB}$ だけ延長した点と，直線 $\overline{BC}$ を $\varDelta l_{CB}$ だけ延長した点からそれぞれ引いた垂線の交点で近似できる．よって，図 5.2 の右図の網掛けのように，変形した量だけを拡大して作図することによって，2 本の部材の伸縮量から点 B を基準とし

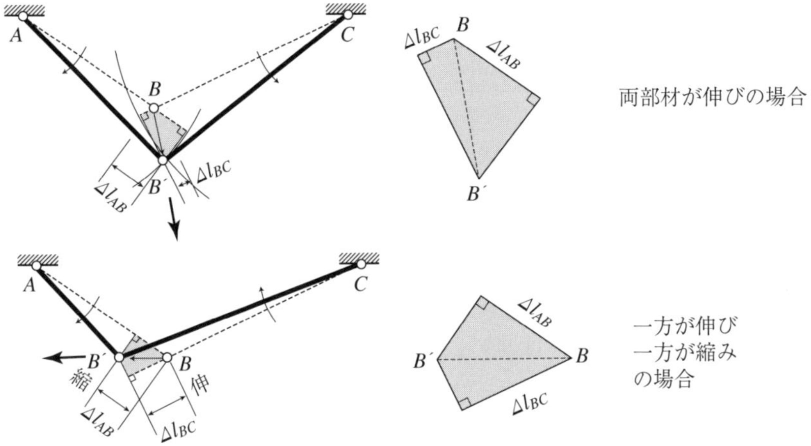

図 5.2　ウィリオの変位図の概念

た変位の大きさと向き $\overline{BB'}$ が決定される．

例 5.1　**平面静定トラスの節点の変位**

トラス構造 ABC の節点 B に下向きの力 P が働く時の B の変位を求める．

部材の軸力

$$F_{AB} = \sqrt{2}\,P \quad \text{（引張り）}, \quad F_{BC} = P \quad \text{（圧縮）}$$

部材の伸縮

$$\Delta l_{AB} = \sqrt{2}\,P\frac{\sqrt{2}\,l}{EA} = \frac{2Pl}{EA} \quad \text{（伸び）},$$

$$\Delta l_{BC} = P\frac{l}{EA} = \frac{Pl}{EA} \quad \text{（縮み）}$$

ウィリオの変位図より，点 B の変位は線分 $\overline{BB'}$ で表され，水平方向と鉛直方向の成分はそれぞれ，次のとおり．

$$\Delta_{Bx} = \Delta l_{BC} = \frac{Pl}{EA} \quad \text{（左向き正）}$$

$$\Delta_{By} = \Delta l_{AB}\frac{1}{\cos\frac{\pi}{4}} + \Delta l_{BC}\tan\frac{\pi}{4} = (2\sqrt{2}+1)\frac{Pl}{EA} \quad \text{（下向き正）}$$

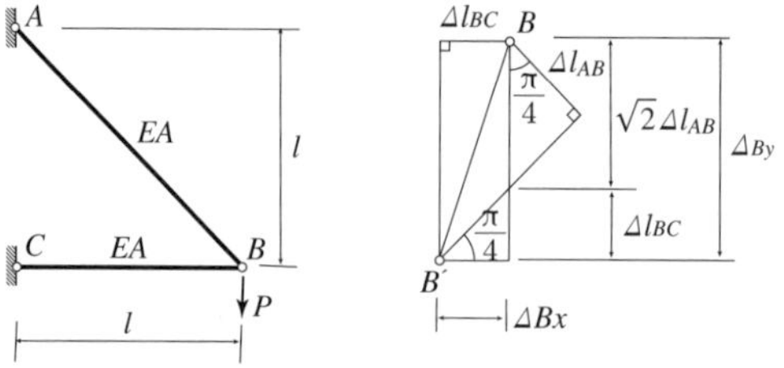

ウィリオの変位図は，支点に接続する部材から始め，その隣の節点の変位を逐次図解により求めていく．支点同士が離れている場合や数値で計算する場合には工夫が必要となる．ウィリオの変位図は以下に述べる仕事や補仕事の概念を用いた数値計算向きの古典的な解析理論が発達する以前に使われたものである．

5.4　仕事と補仕事

古典的な構造解析理論は，構造物の変位や変形の算定方法にも応用できる．その一つが，5.6 節で詳しく説明する補仮想仕事法である．ここではまず，仕事と補仕事の概念を説明する．

(1)　仕事

図 5.3 (a) のように，物体の 1 点に大きさが P の力が作用する場合を考える．その力の下でその点が Δ だけ変位するもの（正確に言えば力の向きの方向成分）とする．その力のなす**仕事** W は力 × 変位であり式 (5.4) で表される．

$$W = P\Delta \tag{5.4}$$

力の大きさ P が変位 Δ により変化し一定値でない場合には，仕事 W は微小変位 $d\Delta$ を与えた時の仕事の増分 $dW = P\,d\Delta$ を変位ゼロから Δ まで加え合わせれば求められ

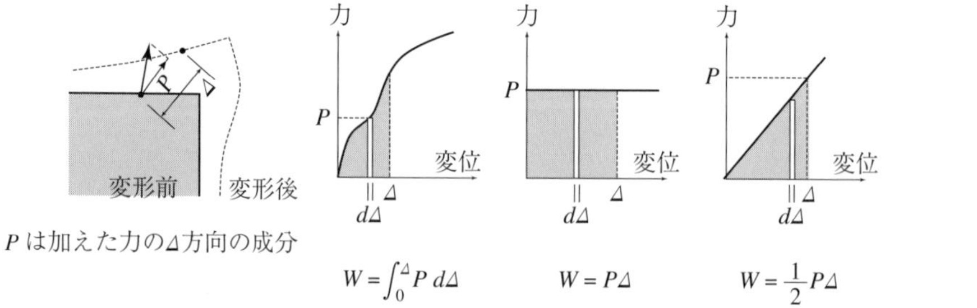

(a)　力と変位　(b)　一般的な力と変位の関係　(c)　力が一定　(d)　力と変位が正比例（線形弾性）

図 5.3　仕事 W の定義

る．この場合の仕事 W は積分により定義され式 (5.5) で表される．

$$W = \int dW = \int_0^{\Delta} P \, d\Delta \tag{5.5}$$

一例として，力と変位が正比例する場合には，仕事 W は次の式で求められる．

$$W = \frac{1}{2} P \Delta \tag{5.6}$$

構造物に n 個の力 P_i が同時に作用し，それらの力が作用する n 個の点で n 個の変位 Δ_i が生じる構造物の仕事 W は，式 (5.7) となる．

$$W = \sum_{i=1}^{n} \int_0^{\Delta_i} P_i \, d\Delta_i \tag{5.7}$$

もし，n 個の変位が生じる過程で作用する力 P_i が一定であれば，

$$W = \sum_{i=1}^{n} P_i \Delta_i \tag{5.8}$$

となる．また，作用する力 P_i が変位 Δ_i と正比例する場合には，仕事 W は

$$W = \sum_{i=1}^{n} \frac{1}{2} P_i \Delta_i \tag{5.9}$$

となる．

(2)　補仕事

図 5.4 のように，物体の 1 点に大きさ P の力が作用し，その力が作用する点の変位を Δ とする．もし変位 Δ が一定で，P をゼロから増やしていった場合には仕事 W はゼロであるが，式 (5.10) で定義される**補仕事** W^* は，

$$W^* = P\Delta \tag{5.10}$$

でゼロとはならない．もし変位 Δ が力の大きさ P により変化する場合には，補仕事

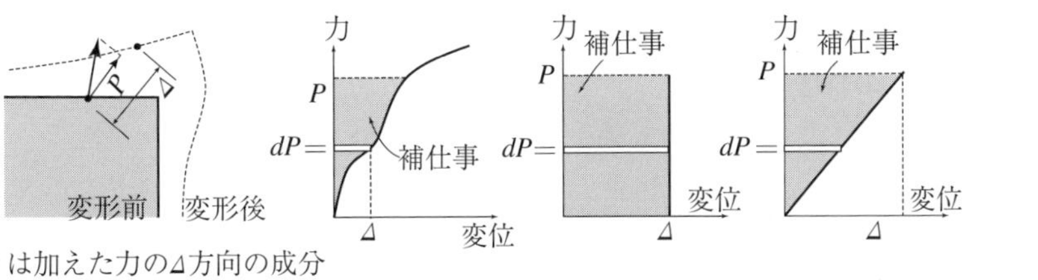

$W^* = \int_0^P \Delta \, dP$　　$W^* = P\Delta$　　$W^* = \frac{1}{2} P\Delta$

(a)　力と変位　(b)　一般的な力と変位の関係　(c)　変位が一定　(d)　力と変位が正比例（線形弾性）

図 5.4　補仕事 W^* の定義

W^* は微小な力の増分 dP を与えた時の補仕事の増分 $dW^* = \Delta\, dP$ を力ゼロから P まで加え合わせれば求められる．それは，積分の次式で表される．

$$W^* = \int dW^* = \int_0^P \Delta\, dP \tag{5.11}$$

力の大きさ P を縦軸に，変位 Δ を横軸にとり関係をグラフに表した場合，補仕事 W^* は力と変位の関係を表す線と縦軸に囲まれる領域の面積で表される．力と変位が正比例する場合には，補仕事 W^* は次の式で求められる．

$$W^* = \frac{1}{2}\Delta P \tag{5.12}$$

構造物に n 個の力 P_i が同時に作用し，それらの力が作用する n 個の点で n 個の変位 Δ_i が生じる構造物での仕事の総和を考えると，補仕事は次の式となる．

$$W^* = \sum_{i=1}^{n} \int_0^{P_i} \Delta_i\, dP_i \tag{5.13}$$

例 5.2　**仕事と補仕事**

トラス部材に作用する力 P と変位 Δ の関係が $P = (EA/l)\Delta$ または $\Delta = l/(EA)P$ の時，伸びをゼロから Δ とするために必要な仕事 W は，

$$W = \frac{1}{2}P\Delta = \frac{1}{2}\frac{EA}{l}\Delta^2$$

同じ部材の必要な補仕事 W^* は，

$$W^* = \frac{1}{2}P\Delta = \frac{1}{2}\frac{EA}{l}\Delta^2$$

となる．

5.5　仮想変位の原理

仮想変位の原理は，仕事を使って力の釣合い条件を記述する方法であり，5.6 節に述べる仮想仕事法や補仮想仕事法の基礎となる．

(1)　仮想変位の原理

仮想変位の原理は，次のように述べることができる．

> 仮想変位の原理
>
> 「力を受ける物体が，それ自体は変形せず，しかも力の釣合い状態にある時，作用している力に対して物体の任意の**仮想変位**のなす仕事は常にゼロに等しい．」

力を受けても一切変形しないと考える物体のことを**剛体**と呼ぶ．仮想変位の原理は，剛体に作用する力の釣合いを仕事を使って表現している．つまり，仮想変位の原理は，

力の釣合い条件と等価である．力の釣合い条件の表現は座標系の選択に依存している．それに対して仮想変位の原理は，座標系の選択の如何に関わらず成立している．仮想変位の原理は，数学者ベルヌーイにより初めて提案された．仮想変位の原理を用いる時には，実際に生じている変位と区別して記号の前に δ をつけて表される．

例 5.3　仮想変位の原理が力の釣合いと等価である理由

図のように剛体に n 個の力 P_i が作用するものとし，それらの x 方向の成分が P_{ix}，y 方向の成分が P_{iy} とする．剛体の仮想変位は，x 方向に δu，y 方向に δv とした場合，剛体に作用する力 P_i と仮想変位 $\delta u, \delta v$ がなす仮想仕事 δW_T は次式で表される．

$$\delta W_T = P_{1x}\delta u + P_{1y}\delta v + \cdots + P_{ix}\delta u + P_{iy}\delta v + \cdots + P_{nx}\delta u + P_{ny}\delta v$$

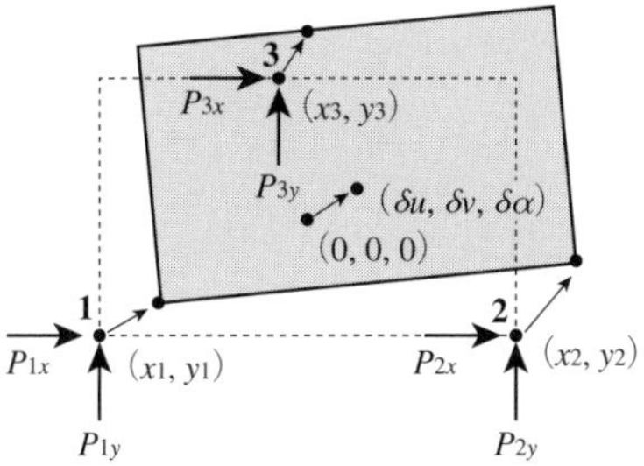

長方形の剛体変位

これを整理して，δu の係数と δv の係数の形に書くと次のように変形される．

$$\delta W_T = (P_{1x} + \cdots + P_{ix} + \cdots + P_{nx})\delta u + (P_{1y} + \cdots + P_{iy} + \cdots + P_{ny})\delta v$$

x 方向の力の釣合いより，$P_{1x} + \cdots + P_{ix} + \cdots + P_{nx} = 0$ が，y 方向の力の釣合いより，$P_{1y} + \cdots + P_{iy} + \cdots + P_{ny} = 0$ が常に成り立つので，$\delta W_T = 0 \times \delta_u + 0 \times \delta_v = 0$ となる．よって，どのような仮想変位 $\delta u, \delta v$ を想定しても，δW_T は必ずゼロに等しいことがわかる．

次に仮想変位を，点 (0,0) を回転中心として，剛体が反時計回りに角度 $\delta\alpha$ だけ回転するとした場合，回転移動による変位が力 P_i に対してする仮想仕事は次のようになる．力 P_i は，それぞれ剛体上の座標 (x_i, y_i) の点に作用するものとすると，その点の x 方向の移動距離は $-y_i\delta\alpha$，y 方向の移動量は $x_i\delta\alpha$ となることに注意すれば，力 P_i と仮想変位 $\delta\alpha$ の仮想仕事は，

$$-P_{ix}y_i\delta\alpha + P_{iy}x_i\delta\alpha = (-P_{ix}y_i + P_{iy}x_i)\delta\alpha$$

よって，すべての力 P_i（$i = 1, \ldots, n$）と仮想変位 $\delta\alpha$ による仮想仕事の総和 δW_R は，

$$\delta W_R = \sum_{i=1}^{n}(-P_{ix}y_i + P_{iy}x_i)\delta\alpha$$

である．中心 (0,0) 周りのモーメントの釣合い条件より，$\sum_{i=1}^{n}(-P_{ix}y_i + P_{iy}x_i)$ がゼロであることから，どのような仮想変位 $\delta\alpha$ に対しても δW_R はゼロとなる．

これらのことから，並進の仮想変位 $\delta u, \delta v$ と回転の仮想変位 $\delta\alpha$ がどのように組み合わさった仮想変位を考える場合においても，仮想仕事 $\delta W = \delta W_T + \delta W_R = 0$ となり，力の釣合い条件と仮想変位の原理が等価であることがわかる．

(2) 仮想変位の原理の応用

「仮想変位の原理」は，力と変位を定める座標系の選び方に依存しないで「力の釣合い」を表すことを可能とする方法である．「力の釣合い条件」で解析できる問題は，仮想仕事の原理を使った解法でも解くことが可能である．例えば，静定構造物では，部材を剛体と仮定して仮想変位の原理を適用して，反力や部材応力を求めることができる．問題によっては，「仮想変位の原理」のほうが簡単になる場合もある．

例 5.4　単純な力の釣合い

中央に支点のある長さ $2l$ のてこがある．

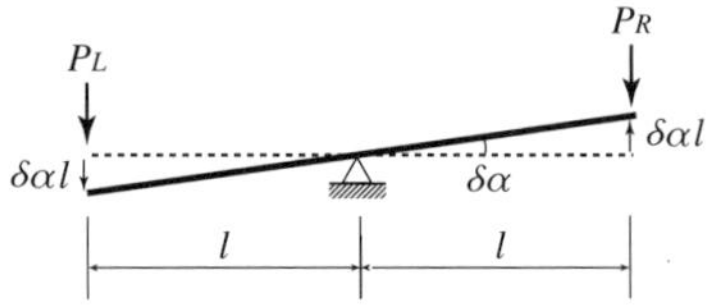

仮想変位　中央の支点の周りに反時計回りに角度 $\delta\alpha$ だけ剛体回転した時，てこの両端の力の作用点の仮想変位は，下向き正としてそれぞれ $\delta\alpha l$, $-\delta\alpha l$ となる．

仮想変位のなす仕事

$$\delta W = P_L \delta\alpha l + (-P_R \delta\alpha l) = (P_L - P_R)\delta\alpha l = 0$$

任意の $\delta\alpha$ で上式が成り立つためには，$P_L = P_R$ でなければならない．

例 5.5　外的に静定な構造物の反力

三角形分布荷重を受ける静定梁 AB の反力 R_{By} を仮想変位の原理により求める．部材は剛とする．

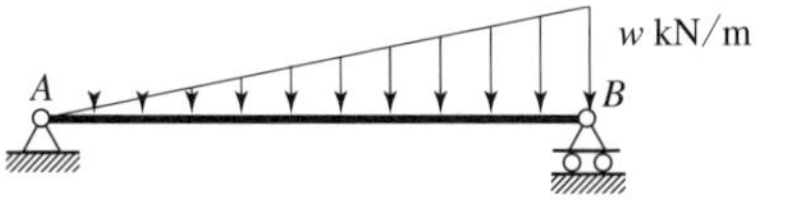

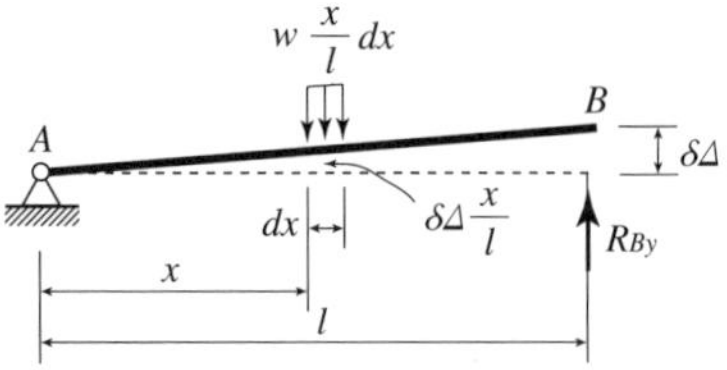

仮想変位　未知の反力を求めたい支点 B の拘束を解除して，R_{By} と同じ向きの上向きの仮想変位 $\delta\Delta$ を与える．この時，部材 AB は，点 A を中心に剛体回転し，これを仮想変位とする．部材 AB 内の点 A からの距離 x の点の上向きの仮想変位は，$\delta\Delta\frac{x}{l}$ となる．

仮想変位のなす仕事　反力 R_{By} による仮想変位のなす仕事 δW_R は，

$$\delta W_R = R_{By}\delta\Delta$$

梁に沿って分布する荷重による仮想仕事 δW_R は，支点 A から右に x 離れた微小区間 dx に作用する外力は $-w\frac{x}{l}$ であり，同じ点の仮想変位は $\delta\Delta\frac{x}{l}$ なので，仮想仕事 δW_D は

$$\delta W_D = \int_0^l \delta\Delta\frac{x}{l}\left(-w\frac{x}{l}\right)dx = -\frac{1}{3}wl\delta\Delta$$

$$\delta W = \delta W_R + \delta W_D = R_{By}\delta\Delta - \frac{1}{3}wl\delta\Delta = \left(R_{By} - \frac{1}{3}wl\right)\delta\Delta,\quad \text{よって}\quad R_{B_y} = \frac{1}{3}wl$$

例 5.6　静定構造物の部材応力 1

トラス ABC に水平力 P_B が作用する．その時の部材 BC の軸力を求める．部材は剛で仕事はしないものとする．力を求める部材を取り除いて機構とし，その部材の代わりに力 P_{BC} が点 B に作用しているものとする．

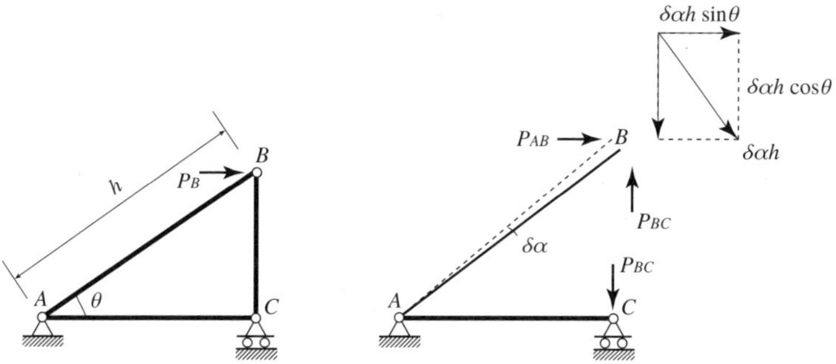

仮想変位　斜材が $\delta\alpha$ だけ時計回りに回転する仮想変位を考える．節点 B の仮想変位の水平成分は，$\delta\alpha h\sin\theta$，鉛直成分は，$\delta\alpha h\cos\theta$ となる．

仮想仕事　外力 P_B による仮想仕事と部材力 P_{BC} による仮想仕事は $\delta\alpha$ の値によらず常にゼロである．すなわち，$\delta W = \delta W_R + \delta W_D = P_B\delta\alpha h\sin\theta - P_{BC}\delta\alpha h\cos\theta = 0$ より，$P_{BC} = P_B\tan\theta$ となる．

例 5.7　静定構造物の部材応力 2

静定平面トラスの部材 mn の軸力 P を求める．

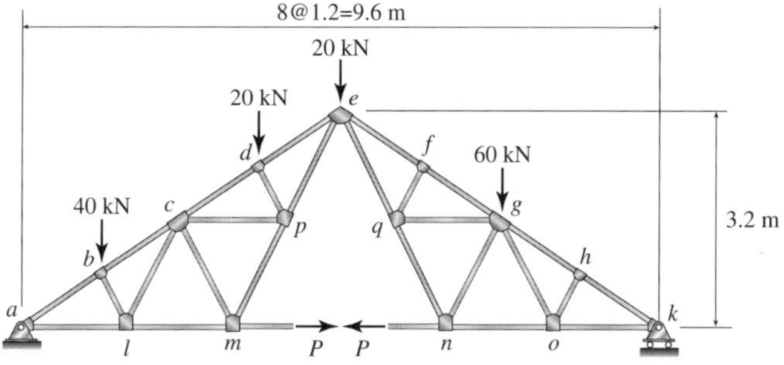

仮想変位　部材 mn を仮に切断して，左右の三角形の剛体が互いに e を中心に回転する機構の仮想変位を考える．ブロック ame は，a を中心に時計回りに $\delta\theta$ 回転し，ブロック ekn は k を中心に反時計回りに $\delta\theta$ 回転する．また，これらの回転によって，支点 k は水平方向右に $6.4\delta\theta$ (m) 移動する．

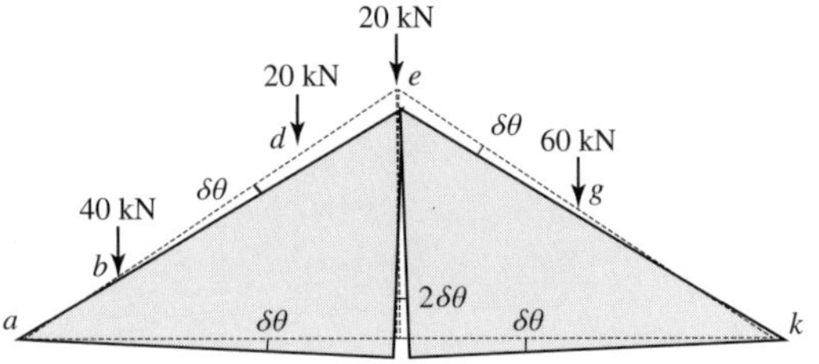

仮想変位のなす仕事　支点 a は水平方向にも鉛直方向にも移動しないので，支点反力による仕事はゼロである．支点 k は鉛直方向に移動せず，水平反力はゼロなので，支点反力による仕事はゼロである．

外力による仮想仕事：

$40 \times 1.2 \times \delta\theta + 20 \times 1.2 \times 3 \times \delta\theta + 20 \times 1.2 \times 4 \times \delta\theta + 60 \times 1.2 \times 2 \times \delta\theta$

内力による仮想仕事：

$-P \times 3.2 \times 2\delta\theta$　(P：引張り正)

よって，仮想仕事 δW は，

$40 \times 1.2 \times \delta\theta + 20 \times 1.2 \times 3 \times \delta\theta +$

$20 \times 1.2 \times 4 \times \delta\theta + 60 \times 1.2 \times 2 \times \delta\theta - P \times 3.2 \times 2\delta\theta = 0$

よって，$P = (40 + 60 + 80 + 120) \times \frac{1.2}{6.4} = 300 \times \frac{1.2}{6.4} = 56.25\,\text{kN}$

例 5.8　外静定構造物の反力

外的静定な次の構造物の点 a に下向きの力 P が作用している．支点 j に生じる上向きの反力を仮想変位の原理により求める．部材は剛とする．反力を求めたい支点 j を仮に取り除いて機構とし，その支点の代わりに力 R_j が作用しているものとする．

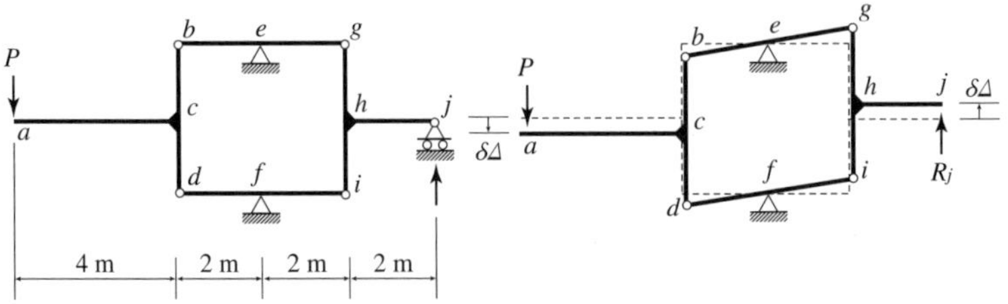

仮想変位　仮想変位は，反力 R_j が生じている支点を取り除き，反力と同じ向きの仮想変位 $\delta\Delta$ を与える．すると，長方形 $bdig$ は変形して平行四辺形となる．この時，点 a に生じる仮想変位も $\delta\Delta$ となる．

仮想変位のなす仕事　反力 R_j のなす仮想仕事 δW_R は，$\delta\Delta \times R_j$ となる．一方，外力 P のなす仮想仕事 δW_D は $\delta\Delta \times P$ となる．よって，$\delta W_R + \delta W_D = 0$ より，

$R_j = P$

この構造物では，P の作用位置が a から c までどの点でも $\delta\Delta$ は仮想変位は同じであるため，反力 R_j の大きさは一定で P となる．

5.6 仮想仕事法・補仮想仕事法・単位荷重法

剛体に適用される仮想変位の原理を拡張して，変形する物体に適用できるようにしたのが，これから説明する，仮想仕事法と補仮想仕事法である．

(1) P システムと Δ システム

これらの適用方法を考える時，常に同じ構造物を対象とした **P** システムと **Δ** システムという一対の状態を考える．

図 5.5 に示した平面トラス構造で例に示しているように，P システムとは，外力 P とそれに釣り合う部材の応力 N_1～N_7 からなる外力と応力の組合せのことをさす．Δ システムは，同じ構造物について，外力 P が作用する点の変位 Δ とそれに適合する部材の変形 Δ_1～Δ_7 からなる変位と変形の組合せのことをさす．

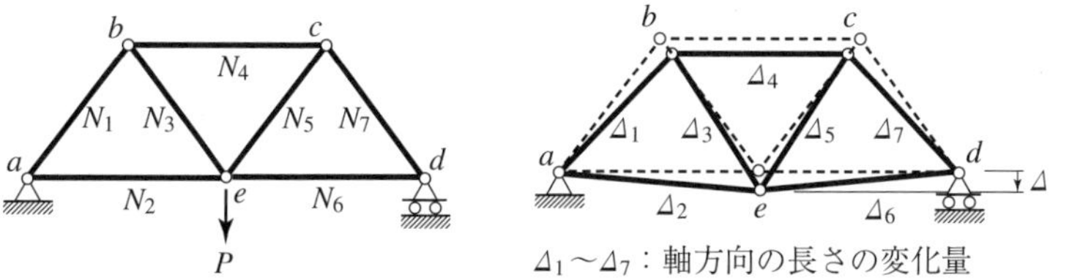

N_1～N_7：外力 P により生じる軸力

(a) P システム

Δ_1～Δ_7：軸方向の長さの変化量

Δ：外力 P を加える点の力の方向の変位

(b) Δ システム

図 5.5 P システムと Δ システム

(2) 仮想仕事法

仮想仕事法は，次のように述べることができる．

仮想仕事法

「安定して支持される物体において，外力 P と仮想変位 $\delta\Delta$ がなす仕事（外部仮想仕事）は，内部応力 σ と内部の仮想変形 $\delta\epsilon$ がなす仕事の総和（内部仮想仕事）に等しい．」

なお，P と $\delta\Delta$ の向きが等しくない場合においても成り立ち，この場合の仕事には，P と $\delta\Delta$ の内積 $P \times \delta\Delta$ を考える．ここでいう仕事は，力 P が一定で変位がゼロから $\delta\Delta$ まで増大する時の仕事 $P\delta\Delta$ とする．

仮想仕事法を適用する方法を，図 5.5 の平面トラス構造を例に説明する．仮想仕事法は，P システムには実際の外力と応力の組合せを，Δ システムには仮想の変位とそれに対応する変形を用いる．仮想仕事法は，これら 2 種類の系を使い，式 (5.14) のように表される．左辺は外部仮想仕事，右辺は内部仮想仕事である．

Δ システム

$$\overline{(\delta \mathit{\Delta})}\underline{P} = \sum_{i=1}^{7} \overline{(\delta \mathit{\Delta}_i)}\underline{N_i} = \delta \mathit{\Delta}_1 N_1 + \delta \mathit{\Delta}_2 N_2 + \cdots + \delta \mathit{\Delta}_7 N_7 \tag{5.14}$$

P システム

ここに，P：実際の外力，$N_1 \sim N_7$：P に釣り合う部材の応力，$\delta \mathit{\Delta}$：外力 P が作用する点の仮想変位，$\delta \mathit{\Delta}_1 \sim \delta \mathit{\Delta}_7$：仮想変位 $\delta \mathit{\Delta}$ に適合する部材の伸びる長さ．

なお仮想仕事法は，節点の実際の変位 $\mathit{\Delta}$ が式 (5.14) のどこにも現れず，構造物の変位を求める目的では使われない．仮想仕事法の応用例について本書では扱わない．

(3) 補仮想仕事法

補仮想仕事法は，次のように述べることができる．

補仮想仕事法

「安定して支持される物体において，仮想外力 δP とその仮想外力の作用する点の実際の変位 $\mathit{\Delta}$ のなす仕事（外部補仮想仕事）は，仮想外力による内部応力 $\delta\sigma$ と物体内部の実際の変形 ϵ がなす補仕事の総和（内部補仮想仕事）に等しい」．

ここでいう補仕事とは，変位 $\mathit{\Delta}$ が一定値を保ちながら，仮想外力 δP がゼロから所定の値まで増大する場合の補仕事 $\delta P \times \mathit{\Delta}$ とする．

補仮想仕事法を適用する方法を，図 5.6 の平面トラス構造を例に説明する．補仮想仕事法を平面トラス構造に適用する際に，P システムは，仮想の外力 δP とそれに釣り合う部材の応力 $\delta N_1 \sim \delta N_7$ とし，Δ システムは，仮想外力が作用する点の実際の変位 $\mathit{\Delta}$ とこの変位に適合する部材の実際の変形量 $\mathit{\Delta}_1 \sim \mathit{\Delta}_7$ とする．補仮想仕事法は，この 2 種類の系を使い，式 (5.15) のように表される．左辺は外部補仮想仕事であり，右辺は内部補仮想仕事である．

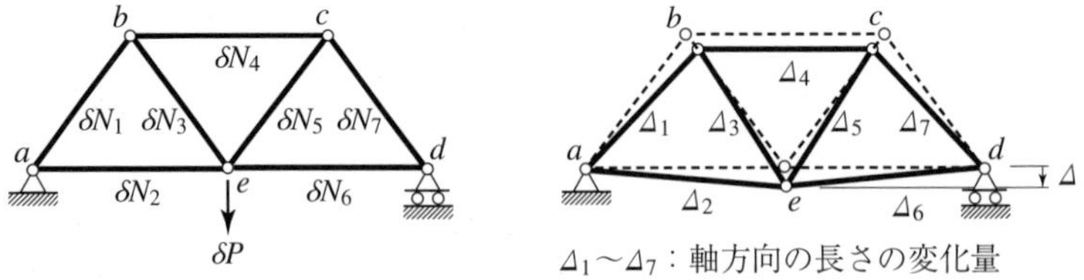

$\delta N_1 \sim \delta N_7$：仮想力 δP により生じる軸力

(a)　P システム

$\mathit{\Delta}_1 \sim \mathit{\Delta}_7$：軸方向の長さの変化量
$\mathit{\Delta}$：外力を加える点の力の方向の変位

(b)　Δ システム

図 5.6　補仮想仕事法における P システムと Δ システム

Δ システム

$$\underline{\varDelta}\underline{(\delta P)} = \sum_{i=1}^{7} \underline{\varDelta_i}\underline{(\delta N_i)} = \varDelta_1\delta N_1 + \varDelta_2\delta N_2 + \cdots + \varDelta_7\delta N_7 \tag{5.15}$$

P システム

静定トラス構造に適用するには，実際の外力 P によって生じる各部材の実応力 F_i を求め $\varDelta_i = F_i l_i/(E_i A_i)$ により式 (5.15) の右辺に現れる部材の伸び量（$\varDelta_1$～$\varDelta_7$）を求める．さらに，δP に一つ具体的な値を設定してこれに釣り合う各部材の仮想応力 δN_1～δN_7 を求めることができる．したがって，左辺の δP の大きさと方向を一つ選んでおけば，右辺の計算により内部補仮想仕事が求められ，これが外部補仮想仕事に等しく，δP に $\varDelta$ を乗じた量と等しくなるので，残された未知の変位 $\varDelta$ が求められる．このように，補仮想仕事法は，静定トラス構造物の変形の解析，さらに静定梁・静定骨組構造の変形の解析に幅広く応用することができる．

例 5.9　**仮想仕事法・補仮想仕事法の成り立つ理由**

安定に支持されるトラス構造物に仮想外力 δP が作用し，仮想外力の作用点の変位を Δ とする．仮想外力のなす補仮想仕事 δW_e^* は，δP と $\varDelta$ の内積で求められ，

$$\delta W_e^* = \varDelta(\delta P)$$

となる．構造物が剛体の場合には，仮想変位の原理により補仮想仕事 δW_e^* はゼロとなるが，剛体でない場合には，仮想外力のなす仕事 δW_e^* は，すべて構造物が変形することに費やされるので，内部補仕事 δW_d^* に等しくなければならない．

トラス構造物の変形により費やされる補仕事 δW_d^* は，すべてのトラス部材の補仕事の総和と等しい．仮想外力 δP が作用し，そのトラス部材に生じている軸力が δN_i（引張り正）であり，外力によりその部材の変位によって生じている実際の伸び量を $\varDelta_i$ とすれば，その部材についての補仮想仕事は力と変形を乗じて，$(\delta N)_i\,\varDelta_i$ で表される．トラス構造物全体の変形により費やされる補仕事はすべての部材について足し合わせれば得られ，

$$\delta W_d^* = \sum_{i=1}^{n} \varDelta_i(\delta N)_i$$

よって，補仮想仕事法は，

$$\varDelta(\delta P) = \sum_{i=1}^{n} \varDelta_i(\delta N)_i$$

と表される．

(4)　単位荷重法

単位荷重法は，補仮想仕事法の適用の仕方の特別な場合の呼び方である．図 5.7 の静定トラス構造を例にとると，P システムには，変位を求めたい点に，求めたい成分の方向に加える大きさ 1 の仮想力 δP を加えるものとし，それに釣り合う部材の応力

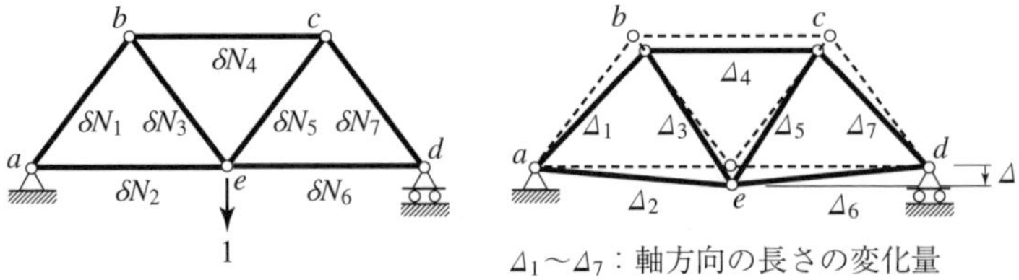

δN_1～δN_7：仮想力δPにより生じる軸力

$\varDelta_1$～$\varDelta_7$：軸方向の長さの変化量

$\varDelta$：外力を加える点の力の方向の変位

(a)　P システム　　(b)　Δ システム

図 5.7　単位荷重法における P システムと Δ システム

δN_1～δN_7 をとる．例えば，下向き変位を求めたい場合には仮想力にはその点に下向きに 1 の力 δP とする P システムを考える．Δ システムには実際に生じている節点の変位 $\varDelta$ の下向き方向の成分とそれに対応した各部材の変形 $\varDelta_1$～$\varDelta_7$ からなる系を考える．

式 (5.15) の補仮想仕事法の式を変形して，式 (5.16) が成立する．

$$\varDelta \times 1 = \sum_{i=1}^{7} \varDelta_i \delta N_i = \varDelta_1 \delta N_1 + \varDelta_2 \delta N_2 + \cdots + \varDelta_7 \delta N_7 \tag{5.16}$$

ここに，$\delta N_1, \delta N_2, \ldots$：大きさ 1 の仮想力（**単位荷重**）によって生じる各部材の軸力．よって，右辺の値を計算すると，大きさ 1 の仮想力（単位荷重）を加えた点における，単位荷重を加えた方向の成分の変位が求まることになる．

ここでは静定トラスの節点の変位が求められることを強調したが，補仮想仕事法は，静定でなければ適用できないというわけではない．例えば不静定トラスであっても，何らかの方法によってトラス構造物を構成するすべての部材の応力が求まっていれば，やはり補仮想仕事法（または単位荷重法）により，求めたい節点の変位成分を求めることができる．

5.7　トラス構造物の節点変位の算定

トラス構造物を構成する部材数が n の場合の補仮想仕事法は，式 (5.17) となる．

Δ システム

$$\overline{\varDelta}\underline{\delta P} = \sum_{i=1}^{n} \overline{\varDelta_i}\underline{(\delta N)_i} \tag{5.17}$$

P システム

部材数 n のトラス構造物に外力が働き i 番目の部材の軸力が N_i の時，それぞれの部材の伸縮量 $\varDelta_i$ は式 (5.18) となる．

$$\Delta_i = N_i \frac{l_i}{E_i A_i} \tag{5.18}$$

ここに，l_i：部材 i の長さ，E_i：部材 i の材料のヤング率，A_i：部材 i の断面積．

これらの記号を用いて，トラス構造物の補仮想仕事法は，次の式で表される．

Δ システム

$$\underline{\overline{\Delta}} \times \underline{\delta P} = \sum_{i=1}^{n} \overline{N_i \frac{l_i}{E_i A_i}} \underline{(\delta N)_i} \tag{5.19}$$

P システム

ここに，Δ：仮想外力 δP を加えた点の δP の作用する方向の変位の成分，$(\delta N)_i$：仮想外力 δP に釣り合う部材 i の軸力．

補仮想仕事法の一つの表現である単位荷重法では，式 (5.19) の仮想外力を $\delta P = 1$ とおいて式 (5.20) のように読み替えて静定トラス構造の変位を求める．

$$\Delta \times 1 = \sum_{i=1}^{n} N_i \frac{l_i}{E_i A_i} \overline{N}_i \tag{5.20}$$

ここに，Δ：大きさ 1 の力（単位荷重という）を加えた点の単位荷重の方向の変位，N_i：外力により部材 i に生じる軸力，$l_i/(E_i A_i)$：部材 i の柔性，$\overline{N}_i$：単位荷重により部材 i に生じる軸力．

例 5.10　**静定平面トラスの節点変位**

単位荷重法により，次の静定トラス構造の節点 c の変位を求める．すべての部材の断面積 A は 0.0025 m^2，ヤング率 E は 210×10^9 Pa $= 210 \times 10^6$ $\mathrm{kN/m^2}$ とする．軸力は引張りを正とする．

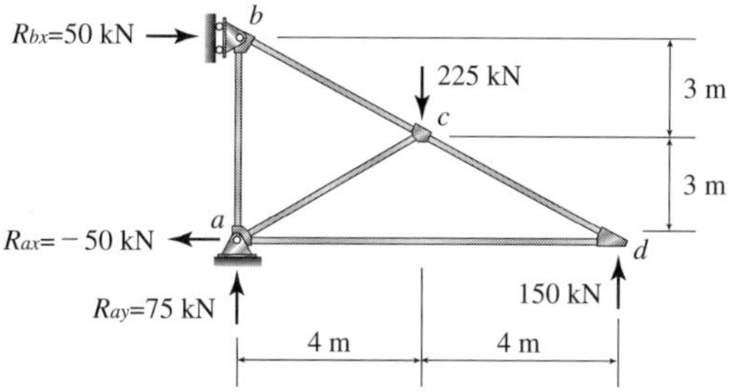

節点変位 Δ は，節点変位を求めたい節点に Δ と同じ方向に大きさが 1 の力を加えた時の各部材の軸力を $\overline{N}_i$ とすれば，単位荷重法を適用して，

$$\Delta \times 1 = \sum_{i=1}^{5} N_i \frac{l_i}{E_i A_i} \overline{N}_i = N_1 \frac{l_1}{E_1 A_1} \overline{N}_1 + N_2 \frac{l_2}{E_2 A_2} \overline{N}_2 + \cdots + N_5 \frac{l_5}{E_5 A_5} \overline{N}_5$$

で計算される．

節点 c の水平変位 u_c

P システム（仮想力系）：

求めたい節点 c の水平変位 u_c に対応して，節点 c に水平方向に 1 kN の力を加え，残りの節点には力は加えない．この場合の部材応力 N_i と反力は，次の図の左のようになる．

Δ システム（実変位系）：

外力が作用している時の支点反力と部材応力 N_i は，ここでは例えば節点法を適用すると次の図の右のように求められる．下の表によって，右辺の $\sum_{i=1}^{n} N_i \overline{N}_i l_i/(E_i A_i)$ の計算を行う．

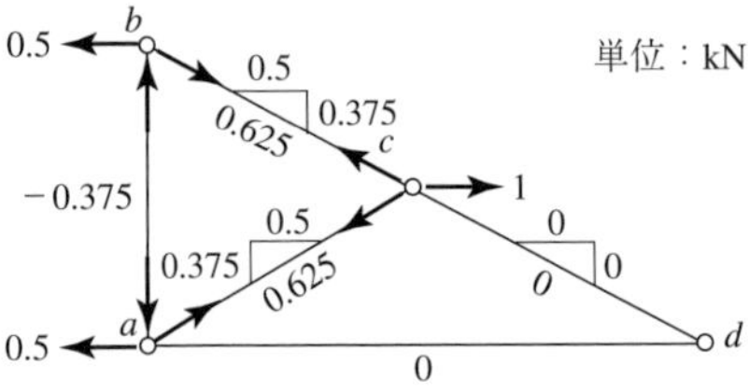

P システム

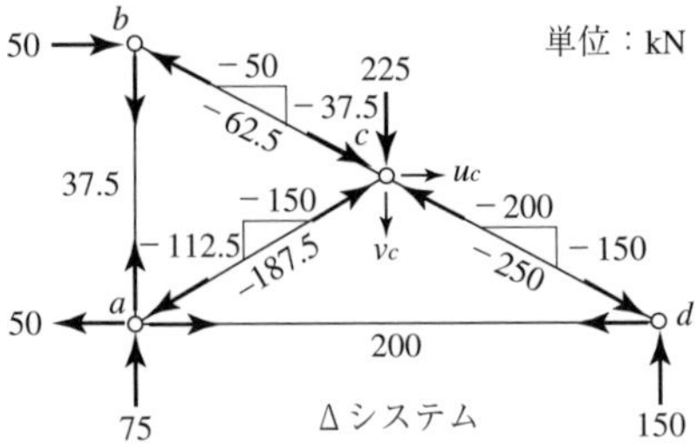

Δ システム

部材	l_i (m)	N_i (kN)	$\overline{N}_i$ (kN)	$N_i \overline{N}_i l_i$ ($\mathrm{kN^2\,m}$)
ab	6	+37.5	−0.375	−84.38
bc	5	−62.5	+0.625	−195.31
cd	5	−250.0	0	0
da	8	+200.0	0	0
ac	5	−187.5	+0.625	−585.94

$\sum N_i \overline{N}_i l_i = -865.63$

$$u_c \times 1 = \frac{1}{EA}\sum_{i=1}^{5} N_i \overline{N}_i l_i = \frac{-865.63}{210 \times 10^6 \times 0.0025} = -0.00165\,\mathrm{kN\,m}$$

$$u_c \times 1 = -0.00165\,\mathrm{kN\,m},\quad よって\quad u_c = -0.00165\,\mathrm{m} = -1.65\,\mathrm{mm}$$

点 c の水平変位は左向きに 1.65mm となる．

節点 c の鉛直変位 v_c

P システム（仮想力系）：

未知の節点 c の鉛直変位 v_c に対応させて，節点 c に 1 kN の鉛直下向き方向の力を加え，残りの節点には力は加えない．この場合の部材応力と反力は，次のようになる．

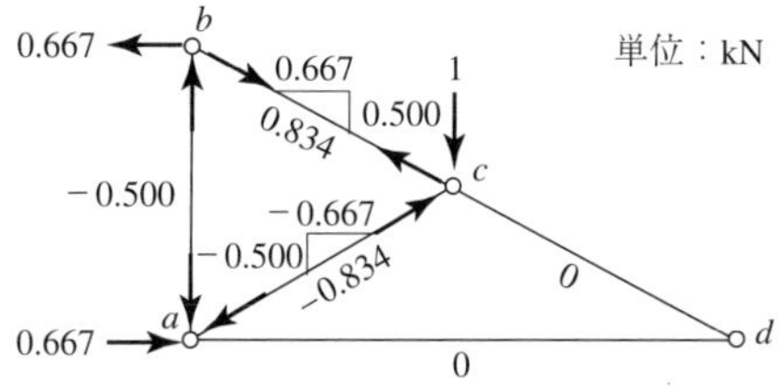

Pシステム

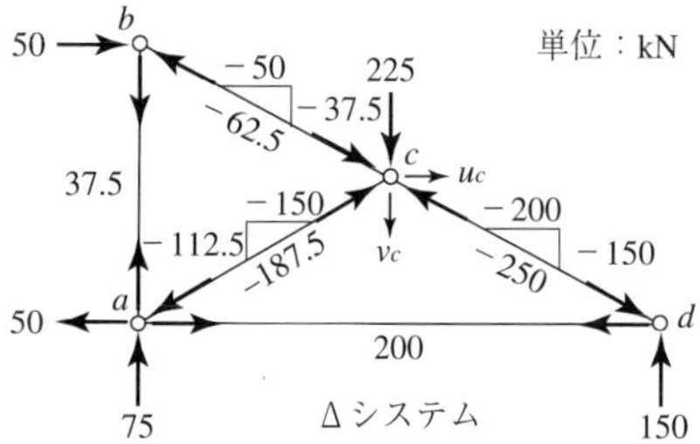

Δシステム

次の表によって，右辺の計算を行う．

部材	l_i (m)	N_i (kN)	$\overline{N}_i$ (kN)	$N_i\overline{N}_i l_i$ (kN^2 m)
ab	6	+37.5	−0.5	−112.5
bc	5	−62.5	+0.834	−260.63
cd	5	−250.0	0	0
da	8	+200.0	0	0
ac	5	−187.5	−0.834	+781.88

$\sum N_i\overline{N}_i l_i = 408.75$

$$v_c \times 1 = \frac{1}{EA}\sum_{i=1}^{5} N_i\overline{N}_i l_i = \frac{408.75}{210\times10^6\times0.0025} = 0.00078\,\text{kN m}$$

$$v_c = 0.00078\,\text{m} = 0.78\,\text{mm}$$

よって，点 c の変位は下向きに 0.78 mm となる．

例 5.11　初期変形のあるトラスの節点変位

トラスと初期変位　次の図に示す平面の静定トラス構造は，部材 bc を設計より 20 mm 短く製作してしまった．この影響によって節点 e の位置は下向きにどれだけ移動するかを補仮想仕事法により求める．

節点 e の鉛直変位 v_e

Pシステム：(仮想力系)

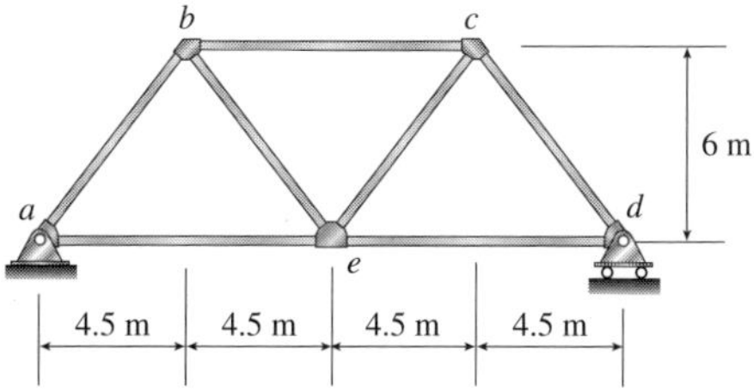

節点 e の変位のうち，鉛直下向きの成分 v_e を求めるために，v_e に対応した仮想力 δP として節点 e に 1 kN の鉛直下向きの力を加える．この時の部材力は，下図左のようになる．なお，“〜” はゼロを乗じて仕事を求めるので計算する必要がない数値を表している．

Δシステム：(実変位系)

求めたい変位 v_e と部材の長さ変化は次のとおり．よって，Δシステムの変形は下図右のとおりとなる．

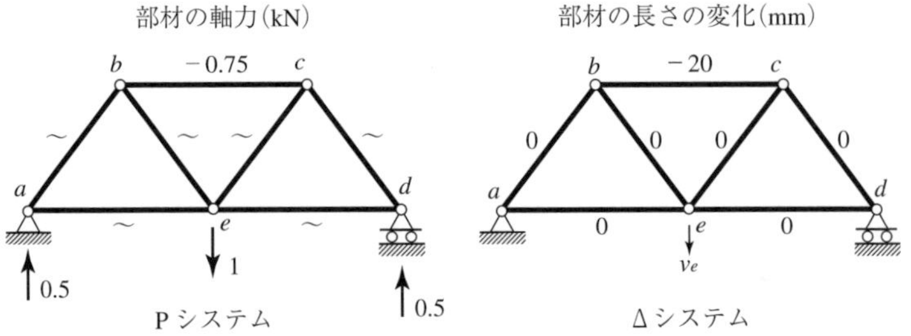

部材数 $n = 7, \delta P = 1\,\mathrm{kN}$ としてトラス構造物に補仮想仕事法の次式を適用する.

$$\varDelta \times \delta P = \sum_{i=1}^{n} \varDelta_i\,(\delta N)_i$$

$$v_e \times 1 = (-0.75) \times (-20) = 15\,\mathrm{kN\,mm} \text{ よって } v_e = 15\,\mathrm{mm}$$

つまり，節点 e の下方への変位は，15 mm である.

例 5.12　外力の作用するトラスの節点変位 1

次の平面静定トラスの節点 d の鉛直下向き変位 v_d を，単位荷重法により求める．部材の断面積 A は，括弧内の数字（単位 mm^2）とする．材料のヤング率 E は，210 GPa とする．反力は既に求められている.

Δ システム：(実変位系)

部材の実応力 N_i を下図右の図に示す.

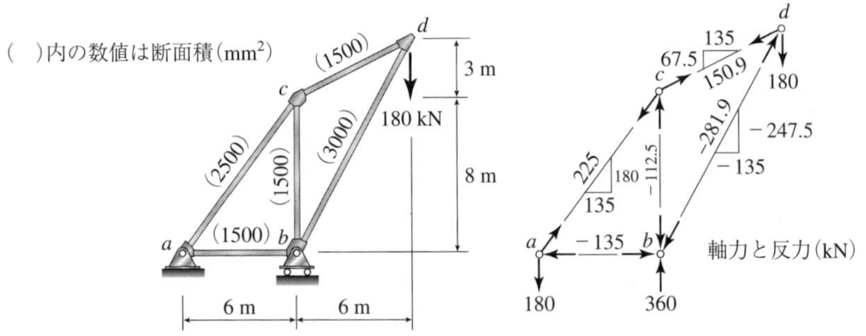

P システム：(仮想力系)

節点 d の下向き変位 v_d を求めるために，節点 d に鉛直下向きに 1 kN の力を加えたものを P システムとする．Δ システムにおいても節点 d に下向きの荷重が作用しており，部材の応力は既に求められている．よって，P システムの各部材の単位荷重による応力 $\overline{N}_i$ は，Δ システムの部材応力 N_i に $\frac{1}{180}$ を乗じることによって得られる.

よって，内力のなす補仮想仕事 $\sum_{j=1}^{m} N_i \overline{N}_i l_i/(E_i A_i)$ は，次の表で求められる.

部材	l_i (mm)	A_i (mm^2)	N_i (kN)	$\overline{N}_i$ (kN)	$\overline{N}_i N_i \frac{l_i}{A_i}$ (kN^2/mm)
ab	6000	1500	−135	−0.75	405.0
ac	10000	2500	+225	+1.25	1125.0
bc	8000	1500	−112.5	−0.625	375.0
cd	6708	1500	+150.9	+0.838	565.5
bd	12530	3000	−281.9	−1.566	1843.8

$$\sum \overline{N}_i N_i \frac{l_i}{A_i} = 4314.3$$

$$v_d \times 1 = \frac{1}{E}\sum_{i=1}^{5} N_i \frac{l_i}{A_i}\overline{N}_i = \frac{4314.3}{210} = 20.5\,\text{kN mm},\quad \text{よって}\quad v_d = 20.5\,\text{mm}.$$

節点 d は，下向きに 20.5 mm 移動する．

例 5.13　外力の作用するトラスの節点変位 2

次の平面静定トラスの節点 D の下向き鉛直変位 $\varDelta_D$ を補仮想仕事法により求める．部材断面積はすべて共通で $A = 800\,\text{mm}^2$，ヤング率は $E = 210\,\text{GPa}$（$10^9\,\text{N/m}^2$）とする．

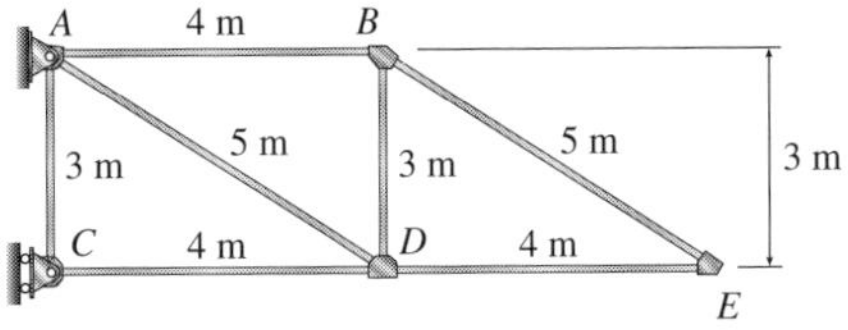

ヤング率　$E = 210$ GPa$(10^9\ \text{N/m}^2)$
部材断面積　$A = 800\ \text{mm}^2$

節点 E に下向きに 30 kN 加えた時の D の変位を求める．P システムと Δ システムの部材の軸力は，下図のようになる．

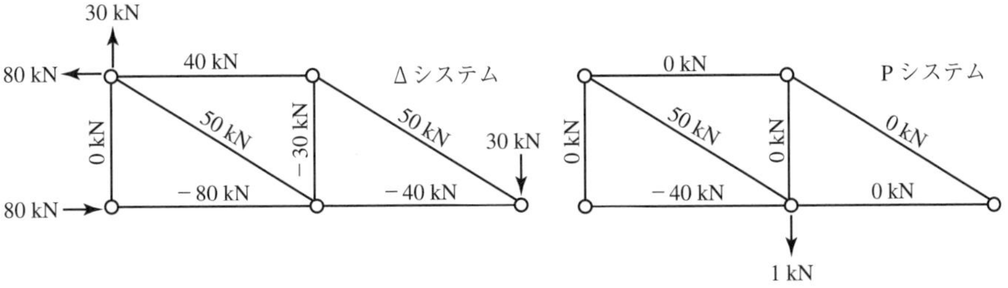

これらを用いて次のとおり求めることができる．

$$1 \times \varDelta_D = \sum_{i=1}^{7} \delta N_i \Delta_i = \frac{1}{EA}\sum_{i=1}^{7} \overline{N}_i N_i L_i$$

$$= \frac{10^3}{210 \times 10^9 \times 800 \times 10^{-6}} \left\{ \frac{5}{3} \times 50 \times 5 + \left(-\frac{4}{3}\right) \times (-80) \times 4 \right\} \text{kN m}$$

$$= 5.0198 \times 10^{-3}\,\text{kN m} \approx 5.02\,\text{kN mm}$$ よって $\varDelta_D$ は 5.02 mm となる．

部材 AB と部材 AD および部材 CD の部材の長さの製作誤差が，+4 mm, −3 mm, +5 mm である時，部材節点 E の下向き鉛直変位 Δ_E を補仮想仕事法により求める．Δ システムの部材の変形と P システムとの部材の軸力は次のとおりとすると，節点 E の下向き変位 Δ_E は，

$$1 \times \Delta_E = \sum_{i=1}^{7} \delta N_i \Delta_i = \left\{ \frac{4}{3} \times 4 + \frac{5}{3} \times (-3) + \left(-\frac{8}{3} \right) \times 5 \right\}$$

$$= -13\,\mathrm{kN\,mm} \quad （下向き正）よって\ \Delta_E = -13\,\mathrm{mm}$$

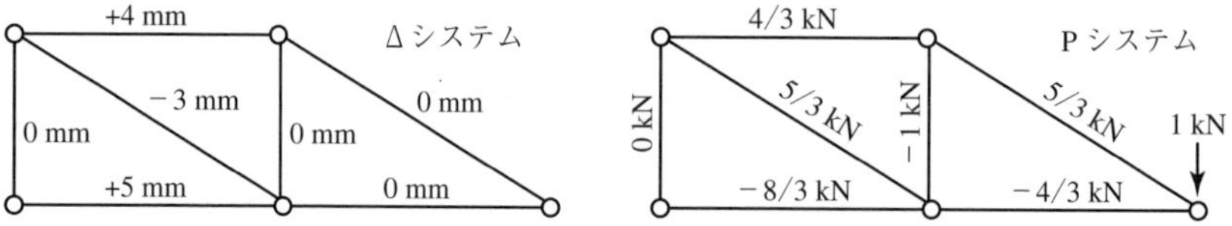

5 章の問題

□ **1**　次の構造物の反力 R を仮想変位の原理を用いて求めよ．

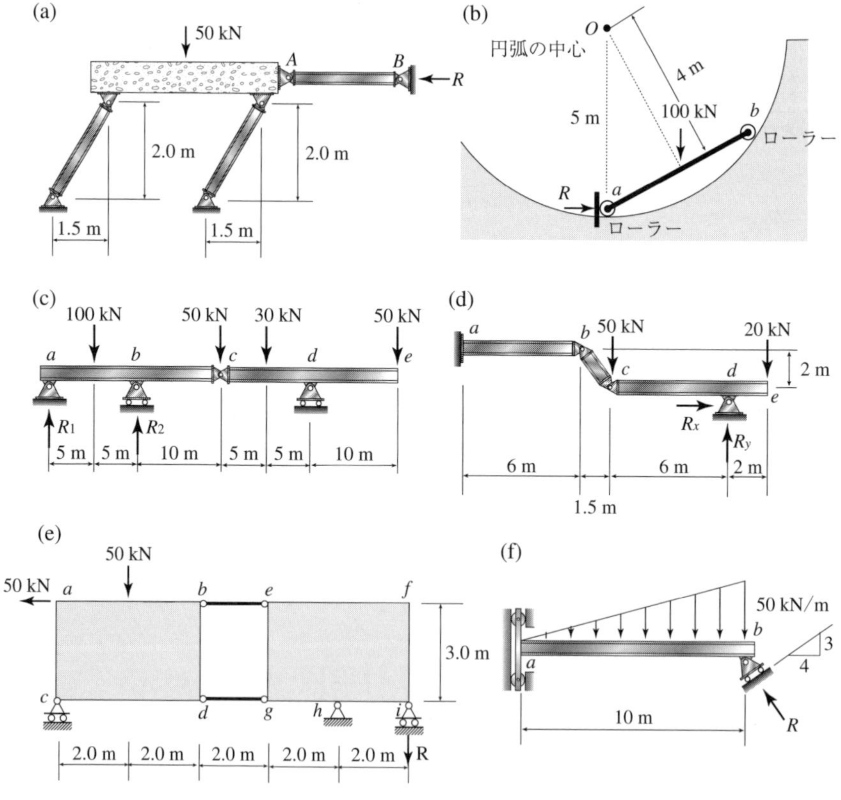

□**2**　平面静定トラスの節点（= p）の下向き変位を求めよ．部材の断面積 A は図中の値を，ヤング率 E は 210×10^6 kN/m^2 とする．

(a)

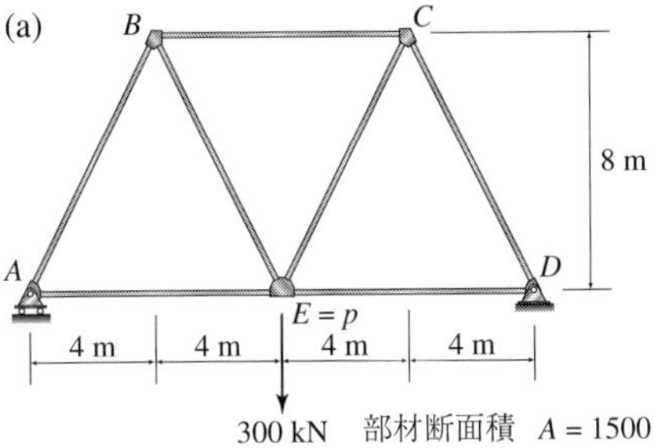

部材断面積　$A = 1500$ mm^2

(b)

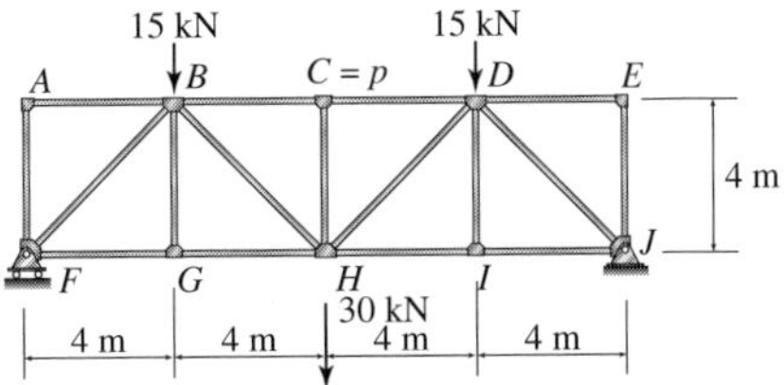

部材断面積　$A = 1000$ mm^2

(c)

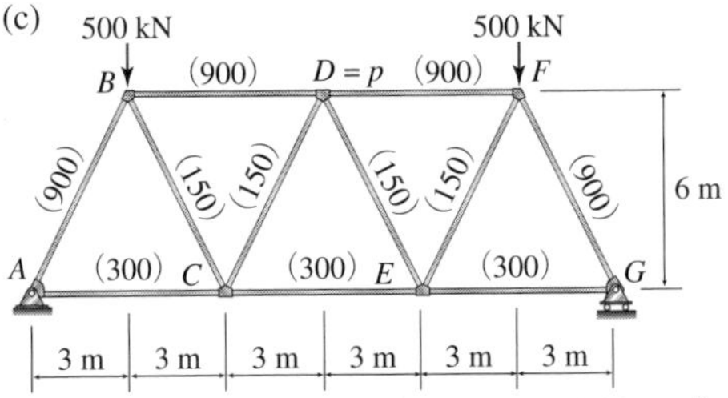

部材断面積（括弧内の数字）mm^2

(d)

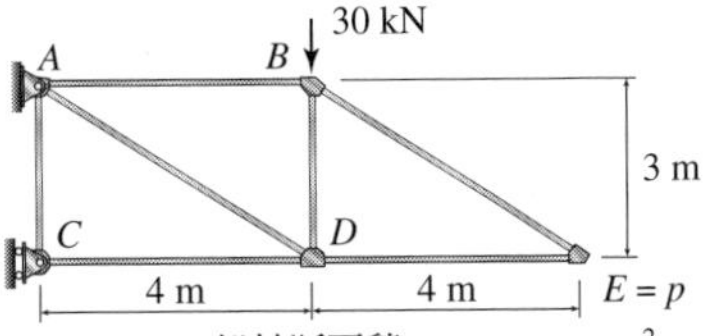

部材断面積　$A = 1000$ mm^2

6 梁・骨組の変形

梁や骨組では，軸力による部材の伸び縮みの変形の影響よりは，曲げモーメントによる部材の曲げの変形の影響がはるかに大きい．本章では，曲げの変形による内部補仕事を導入し，第 5 章で学んだ**補仮想仕事法**を，梁や骨組の変位の計算に適用する方法について学ぶ．さらに，曲げを受ける直線部材の変形の計算に特化した**積分法**，それを元に導かれた**モーメント面積法**および**モールの定理**についても触れる．

6.1 曲げをうける部材の内部補仕事

ある点に偶力 M が作用しその点が $\Delta\theta$ 回転すると，偶力のなす仕事は $M\Delta\theta$ である．図 6.1 のように，直線部材の両端に大きさが等しく逆向きの偶力 M と $-M$ が働き，部材は曲げ変形して部材の両端の角度差が θ_Δ になる時の曲げによる仕事も $M\theta_\Delta$ である．

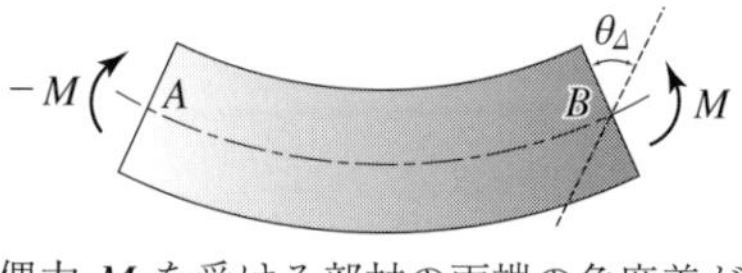

図 6.1　両端に偶力 M を受ける部材の両端の角度差が θ_Δ となる状態

したがって，材軸に沿って曲げモーメント δM_p（= 一定値）が生じている直線部材の内部補仮想仕事 δW_d^* は，

$$\delta W_d^* = \delta M_p \times \theta_\Delta \tag{6.1a}$$

となる．もし，材軸に沿って曲げモーメント δM_p や曲率 θ_Δ が一定でない場合には，部材を材軸方向に分割してそれぞれの区間の内部補仮想仕事を求め，その総和を取ればよい．もし，部材を n 個に分割し，それぞれの部分の両端の角度差が $\Delta\theta_i$，それぞれの部分の仮想の曲げモーメントが $(\delta M_p)_i$ であれば，内部補仮想仕事 δW_d^* はそれらの積の総和で表される．曲げモーメントや曲率が連続的に変化する場合には，部材の全長 L についての積分で表される．

$$\delta W_d^* = \sum_{i=1}^{n} (\delta M_p)_i \Delta\theta_i = \int_L (\delta M_p)\, d\theta_\Delta \tag{6.1b}$$

ここに，$(\delta M_p)_i$：分割した区間における仮想曲げモーメント，$\Delta\theta_i$：分割した区間の両端の角度差，δM_p：仮想外力により部材の途中の点 x に生じる曲げモーメント，$d\theta_\Delta$：区間 dx における角度の変化量．

さらにもし構造物が骨組のように複数の部材からなる場合には，骨組全体の内部補仮想仕事 δW_d^* は，部材数を m としてすべての部材の内部補仮想仕事を加えた式 (6.2) で表される．

$$\delta W_d^* = \sum_{j=1}^{m} \left(\int_L (\delta M_p)\, d\theta_\Delta \right)_j \tag{6.2}$$

6.2　補仮想仕事法による梁と骨組の変形の算定

曲げ変形する梁や骨組に適用される補仮想仕事法は，式 (6.3) のように表される．式の左辺は，外部補仮想仕事を表し右辺は内部補仮想仕事を表している．

$$\sum_{i=1}^{k} \Delta_i (\delta P_i) = \sum_{j=1}^{m} \left(\int_L (\delta M_p)\, d\theta_\Delta \right)_j \tag{6.3}$$

ここに，k：仮想外力の数，Δ_i：仮想外力の作用点 i の実変位，(δP_i)：仮想外力，m：部材数，(δM_p)：すべての仮想外力 (δP_i) により部材に生じる曲げモーメント．線形弾性の範囲であれば，曲げを受ける部材断面における曲率 ϕ と，曲げモーメントと断面二次モーメントの間には次の関係がある．

$$\phi = \frac{M}{EI} \tag{6.4}$$

ここに，E：ヤング率，I：断面の図心周りの断面二次モーメント，ϕ：曲率．

そこで，区間 dx の両端の角度差を $d\theta_\Delta$，曲げモーメントを M_Δ とすると，$d\theta_\Delta = \phi\, dx$，$\phi = \frac{M_\Delta}{EI}$ より，式 (6.5) が成り立つ．

$$d\theta_\Delta = \frac{M_\Delta}{EI}\, dx \tag{6.5}$$

式 (6.5) を式 (6.3) に代入して，式 (6.6) が得られる．

Δ システム

$$\sum_{i=1}^{n} \Delta_i (\delta P_i) = \sum_{j=1}^{m} \left(\int_L \frac{M_\Delta}{EI}\, \delta M_p\, dx \right)_j \tag{6.6}$$

P システム

つまり，曲げ変形する梁や骨組では，部材に生じている実際の曲げモーメント M_Δ がわかっていれば，式 (6.6) が適用できる．この際には，トラスの変位を補仮想仕事法で求める時と同じように，梁や骨組の場合にも外力とそれに釣り合う内力の組合せを P システム，外力が作用する点の変位とそれに適合する内部の変形の組合せを Δ システムとして，補仮想仕事法を適用する．

例 6.1　**片持ち梁の先端の下向き変位**

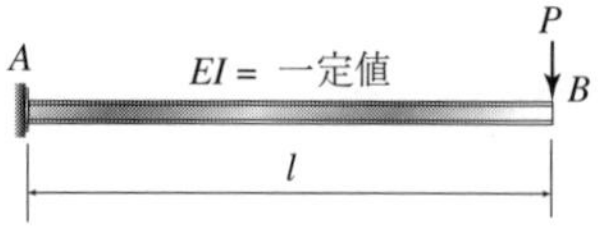

直線の片持ち梁の先端の点 B に下向きの力 P が作用する時の点 B の下向きの変位を補仮想仕事法により求める．ここに，梁の長さは l，曲げ剛性 EI は一定値とする．

P システム　P システムは，構造物に作用する仮想力 δP とそれに釣り合う内部応力 δM_p とする．ここでは δP は，変位を求めたい点 B に，大きさ 1 の力を変位を知りたい鉛直下向き方向に加える．

Δ システム　Δ システムは，実際に生じている曲率分布 $\frac{M_\varDelta}{EI}$ とそれに適合する先端の点 B の鉛直下向き変位 $\varDelta_B$ とする．

補仮想仕事法は，次の式で表されるから，この右辺の積分により点 B の変位 $\varDelta_B$ が求められる．

$$\varDelta_B \times 1 = \int_L \frac{M_\varDelta}{EI} \delta M_p \, dx$$

P システム，Δ システムいずれも，積分の計算をするために，B 端を原点として左向きの座標軸を考え座標を x とする．仮想力 δP（= 1）による曲げモーメント δM_p の分布と，外力 P による曲げモーメント $M_\varDelta$ の分布を，座標 x を用いて次のように表しておく．

$$\delta M_p = -x \quad (0 \leqq x \leqq l), \quad M_\varDelta = -Px \quad (0 \leqq x \leqq l)$$

補仮想仕事法を適用すれば，

$$\varDelta_B \times 1 = \int_L \frac{M_\varDelta}{EI} \delta M_p \, dx \quad \text{より，} \quad \varDelta_B = \frac{P}{EI} \int_0^l x \times x \, dx = \frac{Pl^3}{3EI}$$

よって，$\varDelta_B = \dfrac{Pl^3}{3EI}$ が求められる．

次に，内部の補仮想仕事の積分の意味を考えてみる．補仮想仕事の式の右辺の内部仕事を求めるための積分は，次の図に示すように，四角錐の体積 V を求めることと等価である．よって，内部仕事は，次のように幾何学的に体積を求める計算に置き換えることができる．

$$\varDelta_B \times 1 = \text{四角錐の体積}\ V = \frac{1}{3} \times \frac{Pl}{EI} \times l \times l = \frac{Pl^3}{3EI}$$

よって，$\varDelta_B = \dfrac{Pl^3}{3EI}$（下向き正）となる．

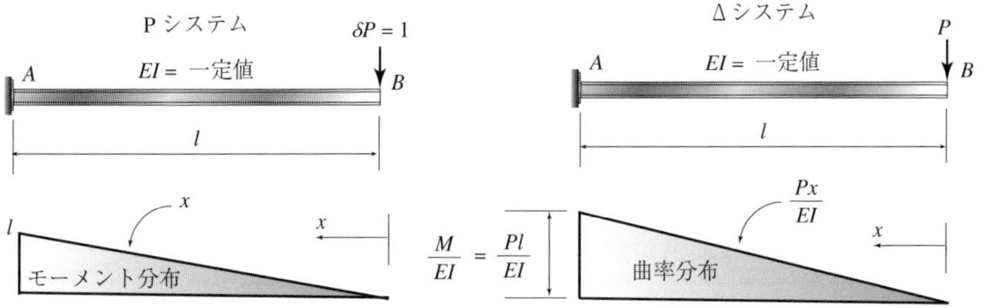

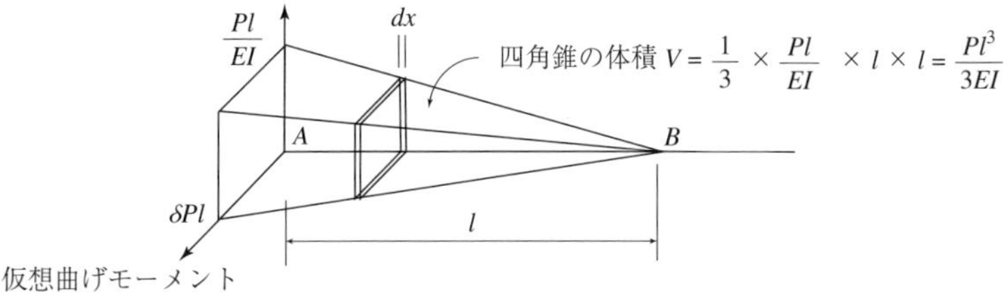

例 6.2　片持ち梁の先端の回転角

例 6.1 の片持ち梁の先端の点 B における，傾斜角 θ_B を求める．P システムは B 端に時計回りで大きさ 1 の集中モーメント $\delta M = 1$ と，それを加えた時の曲げモーメントの分布とする．Δ システムは，先端の点 B の実際の傾斜角 θ_B と外力 P による 曲率分布 $\frac{M_\Delta}{EI}$ とする．

座標軸は，先ほどと同様に，B 端を原点として左方向を正とする．P システムの曲げモーメントの分布 δM_p と Δ システムの曲げモーメントの分布 M_Δ を，座標 x を用いて次のように表しておく．

$$\delta M_p = -1 \quad (0 \leqq x \leqq l), \quad M_\Delta = -Px \quad (0 \leqq x \leqq l)$$

補仮想仕事法を適用すれば，

$$\theta_B \times 1 = \int_L \frac{M_\Delta}{EI} \delta M_p \, dx \quad より \quad \theta_B \times 1 = \frac{P}{EI} \int_0^l (x)(1) \, dx = \frac{Pl^2}{2EI}$$

よって，$\theta_B = \frac{Pl^2}{2EI}$（時計回り正）である．

先ほどと同様に，補仮想仕事の内部仕事を，次の図のように三角柱の体積 V に等しいとして求めることができる．よって，三角柱の体積を求める式で求めると，

$$\theta_B \times 1 = 三角柱の体積\ V = \frac{1}{2} \times \frac{Pl}{EI} \times 1 \times l = \frac{Pl^2}{2EI}$$

よって，$\theta_B = \frac{Pl^2}{2EI}$（時計回り正）である．

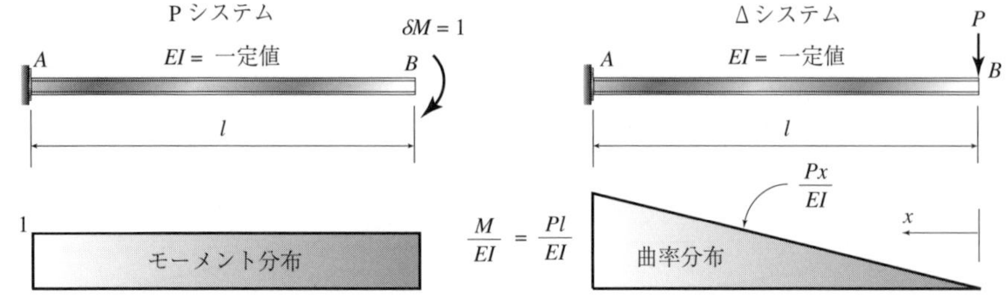

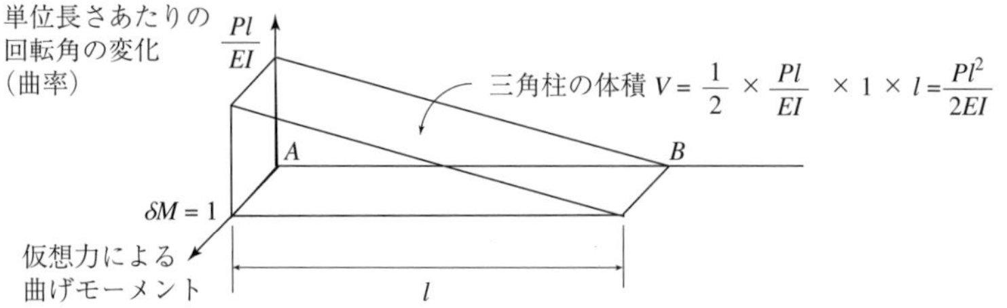

例 6.3　求積公式

次の表は，2 つの関数 f と g の定積分の**求積公式表**である．求積公式表を使うと，内部補仮想仕事の積分の計算が見通し良く行える．表のそれぞれの数式は，定数，直線，または放物線で表される 2 つの関数 $y = f(x)$ と $y = g(x)$ の積を区間（$0 \leqq x \leqq L$）で積分した定積分値 $S = \int_0^L (f \times g)\, dx$ を表している．

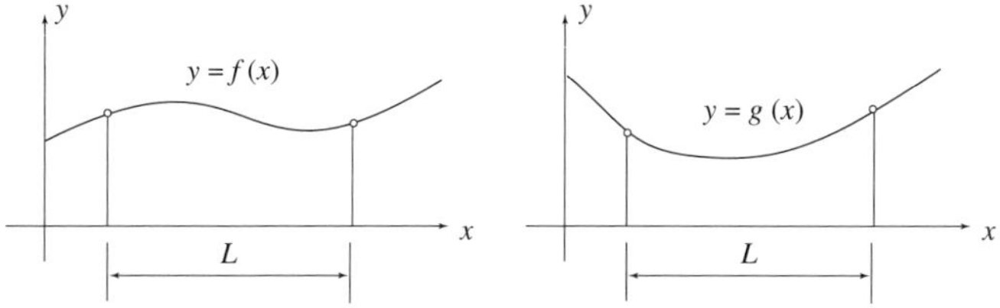

求積公式 $S=\int_L (f\times g)\,dL$	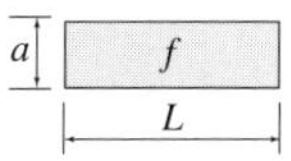	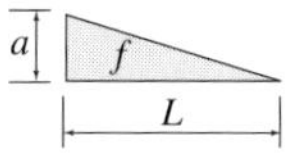	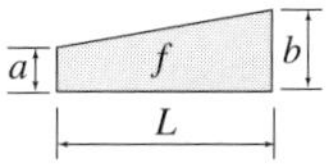
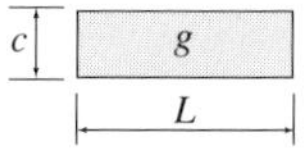	Lac	$\frac{Lac}{2}$	$\frac{Lc(a+b)}{2}$
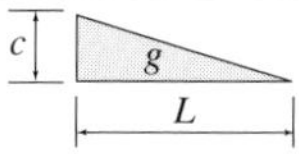	$\frac{Lac}{2}$	$\frac{Lac}{3}$	$\frac{Lc(2a+b)}{6}$
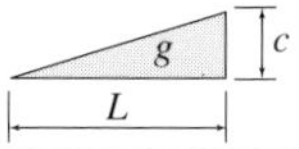	$\frac{Lac}{2}$	$\frac{Lac}{6}$	$\frac{Lc(a+2b)}{6}$
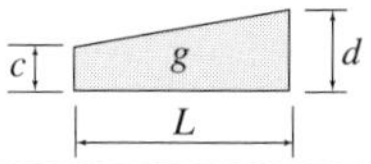	$\frac{La(c+d)}{2}$	$\frac{La(2c+d)}{6}$	$\frac{La(2c+d)+Lb(c+2d)}{6}$
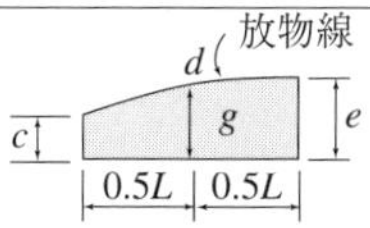	$\frac{La(c+4d+e)}{6}$	$\frac{La(c+2d)}{6}$	$\frac{La(c+2d)+Lb(2d+e)}{6}$

例 6.4　片持ち梁の中間点の鉛直変位

次の図のように先端に大きさ P の下向きの力が働く片持ち梁の中間の点 C の鉛直変位 Δ_c を求める．P システムは，点 C に鉛直下向きの仮想力 $\delta P = 1$ を加え，それにより生じる曲げモーメント分布 δM_p とする．Δ システムは，点 C の実際の鉛直変位 Δ_c と外力 P による曲率分布 $\frac{\mu_\Delta}{EI}$ とする．B 端を原点とする左向きの座標軸を考える．

曲げモーメント δM_p と，実際に生じている曲げモーメント M_Δ を位置を表す変数 x を使って次のように表しておけば，次のように Δ_c が求められる．

$$\delta M_p = 0 \quad (0 \leqq x \leqq 0.5l),\quad \delta M_p = -x + 0.5l \quad (0.5l \leqq x \leqq l)$$

$$M_\Delta = -Px \quad (0 \leqq x \leqq l)$$

$$\begin{aligned}\Delta_c \times 1 &= \sum_{j=1}^{m}\left(\int_L \frac{M_\Delta}{EI}\delta M_p\,dx\right)_j \\ &= \int_0^{0.5l}\frac{-Px}{EI}(0)\,dx + \int_{0.5l}^{l}\frac{-Px}{EI}(-x+0.5l)\,dx = 0 + \frac{5Pl^3}{48EI}\end{aligned}$$

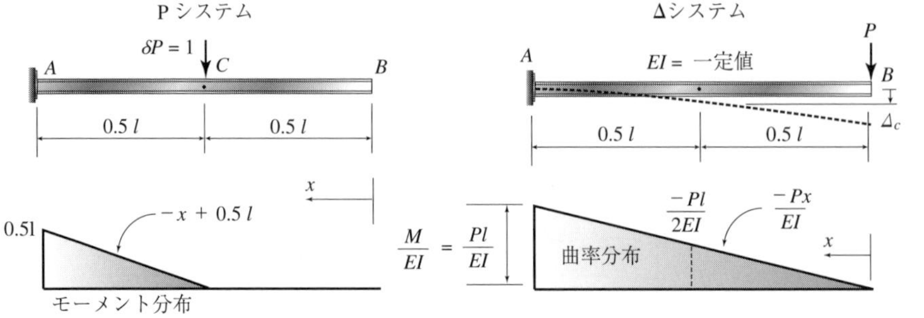

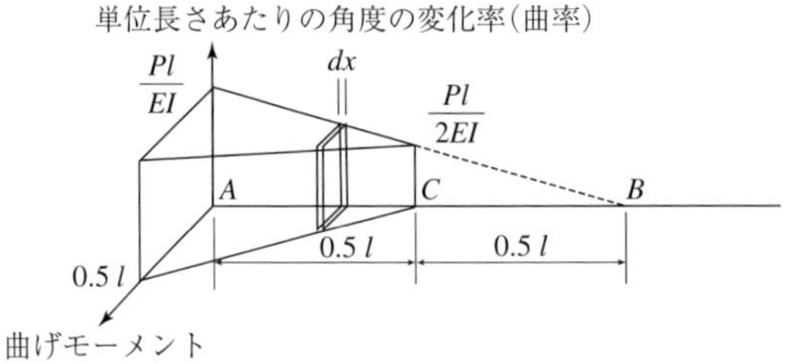

別法として，内部仕事の計算に例 6.3 に示した求積公式表を用いることもできる．求積公式表を用いる場合には，計算は次のようになる．積分公式 $S = \int_L (f \times g)\, dL = \frac{Lc(a+2b)}{6}$ に $L = 0.5l,\ a = \frac{Pl}{2EI},\ b = \frac{Pl}{EI},\ c = 0.5l$ を代入すると，

$$S = \frac{(0.5l)(0.5l)\left(\frac{Pl}{2EI} + 2\frac{Pl}{EI}\right)}{6} = \frac{5}{48}\frac{Pl^3}{EI}$$

よって，$\Delta_C = \dfrac{5}{48}\dfrac{Pl^3}{EI}$（下向き正）

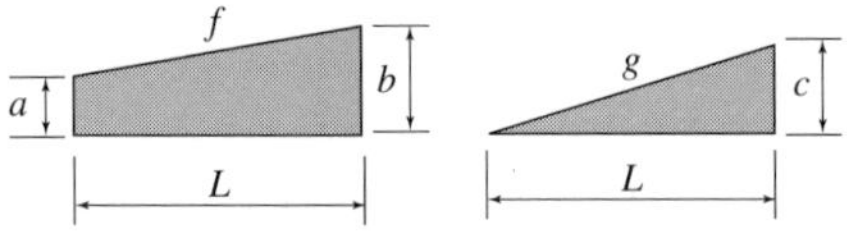

例 6.5 片持ち梁の中間点の傾斜角

例 6.4 の一様断面で長さ l の直線片持ち梁の中間点 C の傾斜角を求める．P システムは，点 C に時計回りで大きさ 1 の仮想の偶力 $\delta P = 1$ を加えそれにより生じる曲げモーメント分布 δM_p とする．

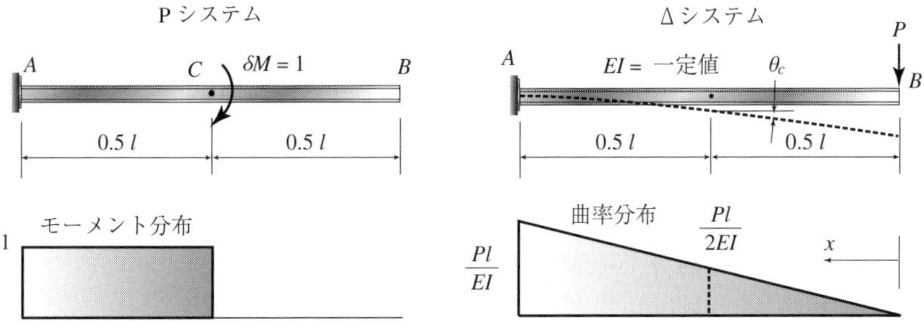

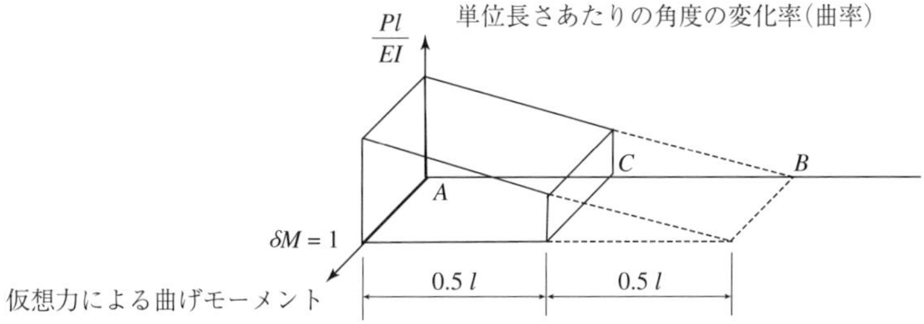

ここでは，定積分を体積で求める．

$$\theta_c \times 1 = \sum_{j=1}^{m} \left(\int_L \frac{M_\Delta}{EI} \delta M_p \, dx \right) = \frac{1}{2} \times \left(\frac{Pl}{EI} + \frac{Pl}{2EI} \right) \times 1 \times \frac{1}{2} l = \frac{3}{8} \frac{Pl^2}{EI}$$

よって，$\theta_c = \frac{3}{8} \frac{Pl^2}{EI}$ （時計回り正）

例 6.6 静定梁の載荷点の鉛直変位と傾斜角

次の図の単純支持梁における中間の載荷点 C の鉛直下向き変位 Δ_c と傾斜角 θ_c を具体的な数値で求める．ここに，EI は 100×10^3 kN m^2 で，一定値とする．

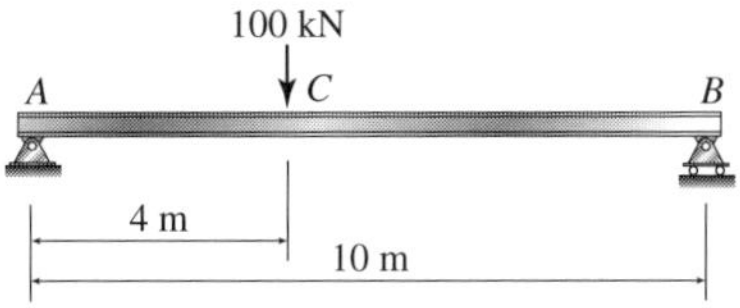

Δ_c の下向き変位を求めるために，点 C に 1 kN の鉛直下向きの仮想力を加えた時の曲げモーメント δM_p を P システムとする．Δ システムと P システムは，それぞれ次の図となる．

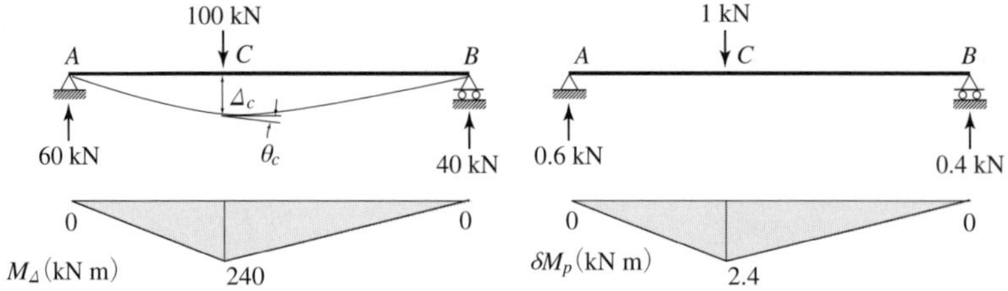

区間 AC と CB に分割し，区間ごとに補仮想仕事を求める．積分には求積公式表を用いる．

$$\Delta_C \times 1 = \sum_{j=1}^{m}\left(\int_L \frac{M_\Delta}{EI}\delta M_p\,dx\right)_j = \int_{AC}\frac{M_\Delta}{EI}\delta M_p\,dx + \int_{CB}\frac{M_\Delta}{EI}\delta M_p\,dx$$
$$= \frac{1}{EI}\left(\frac{1}{3}\times 240\times 2.4\times 4 + \frac{1}{3}\times 240\times 2.4\times 6\right)$$
$$= \frac{1}{EI}\times 192\times(4+6) = \frac{1920}{EI}\ \mathrm{kN^2\,m^3}$$

よって，$\Delta_C = \frac{1920}{100\times 10^3} = 0.0192\,\mathrm{m} = 19.2\,\mathrm{mm}$（下向き正）

次に，時計回りを正として傾斜角 θ_c を求めるために，点 C に時計回りに大きさ 1 kN m の偶力を加えた時の曲げモーメント δM_p を P システムとする．Δ システムは前と同じである．P システムは次の図となる．

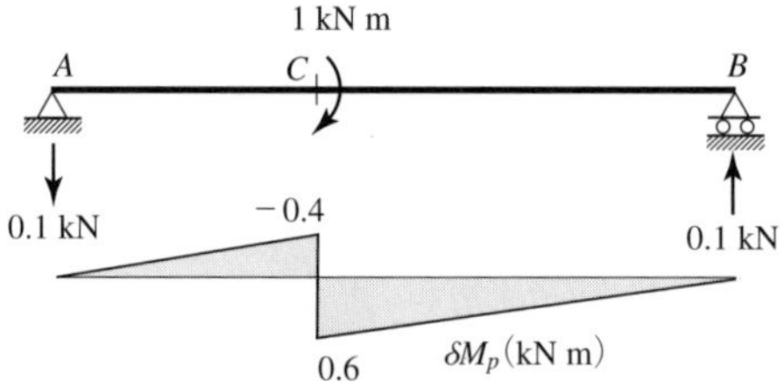

区間 AC と CB それぞれの補仮想仕事を求める．積分には定積分の求積公式を用いる．

$$\theta_C \times 1 = \sum_{j=1}^{m}\left(\int_L \frac{M_\Delta}{EI}\delta M_p\,dx\right)_j = \int_{AC}\frac{M_\Delta}{EI}\delta M_p\,dx + \int_{BC}\frac{M_\Delta}{EI}\delta M_p\,dx$$
$$= \frac{1}{EI}\left(\frac{1}{3}\times 240\times(-0.4)\times 4 + \frac{1}{3}\times 240\times 0.6\times 6\right)$$
$$= \frac{1}{EI}(-128+288) = \frac{160}{EI}\ \mathrm{kN^2\,m^3}$$

よって，$\theta_C = -\frac{160}{100\times 10^3} = 0.0016\,\mathrm{rad}$（時計回り正）

区間 CB では，曲げモーメントの符号が，Δ システムと P システムで逆であることから，内部補仮想仕事が負の値となることに注意する．

例 6.7　中間ヒンジを有する静定梁の変形

補仮想仕事法を用いて次の中間ヒンジを有する静定梁の点 B に下向きの力 P を，点 C に時計回りの集中モーメント M が働く時，載荷点 B の鉛直変位 $\varDelta_B$ と，載荷点 C の傾斜角 θ_C（回転角）を求める．

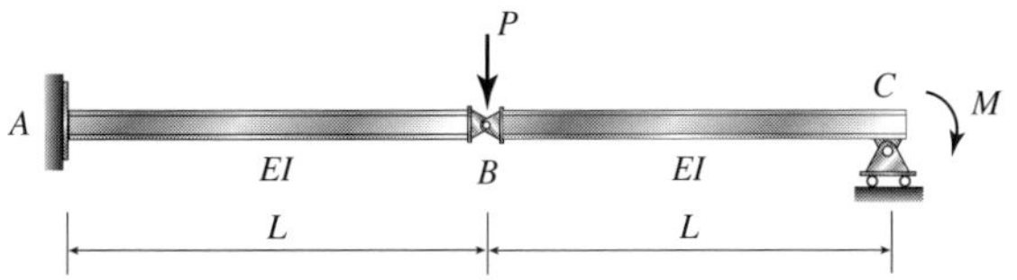

P システムは，B 点に鉛直下向きの大きさ 1 の集中力を加えたものとする．Δ システムは下図左，P システムは下図右である．

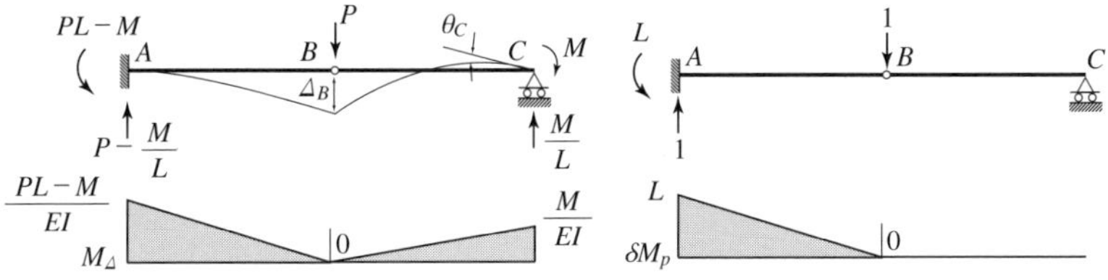

Δシステム　　　　P システム

区間 AB と BC に分割し，それぞれの内力による補仮想仕事を求める．区間 BC の P システムの応力はゼロであるため区間 BC の内部仕事はゼロとなる．

$$\varDelta_B \times 1 = \sum_{j=1}^{m}\left(\int_L \frac{M_\varDelta}{EI}\delta M_p\,dx\right)_j = \int_{AB}\frac{M_\varDelta}{EI}\delta M_p\,dx + \int_{BC}\frac{M_\varDelta}{EI}\delta M_p\,dx$$

$$= \frac{1}{3}\times\frac{PL-M}{EI}\times L\times L = \frac{(PL-M)L^2}{3EI}$$

よって　$\varDelta_B = \dfrac{(PL-M)L^2}{3EI}$　（下向き正）

点 C に仮想力として，時計回りの大きさ 1 の集中モーメントを加え P システムとする．Δ システムは，前と同じであり，P システムは次の図とする．

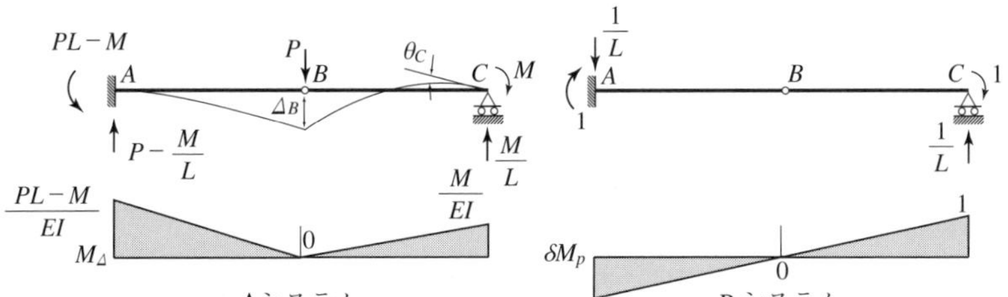

Δシステム　　　　P システム

$$\theta_C \times 1 = \sum_{j=1}^{m}\left(\int_L \frac{M_\Delta}{EI}\delta M_p\,dx\right)_j = \int_{AB}\frac{M_\Delta}{EI}\delta M_p\,dx + \int_{BC}\frac{M_\Delta}{EI}\delta M_p\,dx$$

$$= -\frac{1}{3}\frac{PL-M}{EI}\times 1\times L + \frac{1}{3}\frac{M}{EI}\times 1\times L = \frac{(2M-PL)L}{3EI}$$

よって $\theta_C = \dfrac{(2M-PL)L}{3EI}$ （時計回り正）

例 6.8　静定骨組の載荷点の鉛直変位と傾き

補仮想仕事法を用いて次の静定平面骨組の点 b に 400 kN の水平力が働く時，載荷点 b の水平変位 $\varDelta_b$ と傾斜角 θ_b を具体的な数値で求める．曲げ剛性 EI は一定値で 900×10^3 kN m^2 とする．

$\varDelta_b$：次の図の P システム 1 を考える．

$$\varDelta_b \times 1 = \sum_{j=1}^{m}\left(\int_L \frac{M_\Delta}{EI}\delta M_p\,dx\right)_j = \int_{ab}\frac{M_\Delta}{EI}\delta M_p\,dx + \int_{bc}\frac{M_\Delta}{EI}\delta M_p\,dx$$

$$= \frac{1}{EI}\left(\frac{1}{3}\times 2000\times 5\times 5 + \frac{1}{3}\times\frac{2000}{2}\times 5\times 8\right)$$

$$= \frac{1}{3EI}(50000 + 40000)\ \mathrm{kN^2\,m^3}$$

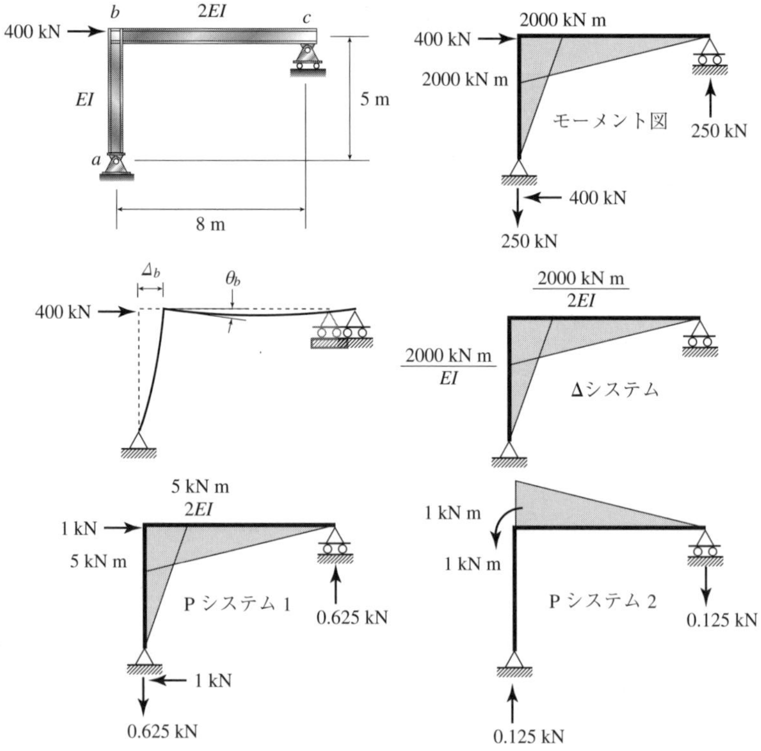

よって，$\varDelta_b = \frac{90000}{3\times900\times10^3} = 0.0333\,\mathrm{m} = 33.3\,\mathrm{mm}$（右向き正）

θ_b：同図の P システム 2 を考える．

$$\theta_b \times 1 = \sum_{j=1}^{m}\left(\int_L \frac{M_\varDelta}{EI}\delta M_p\,dx\right)_j = \int_{ab}\frac{M_\varDelta}{EI}\delta M_p\,dx + \int_{bc}\frac{M_\varDelta}{EI}\delta M_p\,dx$$

$$= 0 - \frac{1}{3}\times\frac{1000}{EI}\times 1\times 8 = -\frac{8000}{3EI}\,\mathrm{kN^2\,m^3}$$

よって，$\theta_b = -\frac{8000}{3\times900\times10^3} = -0.02963\,\mathrm{rad}$（反時計回り正）

6.3　曲げを受ける棒材の変形

梁や骨組内の指定した特定の点の変位を求めるには，補仮想仕事法が便利である．しかし，梁や骨組の部材の材軸に沿った変形の状態を代数式で表すためには補仮想仕事法は適用できず別の方法が必要となる．

(1)　曲げモーメントを受ける部材の基本式

曲げを受ける棒材において断面の曲げモーメント M と曲率 ϕ の間には次の関係がある．

$$M = EI\phi \tag{6.7}$$

ここに，M：曲げモーメント，E：ヤング率，I：図心周りの断面二次モーメント，ϕ：曲率（単位長さあたりの角度の変化率）．

(2)　部材の変形と曲率の関係

x 方向に置かれた直線の棒材が変形し，その一部分 dx が y 方向に v 移動している（図 6.2）．その部分の傾き θ は，変位 v の長さあたりの変化率と等しい．傾き θ を x 軸方向からの反時計回りの角度で表すことにすると，θ と v の間には次の関係がある．

$$\theta = \frac{dv}{dx} \tag{6.8}$$

また，傾き θ の長さあたりの変化率 $\frac{d\theta}{dx}$ は

$$\frac{d\theta}{dx} = \frac{d}{dx}\left(\frac{dv}{dx}\right) = \frac{d^2v}{dx^2} \tag{6.9}$$

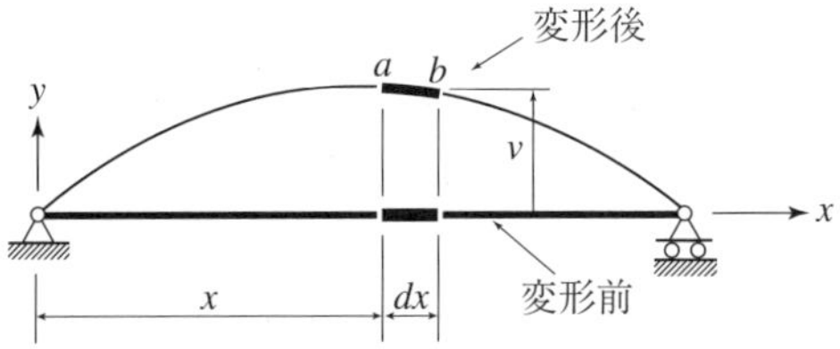

図 6.2　曲げモーメントが作用する梁の変形

で表される．さらに曲率 ϕ，曲率半径 ρ，および変位 v の間には，一般に次の関係が成り立つ．

$$\phi = \frac{1}{\rho} = \frac{\dfrac{d^2v}{dx^2}}{\left\{1 + \left(\dfrac{dv}{dx}\right)^2\right\}^{\frac{3}{2}}} \tag{6.10}$$

部材の傾き θ が 1 より十分に小さくゼロに近い場合（微小変形の仮定）には，式 (6.10) の右辺の分母は 1 に近付くため，近似的に次の関係が成立する．

$$\phi = \frac{1}{\rho} \approx \frac{d^2v}{dx^2} = \frac{d\theta}{dx} \tag{6.11}$$

(3)　曲げモーメントと部材の変形との関係

式 (6.7) の ϕ に式 (6.11) を代入し，θ が 1 より十分に小さいものとして近似関係を等式に置き換えれば，

$$\frac{M}{EI} = \phi = \frac{d^2v}{dx^2} = \frac{d\theta}{dx} \tag{6.12}$$

が得られる．式 (6.12) は，弾性梁の曲げモーメントと変形の関係を規定する二階微分方程式である．部材に沿って $\frac{M}{EI}$ が既知であれば，以下の式 (6.13) や式 (6.14) のように材軸に沿った積分を行い，梁の傾斜角 θ や変位 v が求められる．$\frac{M}{EI}$ を 1 回積分すると傾斜角 θ になる．

$$d\theta = \left(\frac{M}{EI}\right) dx, \quad \theta = \int \left(\frac{M}{EI}\right) dx + C_3 \tag{6.13}$$

傾斜角 θ をさらに 1 回積分すると変位 v になる．

$$dv = \theta\, dx, \quad v = \int \theta\, dx + C_4 \tag{6.14}$$

積分定数 C_3 や C_4 は，棒材の両端部の支持条件と整合するようにして決める．

6.4　積　分　法

図 6.3 のように，材軸に直交する単位長さあたりの分布荷重の強さが p で表される曲げ剛性が EI で一様断面の直線部材においては，

$$EI\frac{d^4v}{dx^4} = p \tag{6.15}$$

が成立する．この式は，式 (6.12) を 2 回微分して式 (4.6) を代入することにより導かれる．この 4 階微分方程式を順に解いていくと，荷重の分布 p から始めて，次々に積分を実行し，せん断力 V，モーメント M，傾斜角 θ，変位 v の順に求めることができ

る．この積分を行い，梁の傾斜角や変位を表す代数式を求めるのが**積分法**である．なお，積分定数の C_1, C_2, C_3, C_4 は，支持条件と整合するように定める．この方法は，特に分布荷重 p が代数式で表されている時に梁のたわみの形状を代数式で表すために有効な方法である．この際，図 6.3 に示されているようにそれらの量の正負の符号の規約をしっかり決めて適用する．なお，この方法は指定した位置の変位だけを計算すればよい場合には，補仮想仕事法より計算が煩雑となりがちである．

図 6.3 からわかるように，a) 梁の曲げモーメント M，b) せん断力 V，および c) 荷重 p の関係は，a′) 直交方向の変位 v，b′) 梁の傾き θ，および c′) 曲率 $\phi = \frac{M}{EI}$ の間の関係において，同じ形の 2 階の微分方程式が成り立つことにも注目しておきたい．

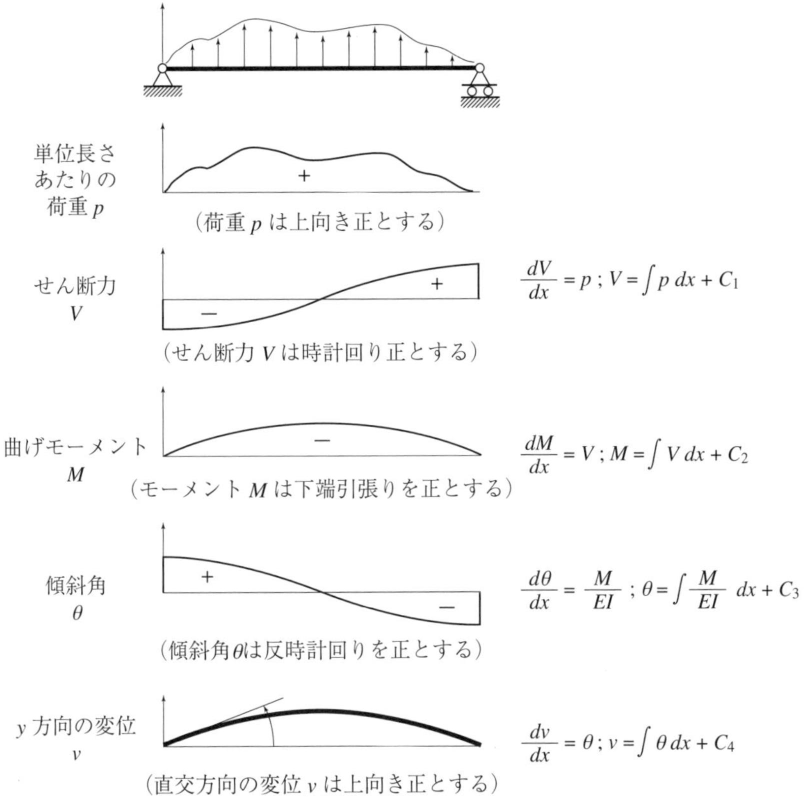

図 6.3　積分法による梁の変形分布の求め方

例 6.9　積分法による静定梁の変形形状の算定

次の静定梁に積分法を適用して，変形分布の形状を表す式を求める．荷重分布 p (kN/m)，せん断力 V (kN)，曲げモーメント M (kN m)，曲げ剛性 EI (kN m^2) とする．計算において小数は四捨五入し，小数点以下 3 桁までを残す．

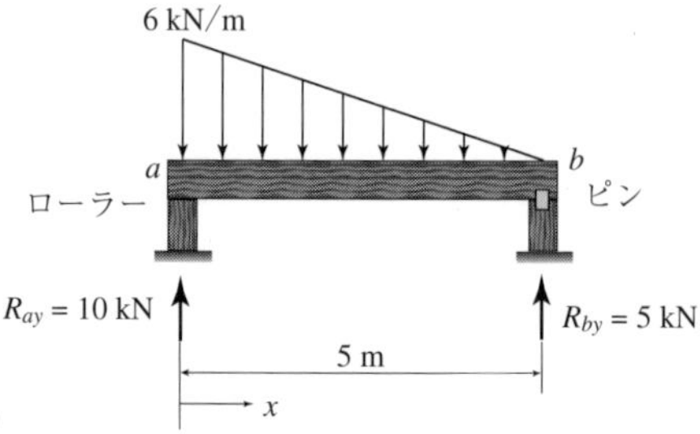

$p(x) = 1.2x - 6$　（荷重分布の一次関数）

$$V(x) = \int p(x)\,dx + C_1 = 0.6x^2 - 6x + C_1$$

$$= 0.6x^2 - 6x + 10 \text{ (kN)}$$

（境界条件 $V(0) = 10$ より $C_1 = 10$ とした）

$$M(x) = \int V(x)\,dx + C_2 = 0.2x^3 - 3x^2 + 10x + C_2 = 0.2x^3 - 3x^2 + 10x \quad \text{(kN m)}$$

（境界条件 $M(0) = 0$ より $C_2 = 0$ とした）

傾斜角 θ (rad)・y 方向の変位 v (m)：

$$\theta(x) = \int \frac{M}{EI}\,dx + C_3 = \frac{1}{EI}\int (0.2x^3 - 3x^2 + 10x)\,dx + C_3$$

$$= \frac{1}{EI}(0.05x^4 - x^3 + 5x^2) + C_3$$

この時点では，両端での傾斜角 θ がまだ定まっていないので境界条件を利用して積分係数 C_3 を求めることができない．そこで，C_3 のままでさらに計算を進める．

$$v(x) = \int \theta\,dx + C_4 = \int \left\{ \frac{1}{EI}(0.05x^4 - x^3 + 5x^2) + C_3 \right\} dx + C_4$$

$$= \frac{1}{EI}(0.01x^5 - 0.25x^4 + 1.667x^3) + C_3 x + C_4$$

この問題の梁では，梁の変形を表す曲線は，必ず両端での変位がゼロになっている．そこで，境界条件 $v(0) = 0$, $v(5) = 0$ を満たすように C_3 と C_4 を定める．（$v(0) = 0$ より $C_4 = 0$, $v(5) = 0$ より $C_3 = -\frac{16.675}{EI}$.）

よって，傾斜角 $\theta(x)$ と変位 $v(x)$ は次のように決定される．

$$\theta(x) = \frac{1}{EI}(0.05x^4 - x^3 + 5x^2 - 16.675) \text{ (rad)}$$（反時計回り正）

$$v(x) = \frac{1}{EI}(0.01x^5 - 0.25x^4 + 1.667x^3 - 16.675x) \text{ (m)}$$（上向き正）

6.5　モーメント面積法

モーメント面積法は，積分法を応用して梁の指定した点の変位を簡単に計算する一つの方法である．次の定理を用いる．

1. 梁の点 A から点 B に至るまでの傾斜角の総変化量 θ_{AB} は，$\frac{M}{EI}$ 分布を表す曲線の AB 間の面積に等しい．

$$d\theta = \frac{M}{EI}\,dx \tag{6.16}$$

$$\theta_{AB} = \int_A^B d\theta = \int_A^B \frac{M}{EI}\,dx \quad （AB\ \text{間の面積}） \tag{6.17}$$

これは，傾斜角の変化量 θ_{AB} が式 (6.16) を AB 間で積分することによって得られることから自明である．

2. 梁の点 A から引いた接線が点 B に至る時の変位に対する点 B の相対変位 $\varDelta_{AB}$ は，$\frac{M}{EI}$ 分布を表す曲線の AB 間の面積にその重心から点 B までの距離 x を乗じたものに等しい．

区間 dx の傾斜角の変化量 $d\theta$ によって点 B に生じる変位 $d\varDelta$ は，

$$d\varDelta = \bar{x}\,d\theta = \bar{x}\frac{M}{EI}\,dx \tag{6.18}$$

$$\varDelta_{AB} = \int_A^B d\varDelta = \int_A^B \bar{x}\frac{M}{EI}\,dx \quad （AB\ \text{間の面積に}\ x\ \text{を乗じた値}） \tag{6.19}$$

に等しい．モーメント面積法では，曲率分布形の面積や重心の値を用いて計算を進

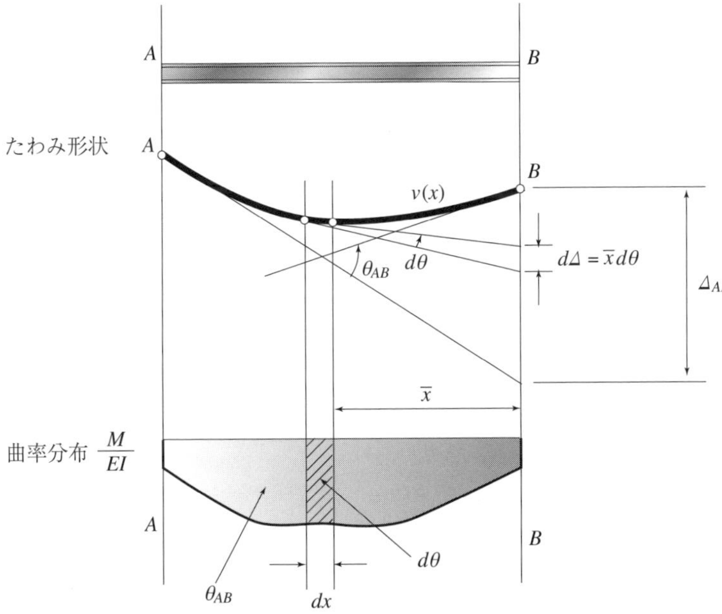

図 6.4　モーメント面積法の原理

める．外力が集中荷重，一様分布荷重，一定割合で変化する荷重の場合に，曲率の分布形状は，それぞれ，直線，放物線，三次曲線となる．そこでよく用いられる面積と重心の公式を図 6.5 に示しておく．

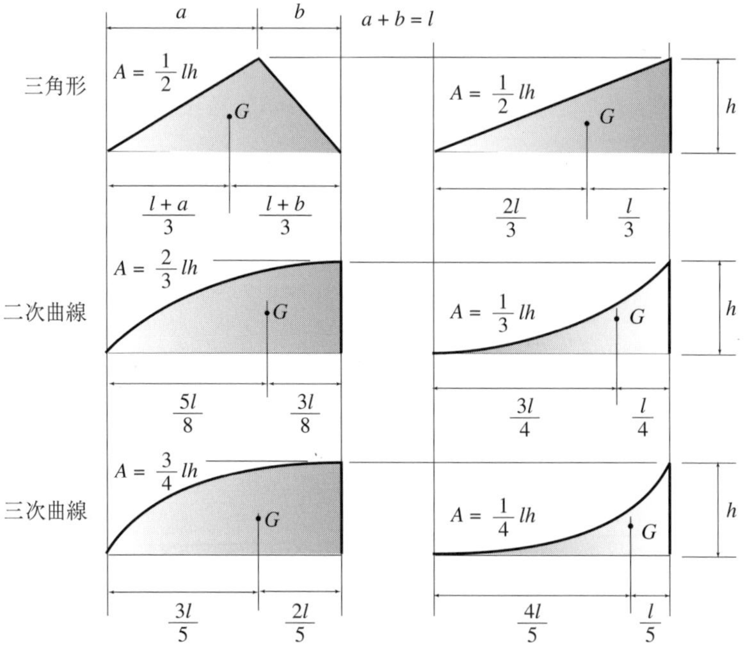

図 6.5　面積と重心の位置の公式

例 6.10　モーメント面積法による片持ち梁の先端の変位の算定

モーメント面積法を用いて次の片持ち梁の先端の回転角（傾斜角）とたわみを求める．

$\frac{M}{EI}$ 図の面積より，点 A から点 B までの傾斜角度の変化量 θ_{AB} は，

$$\theta_{AB} = \frac{1}{2}\frac{Pl}{EI} \times l = \frac{Pl^2}{2EI} \quad \text{（三角形の面積）}$$

点 A の傾斜 θ_A はゼロであるので，点 B の傾斜角 θ_B は θ_{AB} と等しく，$\frac{Pl^2}{2EI}$ となる．面積に，点 B から重心までの距離を乗じたものが，点 A から引いた接線が点 B を通る時の変位 Δ_A と点 B の変位の差 Δ_{AB} に等しい．

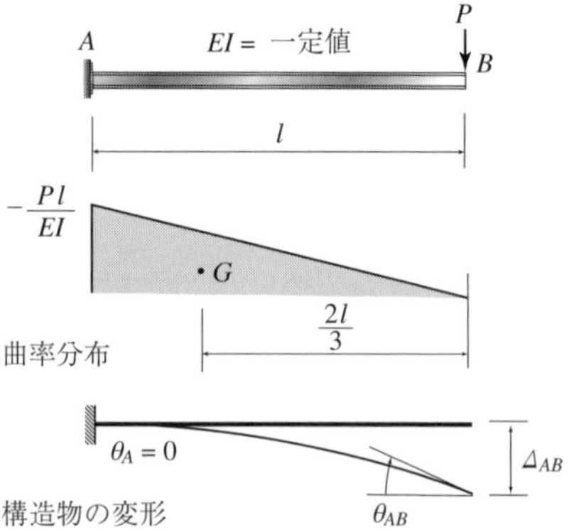

$$\Delta_{AB} = \frac{1}{2}\frac{Pl}{EI} \times l \times \frac{2}{3}l = \frac{Pl^3}{3EI} \quad \text{（三角形の面積 × 点 } B \text{ から重心までの距離）}$$

よって，点 A から引いた接線が点 B を通る時の変位 $\varDelta_A$ はゼロなので，点 B の変位 $\varDelta_B$ は，$\varDelta_{AB}$ に等しく，$\frac{Pl^3}{3EI}$ となる．

例 6.11　モーメント面積法による単純支持梁の変位の算定

モーメント面積法を用いて次の単純支持梁の点 C の回転角（傾斜角）とたわみを具体的な数値で求める．なお，EI は一定値で，$EI = 100 \times 10^3\,\mathrm{kN\,m^2}$ とする．

この問題では，境界条件となる支点 A の回転角がわかっていないから点 C の回転角が求まらない．そこでまず，点 A の接線の傾きを求める．

モーメント面積法 2. により，点 A の接線を伸ばした直線と点 B の相対変位 $\varDelta_{AB}$ は，

$$\varDelta_{AB} = \frac{1}{2}\left(\frac{240}{EI}\right)10 \times 5.33 = \frac{6396}{EI}\,\mathrm{kN\,m^3}$$

よって，点 A の接線の傾き θ_A は，

$$\theta_A = \frac{\varDelta_{AB}}{l} = \frac{\frac{6396}{EI}}{10} = \frac{639.6}{EI}\,\mathrm{kN\,m^2}$$

である．モーメント面積法 1. により，点 A から点 C に至る傾きの変化 θ_{AC} は，

$$\theta_{AC} = \frac{1}{2}\left(\frac{240}{EI}\right) \times 4 = \frac{480}{EI}\,\mathrm{kN\,m^2}$$

したがって，点 C の接線の傾きは，

$$\theta_C = \theta_A - \theta_{AC} = \left(\frac{639.6}{EI} - \frac{480}{EI}\right) = \frac{159.6}{EI}\,\mathrm{kN\,m^2}$$

次にモーメント面積法 2. により，

$$\varDelta_{AC} = \frac{1}{2}\left(\frac{240}{EI}\right) \times 4 \times 1.33 = \frac{638.4}{EI}\,\mathrm{kN\,m^3}$$

したがって，

$$\varDelta_C = a \times \theta_A - \varDelta_{AC} = \left(4 \times \frac{639.6}{EI} - \frac{638.4}{EI}\right) = \frac{1920}{EI}\,\mathrm{kN\,m^3}$$

EI の値を代入して，

$$\theta_C = \theta_A - \theta_{AC} = \frac{159.6}{EI}\,\mathrm{kN\,m^2} = 1.596 \times 10^{-3}\,\mathrm{rad}$$

$$\varDelta_C = \theta_A \times a - \varDelta_{AC} = \frac{1920}{EI}\,\mathrm{kN\,m^3} = 19.2 \times 10^{-3}\,\mathrm{m} = 19.2\,\mathrm{mm}$$

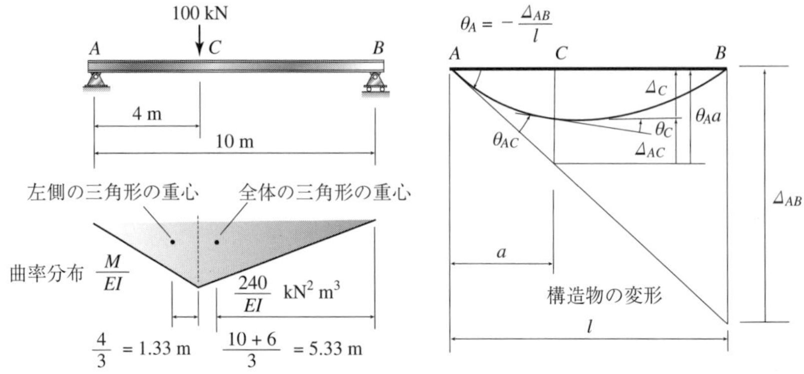

6.6 モールの定理

モールの定理は，積分法の別法で，**共役梁法**とも呼ばれる．モールの定理は，積分法において，以下の式 (6.20a) における $\frac{M}{EI}$（下端引張り正），θ（反時計回り正），v（上向き正）の 3 つの量の関係が，式 (6.20b) における p（上向き正），V（時計回り正），M（下端引張り正）の 3 つの量の関係と共通であることを利用する．

$$\frac{d^2v}{dx^2} = \frac{d\theta}{dx} = \frac{M}{EI} \tag{6.20a}$$

$$\frac{d^2M}{dx^2} = \frac{dV}{dx} = p \tag{6.20b}$$

モールの定理では，$\frac{M}{EI}$ を共役荷重 $\widehat{p}$ とみなし，$\widehat{p}$ が働く梁を共役梁と呼んでいる．共役梁の共役せん断力 $\widehat{V}$，共役曲げモーメント $\widehat{M}$ から，傾斜角 θ（$= \widehat{V}$）と y 方向の

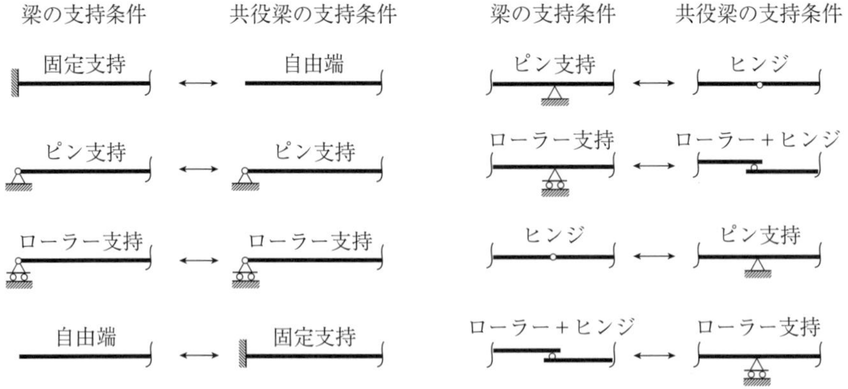

図 6.6　実際の梁の支持条件と共役梁の支持条件の対応関係

変位 v（$=\widehat{M}$）が得られる．

読み替える際には符号に注意する．$\widehat{p}$ は，曲げモーメント M が正であれば上向きとする．$\widehat{V}$ が時計回りの時に傾斜角 θ は反時計回りと考える．さらに，$\widehat{M}$ が下端引張りの時には，変位 v は上向きと考える．

さらに，共役梁を考える場合には，図 6.6 のように支持条件を変更する必要がある．モールの定理を適用するには，支持条件の対応関係を必ず確認する．ここにさえ注意すれば，モールの定理はとりわけ片持ち梁の計算の場合に計算が易しくなる．

例 6.12　**モールの定理を適用する場合の共役梁の境界条件の例**

この例は，一様分布荷重の作用する静定梁にモールの定理を適用する場合の荷重と共役梁の境界条件を示している．両端部の自由端は固定端に，ピン支点は回転ヒンジに，ピンローラー支点はローラーヒンジに，それぞれ置き換える必要がある．

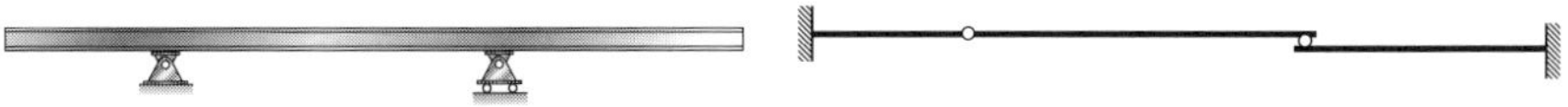

実際の梁の境界条件　　共役梁の境界条件

例 6.13　**モールの定理による片持ち梁の先端の変位の算定**

モールの定理を使い例 6.7 に示した片持ち梁の先端の傾斜角 θ と直交変位 v を求める．モールの定理では，共役梁の境界条件は固定端を自由端に，自由端を固定端に，それぞれ変更しなければならない．よって次のように求められる．

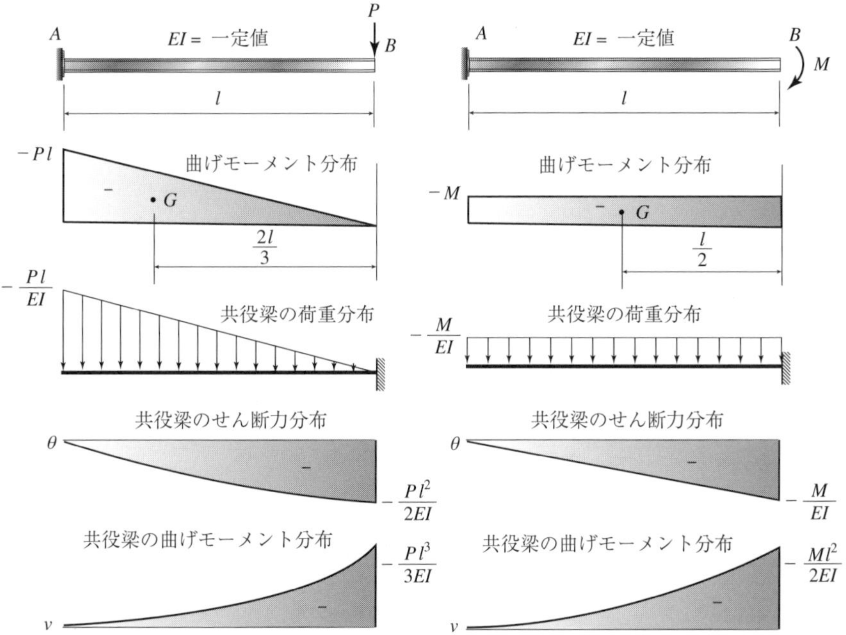

例 6.14　モールの定理による単純支持梁の変位の算定

例 6.8 の単純支持梁の点 C の傾斜角 θ と直交変位 v をモールの定理により具体的な数値で求める.

モールの定理を適用するにあたり，共役梁の境界条件のピン支持とピンローラー支持はそのままでよい. $\frac{M}{EI}$ 分布を共役梁の荷重分布と考え作用させ，点 C におけるせん断力 $\widehat{V}$ とモーメント $\widehat{M}$ を求めれば，それらがそれぞれ回転角 θ_C およびたわみ Δ_C となる．共役梁の支持点 A の反力 $\widehat{R}_A$ は,

$$\widehat{R}_A = \frac{1}{2} \times \frac{240}{EI} \times 10 \times \frac{5.33}{10} = \frac{639.6}{EI}\ \mathrm{kN\,m^2}$$

共役梁の点 C のせん断力 $\widehat{V}_C$ は,

$$\widehat{V}_C = \widehat{R}_A - \frac{1}{2} \times \frac{240}{EI} \times 4 = \frac{639.6}{EI} - \frac{480}{EI} = \frac{159.6}{EI}\ \mathrm{kN\,m^2}$$

共役梁の点 C のモーメント $\widehat{M}_C$ は,

$$\widehat{M}_C = \widehat{R}_A \times 4 - \frac{1}{2} \times \frac{240}{EI} \times 4 \times 4 \times \frac{1}{3} = \frac{639.6}{EI} \times 4 - \frac{480}{EI} \times 1.33 = \frac{1920}{EI}\ \mathrm{kN\,m^3}$$

よって，モールの定理により,

$$\theta_C = \widehat{V}_C = \frac{159.6}{EI}\ \mathrm{kN\,m^2}, \quad \Delta_C = \widehat{M}_C = \frac{1920}{EI}\ \mathrm{kN\,m^3}$$

となる.

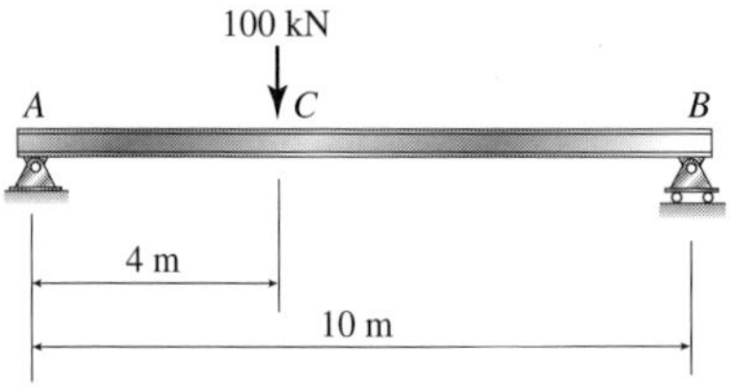

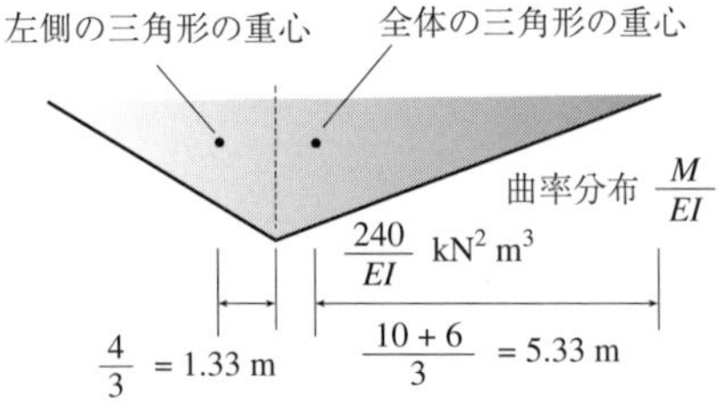

6 章の問題

□ **1** 次の静定梁の指定した点の下向き変位 u_y もしくは回転変位 θ_z を求めよ．

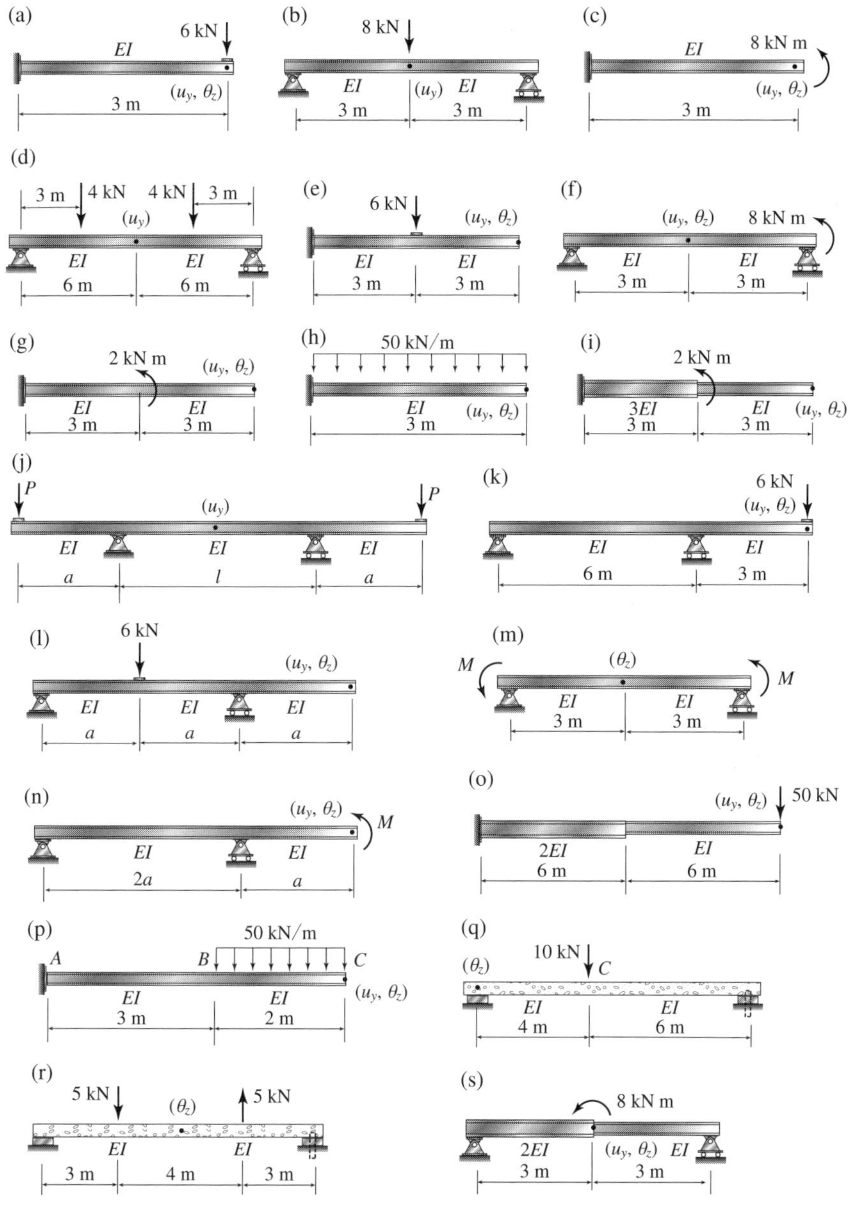

□ **2**　次の静定梁もしくは骨組の指定した点の変位を求めよ.

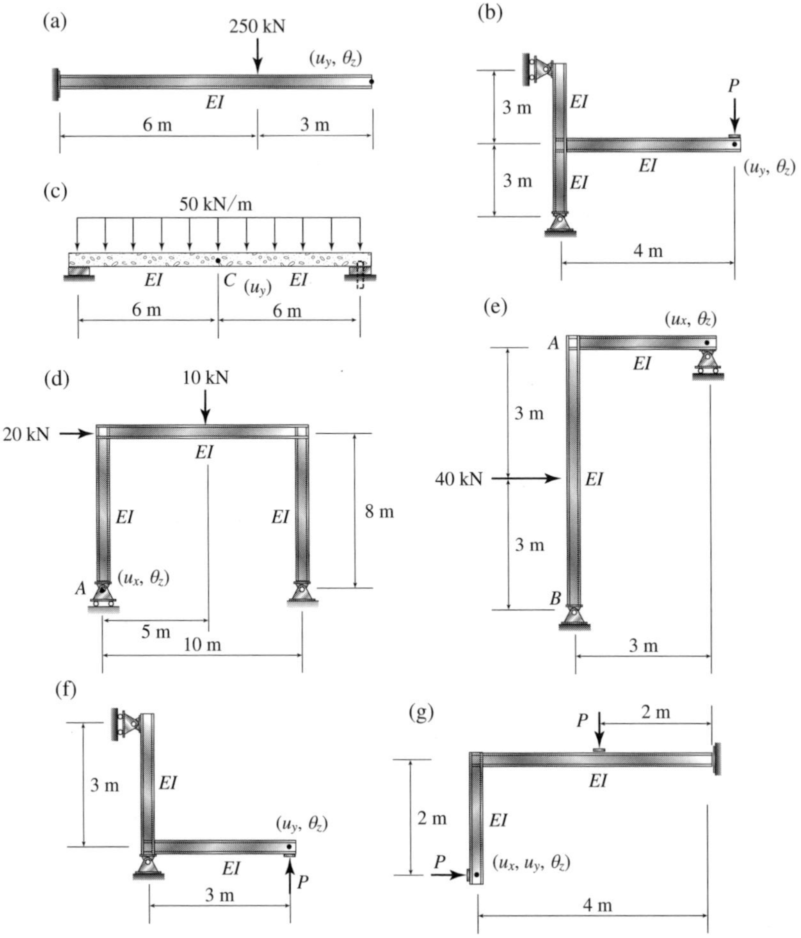

7 適合法・変位法

古典的な構造解析理論による不静定構造物の解法に，**適合法**と**変位法**がある．適合法は，不静定構造物に適用することができ，不静定次数の小さな場合には適用が易しい．しかし，不静定次数が大きくなると，適用の際に判断する事項が増え，計算も複雑になり実用的ではなくなる．変位法は，静定不静定を問わず適用できる優れた方法だが，やはり構造物が複雑になるほど計算量が増大して，手で計算するにはあまり実用的ではなかった．しかしこれらの理論は一般性を有しているので現代的な構造解析理論に受け継がれ，さらに発展していくこととなる．この章では，適合法と変位法の原理について知るとともに，適合法で小規模な不静定梁，不静定骨組，不静定トラス構造物の部材応力を求める具体的な手順を学ぶ．なお，本章においては，変位と力の符号は，右向きと上向きを正，回転角とモーメントは反時計回りを正とする．

7.1 力の釣合い条件の適用限界

不静定構造物では，未知の反力の数と未知の応力の数を加えた数が，独立な釣合い条件式の数より多い．そのため，釣合い条件式のみでは，応力や反力が求まらない．これが具体的に何を意味するのかを考える．不静定構造物の例として，図 7.1 に示された，先端がローラーで支持され，$w = 50\,\mathrm{kN/m}$ の一様に分布する鉛直力が働く長さ l の片持ち梁を取り上げる．独立な反力の成分数 r_a は 4，部材数 m_a は 1，節点数 j は 2 であり，$(3m_a + r_a) - 3j = 1 > 0$ となり，不静定次数は 1 である．

フリーボディ ab に関する独立な三つの力の釣合い条件式は，

$$\sum F_x = 0 \rightarrow^{+};\ R_{ax} = 0 \tag{7.1a}$$

$$\sum F_y = 0 \uparrow^{+};\ R_{ay} + R_{by} - wl = 0 \tag{7.1b}$$

$$\sum M_z|_a = 0 \circlearrowleft^{+};\ M_{az} - \frac{wl^2}{2} + R_{by}l = 0 \tag{7.1c}$$

である．式 (7.1a) から反力 R_{ax} はゼロである．式 (7.1b) と式 (7.1c) の左辺がそれぞれ

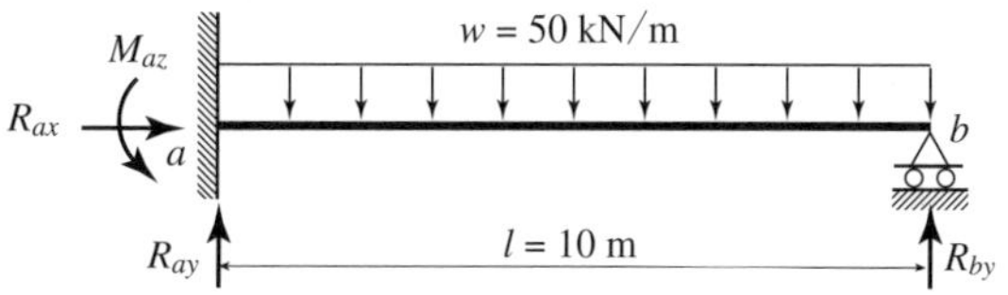

図 7.1　不静定構造物の一例

反力 R_{ay} と M_{az} になるように式変形し，具体的な値として $w = 50\,\mathrm{kN/m}$ と $l = 10\,\mathrm{m}$ を代入すると式 (7.2a) と式 (7.2b) になる．

$$R_{ay} = 500 - R_{by} \tag{7.2a}$$

$$M_{az} = 2500 - 10R_{by} \tag{7.2b}$$

たとえ R_{by} の値が何であろうとも，R_{ay} と M_{az} は式 (7.2a) と式 (7.2b) で求められ，それら $R_{ax}, R_{ay}, R_{by}, M_{az}$ の組合せは，どれも独立な式 (7.1a)–(7.1c) の 3 つの力の釣合い式を満たしている．つまり，応力と反力の組合せは確実に存在するのだが，その組合せは無数に存在する．力の釣合いだけではその中でどれが正しいかを判断する決め手がない．

7.2　不静定力と静定基本形

不静定構造物には，図 7.1 の例の反力 R_{by} のように，釣合い条件だけからは定めることができないが，それが決めることができれば残りの未知の力がすべて決まる，いわば余分な未知の力の成分が一つ以上存在している．この力の成分のことを**不静定力**と呼ぶ．不静定力の数は，常に不静定次数と等しい．これは不静定次数の式の定義を考えれば当然である．一般に，部材数が多く剛に接合されている箇所が多い構造物ほど不静定次数は大きくなり，不静定力の数も増加する．

不静定構造物は，不静定力とする曲げモーメントの作用位置で部材を切断してピンを挿入し，または，不静定力とする反力の作用する位置の支持条件を緩和して変位の拘束条件を取り除くことにより，静定構造物にすることができる．このような，仮想の静定構造物のことを**静定基本形**という．

図 7.1 の構造物では，例えば反力の R_{ax}, R_{ay}, M_{az} は，どれでも不静定力に選ぶことができる．選んだ反力に対応させてそれぞれ異なる静定基本形とすることができるからである．図 7.2 (a) は，不静定力に R_{by} を選んだ場合の静定基本形である．R_{by} に対応した支持点の鉛直変位の拘束を取り除いてできるのは片持ち梁であり，安定な静定構造物である．よって R_{by} を不静定力に選ぶことができる．ただし，R_{ax} を不静定力に選ぶことはできない．なぜなら，不静定力 R_{ax} に対応した水平変位の拘束を取り除くと図 7.2 (b) のように静定構造物ではなく不安定構造物となるためである．

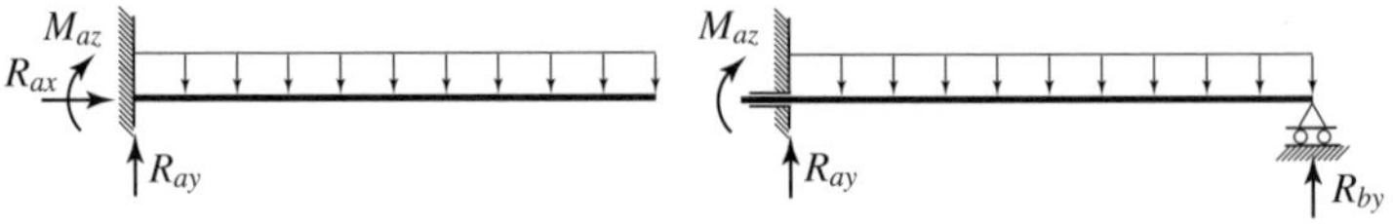

(a)　静定基本形として適切な例　　(b)　静定基本形として不適切な例（不安定であるため）

図 7.2　静定基本形

7.3　適合条件

実際の現象を考えれば，たとえ不静定構造物であっても，外力に対しては安定であり，一意に反力や部材応力が定まっていることは理解できよう．したがって，不静定構造物では，力の釣合い条件以外の制約条件が存在すると考えるのが合理的である．その制約条件が**適合条件**である．適合条件とは，構造物内の点の変位（変位，回転角）が連続的に変化し，隣り合う点で決して不連続でないことである．言い換えると，構造物の支持点や構造物の内部で構造物が連続し途切れなく続いていることである．ただし，ローラー支承では，支点がローラーの方向に移動するので，そこで構造物と支持点で変位が不連続に変化することができる．構造物の途中のヒンジのように両側が自由に回転する部分では，回転角が不連続に変化することができる．これらの点では適合条件は成立しない．しかし，これら特定の点以外の点においては，どこでも適合条件が成立している．

構造物を仮に切断してフリーボディを取り出して考える場合は，適合条件について注意を払う必要がある．フリーボディについて，力の釣合いが成立するだけでなく，切断した点での適合条件が成立している．これは仮に切断した両側の点での変位（変位，傾斜角）が互いに等しくなければならないということである．不静定構造物を仮に構造物の支持条件を緩和したり，切断したりして静定基本形とする場合にも同様である．

7.4　不静定構造物の解法

(1)　不静定力を未知数とおく解法

静定基本形に置き換えられた不静定構造物は，釣合い条件だけから応力分布や変形状態を求めることができる．

まず図 7.2 (a) の静定基本形に下向きに 50 kN/m の一様分布荷重 w を加えた時の点 b での鉛直変位 Δ_{b1} を求める．梁の曲げ剛性が EI で一定の場合 $\Delta_{b1} = -\frac{62500}{EI}$ となる（図 7.3 (a)）．これは支持点 b での適合条件，つまり点 b の鉛直変位はゼロである，という条件が満たされておらず正しい答えではない．

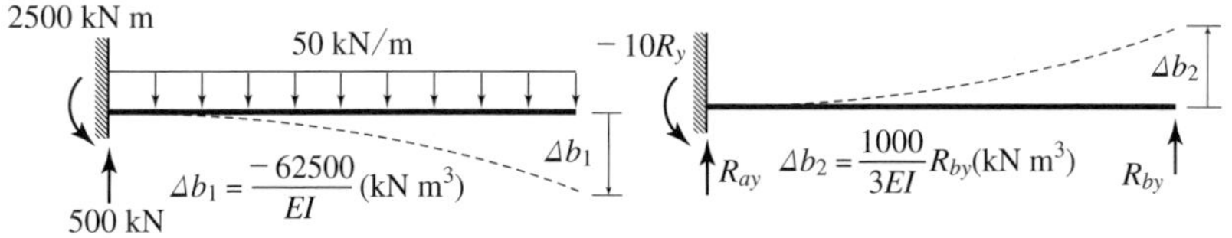

(a)　外力が作用する静定基本形の変形　(b)　不静定力 R_y が作用する静定基本形の変形

図 7.3　不静定力を未知数とおく解法

次に，図 7.2 (a) の静定基本形の点 b に不静定力 R_{by} を加えた場合の鉛直変位 $\varDelta_{b2}$ を求めると，$\varDelta_{b2} = \frac{1000}{3EI}R_{by}$ となる（図 7.3 (b)）．

もし，一様分布荷重 50 kN/m と不静定力 R_{by} が同時に作用すれば，点 b の変位 $\varDelta_b$ は，重ね合わせの原理によって，それらの変位の和 $\varDelta_{b1} + \varDelta_{b2}$ となる．点 b の鉛直変位はゼロである適合条件を適用すれば，式 (7.3) が成り立たなければならない．

$$\varDelta_b = \varDelta_{b1} + \varDelta_{b2} = 0 \tag{7.3}$$

よって，$\varDelta_{b1}$ と $\varDelta_{b2}$ の値を式 (7.3) に代入して変形すれば次の式となる．

$$\varDelta_b = -\frac{62500}{EI} + \frac{1000}{3EI}R_{by} = 0 \tag{7.4}$$

この式を解くと R_{by} は 187.5 kN となる．さらにその値を，式 (7.2a) と式 (7.2b) に代入すれば，$R_{ay} = 312.5$ kN と $M_{az} = 625$ kN m が得られる．これらの値は，確かに，釣合い条件式 (7.1) と適合条件式 (7.3) を満たしている．さらに，不静定構造物の曲げモーメントは，50 kN/m の一様分布荷重によるものと不静定力 R_{by} によるものを重ね合わせて，図 7.4 のようになる．このように，不静定構造の解法には，静定基本形を設定し，不静定力を未知数とし，適合条件を適用して未知の不静定力を定める方法がある．

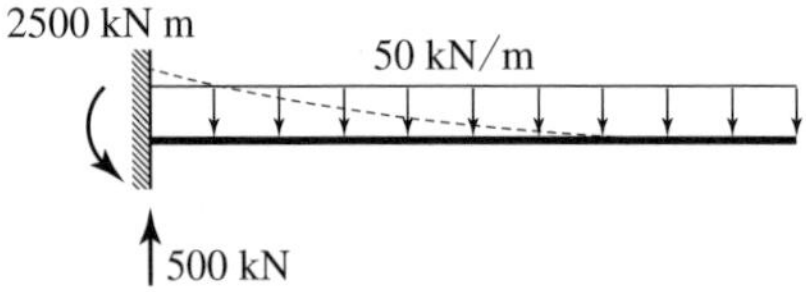

(a)　分布荷重による曲げモーメント分布

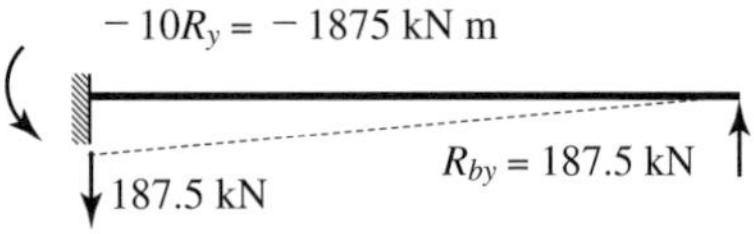

(b)　不静定力による曲げモーメント分布

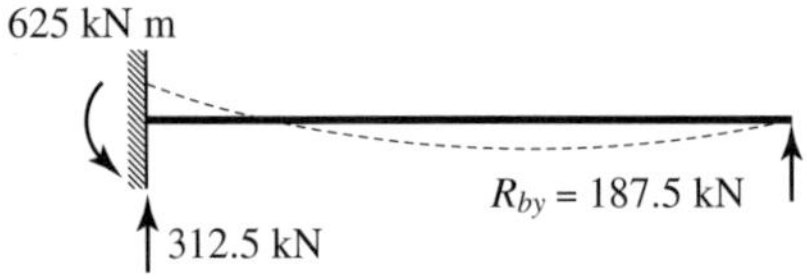

(c)　不静定構造物の曲げモーメント分布と反力

図 7.4　不静定構造物の曲げモーメントの分布と反力

(2)　節点変位を未知数とおく解法

不静定構造物の解法には，静定基本形や不静定力を用いない別の方法もある．図 7.1 と同じ構造物を例として以下にその方法を説明する．

その準備としてあらかじめ，部材 ab に加わる外力 w，点 b に加える力 R_{by} と M_{bz} および部材の曲げ剛性 EI と部材長さ l を使って，点 b の鉛直変位 $\varDelta_b$ と回転角 θ_b を求める公式を導いておくことにする．この公式を求めるには計算に若干手間がかかるが，図 7.5 のように考え求めることができる．まず，1) 一様分布鉛直力 w（上向き正）

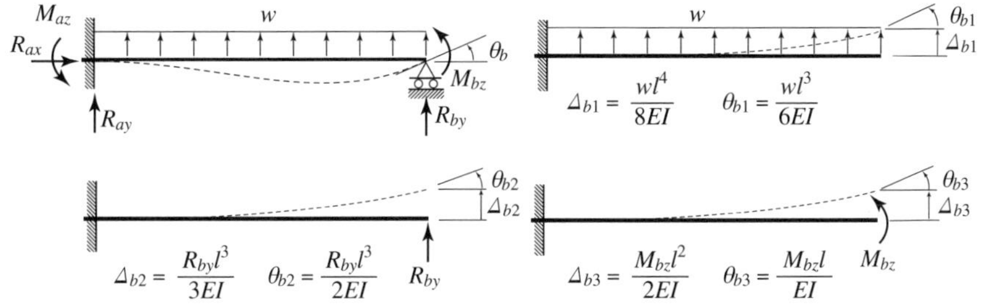

図 7.5　節点変位を未知数とおく解法

が作用する状態，2) 先端に R_{by}（上向き正）が作用する状態，3) 先端に集中モーメント M_{bz}（反時計回り正）が作用する状態の，それぞれの場合の先端の点 b の鉛直変位 $\Delta_{b1}, \Delta_{b2}, \Delta_{b3}$ と回転角 $\theta_{b1}, \theta_{b2}, \theta_{b3}$ を求める．図 7.5 の中には，その計算結果が示されている．

次にこれらの公式を利用して，不静定構造物の応力を求める．外力の w, R_{by} および M_{bz} が同時に作用する時の先端 b の鉛直変位 Δ_b と回転角 θ_b を求める．重ね合わせの原理により式 (7.5a), (7.5b) が得られる．ここで，先端の回転角 θ_b は未知数であり，先端の鉛直変位 Δ_b は適合条件によりゼロである．

$$\Delta_b = \Delta_{b1} + \Delta_{b2} + \Delta_{b3} = 0 \tag{7.5a}$$

$$\theta_b = \theta_{b1} + \theta_{b2} + \theta_{b3} \tag{7.5b}$$

図 7.5 の先端の変位と回転角の公式を式 (7.5a), (7.5b) に代入したのが式 (7.6a), (7.6b) である．

$$\frac{wl^4}{8EI} + \frac{R_{by}l^3}{3EI} + \frac{M_{bz}l^2}{2EI} = 0 \tag{7.6a}$$

$$\frac{wl^3}{6EI} + \frac{R_{by}l^2}{2EI} + \frac{M_{bz}l}{EI} = \theta_b \tag{7.6b}$$

式 (7.6a), (7.6b) を連立させ，R_{by} と M_{bz} を未知数として解くと，式 (7.7a), (7.7b) が得られる．

$$R_{by} = -\frac{wl}{2} - \frac{3k_b}{2l}\theta_b \tag{7.7a}$$

$$M_{bz} = \frac{wl^2}{12} + k_b\theta_b \tag{7.7b}$$

ここに，$k_b = \frac{4EI}{l}$：剛比と呼ばれる部材の特性を表す定数．

さらに，鉛直方向の釣合い式 $R_{ay} + R_{by} + wl = 0$ を使うと，式 (7.7c) が，支点 a 周りのモーメントの釣合い式 $M_{az} + M_{bz} + \frac{1}{2}wl^2 + R_{bz}l = 0$ を使うと，式 (7.7d) が得られる．

$$R_{ay} = -\frac{wl}{2} + \frac{3k_b}{2l}\theta_b \tag{7.7c}$$

$$M_{az} = -\frac{wl^2}{12} + \frac{k_b}{2}\theta_b \tag{7.7d}$$

式 (7.7) は，支持点 b の回転角 θ_b の値がわかっていれば，部材の両端に作用するすべての力の成分が求められることを表している．

最後に釣合い条件を使う．支持点 b はピンローラー支持なので，M_{bz} はゼロでなければならない．そこで，式 (7.7b) に，$M_{bz} = 0\,\mathrm{kN\,m}, w = -50\,\mathrm{kN/m}, l = 10\,\mathrm{m}$ を代入して解くと，回転角 θ_b の値が求まる．

$$\theta_b = -\frac{\frac{wl^2}{12}}{\frac{4EI}{l}} = -\frac{wl^3}{48EI} = \frac{1041.7}{EI}\,\mathrm{kN\,m^2} \tag{7.8}$$

ここで求められた回転角 θ_b の値を，式 (7.7a), (7.7c), (7.7d) にそれぞれ代入すると，部材端に加えられている力は，それぞれ，$R_{ay} = 312.5\,\mathrm{kN}, M_{az} = 625\,\mathrm{kN\,m}, R_{by} = 187.5\,\mathrm{kN}$ となる．これは不静定力を未知数とおく方法で得られた図 7.4 と同じ答えになっている．

このように，不静定構造の解法には，節点の変位（ここでは回転角 θ_b）を未知数と考え，釣合い条件を適用して未知の変位を求めてから，残りの応力を求めるという解法もあることがわかる．

7.5 適合法と変位法

7.4 節 (1) で説明した方法は，**適合法**と呼ばれている．適合法は，不静定構造の静定基本形を選び，適合条件式を使い，未知数とする不静定力を定める解法である．適合法は，**応力法**または**柔性法**とも呼ばれる．

特に不静定次数が 1 の場合には，計算量は少なく手計算でも適用できる．不静定力の数が 2 以上の場合には，いったんそれらを未知数として静定基本形の応力と変形を求め，不静定力の数だけある適合条件式を使い，連立方程式を解いて，2 以上の未知の不静定力を定める．一般に，不静定力の数が多いほど，静定基本形を選ぶための不静定力の組合せの選択肢も増加する．さらに，計算の手順を，コンピュータ向けの計算アルゴリズムとするには，不静定力を選ぶ手順や，選んだ不静定力の組に対応する静定基本形が，不安定な構造でないことを判定するための手順も合わせて必要となるので，いささか複雑である．

7.4 節 (2) で説明した方法は**変位法**と呼ばれている．こちらは，節点変位を未知数とする解法である．変位法は釣合い条件式を使って未知数を定めることから**平衡法**とも呼ばれる．変位法は適合法と異なり，静定構造と不静定構造を区別せず適用することができる．節点数の多い構造物に適用すると，未知数の数が多くなるので大規模な連立方程式の解を求める必要がある．しかし，何を未知数に選べばよいかが機械的に判断できるので，コンピュータを利用して計算させる場合のアルゴリズムがシンプルになる．

7.6　適合法による梁と骨組の応力の算定

本章の以下の各節では，適合法を適用して簡単な不静定構造物の反力と部材応力を求める方法について具体的に述べる．変位法を適用する方法については，第 8 章のたわみ角法と第 11 章のマトリクス構造解析でさらに詳しく述べている．

(1)　反力を不静定力とする場合

図 7.6 の一次不静定梁の R_1 から R_4 の 4 つの反力の成分のうち，例えば支点反力である R_1 を**不静定力**として選んだ場合の適用手順は，

1. 不静定力 R_1 による拘束を除いて静定基本形とする．
2. 静定基本形に外力が加わる時（図 7.6 (b)）の反力 R_{20} と R_{40} および変位 $\varDelta_{10}$ を求める．$\varDelta_{10}$ の値はゼロにはならず，適合条件を満たしていない．ここに，1 番目の添字 1 は，不静定力が作用する位置であることを表し，2 番目の添字 0 は，外力が静定基本形に作用する時の量であることを表す．
3. 静定基本形に不静定力 $R_{11} = 1$ が作用する時（図 7.5 (c)）の反力の R_{21} と R_{41} および変位 D_{11} を求める．ここに，1 番目の添字 2 と 4 はそれぞれの位置を表し，2 番目の添字 1 は，不静定力 R_1 が静定基本形に作用する時の量であることを表す．
4. 大きさが R_1 の不静定力が作用する時の不静定力が作用する位置の変位 $\varDelta_{1R}$ は，$\varDelta_{1R} = D_{11}R_1$ により表される．重ね合わせの原理より，実際の状態は，図 7.6 (b) と図 7.6 (c) の重ね合わせであり，支点の変位 $\varDelta_1$ は $\varDelta_1 = \varDelta_{10} + D_{11}R_1$ となる．
5. この式を不静定力の大きさ R_1 について解いて R_1 を式 (7.9a) で求める．

$$R_1 = \frac{\varDelta_1 - \varDelta_{10}}{D_{11}} \tag{7.9a}$$

もし，支点 b の変位 $\varDelta_1$ がゼロの場合には，R_1 は式 (7.9b) となる．

$$R_1 = -\frac{\varDelta_{10}}{D_{11}} \tag{7.9b}$$

残りの反力成分 R_q（$q = 2,3,4$）は，重ね合わせの原理により

$$R_q = R_{q0} + R_{q1}R_1 \tag{7.10}$$

となる．ここに，R_{q0}：静定基本形に外力を加えた時の反力，R_{q1}：静定基本形に大きさ 1 の不静定力を加えた時の反力．具体的には，$R_2 = R_{20} + R_{21}R_1$ などとなる．

一般に，反力，変位，応力など，すべての応答量 S は，重ね合わせにより

$$S = S_0 + S_1R_1 \tag{7.11}$$

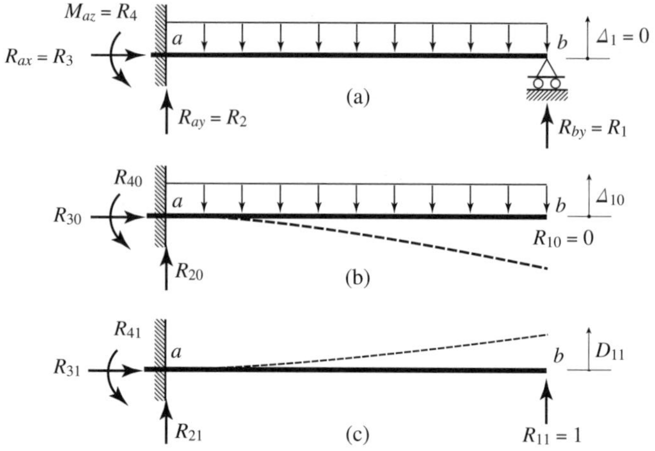

図 7.6 反力 R_1 を不静定力として適合法を適用する場合

となる．ここに，S_0：静定基本形に外力を加えた時の応答量，S_1：静定基本形に大きさ 1 の不静定力を加えた時の応答量．

(2) 応力を不静定力とする場合

不静定力に選ぶことができるのは反力だけではない．構造物内の応力も，不静定力として選ぶことができる．その場合には，構造物の内部の点の適合条件を緩めて静定基本形として適合法を適用する．内部の変位の適合条件を緩めるには，連続した部材を途中で切断する．切断した点の両側に，応力に対応した同じ大きさで向きが反対の

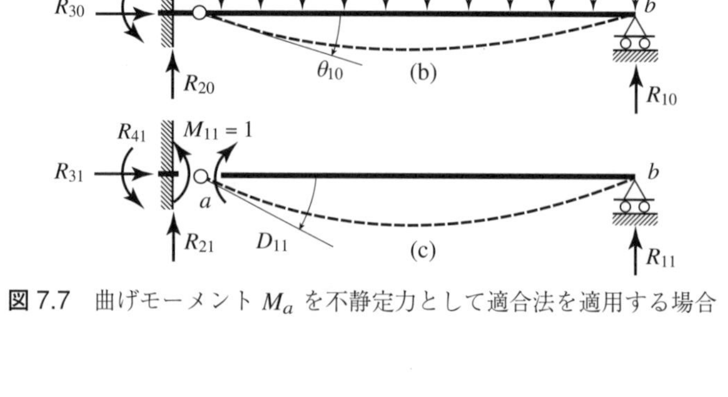

図 7.7 曲げモーメント M_a を不静定力として適合法を適用する場合

一対の不静定力を加える.

例えば，図 7.7 (a) の点 a での応力のうち曲げモーメント $M_1 = M_a$ を不静定力に選ぶものとする．この場合の適用手順は，

1. 点 a にヒンジを設けて適合条件を緩和する．これにより得られる静定基本形は単純支持梁となる.
2. 単純支持梁に外力を加える時（図 7.7 (b)）の，4 つの反力の成分と，ヒンジを設けた点での回転角の不連続な変化量 θ_{10}（ヒンジの両側の傾斜角の差）を求める.
3. 静定基本形のヒンジの左側と右側にそれぞれ大きさが 1 で向きが反対の一対の不静定力（$M_{11} = 1$）が作用する時（図 7.7 (c)）の 4 つの反力成分と，ヒンジを設けた点での不連続な回転角の変化量 D_{11} を求める.
4. 大きさが M_1 の不静定力によって生じる回転角の変化量 θ_1 は，重ね合わせの原理より，$\theta_1 = \theta_{10} + D_{11}M_1$ となる.
5. この式を M_1 について解いて不静定力 M_1 が定まる.

$$M_1 = \frac{\theta_1 - \theta_{10}}{D_{11}} \tag{7.12a}$$

傾斜角の変化量 θ_1 がゼロの場合には，式 (7.12a) は，式 (7.12b) となる.

$$M_1 = -\frac{\theta_{10}}{D_{11}} \tag{7.12b}$$

一般に反力，変位，応力など，すべての応答量 S は，$S = S_0 + S_1M_1$ となる．ここに，S_0：静定基本形に外力を加えた時の応答量，S_1：静定基本形に大きさ 1 の不静定力を加えた時の応答量.

(3)　不静定次数が 2 以上の場合

不静定次数が 2 以上の構造物に適合法を適用する方法を，図 7.8 の不静定次数が 2 の 3 スパン連続梁を例として述べる．その手順は，

1. 支点 b と支点 c の支点の鉛直方向の変位の拘束を解除して静定基本形とし，拘束を解除した点の支点反力 R_1 と R_2 を不静定力とする.
2. 静定基本形に外力を加える時の変位 $\varDelta_{10}$ と $\varDelta_{20}$（図 7.8 (b)）を求める.
3. 静定基本形に大きさが 1 の不静定力（$R_{11} = 1$）が作用する時の変位 D_{11} と D_{21}（図 7.8 (c)）を求め，同じく 1 の不静定力（$R_{22} = 1$）が作用する時の変位 D_{12} と D_{22}（図 7.8 (d)）を求める.
4. 不静定力によって拘束を解除した支点 b と支点 c に生じる変位 $\varDelta_{1R}$ と $\varDelta_{2R}$ は，重ね合わせの原理によりそれぞれ式 (7.13a)，式 (7.13b) で表される．ここに，R_1，R_2：不静定力，D_{ij}：静定基本形において，j 番目の不静定力（$R_j = 1$）により，i 番目の不静定力の作用点に生じる変位．$\varDelta_{iR}$：静定基本形において，不静定力 R_1，

R_2 が同時に作用した時，i 番目の不静定力の作用点に生じる変位.

$$\varDelta_{1R} = D_{11}R_1 + D_{12}R_2 \tag{7.13a}$$

$$\varDelta_{2R} = D_{21}R_1 + D_{22}R_2 \tag{7.13b}$$

5. 支点 b と支点 c の適合条件を用いる．ここに，$\varDelta_i$：i 番目の不静定力の作用点の変位で，支点の移動がない場合には，$\varDelta_i = 0$ とする．$\varDelta_{i0}$：外力により i 番目の不静定力の作用点に生じる変位.

$$\varDelta_1 = \varDelta_{10} + D_{11}R_1 + D_{12}R_2 \tag{7.14a}$$

$$\varDelta_2 = \varDelta_{20} + D_{21}R_1 + D_{22}R_2 \tag{7.14b}$$

6. 未知の不静定力 R_1, R_2 について整理して次の連立一次方程式が得られる.

$$\begin{bmatrix} D_{11} & D_{12} \\ D_{21} & D_{22} \end{bmatrix} \begin{Bmatrix} R_1 \\ R_2 \end{Bmatrix} = \begin{Bmatrix} \varDelta_1 - \varDelta_{10} \\ \varDelta_2 - \varDelta_{20} \end{Bmatrix} \tag{7.15}$$

7. 式 (7.15) の連立方程式を解いて，R_1, R_2 が求められる.

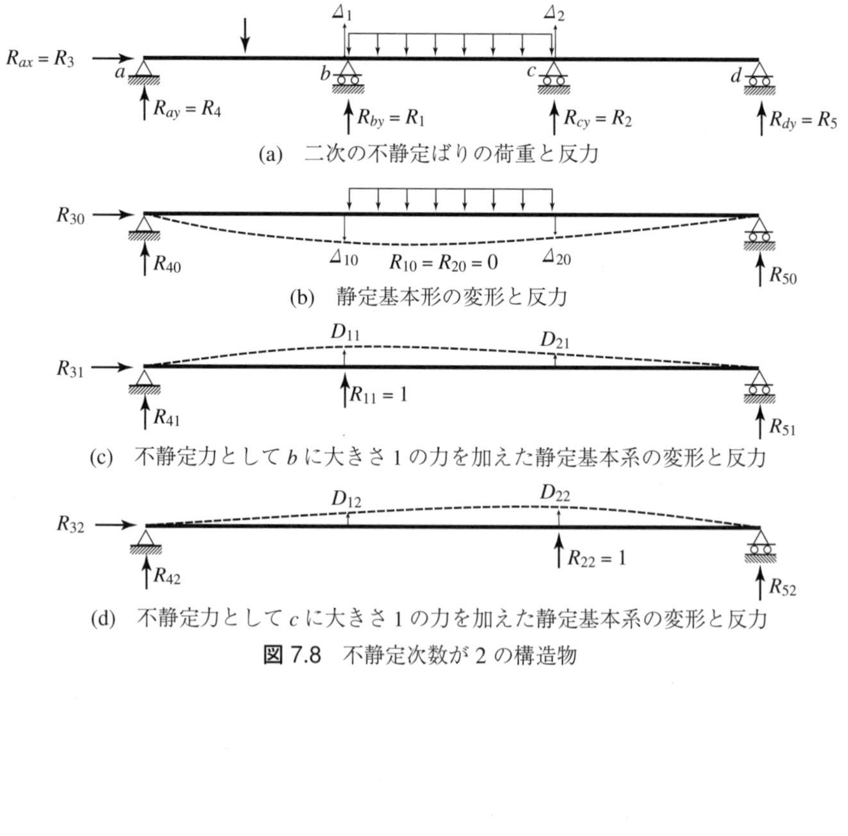

(a)　二次の不静定ばりの荷重と反力

(b)　静定基本形の変形と反力

(c)　不静定力として b に大きさ 1 の力を加えた静定基本系の変形と反力

(d)　不静定力として c に大きさ 1 の力を加えた静定基本系の変形と反力

図 7.8　不静定次数が 2 の構造物

一般に，n 次不静定構造物のすべての応答量 S は，

$$S = S_0 + S_1 R_1 + S_2 R_2 + \cdots + S_n R_n \tag{7.16}$$

となる．ここに，S_0：外力によって静定基本形に生じる応答値，S_i：i 番目の不静定力により静定基本形に生じる応答量．

不静定次数が多くなるほど不静定力の数が増え，計算する変位の数が増える．連立一次方程式を解くために必要な計算量もべき乗的に増加するため，手計算用にもはや実用的ではなくなる．

例 7.1　連続梁

不静定次数が 1 の連続梁の曲げモーメント図を求める．

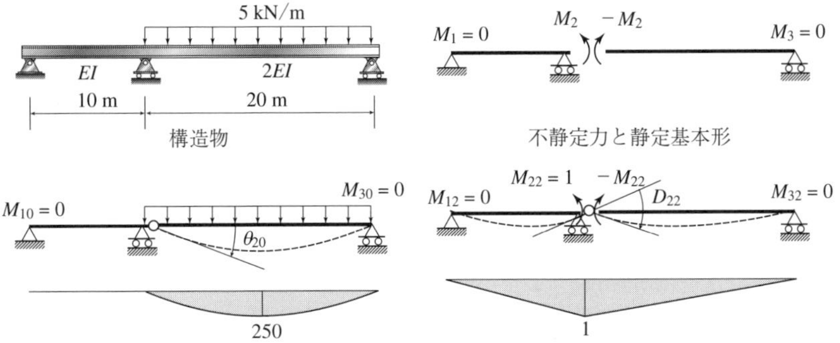

外力による静定基本形の応力と変形　　不静定力による静定基本形の応力と変形

静定基本形　不静定力は，連続梁の中間支点上の曲げモーメント M_2 とする．中間支点上で梁を切断してヒンジを挿入した静定基本形を考える．

静定基本形の変位　静定基本形に外力が作用する場合のヒンジにおける不連続な回転角変化量 θ_{20} と，切断点の両端に，向きが反対で大きさが 1 の一対のモーメントが作用する場合の不連続な回転角変化量 D_{22} を求める．ここでは，補仮想仕事の原理を用いる．すなわち，変位を求めたい点に対応する仮想力 1 を加えた時の補仮想仕事から変位を求める．

$$\theta_{20} = \frac{1}{2EI}\frac{20 \times 1 \times 250}{3} = \frac{833.3}{EI}$$

$$D_{22} = \frac{1}{EI}\frac{1 \times 1 \times 10}{3} + \frac{1}{2EI}\frac{1 \times 1 \times 20}{3} = \frac{6.67}{EI}$$

不静定力　切断点で適合条件が満たされる条件である $\theta_{20} + D_{22}M_2 = \theta_2,\ \theta_2 = 0$ に上の値を代入して次の結果が得られる．

$$M_2 = -\frac{\theta_{20}}{D_{22}} = \frac{-833.3}{6.67} = -125 \quad ，よって$$

$$M_2 = -125\,\mathrm{kN\,m}.$$

静定基本形に外力を加えた時の曲げモーメント分布に不静定力 M_2 を加えた曲げモーメント分布を加えると図のように連続梁の曲げモーメント分布が得られる．

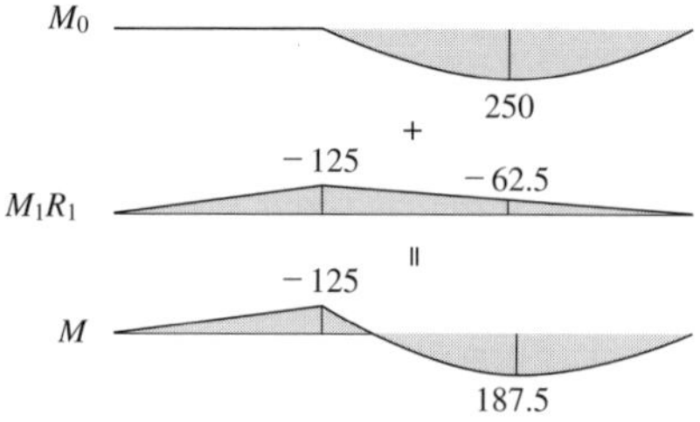

曲げモーメント分布

例 7.2　中間に支持点のある片持ち梁

中間の点 B にローラー支持点のある片持ち梁の曲げモーメント分布と変形を求める．

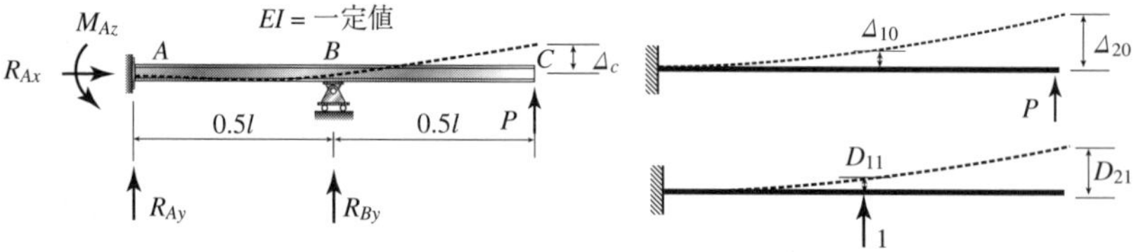

静定基本形　不静定次数は 1 である．静定基本形は，点 B のローラー支点を取り除き代わりに上向きの反力 $R_1 = R_{By}$ を不静定力とする．

静定基本形の変位　静定基本形に外力 P を作用させた時の点 B の変位 Δ_{10} と点 C の変位 Δ_{20} はモールの定理により求めて，

$$\Delta_{10} = \frac{1}{EI} \times 0.5l \times 0.5Pl \times \frac{1}{2} \times 0.5l + \frac{1}{EI} \times \frac{1}{2} \times 0.5l \times 0.5Pl\frac{2}{3} \times 0.5l = \frac{5}{48}\frac{Pl^3}{EI}$$

$$\Delta_{20} = \frac{1}{EI} \times \frac{1}{2} \times l \times Pl \times \frac{2}{3}l = \frac{1}{3}\frac{Pl^3}{EI}$$

静定基本形に大きさ 1 の不静定力を作用させた時の点 B の変位 D_{11}（上向き正）と点 C の変位 D_{21} は，

$$D_{11} = \frac{1}{EI} \times \frac{1}{2} \times 0.5l \times 0.5l\frac{2}{3} \times 0.5l = \frac{1}{24}\frac{l^3}{EI}$$

$$D_{21} = \frac{1}{EI}\frac{1}{2} \times 0.5l \times 0.5l\left(\frac{2}{3} \times 0.5l + 0.5l\right) = \frac{5}{48}\frac{l^3}{EI}$$

不静定力　適合条件より，ローラー支点における梁の変位はゼロでなければならない．よって，$\Delta_{10} + R_1D_{11} = 0$ の条件式を解いて，

$$R_1 = -\frac{\frac{5}{48}\frac{PL^3}{EI}}{\frac{1}{24}\frac{l^3}{EI}} = -\frac{5}{2}P$$

応力と変位　曲げモーメントの分布は，重ね合わせの原理により，点 A，点 B，点 C でそれぞれ，

$$M_{Az} = Pl + \left(-\frac{5}{2}P \times 0.5l\right) = -\frac{1}{4}Pl$$

$$M_{Bz} = \frac{1}{2}Pl + \left(-\frac{5}{2}P \times 0\right) = \frac{1}{2}Pl$$

$$M_{Cz} = \frac{1}{2} \times 0 + \left(-\frac{5}{2}P \times 0\right) = 0$$

点 C の変位 $\mathit{\Delta}_C$（上向き正）は，重ね合わせの原理により

$$\mathit{\Delta}_C = \mathit{\Delta}_2 = \mathit{\Delta}_{20} + R_1 D_{21} = \frac{1}{3}\frac{Pl^3}{EI} + \left(-\frac{5}{2}P\right)\frac{5}{48}\frac{l^3}{EI} = \frac{7}{96}\frac{Pl^3}{EI}$$

例 7.3　平面不静定骨組

不静定次数 1 の不静定骨組の応力を具体的な数値で求める．

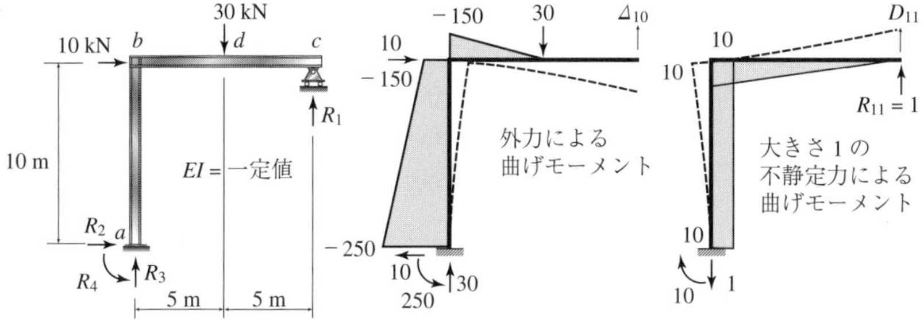

静定基本形　不静定力にローラー支持点 c の上向き反力 R_1 を選びローラー支持点の鉛直変位の拘束を取り除いて静定基本形とする．

静定基本形の変位　補仮想仕事法を用いる．静定基本形に外力が作用する時の点 c の上向き変位 $\mathit{\Delta}_{10}$ と，静定基本形に大きさ 1 の不静定力 R_{11} を加えた時の点 C の上向き変位 D_{11} を求める．

$$\mathit{\Delta}_{10} = -\frac{1}{EI}\frac{150+250}{2}10 \times 10 - \frac{1}{EI}\frac{5+2\times 10}{6}150 \times 5 = -\frac{23125}{EI}\ \mathrm{m}$$

$$D_{11} = \frac{1}{EI} \times 10 \times 10 \times 10 + \frac{1}{EI} \times \frac{1}{3} \times 10 \times 10 \times 10 = \frac{1333.3}{EI}\ \mathrm{m}$$

不静定力　適合条件より，$\mathit{\Delta}_1 = \mathit{\Delta}_{10} + D_{11}R_1$ でなければならない．$\mathit{\Delta}_1 = 0$ なので，

$$R_1 = -\frac{\mathit{\Delta}_{10}}{D_{11}} = \frac{23125}{1333.3} = 17.34\,\mathrm{kN}$$

反力と応力　他の反力も $R_q = R_{q0} + R_{q1}R_1$ により求められる．

$$R_2 = -10 + (0 \times 17.34) = -10\,\mathrm{kN}$$

$$R_3 = 30 + (-1 \times 17.34) = 12.66\,\mathrm{kN}$$

$$R_4 = 250 + (-10 \times 17.34) = 76.6\,\mathrm{kN\,m}$$

部材の曲げモーメントも $M_q = M_{q0} + M_{q1}R_1$ により求められる．

$M_a = -250 + 10 \times 17.34 = -76.6\,\mathrm{kN\,m}$

$M_b = -150 + 10 \times 17.34 = 23.4\,\mathrm{kN\,m}$

$M_c = 0 + 0 \times 17.34 = 0\,\mathrm{kN\,m}$

$M_d = 0 + 5 \times 17.34 = 86.7\,\mathrm{kN\,m}$

曲げモーメント図を作成すると右のようになる．

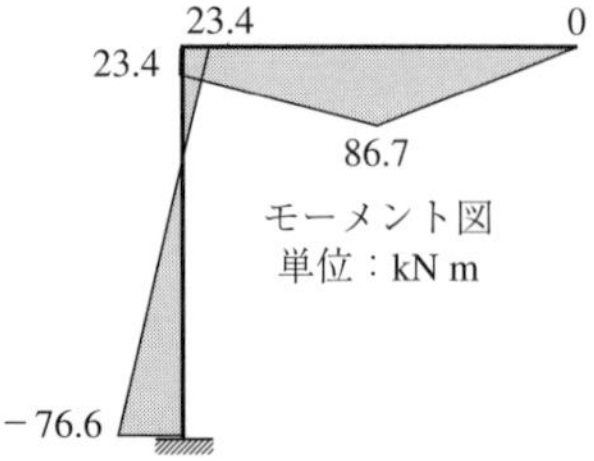

7.7 三モーメント法

不静定構造物に適合法を適用する場合，7.6 節の (3) に述べたように，次数が高いほど適合条件式が複雑になる．しかし，連続梁の場合は，**三モーメント法**と呼ばれる方法を利用すると，適合条件式は公式で与えられ，適合法の適用が簡単になる．図 7.9 は m スパンの連続梁である．その不静定次数は $(m-1)$ であり，適合法を適用するために $(m-1)$ 個の不静定力を選び，静定基本形として，$(m-1)$ 個の適合条件を適用する必要がある．

三モーメント法は，中間支持点上の $(m-1)$ 個の曲げモーメント M_j を不静定力に選ぶ方法である．これに対応する静定基本形は，図 7.9 (b) に示した $(m-1)$ 個の中間支持点上にヒンジを設けた m 個の単純支持梁である．静定基本形に不静定力を加えた状態は，図 7.9 (c) となる．図 7.9 (b) と図 7.9 (c) の重ね合わせで実際の状態を表す．左から (i, j, k) 番目の順に連続する 3 つの支持点を選び，それらの中央の支持点 j に設けたヒンジにおける適合条件を表す式を考える．ここでは，曲げモーメントは下端引張りを正とする．

連続梁では，適合条件より，支持点 j 上における部材の傾斜角の不連続な変化量がゼロでなければならないことから，

$$\theta_{j0} + D_{ji}M_i + D_{jj}M_j + D_{jk}M_k = 0 \tag{7.17}$$

が成り立たなければならない．ここに，θ_{j0} は，図 7.9 (b) のように，静定基本形において，梁 ji の j 端部の傾斜角と梁 jk の j 端部の傾斜角の支持点 j 上における不連続な変化量である．また，$D_{ji}M_i + D_{jj}M_j + D_{jk}M_k$ は，図 7.9 (c) のように，支点 ijk 上においてピンの両側に不静定力 M_i, M_j, M_k が加えられた時の，支持点 j 上における部材の傾斜角の不連続な変化量である．

$$D_{ji} = \frac{l_i}{6EI_i} \tag{7.18a}$$

$$D_{jj} = \frac{l_i}{3EI_i} + \frac{l_j}{3EI_j} \tag{7.18b}$$

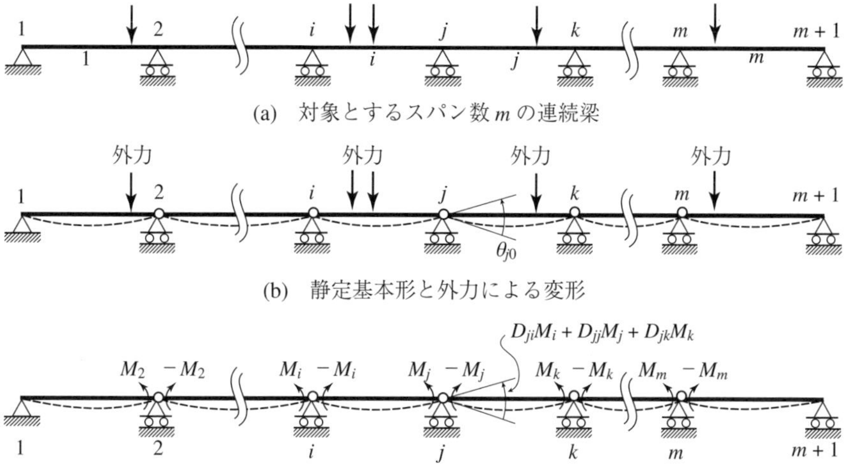

(a)　対象とするスパン数 m の連続梁

(b)　静定基本形と外力による変形

(c)　静定基本形に $(m-1)$ 個の不静定力が作用する時の変形

図 7.9　連続梁の三モーメント法

$$D_{jk} = \frac{l_j}{6EI_j} \tag{7.18c}$$

ここに，D_{ji}：単純支持梁 ji の i 端部に大きさ -1 のモーメントを加えた時の j 端部の傾斜角，D_{jj}：単純支持梁 ji の j 端部に大きさ 1 のモーメントを加えた時の j 端部の傾斜角と単純支持梁 jk の j 端部に大きさ 1 のモーメントを加えた時の j 端部の傾斜角の差，D_{jk}：単純支持梁 jk の k 端部に大きさ -1 のモーメントを加えた時の j 端部の傾斜角．

式 (7.17) に式 (7.18a)–(7.18c) を代入し，部材 ij の長さと断面二次モーメントをそれぞれ l_i と I_i，部材 jk の長さと断面二次モーメントをそれぞれ l_j と I_j と書き換えれば，式 (7.19) が得られる．

$$\frac{l_i}{I_i}M_i + 2\left(\frac{l_i}{I_i} + \frac{l_j}{I_j}\right)M_j + \frac{l_j}{I_j}M_k = -6E\theta_{j0} \tag{7.19}$$

同様の関係は $(m-1)$ 個のすべての中間支持点において成り立つ．したがって，すべての中間支持点で式 (7.19) の式を作成し，$(m-1)$ 個の不静定力 M_j を未知数とする連立方程式として解けば，すべての不静定力 M_j が定められる．三モーメント法では，静定基本形に外力が作用する時の各支点上での曲げモーメントはすべてゼロである．そのため支点上の実際の曲げモーメントは不静定力 M_j と等しくなる．この解法が，三モーメント法である．適合条件から導かれる式 (7.19) は，**三モーメント方程式**あるいは**クラペイロンの三モーメントの定理**と呼ばれる．

例 7.4　三モーメント法の適用例

例 7.1 の 2 スパンの連続梁の応力を，三モーメント法により求める．2 スパンの連続梁のため，不静定次数は 1 であり，三モーメント方程式は一つある．

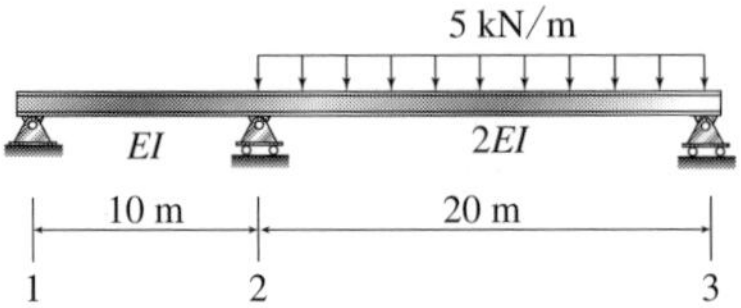

支点 j における三モーメント方程式は，

$$\frac{l_i}{I_i}M_i + 2\left(\frac{l_i}{I_i} + \frac{l_j}{I_j}\right)M_j + \frac{l_j}{I_j}M_k = -6E\theta_{j0}$$

である．$i = 1, j = 2, k = 3$ として上の式を適用する．支点 j の θ_{j0} は，補仮想仕事法により求める．すなわち，変位を求めたい点に仮想力 1 を加えた時の補仮想仕事から変位を求める．

$$\theta_{j0} = \frac{1}{2EI}\frac{20 \times 1 \times 250}{3} = \frac{833.3}{EI}$$

$l_1 = 10, I_1 = I, l_2 = 20, I_2 = 2I, \theta_{j0} = \frac{833.3}{EI}, M_i = 0, M_j = M_2, M_k = 0$ を三モーメント方程式に代入すると，

$$\frac{10}{I} \times 0 + 2\left(\frac{10}{I} + \frac{20}{2I}\right) \times M_2 + \frac{20}{2I} \times 0 = -6E \times \frac{833.3}{EI}$$

この式を整理すると，$40M_2 = -5000$ が得られ，$M_2 = -125$ kN m となる．よって，支点 2 の上における曲げモーメントも -125 kN m となる．節点での曲げモーメントが求まれば，外力による応力を重ね合わせて，支点間の曲げモーメント分布が求められる．答えは例 7.1 と同じである．

例 7.5　端部が固定の連続梁に三モーメント法を適用する例

端部が固定端の 2 スパンの連続梁の応力を，3 モーメント法により求める．EI は，一定とする．端部が固定端の連続梁であるため，不静定次数は 2 である．三モーメント法はそのままでは適用できないが，固定端を長さがゼロの仮想梁に置き換えて三モーメント法を適用することができる．

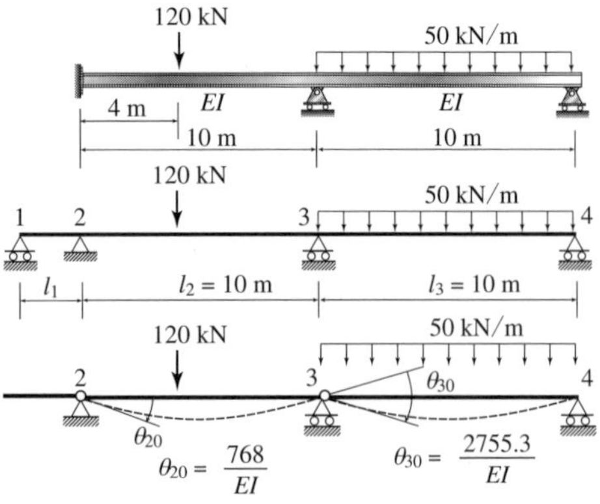

支点 2：$i = 1, j = 2, k = 3, l_1 = 0, l_2 = 10$ を代入して，

$$\frac{0}{I}M_1 + 2\left(\frac{0}{I} + \frac{10}{I}\right)M_2 + \frac{10}{I}M_3$$

$$= -6E\theta_{20};\quad \theta_{20} = \frac{768}{EI}$$

支点 3：$i = 2,\ j = 3,\ k = 4,\ M_4 = 0$, $l_2 = 10, l_3 = 10$ を代入して，

$$\frac{10}{I}M_2 + 2\left(\frac{10}{I}+\frac{10}{I}\right)M_3 + \frac{10}{I}\times 0$$

$$= -6E\theta_{30};\quad \theta_{30} = \frac{2755.3}{EI}$$

まとめると，

$$20M_2+10M_3=-4608,$$

$$10M_2+40M_3=-16532$$

連立方程式を解いて，$M_2 = -27.2\,\mathrm{kN\,m}$, $M_3 = -406.5\,\mathrm{kN\,m}$

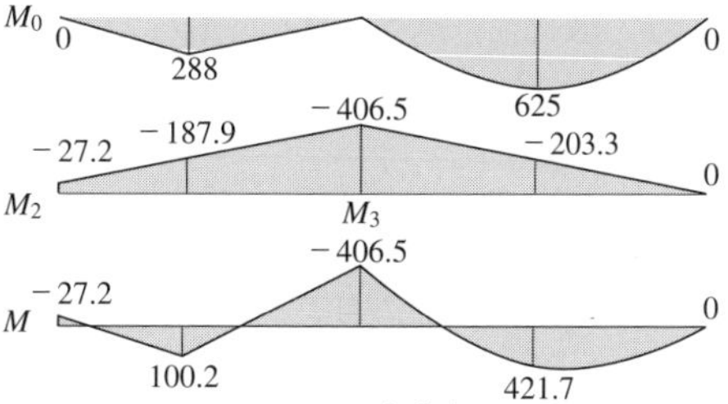

モーメント分布

7.8　固定端モーメント

両端固定の断面が一様な直線部材は，不静定次数が 2 の構造である．支点間に荷重が作用する時の両端に生じるモーメント反力のことを，**固定端モーメント**と呼ぶ．第 8 章以降で学ぶ，より実用的な不静定解法では，固定端モーメントの公式を用いることが多い．固定端モーメントの公式を導くには，不静定次数 2 の構造物に対する適合法が用いられる．

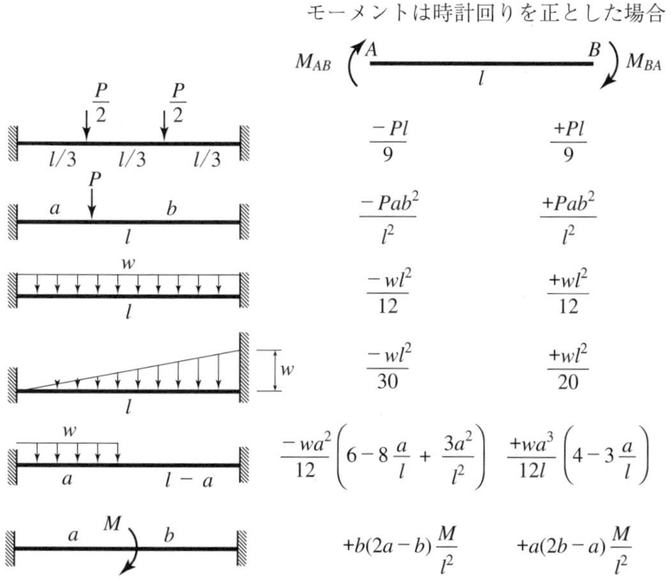

図 7.10　固定端モーメントの公式

図 7.10 は曲げ剛性が材軸に沿って一定値であり，長さが l の場合の固定端モーメントの公式である．この図中の式では，モーメントは時計回りを正としていることに注意しておきたい．

例 7.6　両端固定の梁の固定端モーメント

中央点 C に下向きの力 P が作用する不静定次数 2 の両端固定梁の両端部とスパン中央の応力を求める．

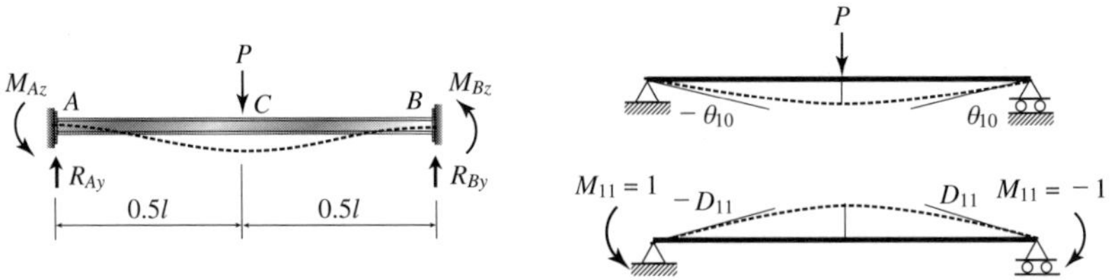

静定基本形　両端をピン支持に変更して回転拘束を解除し静定基本形とする．不静定力は点 A と点 B に加える同じ大きさのモーメントとする．向きは点 A が反時計回り，点 B が時計回りとし，大きさは同じで M_1 とする．

静定基本形の変位　単純梁を静定基本形として，中央の点 C に下向き荷重 P を作用させた時の，点 A と点 B の回転角 θ_{10} をモールの定理で求める．共役梁の端部の回転角は，共役梁の支点反力に等しく，

$$\theta_{10}=\frac{1}{2}\frac{1}{EI}\frac{1}{2}l\frac{1}{4}Pl=\frac{1}{16}\frac{Pl^2}{EI}$$

静定基本形の点 A と点 B に同時に大きさ 1 の不静定力 M_{11} を加えた時の，点 A と点 B の回転角 D_{11} をモールの定理で求める．上と同様に考えて，

$$D_{11}=-\frac{1}{EI}\frac{1}{2}l=-\frac{1}{2}\frac{l}{EI}$$

不静定力　適合条件より，$\theta_{10}+M_1D_{11}=0$．よって，

$$M_1=-\frac{\theta_{10}}{D_{11}}=-\frac{\frac{1}{16}\frac{Pl^2}{EI}}{-\frac{1}{2}\frac{l}{EI}}=\frac{1}{8}Pl$$

応力　両端の固定端反力は重ね合わせの原理により，

$$M_{Az}=0+\frac{1}{8}Pl=\frac{1}{8}Pl,\quad M_{Bz}=0+\left(-\frac{1}{8}Pl\right)=-\frac{1}{8}Pl$$

中央の曲げモーメントは重ね合わせの原理により，

$$M_{Cz}=\frac{1}{4}Pl+\left(-\frac{1}{8}pl\right)=\frac{1}{8}Pl$$

7.9　適合法による不静定トラスの応力の算定

(1)　適合法による解法

適合法による不静定トラスの解析の方法について述べる．図 7.11 (a) の例は，節点数 j が 6，独立な反力の成分の数 r_a は 3，部材数 m_a が 10 で，平面トラスの判別式より，$m_a + r_a - 2j = 10 + 3 - 2 \times 6 = 1 > 0$ となり，不静定次数が 1 の不静定トラスである．

適合法では，未知の反力を不静定力に選ぶ方法と，未知の部材応力（軸力）を不静定力に選ぶ方法がある．これは，梁に適合法を適用する場合と同様である．なお，図 7.11 の構造物では，反力を不静定力として選ぶことはできない．これは，この構造物は外的静定であり，反力の拘束を解除すると不安定構造となってしまうためである．また，部材 ab, ae, cd, fd の軸力も不静定力に選ぶことはできない．この場合も部材を切断すると構造物が不安定となるためである．不静定力とできるのは，部材 bc, ef, be, fc, bf, ec の 6 つのいずれかの軸力である．ここでは，図 7.11 (b) の部材 bf を切断した静定基本形を考える．

計算の方針は，まず静定基本形に外力が作用する時の部材の切断点に生じる不連続な変位（ずれ）を求め $\varDelta_{10}$ とする．またその時の部材の軸力と反力も求めておく．この時，一般にずれ $\varDelta_{10}$ はゼロにはならない．次に，図 7.11 (c) の切断した部材 bf を切断した点の両側に，大きさが 1 で向きが反対の一対の力（$X_{11} = 1$）を加える．力 X_{11} によって，切断点に生じるずれを D_{11} とする．ずれを求める際に切断した部材自身の伸びによる影響も忘れずに加えておく．また部材の軸力を求めておく．この場合支点反力はすべてゼロとなる．ここに，添字 0 は，実際の外力に関する量を，添字 1 は，1 番目の不静定力に関する量であることを表す．

大きさが X_1 の未知の不静定力により生じる切断点のずれ $\varDelta_{1R}$ は，次の式で表される．

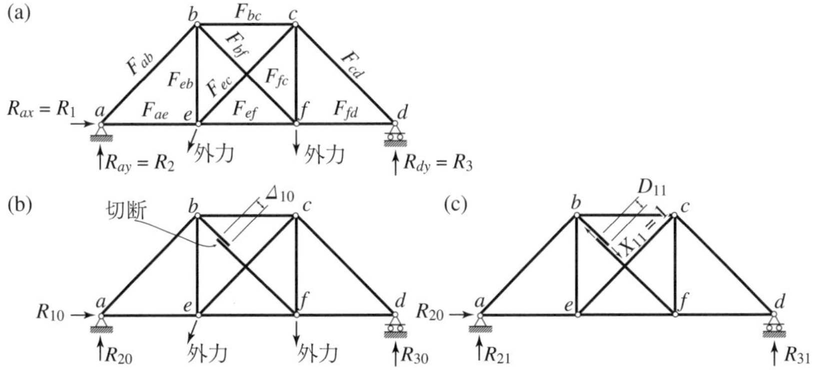

図 7.11　不静定トラスの解法

$$\varDelta_{1R} = D_{11}X_1 \tag{7.20}$$

実際の外力と不静定力が同時に作用する時の，切断点でのずれ $\varDelta_1$ は，重ね合わせの原理より次の式で表わされる．

$$\varDelta_1 = \varDelta_{10} + \varDelta_{1R} = \varDelta_{10} + D_{11}X_1 \tag{7.21}$$

適合条件より $\varDelta_1$ がゼロであるため X_1 を求めると次の式が得られる．

$$X_1 = -\frac{\varDelta_{10}}{D_{11}} \tag{7.22}$$

さらに，不静定力の大きさ X_1 が定まれば，重ね合わせの原理により，すべての応答量 S は次の式で求められる．

$$S = S_0 + S_1X_1 \tag{7.23}$$

(2)　温度変化・製造誤差による応力

もし，不静定力を考え切断した部材 bf に，温度や製造誤差により長さが $\varDelta_1$ だけ変化する場合に適用するには，適合条件を表す式 (7.21) において，ゼロではない $\varDelta_1$ の値を適合条件を表わす式 (7.21) で指定すればよい．よって，温度や製造誤差により生じる不静定力 X_1 は，次の式で求められる．

$$X_1 = \frac{\varDelta_1 - \varDelta_{10}}{D_{11}} \tag{7.24}$$

例 7.7　不静定トラス 1

次の不静定次数 1 の不静定トラスの部材応力を求める．すべての部材の E（ヤング率），A（断面積）は共通とする．

静定基本形　部材応力 F_{bf} を不静定力として選び，部材 bf を切断して静定基本形とする．

静定基本形の応力　静定基本形に外力が働く時に，各部材に生じる軸力と反力の組を F_0 とする．静定基本形の部材 bf の切断点の両側に，向きが反対で大きさが 1（単位 kN）の力を加えた時の各部材の軸力と反力の組を F_1 とする．

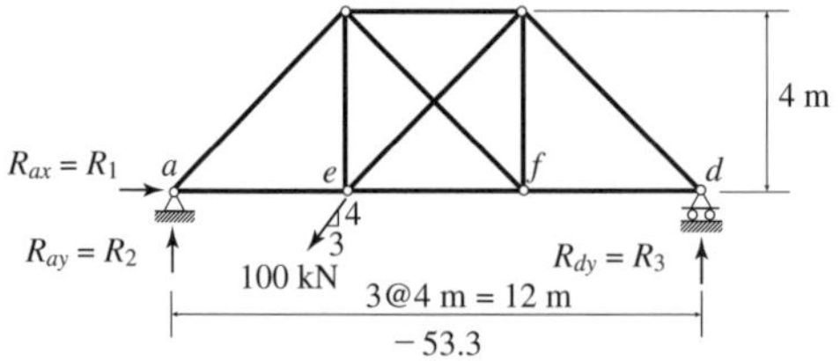

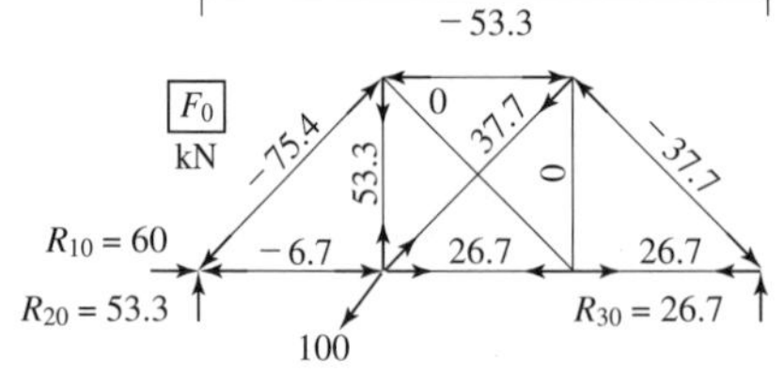

外力によって生じる応力

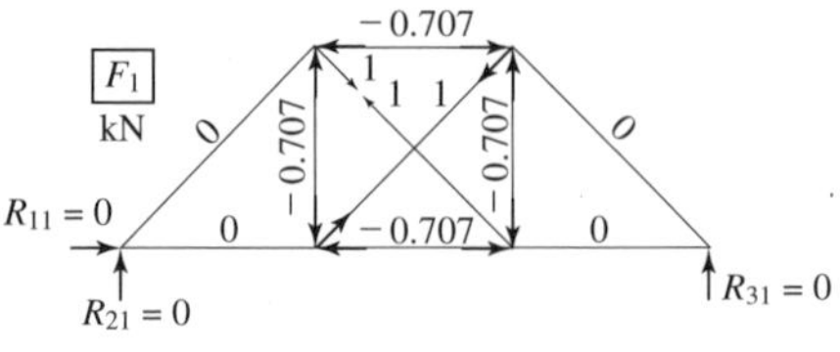

不静定力によって生じる応力

切断点での変位　静定基本形に外力を加える時の切断点でのずれ $\varDelta_{10}$ と，静定基本形の切断点に $X_{11}=1\,\mathrm{kN}$ の互いに逆向きの一対の力を加えて切断点でのずれ D_{11} を求める．計算には，単位荷重法を用いる．算出の方法は，次の表の方針による．切断した部材自身に生じる変位を考慮するため，切断した部材の補仕事も忘れずに加えて考慮する．

求める変位	単位荷重により生じる軸力 $\overline{N}_i$	外力により生じる軸力 N_i	$\Delta\times 1=\sum_{i=1}^{n} N_i \frac{l_i}{E_i A_i}\overline{N}_i$
$\varDelta_{10}$	F_1	F_0	$\Delta_{10}\times 1=\frac{1}{EA}\sum_{i=1}^{n} F_1 F_0 l$
D_{11}	F_1	F_1	$D_{11}\times 1=\frac{1}{EA}\sum_{i=1}^{n} F_1^2 l$

単位荷重法による計算を次の表でまとめて行っている．左の列から順に計算を進める．5 列目の総和の計算では，$\varDelta_{10}$ の値が次のように求められている．

$$1\times\varDelta_{10}=\frac{1}{EA}\sum_{j=1}^{m} F_1F_0 l=\frac{137.9}{EA}\,\mathrm{kN^2\,m};\quad \varDelta_{10}=\frac{137.9}{EA}\,\mathrm{kN\,m}$$

左から 6 列目の値の総和の計算では，D_{11} の値が次のように求められている．

$$1\times D_{11}=\frac{1}{EA}\sum_{j=1}^{m} F_1^2 l=\frac{19.32}{EA}\,\mathrm{kN^2\,m};\quad D_{11}=\frac{19.32}{EA}\,\mathrm{kN\,m}$$

部材	l (m)	F_0 (kN)	F_1 (kN)	F_1F_0l ($\mathrm{kN^2\,m}$)	F_1^2l ($\mathrm{kN^2\,m}$)	F_1X_1 (kN)	$F=F_0+F_1X_1$ (kN)
ab	5.66	−75.4	0	0	0	0	−75.4
bc	4	−53.3	−0.707	150.7	2.0	5.0	−48.3
cd	5.66	−37.7	0	0	0	0	−37.7
ae	4	−6.7	0	0	0	0	−6.7
ef	4	26.7	−0.707	−75.5	2.0	5.0	31.7
fd	4	26.7	0	0	0	0	26.7
be	4	53.3	−0.707	−150.7	2.0	5.0	58.3
bf	5.66	0	1	0	5.66	−7.1	−7.1
ce	5.66	37.7	1	213.4	5.66	−7.1	30.6
cf	4	0	−0.707	0	2.0	5.0	5.0
Σ				137.9	19.32	$\rightarrow X_1=-\frac{\varDelta_{10}}{D_{11}}=-\frac{137.9}{19.32}=-7.1$	

不静定力

$$\varDelta_{10}+D_{11}X_1=0$$

不静定力の大きさ X_1（無次元数）について解くと，

$$X_1=-\frac{\varDelta_{10}}{D_{11}}=-\frac{137.9}{19.32}=-7.1$$

部材応力　上の表の 7 列目の計算では，不静定力による各部材の応力を求めている．不静定力 X_1 の値は，5 列目の総和と 6 列目の総和から計算したものである．8 列目は，不静定トラスの各部材の応力 $F = F_0 + F_1X_1$ を 3 列目と 7 列目の和から求めている．次の図はすべての部材応力と反力を示している．

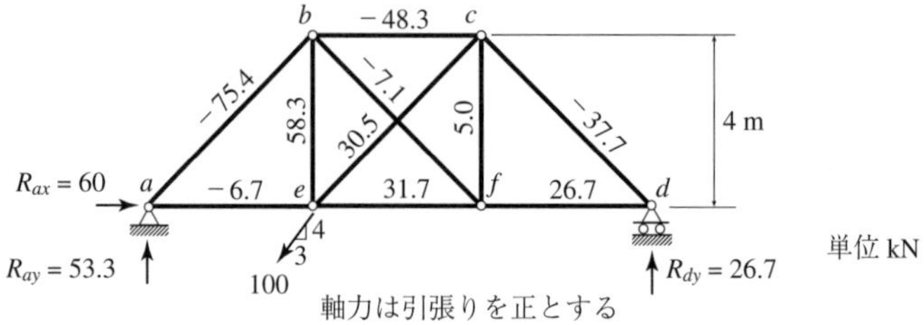

例 7.8　不静定トラス 2

不静定次数 1 のトラスの反力と部材の軸力を求める．部材のヤング率 E と断面積 A はすべて共通とする．

静定基本形　静定基本形は支点 d の鉛直方向変位の拘束を解除し，上向き力 X_1 を不静定力とする．点 d の変位の計算は，単位荷重法によるものとして，次の表により行う．（軸力の数値は引張りを正とする．）

部材	l (m)	F_0 (kN)	F_1 (kN)	F_1F_0l (kN^2 m)	F_1^2l (kN^2 m)	F_1X_1 (kN)	$F = F_0 + F_1X_1$ (kN)
ab	$4\sqrt{2}$	$-7.5\sqrt{2}$	$0.5\sqrt{2}$	$-30\sqrt{2}$	$2\sqrt{2}$	21.6	11.0
bc	$4\sqrt{2}$	$-32.5\sqrt{2}$	$0.5\sqrt{2}$	$-130\sqrt{2}$	$2\sqrt{2}$	21.6	−24.4
cd	4	32.5	−0.5	−65	1	−15.3	17.2
ad	4	32.5	−0.5	−65	1	−15.3	17.2
bd	4	0	−1	0	4	−30.6	−30.6
Σ				$-130 - 160\sqrt{2}$	$6 + 4\sqrt{2}$		

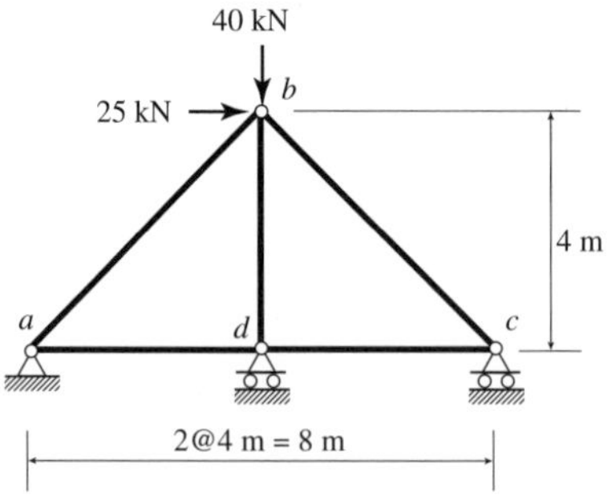

静定基本形の応力　静定基本形に外力を加える場合と，点 d に大きさ 1 の上向き力を加える場合を，それぞれ F_0 と F_1 として求めた軸力と反力は次のとおり．

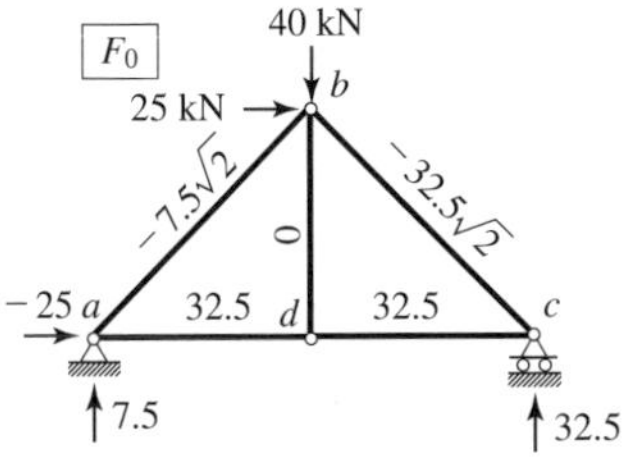

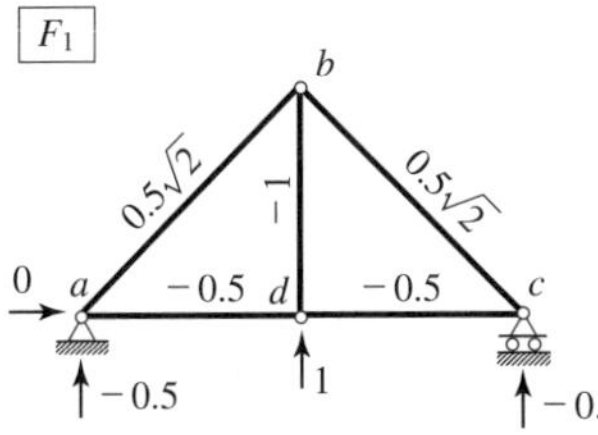

単位荷重法　静定基本形に外力を加える時の点 d の上向き変位 Δ_{10} と，静定基本形の点 d に大きさ 1 の上向き力を加える時の切断点での変位 D_{11} を単位荷重法を用い次の表で計算する．

不静定力　上の表の計算より不静定力 X_1 が求められる．これを使って表の F_1X_1 と $F_0 + F_1X_1$ の列の計算を行い，すべての部材の軸力が求められる．

$$X_1 = -\frac{\Delta_{10}}{D_{11}} = -\frac{-130 - 160\sqrt{2}}{6 + 4\sqrt{2}}$$

$$= 30.6 \quad \text{（無次元数上向き正）}$$

得られた軸力と反力を合わせて図に示す．

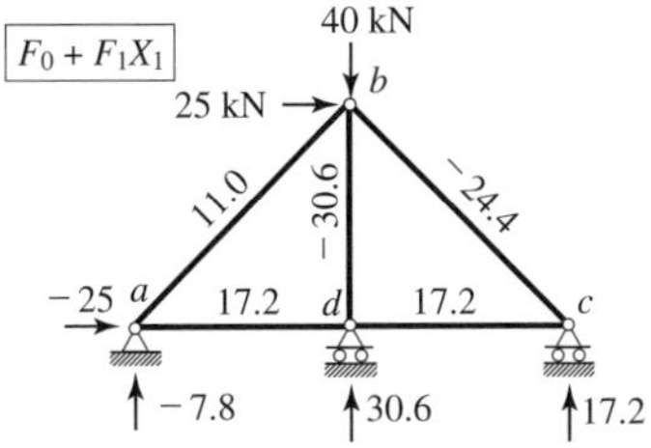

例 7.9　不静定トラス 3

不静定次数 1 のトラスの反力と部材の軸力を求める．部材のヤング率 E は 200 N/mm^2，断面積 A は図中に示した値（単位 mm^2）とする．

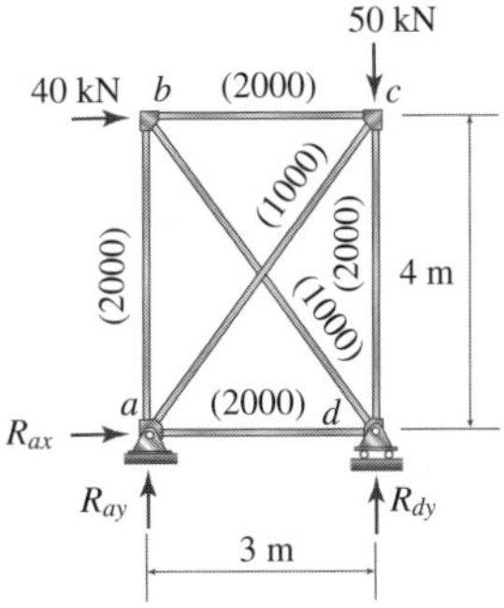

部材 bd の切断点の両端に加える引張り力を不静定力 X_1 とする．軸力は引張りを正とする．

表計算より不静定力 X_1 が求められすべての部材の軸力が求められ，部材応力は次のとおりとなる．

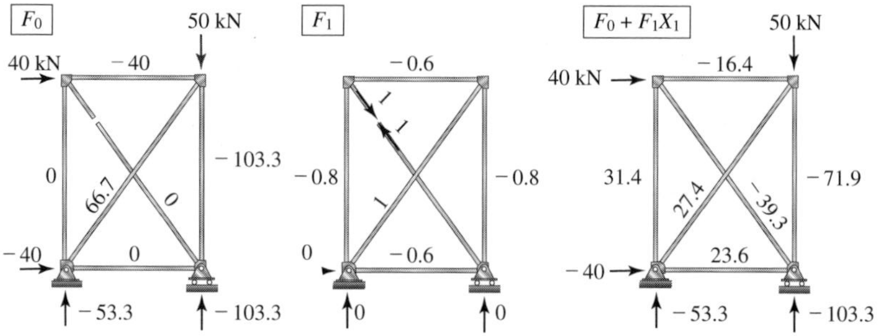

部材	l (m)	A (mm^2)	E (N/mm^2)	F_0 (kN)	F_1 (kN)	$\frac{F_1 F_0 l}{EA}$ (kN^2 m)	$\frac{F_1^2 l}{EA}$ (kN^2 m)	F_1X_1 (kN)	$F = F_0 + F_1X_1$ (kN)
ab	4	2000	200	0	−0.8	0	6.4	31.4	31.4
bc	3	2000	200	−40	−0.6	0.18	2.7	23.6	−16.4
cd	4	2000	200	−103.3	−0.8	0.827	6.4	31.4	−71.9
ad	3	2000	200	0	−0.6	0	2.7	23.6	23.6
bd	5	1000	200	0	1	0	25.0	−39.3	−39.3
ac	5	1000	200	66.7	1	1.67	25.0	−39.3	27.4
Σ						2.68	68.2		

7 章の問題

□ **1** 不静定構造物のモーメント図を描き反力を書き入れよ．

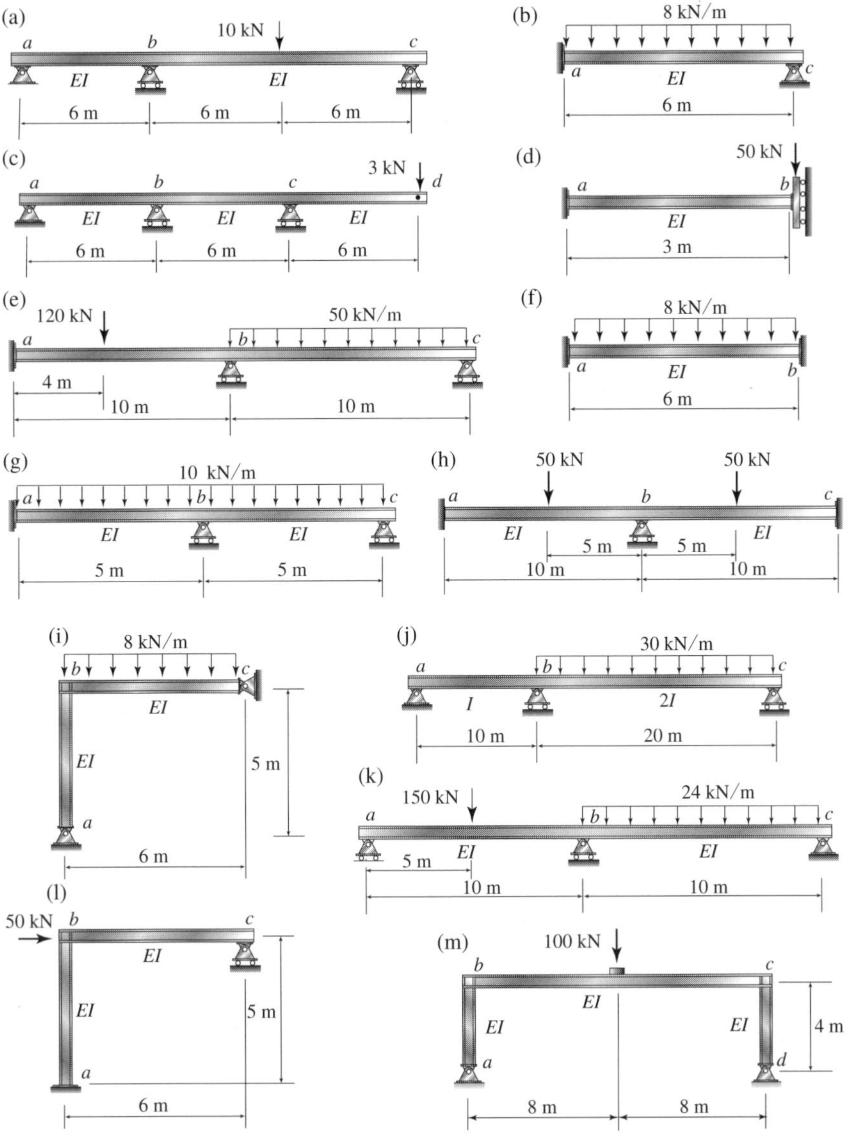

8 たわみ角法

高次の不静定構造である鉄筋コンクリート構造が普及し始めたのは 19 世紀末であった．そのころになると，連続梁の設計のため実用的な不静定構造物の解法が必要とされ，三モーメント法が提案されている．20 世紀に入ると都市の発展が加速し，米国やヨーロッパでは鉄筋コンクリートの高層建築物が出現しはじめ，構造解析法として変位法に分類される**たわみ角法**が提案される．たわみ角法は，1914 年から 1915 年にかけて，ドイツのベンディクセンらやアメリカのマネーらがほとんど同時に提案した方法で，適用範囲が三モーメント法より広く，骨組にも適用されるより実用的な解析法であった．この章では，たわみ角法の原理と不静定骨組への適用方法について学ぶ．

8.1 たわみ角法の適用範囲

たわみ角法は，適用範囲を直線部材を組み合わせた平面剛接骨組に限定する代わりに，変位法の解析を一連の計算手順に置き換え，当時の一般的な技術者が比較的容易に習得して使えるようにしたものである．

そのため，たわみ角法の適用できる構造物は，次の仮定が成り立つものに限定される．主な仮定は，a) 部材の軸線は断面の中心を通り，部材長さは断面寸法と比べて十分に長く一様断面の直線部材であること，b) 各節点に集まる部材は互いに剛接され，節点が回転しても各部材間の角度に変化は生じないこと，c) 曲げモーメントによる変形のみを考慮しせん断力による変形（せん断変形）や軸方向力による変形（軸方向力）は無視していること，d) 微小変形理論が成り立つこと（微小変形の仮定）である．なお，モーメントや傾斜角の値の符号は，たわみ角法では，慣習的に時計回りを正とすることが多いので本章ではそれに従う．

8.2 材端モーメントとたわみ角の関係式

たわみ角法では，柱や梁などの直線部材に関して，材端のモーメントとその部材のたわみに関する**たわみ角方程式**と呼ばれる公式を使う．

長さが l，曲げ剛性が EI で 途中に外力として集中荷重 P が作用している直線部材 AB を考える．この部材が釣合い状態にあるとすれば，両端部にモーメント M_{AB}，M_{BA} を加えた時の反力 R_A と反力 R_B が図 8.1 (a) の式のように一意に定まる．また，

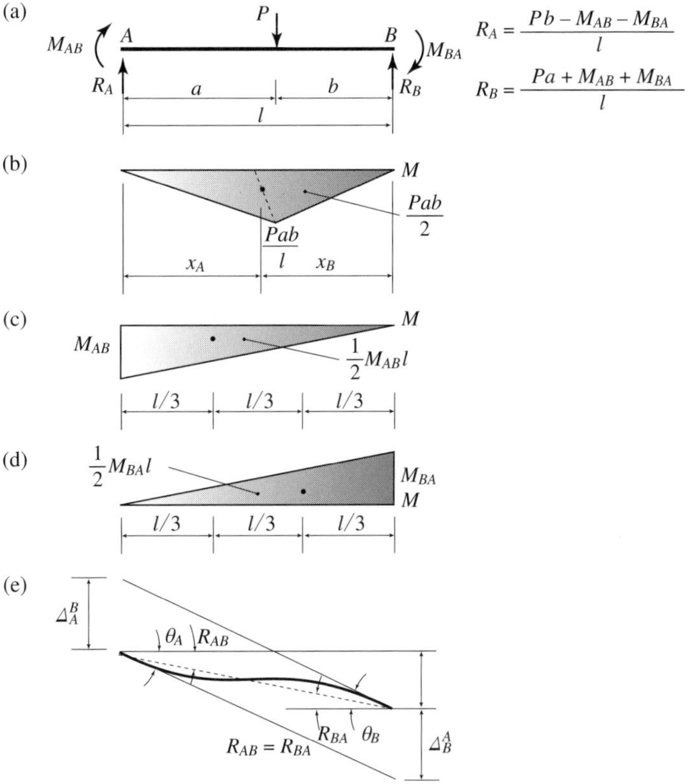

図 8.1　曲げモーメント分布とたわみの関係

P, M_{AB}, M_{BA} がそれぞれ別々に働く場合の曲げモーメント分布は図 8.1 (b), (c), (d) となる．しかし，この部材は空間に固定されていないので，図 8.1 (e) の部材端部の傾斜角 θ_A, θ_B は一意に定めることはできない．部材角と呼ばれる部材の両端を結んだ直線の傾き R_{AB}（$= R_{BA}$）が指定されていれば，θ_A, θ_B の値は一意に定めることができる．

θ_A, θ_B の値は次のように求められる．まず，B 端を固定した片持ち梁に見立てた時の A 端のたわみ $\varDelta_A^B$ と，A 端を固定した片持ち梁に見立てた時の B 端のたわみ $\varDelta_B^A$ を求める．片持ち梁のたわみの計算はモールの定理を適用するのが簡単であり，M_{AB}, M_{BA}, P がそれぞれ働いた場合の変形を重ね合わせて，式 (8.1a), (8.1b) が得られる．

$$\varDelta_A^B = -\frac{M_{AB}l^2}{6EI} + \frac{M_{BA}l^2}{3EI} - \frac{Pabx_A}{2EI} \tag{8.1a}$$

$$\varDelta_B^A = \frac{M_{AB}l^2}{3EI} - \frac{M_{BA}l^2}{6EI} + \frac{Pabx_B}{2EI} \tag{8.1b}$$

部材端部の傾斜角（θ_A, θ_B）と部材角（R_{AB}）および，$\varDelta_A^B, \varDelta_B^A$ の間には，図 8.1 (e)

を参照して，次の関係があることがわかる．

$$\theta_A - R_{AB} = \frac{\Delta_B^A}{l} \tag{8.2a}$$

$$\theta_B - R_{AB} = \frac{\Delta_A^B}{l} \tag{8.2b}$$

式 (8.2a), (8.2b) の右辺に，式 (8.1a), (8.1b) を代入して，式 (8.3a), (8.3b) が得られる．

$$\theta_A - R_{AB} = \frac{M_{AB}l}{3EI} - \frac{M_{BA}l}{6EI} + \frac{Pabx_B}{2EIl} \tag{8.3a}$$

$$\theta_B - R_{AB} = -\frac{M_{AB}l}{6EI} + \frac{M_{BA}l}{3EI} - \frac{Pabx_A}{2EIl} \tag{8.3b}$$

式 (8.3a) と式 (8.3b) を使い，連立一次方程式を解き，両端のモーメント M_{AB} と M_{BA} を，節点の回転角（θ_A, θ_B），部材角（R_{AB}）と集中荷重 P で表すことができる．ここで，x_A と x_B は，中間荷重 P が働く単純支持梁の曲げモーメント分布の重心位置を表しているので，$x_A = \frac{l+a}{3}, x_B = \frac{l+b}{3}$ の関係を使って消去し，式 (8.4a), (8.4b) が得られる．

$$M_{AB} = \frac{2EI}{l}(2\theta_A + \theta_B - 3R_{AB}) - \frac{Pab^2}{l^2} \tag{8.4a}$$

$$M_{BA} = \frac{2EI}{l}(2\theta_B + \theta_A - 3R_{AB}) + \frac{Pa^2b}{l^2} \tag{8.4b}$$

仮に，A 端と B 端の移動と回転が固定されているとして，式 (8.4a), (8.4b) に，$\theta_A = 0$, $\theta_B = 0$, $R_{AB} = 0$ を代入すると次の式 (8.5a), (8.5b) が得られる．

$$M_{AB} = FEM_{AB} = -\frac{Pab^2}{l^2} \tag{8.5a}$$

$$M_{BA} = FEM_{BA} = +\frac{Pa^2b}{l^2} \tag{8.5b}$$

つまり，両端に移動も回転も生じないようにするためには，部材端部に FEM_{AB} と FEM_{BA} を加えなければならないことがわかる．これらは，7.8 節で説明した固定端モーメント C_{AB} と C_{BA} に他ならない．そこで，FEM_{AB} と FEM_{BA} を固定端モーメント C_{AB} と C_{BA} に置き換えれば，次式が成立する．

$$M_{AB} = \frac{2EI}{l}(2\theta_A + \theta_B - 3R_{AB}) + C_{AB} \tag{8.6a}$$

$$M_{BA} = \frac{2EI}{l}(2\theta_B + \theta_A - 3R_{AB}) + C_{BA} \tag{8.6b}$$

ここに，l：部材の長さ，E：ヤング率，I：断面二次モーメント，M_{AB}, M_{BA}：節点から部材端部に加えるモーメント，θ_A, θ_B：部材端部の傾斜角，R_{AB}（$= R_{BA}$）：A 端と B 端を結ぶ直線の傾きで部材角，C_{AB}, C_{BA}：固定端モーメント．

これらの式 (8.6a) と式 (8.6b) が，部材 AB に関するたわみ角方程式である．式中の

係数に現れる $\frac{I}{l}$ は，断面二次モーメントを部材長さで除した値で**剛度**と呼ばれ，曲げに対するたわみにくさを表す量である．また，剛度に記号 K（$= \frac{I}{l}$）を与えて式 (8.6a), (8.6b) を書き直せば式 (8.7a), (8.7b) が得られる．

$$M_{AB} = 2EK_{AB}\,(2\theta_A + \theta_B - 3R_{AB}) + C_{AB} \tag{8.7a}$$

$$M_{BA} = 2EK_{BA}\,(2\theta_B + \theta_A - 3R_{AB}) + C_{BA} \tag{8.7b}$$

ここに，$K_{AB} = K_{BA} = K, R_{AB} = R_{BA} = R$．式 (8.6a), (8.6b) や式 (8.7a), (8.7b) は，A と B を入れ替えても成り立ち，次の単一の式 (8.8) で表すこともできる．

$$M_{nf} = 2EK_{nf}\left(2\theta_n + \theta_f - 3R_{nf}\right) + C_{nf} \tag{8.8}$$

ここに，n は，一方の端部から見た時の近い方の節点（nearer）を，f は，遠い方の節点（farther）を表す．

8.3　たわみ角方程式の解釈

式 (8.8) は，材端に加えるモーメント M_{nf} が，材端の回転角（θ_n, θ_f）と部材角（R_{nf}）の影響の項と固定端モーメント C_{nf} の和で表されることを示している．図 8.2 は，そ

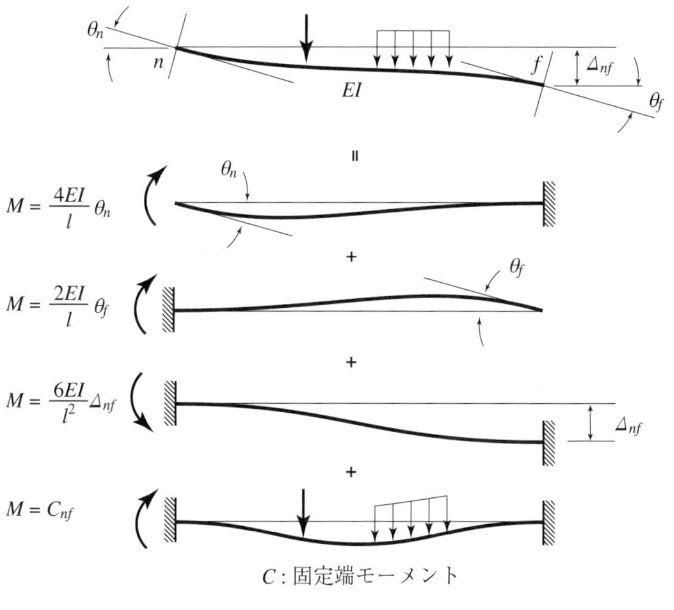

$$M_{nf} = \frac{4EI}{l}\theta_n + \frac{2EI}{l}\theta_f - \frac{6EI}{l^2}\Delta_{nf} + C_{nf}$$

図 8.2　重ね合わせの原理によるたわみ角方程式の導出

の内訳を，$\theta_n, \theta_f, R_{nf}$ および C_{nf} の各項に分解して示している．それぞれの項の係数は，大きさ 1 の単位変位を与え，それ以外の変形をゼロとした時に生じるモーメントの大きさを意味している．

8.4　たわみ角方程式を用いた不静定梁の応力算定

次に図 8.3 の 2 スパン連続梁を例に，たわみ角法の適用の手順について述べる．梁のスパン ab に中間荷重が作用している．支点 a, b, c はどれも上下に移動しない．すなわち，部材 ab と部材 bc の部材角 R はゼロである．また，支点 b 上において部材は連続しているので，支点の両側で回転角 θ_b は共通な値である．

最初に，すべての部材のたわみ角方程式を順に書き下す．まず，固定端モーメントを求める．部材 ab には，中間に荷重 P が働いており，図 7.10 に示した固定端モーメントの公式を用いることができる．部材 bc には中間荷重がないので，固定端モーメントは，$C_{bc} = C_{cb} = 0$ である．これらを考慮して，部材 ab と部材 bc のすべての部材端についてのたわみ角方程式を作成する．

$$M_{ab} = 2EK_{ab}(2\theta_a + \theta_b) + C_{ab} \tag{8.9a}$$

$$M_{ba} = 2EK_{ab}(2\theta_b + \theta_a) + C_{ba} \tag{8.9b}$$

$$M_{bc} = 2EK_{bc}(2\theta_b + \theta_c) \tag{8.9c}$$

$$M_{cb} = 2EK_{bc}(2\theta_c + \theta_b) \tag{8.9d}$$

次に，**節点方程式**を順に書き下す．節点方程式は，節点ごとに成り立つ力の釣合い条件を表す式である．節点から，梁端に加えられるモーメントの総和は，外力として節点に働く集中モーメントと等しい．図 8.3 の場合，節点 b に集中モーメント M_{b0} が働いていることを考慮して，a, b, c の各節点ごとに釣合い式を立てる．

$$\sum M_a = M_{ab} = 0 \tag{8.10a}$$

図 8.3　たわみ角による応力算定の手順

$$\sum M_b = M_{ba} + M_{bc} = M_{b0} \tag{8.10b}$$

$$\sum M_c = M_{cb} = 0 \tag{8.10c}$$

ここに，$\sum M_a$ は節点 a に接続する部材の a 端のモーメントの総和を表す．

次に，式 (8.10a)–(8.10c) の節点方程式の各項に，式 (8.9a)–(8.9d) のたわみ角方程式の右辺を代入して，次の式 (8.11a)–(8.11c) を得る．

$$\sum M_a = M_{ab} = 2EK_{ab}(2\theta_a + \theta_b) + C_{ab} = 0 \tag{8.11a}$$

$$\begin{aligned}\sum M_b &= M_{ba} + M_{bc} \\ &= 2EK_{ab}(2\theta_b + \theta_a) + C_{ba} + 2EK_{bc}(2\theta_b + \theta_c) = M_{b0}\end{aligned} \tag{8.11b}$$

$$\sum M_c = M_{cb} = 2EK_{bc}(2\theta_c + \theta_b) = 0 \tag{8.11c}$$

さらに式 (8.11a)–(8.11c) を $\theta_a, \theta_b, \theta_c$ で整理すると，次の式 (8.12a)–(8.12c) が得られる．

$$4EK_{ab}\theta_a + 2EK_{ab}\theta_b = -C_{ab} \tag{8.12a}$$

$$2EK_{ab}\theta_a + (4EK_{ab} + 4EK_{bc})\theta_b + 2EK_{bc}\theta_c = -C_{ba} + M_{b0} \tag{8.12b}$$

$$2EK_{bc}\theta_b + 4EK_{bc}\theta_c = 0 \tag{8.12c}$$

式 (8.12a)–(8.12c) は，マトリクスを使った記法を使い，式 (8.13) と表すこともできる．

$$\begin{bmatrix} 4EK_{ab} & 2EK_{ab} & 0 \\ 2EK_{ab} & (4EK_{ab} + 4EK_{bc}) & 2EK_{bc} \\ 0 & 2EK_{bc} & 4EK_{bc} \end{bmatrix} \begin{Bmatrix} \theta_a \\ \theta_b \\ \theta_c \end{Bmatrix} = \begin{Bmatrix} -C_{ab} \\ -C_{ba} + M_{b0} \\ 0 \end{Bmatrix} \tag{8.13}$$

式 (8.12a)–(8.12c) や式 (8.13) のように，構造物に含まれる節点の変位を未知数とした連立一次方程式を，**構造物の剛性方程式**と呼ぶ．式 (8.13) の左辺の係数マトリクスは，部材の曲げ剛性と部材と部材の接続関係から定まる定数で，**剛性マトリクス**と呼ばれる．右辺は，固定端モーメントと節点に働く外力からなり，これらは，外力により決まる値であり節点の変位には依存しない定数である．このようにして，節点方程式を変形すると，未知の回転角 $\theta_a, \theta_b, \theta_c$ についての構造物の剛性方程式が作成でき，それを解くと未知の回転角の具体的な値を求めることができる．

たわみ角法の最後の手順は，部材端に加えられているモーメントの計算である．部材のたわみ角方程式の式 (8.9) に戻って，計算された $\theta_a, \theta_b, \theta_c$ の具体的な値を代入すると，すべての部材端のモーメントの値が求められる．最後に，部材ごとに，両端部に加えられているモーメントと中間荷重が作用する時の部材の応力を求める．たわみ角法の適用の手順は整理すると次の 1. から 7. のようにまとめられる．

1. 節点に記号をつけ，部材を節点の記号で表す．
2. 中間荷重がある部材の固定端モーメントを求める．
3. すべての部材についてたわみ角方程式を書き下す．
4. 節点におけるモーメントの釣合い式（節点方程式）を立てる．
5. 節点方程式（連立方程式）を解いて節点回転角を求める．
6. 節点回転角（5. で求めたもの）をたわみ角方程式に代入して部材端のモーメントを求める．
7. 部材端のモーメント（6. で求めたもの）と中間荷重の力の釣合いから支点反力と部材の中間部の応力を求める．

たわみ角法の解析では，節点の変位を未知数とする連立方程式を解く作業に帰着させる．そのため，節点が多いほど未知数が増え，手計算で解くには大きな労力を要する．

例 8.1　**不静定次数 2 の連続梁**

不静定梁の曲げモーメント図とせん断力図を求める．部材の曲げ剛性は EI で一定とする．

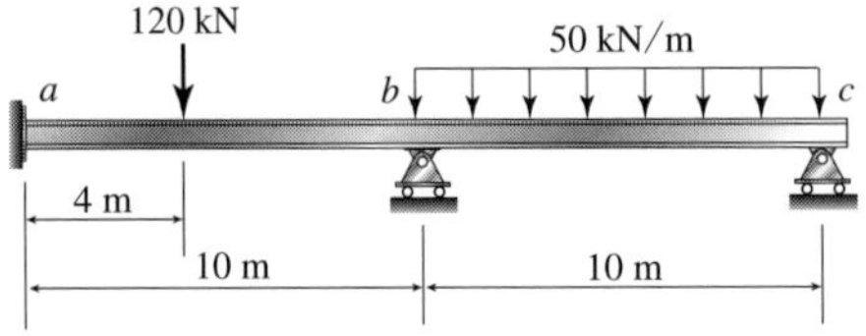

適合条件と境界条件　次の変形の状況のスケッチからわかるように，θ_b, θ_c が未知の節点の回転角となっている．部材角 R_{ab} と R_{bc} は，節点に上下の移動がないことから，いずれもゼロとなる．

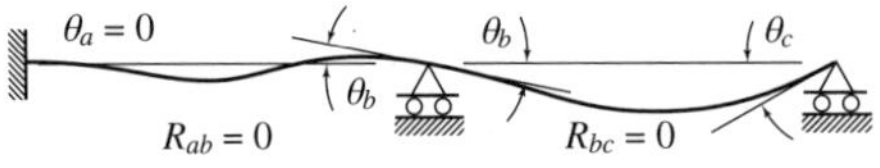

モーメントと回転角の関係　剛度は，$K = K_{ab} = K_{bc} = \frac{I}{10}\,\mathrm{m}^3$ とおく．固定端モーメントは次のとおり．

$$C_{ab} = -\frac{Pab^2}{l^2} = -\frac{120 \times 4 \times 6^2}{10^2} = -172.8\,\mathrm{kN\,m}$$

$$C_{ba} = \frac{Pa^2b}{l^2} = \frac{120 \times 4^2 \times 6}{10^2} = +115.2\,\mathrm{kN\,m}$$

$$C_{bc} = -\frac{wl^2}{12} = -\frac{50 \times 10^2}{12} = -416.7\,\mathrm{kN\,m}, \quad C_{cb} = +416.67\,\mathrm{kN\,m}$$

部材 ab と部材 bc のたわみ角方程式を作成し，部材端のモーメントと回転角の関係を得る．

$M_{nf} = 2EK_{nf}\left(2\theta_n + \theta_f - 3R_{nf}\right) + C_{nf}$ より，

$$M_{ab} = 2EK(\theta_b) - 172.8$$

$$M_{ba} = 2EK(2\theta_b) + 115.2$$

$$M_{bc} = 2EK(2\theta_b + \theta_c) - 416.67$$

$$M_{cb} = 2EK(2\theta_c + \theta_b) + 416.67$$

節点の力の釣合い　節点を取り出したフリーボディに釣合い条件を適用して次の節点方程式を得る．

支点 b におけるモーメントの釣合い：$\sum M_b = M_{ba} + M_{bc} = 0$

支点 c におけるモーメントの釣合い：$\sum M_c = M_{cb} = 0$

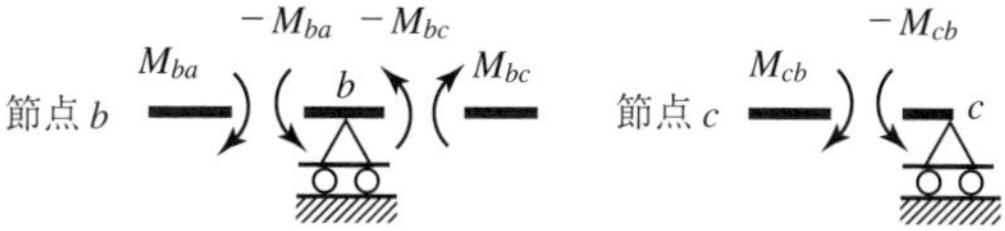

釣合い条件式に，たわみ角方程式の右辺を代入して，次の節点方程式が得られる．

$$8EK\theta_b + 2EK\theta_c = 301.5$$

$$2EK\theta_b + 4EK\theta_c = -416.67$$

マトリクス形式で記すと，

$$\begin{bmatrix} 8 & 2 \\ 2 & 4 \end{bmatrix} \begin{Bmatrix} EK\theta_b \\ EK\theta_c \end{Bmatrix} = \begin{Bmatrix} 301.5 \\ -416.67 \end{Bmatrix}$$

節点変位　連立方程式を解いて，

$$\begin{Bmatrix} EK\theta_b \\ EK\theta_c \end{Bmatrix} = \begin{Bmatrix} 72.83 \\ -140.6 \end{Bmatrix} \text{kN m}$$

部材端のモーメント　$EK\theta_b = 72.83\,\text{kN m}$, $EK\theta_c = -140.6\,\text{kN m}$ をたわみ角方程式に代入して，節点から各部材端部に伝えられるモーメントの値を得る．

$$M_{ab} = 2EK(\theta_b) - 172.8 = 2(72.83) - 172.8 = -27.1\,\text{kN m}$$

$$M_{ba} = 2EK(2\theta_b) + 115.2 = 4(72.83) + 115.2 = 406.5\,\text{kN m}$$

$$M_{bc} = -M_a = -406.5\,\text{kN m}$$

$$M_{cb} = 2EK(2\theta_c + \theta_b) + 416.7 = 4(-140.6) + 2(72.8) + 416.7 = 0.0\,\text{kN m}$$

各部材の応力分布と反力　部材 ab を取り出したフリーボディを考える．両端に加えられるモーメントと中間荷重および反力の釣合い条件を用いて，両端の支点反力を求める．

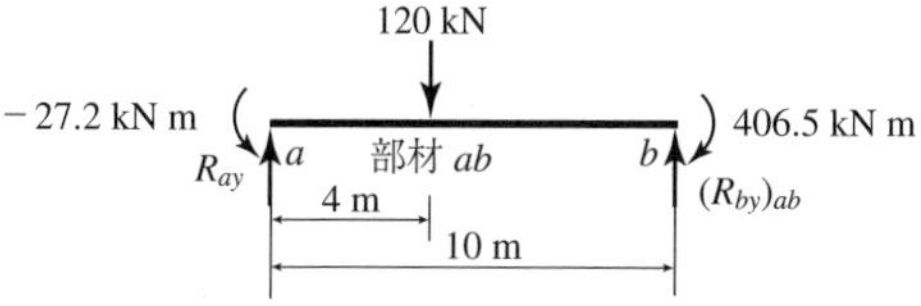

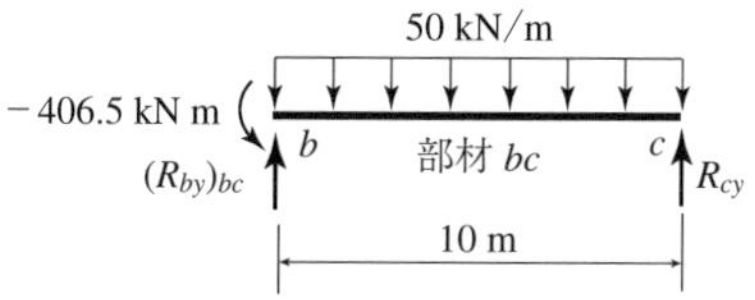

点 a に上向きに働く反力を R_{ay} とおき，点 b 周りのモーメントの釣合い条件より，

$$\sum M_b = 10R_{ay} - 6 \times 120 - 27.2 + 406.5 = 0,\ \text{よって}\quad R_{ay} = 34.1\,\mathrm{kN}$$

同様に，点 b に上向きに働く反力を $(R_{by})_{ab}$ とおく．点 a 周りのモーメントの釣合い式より，

$$\sum M_a = -10(R_{by})_{ab} + 4 \times 120 - 27.2 + 406.5 = 0,\ \text{よって}\quad (R_{by})_{ab} = 85.9\,\mathrm{kN}$$

次に，部材 bc を取り出したフリーボディを考える．部材 ab 同様に考えて，両端の支点反力を求める．点 b に上向きに働く反力を $(R_{by})_{bc}$ とおき点 c 周りのモーメントの釣合い式より，

$$\sum M_{zc} = 10(R_{by})_{bc} - 50 \times 10 \times 5 - 406.5 + 0 = 0,\ \text{よって}\quad (R_{by})_{bc} = 290.7\,\mathrm{kN}$$

点 c で上向きに働く反力を R_{cy} とおく．点 b 周りのモーメントの釣合い式より，

$$\sum M_{zb} = -10R_{cy} + 50 \times 10 \times 5 - 406.5 = 0,\ \text{よって}\quad R_{cy} = 209.3\,\mathrm{kN}$$

支点 b に上向きに働く反力 R_{by} は $(R_{by})_{ab}$ と $(R_{by})_{bc}$ を加えて，$85.9 + 290.7 = 376.6\,\mathrm{kN}$.

せん断力図とモーメント図　以上の結果に基づいて，各支点の反力と，中間荷重より，次の図のようなせん断力図が求められる．さらに，曲げモーメントとせん断力の関係を考慮すれば，曲げモーメント図が次のように得られる．

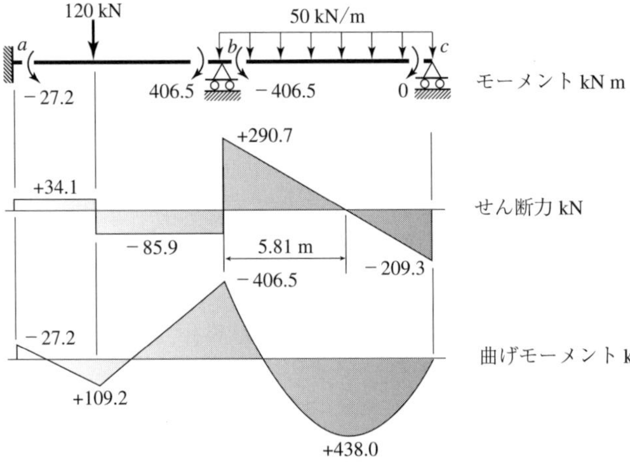

例 8.2　支点が移動する不静定連続梁

例 8.1 の梁において，外力は作用せず，支点 b が 30 mm 沈下する場合の曲げモーメント分布を求める．$E = 200 \times 10^9\,\mathrm{Pa} = 200\,\mathrm{GPa}$, $I = 2000 \times 10^{-6}\,\mathrm{m}^4$ とする．

適合条件と境界条件　変形の状況をスケッチするとわかるように，θ_b, θ_c が未知の節点の回転角となっている．部材角 R_{ab} と R_{bc} は，支持点の沈下量と部材長さから求められる．

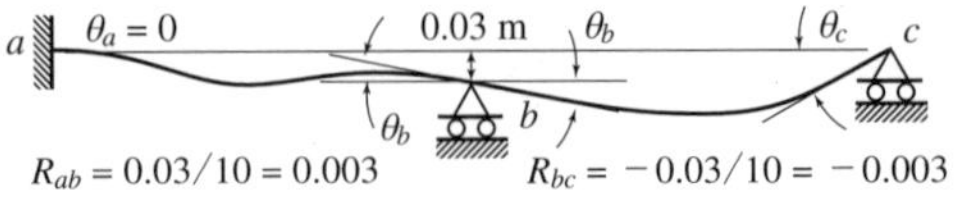

モーメントと回転角の関係　たわみ角方程式より，部材 ab と部材 bc の材端に加えるモーメントと材端の回転角の関係を得る．中間荷重はないので，固定端モーメントはゼロとする．$M_{nf} = 2EK_{nf}\left(2\theta_n + \theta_f - 3R_{nf}\right)$ より，

$$K = K_{ab} = K_{bc} = \frac{2000 \times 10^{-6}}{10} = 200 \times 10^{-6}\,\mathrm{m}^3$$

$$EK = (200 \times 10^9) \times (200 \times 10^{-6}) = 40 \times 10^6\,\mathrm{N\,m} = 40 \times 10^3\,\mathrm{kN\,m}$$

$$6EKR_{ab} = 6 \times (40 \times 10^3) \times 0.003 = 720\,\mathrm{kN\,m}$$

$$6EKR_{bc} = -6 \times (40 \times 10^3) \times 0.003 = -720\,\mathrm{kN\,m}$$

$$M_{ab} = 2EK(\theta_b) - 720, \quad M_{ba} = 2EK(2\theta_b) - 720$$

$$M_{bc} = 2EK(2\theta_b + \theta_c) + 720, \quad M_{cb} = 2EK(2\theta_c + \theta_b) + 720$$

節点の力の釣合い

$$M_{ba} + M_{bc} = 0, \quad M_{cb} = 0$$

上の，節点方程式に，節点の回転角とモーメントの関係を代入して，

$$8EK\theta_b + 2EK\theta_c = 0, \quad 2EK\theta_b + 4EK\theta_c = -720$$

連立方程式を解いて，

$$\begin{Bmatrix} EK\theta_b \\ EK\theta_c \end{Bmatrix} = \begin{Bmatrix} 51.43 \\ -205.71 \end{Bmatrix}\,\mathrm{kN\,m}$$

部材端のモーメント　$EK\theta_b = 51.43\,\mathrm{kN\,m}$, $EK\theta_c = -205.71\,\mathrm{kN\,m}$ をたわみ角方程式に代入して，各部材端に作用するモーメントを得る．

$$M_{ab} = 2EK(\theta_b) - 720 = 2(51.43) - 720 = -617.1\,\mathrm{kN\,m}$$

$$M_{ba} = 2EK(2\theta_b) - 720 = 4(51.43) - 720 = -514.3\,\mathrm{kN\,m}$$

$$M_{bc} = 2EK(2\theta_b + \theta_c) + 720 = 4(51.4) + 2(-205.71) + 720 = 514.3\,\mathrm{kN\,m}$$

$$M_{cb} = 2EK(2\theta_c + \theta_b) + 720 = 4(-205.71) + 2(51.43) + 720 = 0.0\,\mathrm{kN\,m}$$

曲げモーメント図　以上の結果に基づいて，曲げモーメント図が次のように得られる．

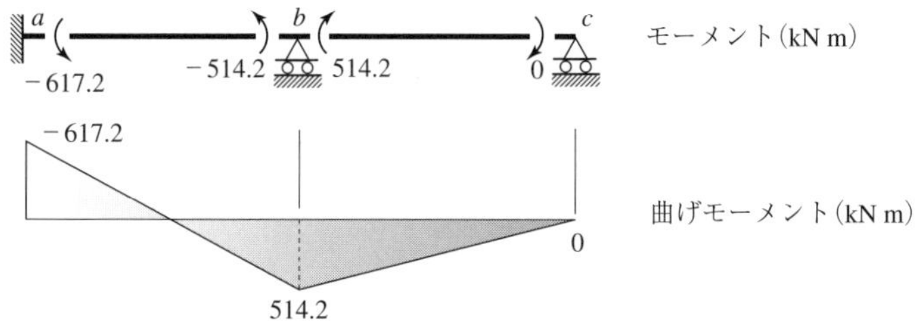

例 8.3　1 次不静定連続梁

次の不静定梁の曲げモーメント図とせん断力図を求める．部材の曲げ剛性は EI で一定値とする．

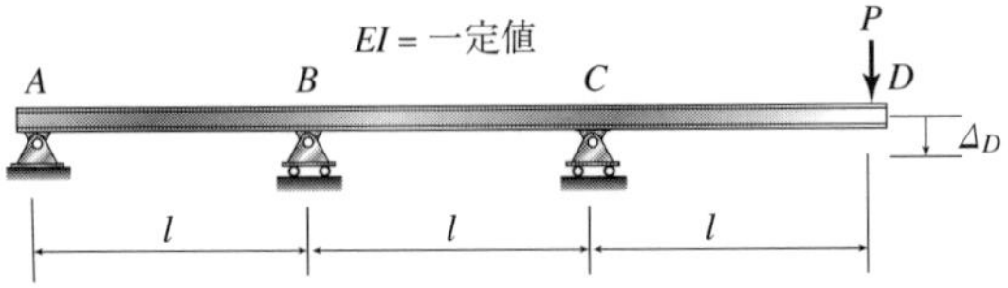

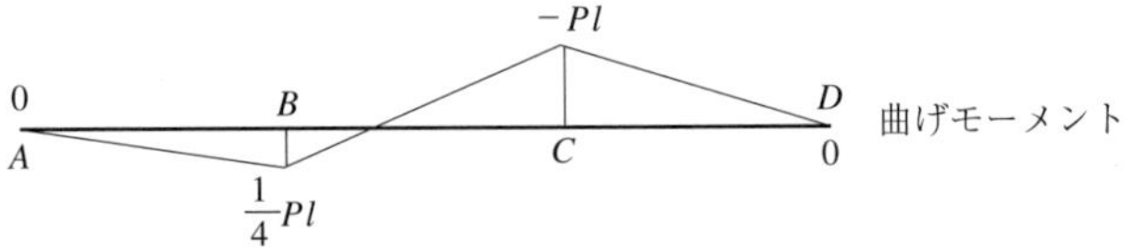

モーメントと回転角の関係　剛比を $K_{AB} = K_{BC} = K = \frac{I}{l}$ とすると，たわみ角方程式より，

$$M_{AB} = 2EK(2\theta_A + \theta_B),\quad M_{BA} = 2EK(2\theta_B + \theta_A)$$

$$M_{BC} = 2EK(2\theta_B + \theta_C),\quad M_{CB} = 2EK(2\theta_C + \theta_B)$$

節点の力の釣合い　節点方程式は，

$$\sum M_A = M_{AB} = 2EK(2\theta_A + \theta_B) = 0$$

$$\sum M_B = M_{BA} + M_{BC} = 2EK(2\theta_B + \theta_A) + 2EK(2\theta_B + \theta_C) = 0$$

$$\sum M_C = M_{CB} = 2EK(2\theta_C + \theta_B) = Pl$$

連立方程式を解いて

$$2EK\theta_A = \frac{1}{12}Pl,\quad 2EK\theta_B = -\frac{1}{6}Pl,\quad 2EK\theta_C = \frac{7}{12}Pl$$

部材端のモーメント　たわみ角方程式に連立方程式の解を代入して，材端に加えられるモーメントと，曲げモーメント図は，次のように求められる．

$$M_{AB} = 2EK(2\theta_A + \theta_B) = 0$$

$$M_{BA} = 2EK(2\theta_B + \theta_A) = -\frac{1}{4}Pl$$

$$M_{BC} = 2EK(2\theta_B + \theta_C) = \frac{1}{4}Pl$$

$$M_{CB} = 2EK(2\theta_C + \theta_B) = Pl$$

8.5 たわみ角法を用いた不静定骨組の応力算定

骨組においても，梁と同様にたわみ角法を適用して解くことができる．しかし，外力によって節点の移動がある場合には，節点の移動がない場合と異なり，取り扱いに工夫が必要である．その違いは次のとおりである．

(1) 節点の移動がない場合

図 8.4 (a) は，不静定次数が 1 の骨組である．たわみ角法では，部材の伸縮を無視しているので，節点 B は回転することはできても，上下左右には移動することができない．このような場合には，部材に生じるモーメントは，材端の回転角 $\theta_A, \theta_B, \theta_C$ のみから定まる．これは，節点の移動がない場合である．節点の移動がない場合，たわみ角法における構造物の力の釣合い条件は，節点に集まる部材のモーメントの釣合い式だけで表される．

(2) 節点の移動がある場合

図 8.4 (b) も不静定次数が 1 の構造である．しかし，図 8.4 (b) では点 C がローラー支持であるため，節点 B と節点 C の水平方向の移動が生じる可能性がある．例えば水平力を加えると，部材が伸び縮みしないのに，節点の回転 θ_B, θ_C と水平方向の移動 Δ

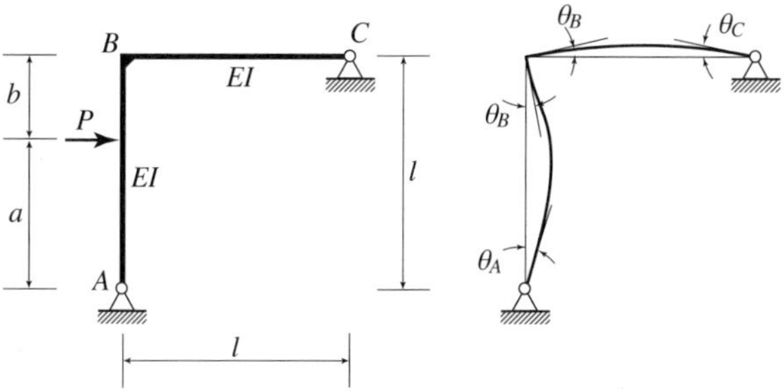

(a)　節点の移動がない場合

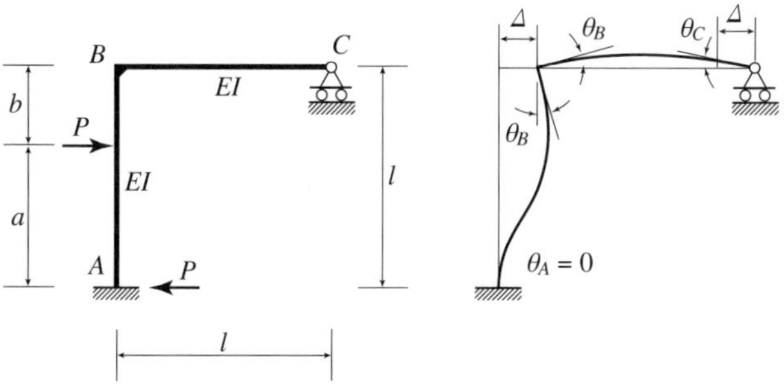

(b)　節点の移動がある場合

図 8.4　節点に移動がある場合とない場合

が生じる．これは，節点が移動する場合である．

節点が移動する場合，部材 AB には，部材端で回転角 θ_A, θ_B が生じる，加えて部材角 R_{AB} も生じる．そのため，たわみ角法では，部材角 R_{AB} も未知の数となる．しかし，節点に集まる部材のモーメントの釣合い式は，節点の個数しかないので，これだけでは，部材角 R_{AB} を定めることができない．そこで，節点に作用する水平もしくは鉛直方向の力の釣合い式を取り入れて，これを解決することができる．つまり，節点が移動する場合，たわみ角法における構造物の釣合い条件は，節点に集まる部材のモーメントの釣合い式の他に，節点の移動する部材の両端に作用するモーメントと外力との釣合いに関する条件を用いる．

(3)　たわみ角法の適用方法

骨組で節点の移動がありその量が未知の場合，たわみ角法の適用の手順は次の 1. から 7. のようになる．

1. 節点に記号をつける．部材を節点の記号で表す．
2. 中間荷重がある部材の固定端モーメントを求める．
3. すべての部材についてたわみ角方程式を書き下す．
4. 節点におけるモーメントの釣合い式（節点方程式）を立てる．
5. 節点の移動を表す自由度に関する x 方向または y 方向の力の釣合い式（層方程式）を立てる．
6. 節点方程式と層方程式（連立方程式）を組み合わせて解いて節点回転角と部材角を求める．
7. 節点回転角（6. で求めたもの）をたわみ角方程式に代入して部材端のモーメントを求める．部材端のモーメント（6. で求めたもの）と中間荷重の力の釣合いから支点反力と部材の中間部の応力を求める．

図 8.4 (b) を例として，たわみ角法の適用方法を示す．この場合，節点の移動は水平方向の移動 $\varDelta$ のみで表されるので，節点の移動の自由度は 1 であるという．支持条件より，$\theta_A = 0$ である．θ_B, θ_C は未知である．水平力 P により，水平方向に横たわみが起こる．この時，節点 C の変位は $\varDelta$ である．部材 BC は，材軸方向に長さが変化しないので，節点 B の変位も $\varDelta$ である．よって，$l = a + b$ とすれば，部材 AB の部材角 R_{AB} は，$\frac{\varDelta}{l}$ となる．部材の共通な剛度を K とする．部材 AB と部材 BC について，それぞれたわみ角方程式は，次のようになる．

$$M_{AB} = 2EK\left(\theta_B - 3\frac{\varDelta}{l}\right) - \frac{Pab^2}{l^2} \tag{8.14a}$$

$$M_{BA} = 2EK\left(2\theta_B - 3\frac{\varDelta}{l}\right) + \frac{Pa^2b}{l^2} \tag{8.14b}$$

$$M_{BC} = 2EK(2\theta_B + \theta_C) \tag{8.14c}$$

$$M_{CB} = 2EK(2\theta_C + \theta_B) \tag{8.14d}$$

節点でのモーメントの釣合いより，次の節点方程式が成り立つ．

$$\sum M_B = M_{BA} + M_{BC} = 0 \tag{8.15a}$$

$$\sum M_C = M_{CB} = 0 \tag{8.15b}$$

次に，鉛直部材 AB をフリーボディとして取り出すと，節点 B 周りのモーメントの釣合い条件は，次の式で表される．

$$\sum M_z|_B = 0;\ M_{AB} + M_{BA} + V_{AB}l - Pb = 0 \tag{8.16}$$

ここに，V_{AB} は，部材 AB の節点 A の直上でのせん断力である．構造物全体の力の釣合いより，V_{AB} は，P に等しい．よって $V_{AB} = P$ とおいて，

$$M_{AB} + M_{BA} = -V_{AB}l + Pb = -Pl + Pb \tag{8.17}$$

節点方程式（式 (8.15a), (8.15b)）に部材 AB におけるせん断力と外力の釣合い条件（式 (8.17)）を加えた 3 つの釣合い条件式に，たわみ角方程式を代入すると，

$$6EK\theta_B + 2EK\theta_C - 6EK\frac{\varDelta}{l} = -\frac{Pa^2b}{l^2} \tag{8.18a}$$

$$2EK\theta_B + 4EK\theta_C = 0 \tag{8.18b}$$

$$-6EK\theta_B + 12EK\frac{\varDelta}{l} = -\frac{Pab^2}{l^2} + \frac{Pa^2b}{l^2} + Pl - Pb \tag{8.18c}$$

となる．これらを $a + b = l$ を使って整理して，マトリクス表示すれば，

$$\begin{bmatrix} 6 & 2 & -6 \\ 2 & 4 & 0 \\ -6 & 0 & 12 \end{bmatrix} \begin{Bmatrix} EK\theta_B \\ EK\theta_C \\ EK\frac{\varDelta}{l} \end{Bmatrix} = \begin{Bmatrix} -\dfrac{Pa^2b}{l^2} \\ 0 \\ \dfrac{Pa^2(l+2b)}{l^2} \end{Bmatrix} \tag{8.19}$$

この連立方程式を解いて，$EK\theta_B$，$EK\theta_C$，$EK\frac{\varDelta}{l}$ を求め，式 (8.14a)–(8.14d) のたわみ角方程式に代入することにより，各部材端に加えられるモーメントを求めることができる．

(4)　節点の移動を表す独立した変数の数

一般に節点の移動量を記述するための独立な自由度の数は，構造物に含まれる固定支持点と剛接の節点をすべてピンとした時の機構の自由度の数 n に等しい．図 8.5 は，節点の移動を表す独立な変数 $\varDelta_i$ とその個数 n の例を示している．

(5)　傾斜する部材の部材角

骨組内に，水平部材や鉛直部材だけではなく傾いた部材が含まれている時には，部

材角は，たわみ角法では部材の伸縮はしないと仮定するので，例えば，図 8.6 の形状の骨組では，節点の水平変位 $\varDelta$ と部材角 R の関係は次のようになる．節点の水平変位 $\varDelta$ によって鉛直部材のみならず，水平部材にも部材角 R が生じることに注意する．

$$R_{ab} = \frac{\varDelta_{ab}}{l_1} = \frac{\frac{l_1}{h}\varDelta}{l_1} = \frac{\varDelta}{h} \tag{8.20a}$$

$$R_{cd} = \frac{\varDelta_{cd}}{l_2} = \frac{\frac{l_2}{h}\varDelta}{l_2} = \frac{\varDelta}{h} \tag{8.20b}$$

$$R_{bc} = \frac{\varDelta_{bc}}{l} = -\frac{\frac{r_1+r_2}{h}\varDelta}{l} = -\frac{\varDelta}{h} \tag{8.20c}$$

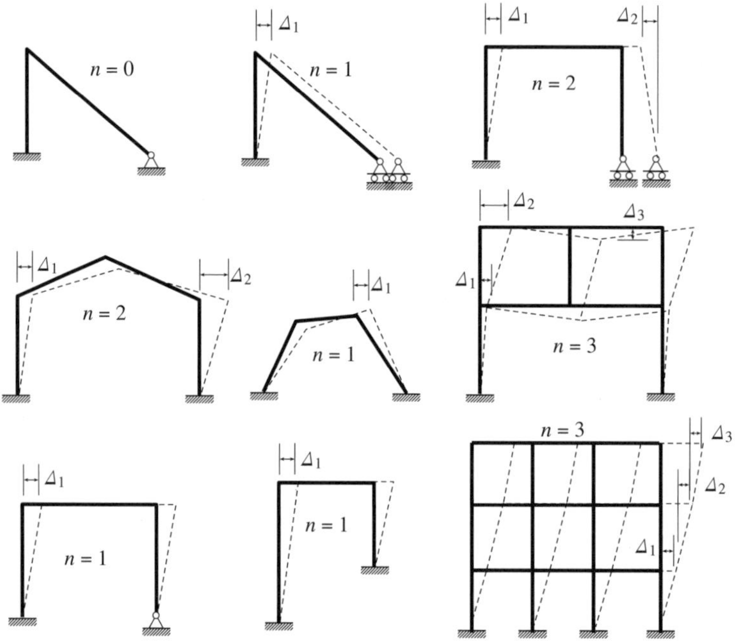

図 8.5　節点の移動を表す独立な自由度の数（n）と変数 $\varDelta_i$

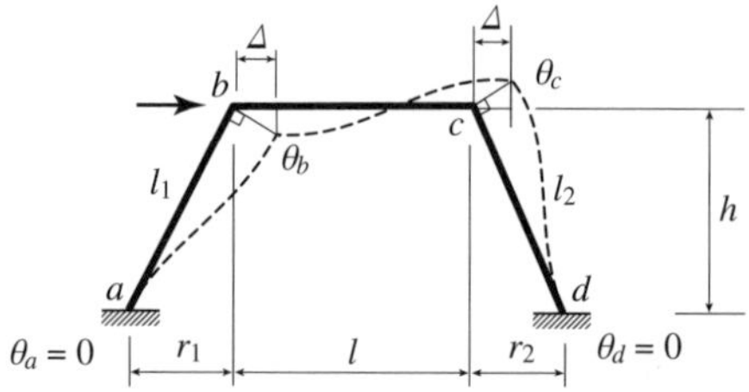

図 8.6　傾斜する部材を含む骨組

8.6 層方程式

たわみ角法においては，節点におけるモーメントの釣合い条件を式であらわすことは容易である．しかし，8.5 節で見たように節点の移動がある場合には，x 方向の力や y 方向の力に関する釣合い条件も考慮しなければならない．この釣合い条件は，鉛直部材と水平部材からのみなる整形な骨組で，かつ，鉛直部材に中間荷重が作用していない部材においては，比較的容易に導くことができる．次の材端のモーメントと部材のせん断力の関係を使えばよい．

$$V_{ab} = -\frac{M_{ab} + M_{ba}}{l} \tag{8.21}$$

ここに，V_{ab}：部材 ab のせん断力（時計回り正），M_{ab}, M_{ba}：部材の両側の材端に加えられるモーメント（時計回り正）．

例えば，通常の骨組構造で地震力や水平力が作用する場合の解析によく現れる，図 8.7 のような構造を考える．すると，i 層の多層構造物の場合には，i 層のそれぞれの柱に生じるせん断力の総和 $\sum V_i$ は，i 層より上の床位置に作用する水平力の総和に等しいことがわかる．

この条件式は，層の数だけ存在する．たわみ角法の適用においては，このように，各層において成立していなければならない水平力と柱のせん断力の関係を**層方程式**と呼んでいる．一方，節点におけるモーメントの釣合いは，**節点方程式**と呼ばれる．

節点が移動する一般の場合に必要な釣合い条件として，節点方程式以外に成立しなければならない釣合い条件式の例を図 8.8 に示す．

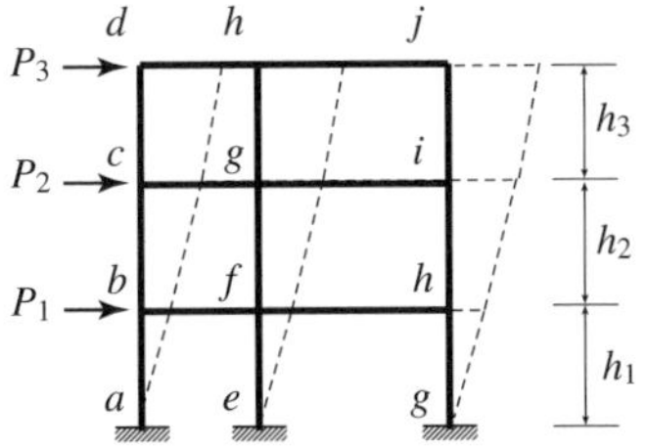

$$-\frac{M_{ab} + M_{ba} + M_{ef} + M_{fe} + M_{gh} + M_{hg}}{h_1} = P_1 + P_2 + P_3$$

$$-\frac{M_{bc} + M_{cb} + M_{fg} + M_{gf} + M_{hi} + M_{ih}}{h_2} = P_2 + P_3$$

$$-\frac{M_{cd} + M_{dc} + M_{gh} + M_{hg} + M_{ij} + M_{ji}}{h_3} = P_3$$

図 8.7　三層骨組の層方程式

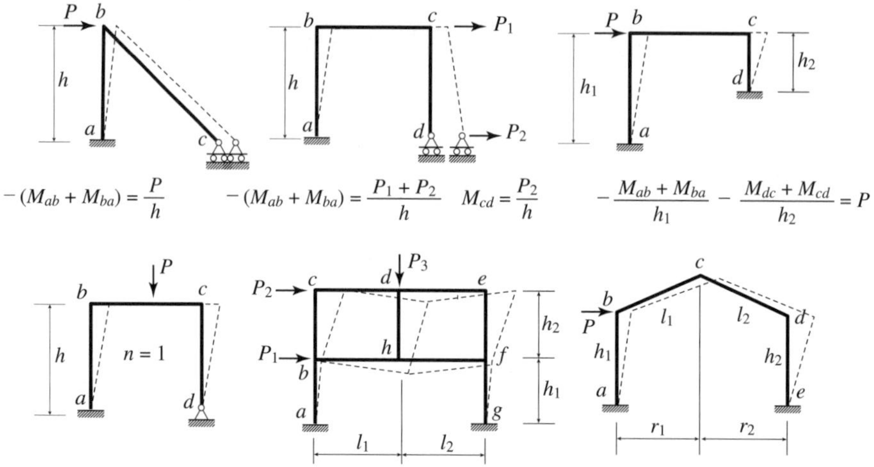

$$-(M_{ab}+M_{ba})=\frac{P}{h}$$

$$-(M_{ab}+M_{ba})=\frac{P_1+P_2}{h}\qquad M_{cd}=\frac{P_2}{h}$$

$$-\frac{M_{ab}+M_{ba}}{h_1}-\frac{M_{dc}+M_{cd}}{h_2}=P$$

$$\frac{M_{ab}+M_{ba}+M_{dc}+M_{cd}}{h}=0$$

$$-\frac{M_{ab}+M_{ba}+M_{fg}+M_{gf}}{h_1}=P_1+P_2$$

$$-\frac{M_{bc}+M_{cb}+M_{dh}+M_{hd}+M_{ef}+M_{fe}}{h_2}=P_2$$

$$-\frac{M_{cd}+M_{dc}+M_{bh}+M_{hb}}{l_1}+\frac{M_{de}+M_{ed}+M_{hf}+M_{fh}}{l_2}=P_3$$

$$-\frac{M_{ab}+M_{ba}}{h_1}-\frac{M_{ed}+M_{de}}{h_2}=P$$

$$\frac{M_{bc}+M_{cb}}{l_1}\frac{r_1}{l_1}-\frac{M_{cd}+M_{dc}}{l_2}\frac{r_2}{l_2}=0$$

図 8.8　節点が移動する場合の釣合い条件

例 8.4　節点が移動する骨組へのたわみ角法の適用例

次の不静定次数 3 の門形骨組のモーメント図をたわみ角法で求める．なお，部材の断面は長さに沿って一様で，ヤング率 E と断面二次モーメントの値は図中に示してある．

適合条件と境界条件　　骨組の変形は，θ_b, θ_c および R の 3 つの変位成分によって表される．

たわみ角方程式

$$M_{nf}=2EK_{nf}(2\theta_n+\theta_f-3R_{nf})+C_{nf}$$

$$K_{ab}=K_{cd}=\frac{I_1}{7.5}=K,\quad K_{bc}=K_c=\frac{I_2}{10}=\frac{4I_1}{10}=3K$$

$$C_{ab}=-\frac{100\times5\times2.5^2}{7.5^2}=-55.56,\quad C_{ba}=\frac{100\times5^2\times2.5}{7.5^2}=111.1$$

$$C_{bc}=-\frac{500\times4\times6^2}{10^2}=-720,\qquad C_{cb}=\frac{500\times4^2\times6}{10^2}=480$$

$$C_{cd}=C_{dc}=0$$

$$M_{ce}=-250\times2.5=-625$$

$$M_{ab}=2EK(\theta_b-3R)-55.56$$

$$M_{ba}=2EK(2\theta_b-3R)+111.1$$

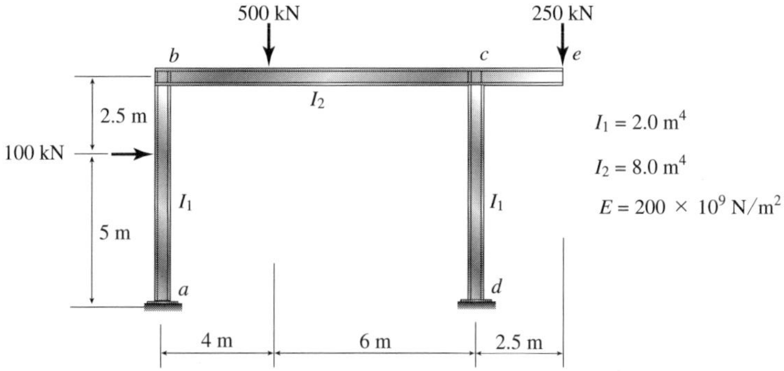

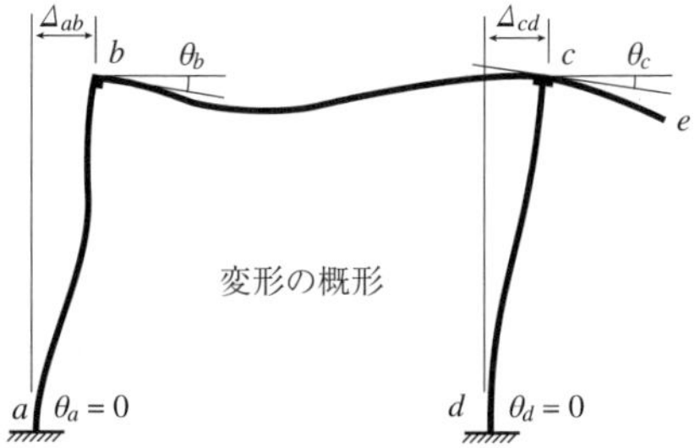

$\Delta_{ab} = \Delta_{cd} = \Delta$

$R_{ab} = R_{cd} = \dfrac{\Delta}{7.5} = R$

$R_{bc} = 0$

$M_{bc} = 2E \times 3K(2\theta_b + \theta_c) - 720$

$M_{cb} = 2E \times 3K(2\theta_c + \theta_b) + 480$

$M_{cd} = 2EK(2\theta_c - 3R)$

$M_{dc} = 2EK(\theta_c - 3R)$

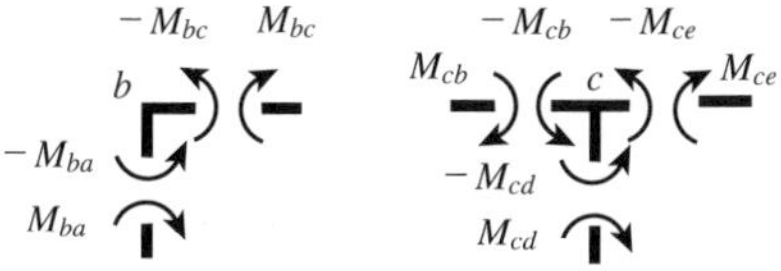

節点 b　　　節点 c

節点でのモーメントの釣合い条件（節点方程式）

節点 b において，$\sum M_b = M_{ba} + M_{bc} = 0$

節点 c において，$\sum M_c = M_{cb} + M_{cd} + M_{ce} = 0$

層単位での釣合い条件（層方程式）　柱 ab と cd においてそれぞれ，柱脚の支点の水平反力 H_a, H_d は点 b 周りのモーメントの釣合い条件と点 c 周りの釣合いより，

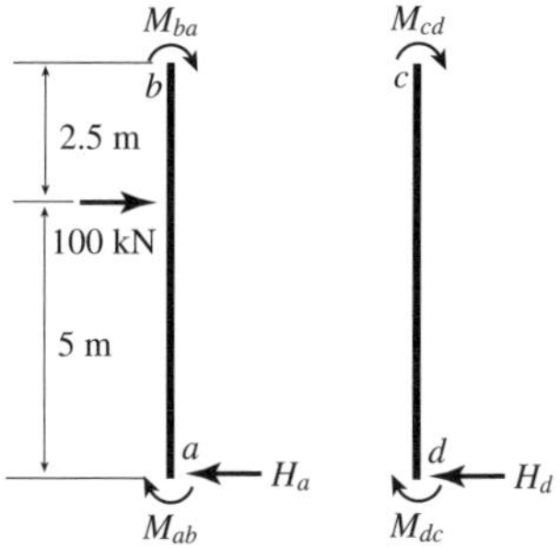

$$H_a = -\frac{M_{ba} + M_{ab} - 250}{7.5}$$

$$H_d = -\frac{M_{cd} + M_{dc}}{7.5}$$

構造物全体に作用する水平力と反力の釣合いより，$H_a + H_d = 100$ なので，

$M_{ba} + M_{ab} + M_{cd} + M_{dc} = -500$

剛性方程式　たわみ角方程式を釣合い条件に代入すると，

$16EK\theta_b + 6EK\theta_c - 6EKR = 608.9$

$$6EK\theta_b + 16EK\theta_c - 6EKR = 145$$

$$6EK\theta_b + 6EK\theta_c - 24EKR = -555.54$$

マトリクス形式で表すと

$$\begin{bmatrix} 16 & 6 & -6 \\ 6 & 16 & -6 \\ -6 & -6 & 24 \end{bmatrix} \begin{Bmatrix} EK\theta_b \\ EK\theta_c \\ EKR \end{Bmatrix} = \begin{Bmatrix} 608.9 \\ 145.0 \\ 555.54 \end{Bmatrix}$$

変位の計算　この連立一次方程式の解は

$$\begin{Bmatrix} EK\theta_b \\ EK\theta_c \\ EKR \end{Bmatrix} = \begin{Bmatrix} 50.34 \\ 3.95 \\ 36.72 \end{Bmatrix} \text{kN m}$$

応力の計算　$EK\theta_b, EK\theta_c, EKR$ の値をたわみ角方程式に代入すると，部材端部に加えているモーメントが次のように得られる．

$$M_{ab} = 2EK(\theta_b - 3R) - 55.6 = 2 \times 50.34 - 6 \times 36.72 - 55.56 = -175.3\,\text{kN m}$$

$$M_{ba} = 2EK(2\theta_b - 3R) + 111.1 = 4 \times 50.34 - 6 \times 36.73 + 111.1 = 92.1\,\text{kN m}$$

$$M_{bc} = 2E \times 3K(2\theta_b + \theta_c) - 720 = 12 \times 50.34 + 6 \times 3.95 - 720 = -92.1\,\text{kN m}$$

$$M_{cb} = 2E \times 3K(2\theta_c + \theta_b) + 480 = 12 \times 3.95 + 6 \times 50.34 + 480 = 829.5\,\text{kN m}$$

$$M_{cd} = 2EK(2\theta_c - 3R) = 4 \times 3.95 - 6 \times 36.72 = -204.6\,\text{kN m}$$

$$M_{dc} = 2EK(\theta_c - 3R) = 2 \times 3.95 - 6 \times 36.72 = -212.5\,\text{kN m}$$

$$M_{ce} = -250 \times 2.5 = -625\,\text{kN m}$$

部材ごとに，部材端部に加えているモーメントと中間荷重から，部材の曲げモーメント分布を求め，次の曲げモーメント図が得られる．

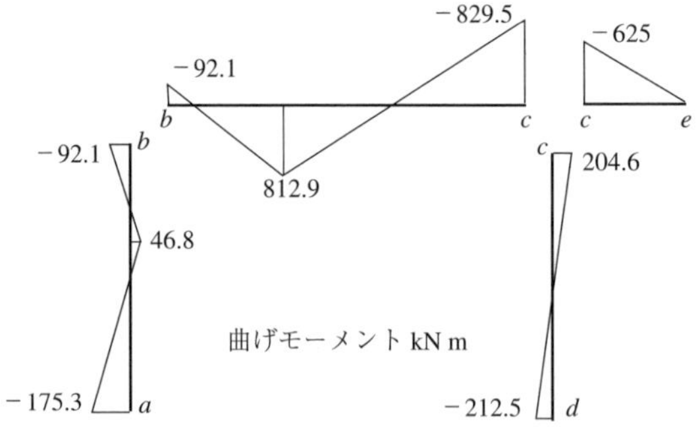

例 8.5　**節点が移動しない骨組へのたわみ角法の適用例**

次の骨組のモーメント図を求める．なお，部材の断面は一様で，ヤング率は E，断面二次モーメントは I とする．

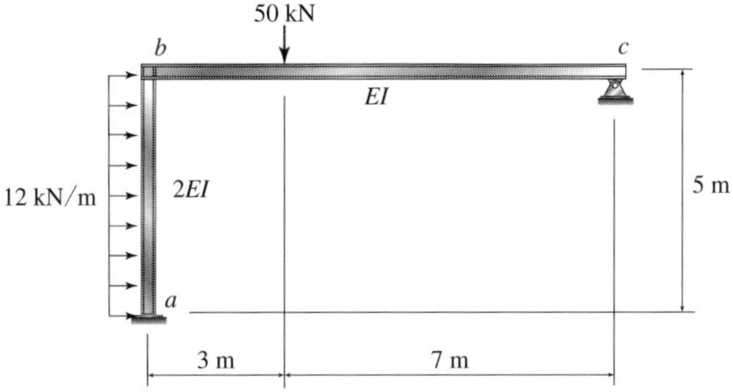

固定端モーメント

$$C_{ab} = -\frac{wl^2}{12} = -\frac{12 \times 5^2}{12} = -25\,\mathrm{kN\,m},$$

$$C_{ba} = \frac{wl^2}{12} = \frac{12 \times 5^2}{12} = 25\,\mathrm{kN\,m},$$

$$C_{bc} = -\frac{Pab^2}{l^2} = -\frac{50 \times 3 \times 7^2}{10^2} = -73.5\,\mathrm{kN\,m},$$

$$C_{cb} = \frac{Pa^2b}{l^2} = \frac{50 \times 3^2 \times 7}{10^2} = 31.5\,\mathrm{kN\,m}$$

たわみ角方程式　剛度 $K = \frac{I}{10}$ とおくと，$K_{ab} = K_{ba} = 4K$, $K_{bc} = K_{cb} = K$ と表すことができる．さらに，$\theta_a = 0$. 節点の移動がないので，$R_{ab} = R_{ba} = R_{bc} = R_{cb} = 0$

$$M_{ab} = 8EK\theta_b - 25$$

$$M_{ba} = 8EK \times 2\theta_b + 25$$

$$M_{bc} = 2EK(2\theta_b + \theta_c) - 73.5$$

$$M_{cb} = 2EK(\theta_b + 2\theta_c) + 31.5$$

節点方程式

$$\sum M_b = M_{ba} + M_{bc} = 0;$$

$$8EK(2\theta_b) + 25 + 2EK(2\theta_b + \theta_c) - 73.5 = 20EK\theta_b + 2EK\theta_c - 48.5 = 0$$

$$\sum M_c = M_{cb} = 0;$$

$$2EK(\theta_b + 2\theta_c) + 31.5 = 2EK\theta_b + 4EK\theta_c + 31.5 = 0$$

節点方程式をマトリクス形式で表すと，

$$\begin{bmatrix} 20 & 2 \\ 2 & 4 \end{bmatrix} \begin{Bmatrix} EK\theta_b \\ EK\theta_c \end{Bmatrix} = \begin{Bmatrix} 48.5 \\ -31.5 \end{Bmatrix} \quad \text{連立一次方程式を解いて} \begin{Bmatrix} EK\theta_b \\ EK\theta_c \end{Bmatrix} = \begin{Bmatrix} 3.3816 \\ -9.5658 \end{Bmatrix}$$

部材端のモーメント

$$M_{ab} = 8EK\theta_b - 25 = 8 \times 3.3816 - 25 = 2.053\,\mathrm{kN\,m}$$

$$M_{ba} = 8EK \times 2\theta_b + 25 = 16 \times 3.3816 + 25 = 79.106\,\mathrm{kN\,m}$$

$$M_{bc} = 2EK\,(2\theta_b + \theta_c) - 73.5 = 4 \times 3.3816 + 2 \times (-9.5658) - 73.5$$

$$= -79.105\,\mathrm{kN\,m}$$

$$M_{cb} = 2EK\,(\theta_b + 2\theta_c) + 31.5 = 2 \times 3.3816 + 4 \times (-9.5658) + 31.5 = 0\,\mathrm{kN\,m}$$

曲げモーメント図と反力　部材 ab の水平方向の反力と中央の曲げモーメント M_1：

b 周りのモーメントの釣合いより，

$2.053 + 79.106 - 12 \times 5 \times 2.5 - 5R_{ax} = 0 \quad \therefore R_{ax} = -13.8\,\mathrm{kN}$ （右方向正）

x 方向の力の釣合いより，

$-13.77 + (R_{bx})_{ab} + 12 \times 5 = 0 \quad \therefore (R_{bx})_{ab} = -46.2\,\mathrm{kN}$

部材 ab の高さ中央より下の部分をフリーボディとして取り出し，中央の点周りのモーメントの釣合いより，

$2.053 + 13.77 \times 2.5 - 12 \times 2.5 \times 1.25 - M_1 = 0 \quad \therefore M_1 = -1.02\,\mathrm{kN\,m}$（右側引張り正）

部材 bc の鉛直方向の反力と載荷点の曲げモーメント M_2：

c 周りのモーメントの釣合いより，

$-79.105 - 50 \times 7 + 10R_{by} = 0 \quad \therefore R_{by} = 42.9\,\mathrm{kN}$

y 方向の力の釣合いより，

$42.91 - 50 + R_{cy} = 0 \quad \therefore R_{cy} = 7.1\,\mathrm{kN}$

部材 bc の左側 3 m を取り出した部分をフリーボディとして取り出し，載荷点周りのモーメントの釣合いより，

$-79.106 + 42.91 \times 3 - M_2 = 0 \quad \therefore M_2 = 49.6\,\mathrm{kN\,m}$ （下側引張り正）

それぞれの部材について部材端モーメントと中間荷重より曲げモーメント分布を求め，反力を記入すると次のとおりとなる．

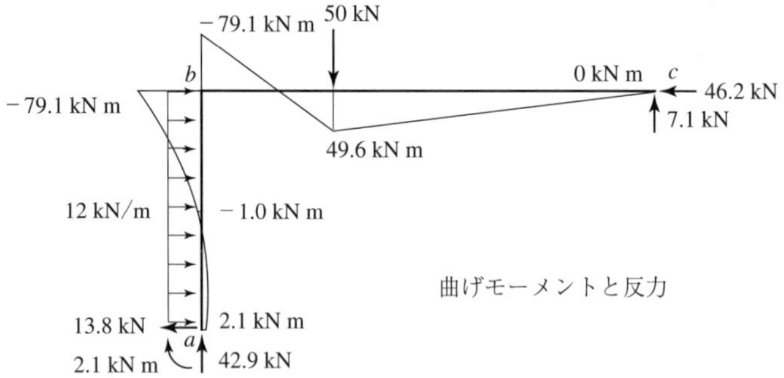

曲げモーメントと反力

8 章の問題

□ **1**　次の不静定骨組のモーメント図を作成せよ．

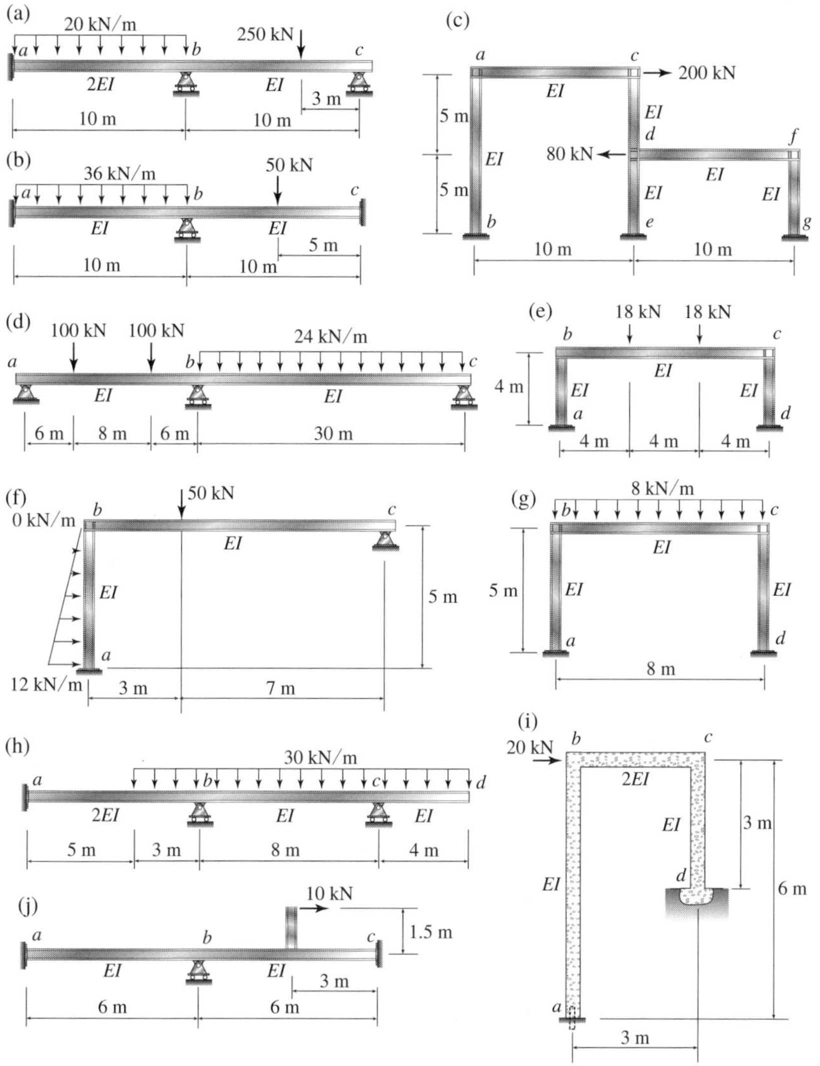

9 固定モーメント法

第 8 章で述べたたわみ角法は，節点の回転角と部材角を未知数とする連立方程式を導いて解が得られる数学的に明快な方法である．しかし，構造設計の実務で使うには，線形代数方程式の数値解を得る必要がある．複雑な構造物になるほど未知数の数が増え，計算量が増し手計算で数値解を得ることが困難で実用的ではなくなる．

そこでイリノイ大学のクロスは**モーメント分配法**を考案して 1930 年に発表した．この方法は**クロスの方法**とも呼ばれる．適用範囲と解析の仮定はたわみ角法と同じだが，たわみ角法の数値解を，反復計算により漸近させて求める点が異なる．この方法は，特に複雑な構造でない限り，手計算でも十分に適用が可能であったので，それ以来，コンピュータの普及する 1980 年代まで，構造設計に必須とされてきた．日本ではモーメント分配法のことを，**固定モーメント法**または**固定法**と呼んでいる．この章では，固定モーメント法の原理と適用方法について学ぶ．

固定モーメント法の適用範囲と仮定は，たわみ角法と同じである．たわみ角法と同様に，固定モーメント法は，節点が移動する場合に適用するために工夫が必要である．本章ではまず節点が移動しない場合について述べ，節点の移動する場合の適用方法は，9.5 節で述べる．また第 8 章と同様に，部材の端部に加えるモーメント，部材端部の節点に生じる回転角，および部材角は，すべて時計回りを正とする．

9.1 固定モーメント法の原理

例題として，図 9.1 の不静定梁を取り上げる．これは例 8.1 と同じ問題である．第 8 章では，節点 b と節点 c における節点方程式に，部材 ab と部材 bc のたわみ角方程式を代入して，

$$8EK\theta_b + 2EK\theta_c = 301.5 \tag{9.1a}$$

$$2EK\theta_b + 4EK\theta_c = -416.7 \tag{9.1b}$$

の連立一次方程式を作成した．ついで，$EK\theta_b$ と $EK\theta_c$ を未知数として解き，それらの値を再びたわみ角方程式に代入して，各部材端に加えるモーメントを求めていた．

(1) 逐次代入による連立方程式の解法

式 (9.1a) と式 (9.1b) を，それぞれ，式 (9.2a) と式 (9.2b) の形に式変形して $EK\theta_b$ と $EK\theta_c$ が左辺値となるようにしておく．

$$EK\theta_b = 37.7 - 0.25EK\theta_c \tag{9.2a}$$

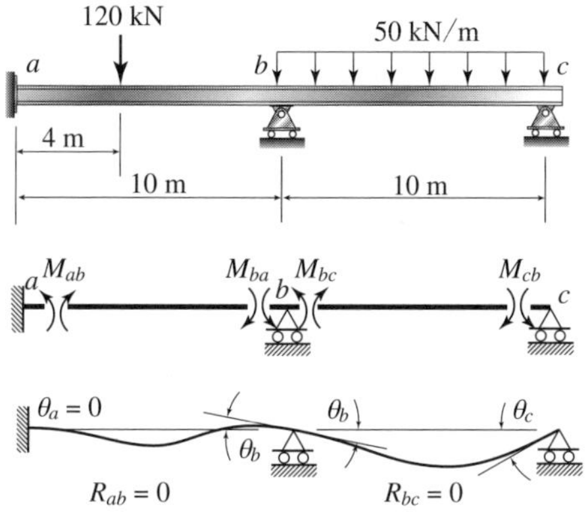

図 9.1　不静定梁の問題

$$EK\theta_c = -104.2 - 0.5EK\theta_b \tag{9.2b}$$

式 (9.1a), (9.1b) の連立方程式の未知数の数値解は，以下の逐次代入の反復計算で求めることができる．

ステップ 1　最初は，$EK\theta_c = 0$ とおいて，式 (9.2a) の右辺に代入して $EK\theta_b$ を求める．ここでは，第 1 回目の反復の結果なので，これを $(EK\theta_b)_1$ と表す．（以下同様）

$$(EK\theta_b)_1 = 37.7 - 0.25 \times 0 = 37.7 \tag{9.2c}$$

ステップ 2　$(EK\theta_b)_1 = 37.7$ と仮定して，式 (9.2b) に代入して $(EK\theta_c)_1$ を求める．

$$(EK\theta_c)_1 = -104.2 - 0.5 \times 37.7 = -123.1 \tag{9.2d}$$

ステップ 3　$EK\theta_c = (EK\theta_c)_1 = -123.1$ を仮定して，式 (9.2a) に代入して，$(EK\theta_b)_2$ を求める．

$$(EK\theta_b)_2 = 37.7 - 0.25 \times (-123.1) = 68.5 \tag{9.2e}$$

ステップ 4　$(EK\theta_b)_2 = 68.5$ と仮定して，式 (9.2b) に代入して，$(EK\theta_c)_2$ を求める．

$$(EK\theta_c)_2 = -104.2 - 0.5 \times 68.5 = -138.5 \tag{9.2f}$$

ステップ 5 以降　同様に反復計算すると，逐次代入の反復により解は，$EK\theta_b = 72.8$ と $EK\theta_c = -140.6$ に漸近する．

$$(EK\theta_b)_3 = 37.7 - 0.25 \times (-138.5) = 72.3 \tag{9.2g}$$

$$(EK\theta_c)_3 = -104.2 - 0.5 \times 72.3 = -140.4 \tag{9.2h}$$

$$(EK\theta_b)_4 = 37.7 - 0.25 \times (-140.4) = 72.8 \tag{9.2i}$$

$$(EK\theta_c)_4 = -104.2 - 0.5 \times 72.8 = -140.6 \tag{9.2j}$$

これらの値は，式 (9.1a) と 式 (9.1b) を満足させるものであり，連立一次方程式の解であることが確かめられる．

この方法は，一般に変数の数が n（3 以上）の大規模な連立方程式にも適用できる．この場合には，最も新しい $(n-1)$ 個の変数の算定値を使い，逐次代入して変数の値を次々に更新しながら正解に漸近させていく．この方法は，**ガウス–サイデルの反復法**として知られている．

(2) 逐次代入による方法の物理的な解釈

数値計算のアルゴリズムは，次のとおり物理的な解釈をすることができる．

ステップ 1 $EK\theta_c = 0$ として，式 (9.2a) に代入した．

$$(EK\theta_b)_1 = 37.7 - 0.5 \times (0) = 37.7 \tag{9.2k}$$

これは，節点 c の回転をゼロとして固定し，節点 b の回転を自由にした時に，釣合い条件から節点 b に生じる回転角を求めていることに相当する．

ステップ 2 $(EK\theta_b)_1 = 37.7$ と仮定して，式 (9.2b) に代入した．

$$(EK\theta_c)_1 = -104.2 - 0.5 \times (37.7) = -123.1 \tag{9.2l}$$

これは，**ステップ 1** が終了した状態で，節点 b をそのまま動かないように固定して，節点 c の回転を自由にしてそこに生じる回転角を求めていることに相当する．

ステップ 3 以降 これは，節点 c と節点 b を交互に固定しながら，逐次，回転を自由にした他節点に生じる回転角を求めていることに相当する．

各ステップでは，節点の数だけある釣合い方程式のうちの一つだけが満足され，その他の釣合い方程式は必ずしも満たされてはいない．そこで，次のステップでは，釣合いが満たされていない節点を自由にし，その節点に関する釣合い方程式を用いてその回転角を求める．このプロセスを，すべての節点について反復すると，すべての節点で釣合い方程式を満たす解に漸近する．このようにして，たわみ角法の釣合い式の数値解が得られる．

9.2 分配率と到達率

クロスが実際に提案した方法は，9.1 節で説明したように節点回転角を未知数とした連立方程式を計算して解くものではない．その代わりに，あるステップと次のステップの間の未知の節点回転角の変化量を，それに対応する部材端のモーメントの変化量に読み替えて反復計算をするもので，大変巧妙な方法である．この反復計算の具体的な手順を技術者にわかりやすく説明するために，モーメントの**分配**と**到達**という概念を新たに導入している．クロスの方法だと，計算の過程をコンパクトに記録することが可能であり，また後から計算過程を追って数値計算に誤りがないかのチェックするのが容易で，計算結果の信頼性が高まる点も，この方法の大きな利点として挙げてよいだろう．

(1)　分配率

解析対象とする梁もしくは骨組構造物において，中から一つの節点を選び，その節点の回転の自由度以外のすべての移動と回転が起こらないように固定する．その節点に外からモーメント M が加わえられた時，節点に加えるモーメント M を基準として各部材端に伝えられるモーメントの大きさの比を**分配率**といい $(DF)_i$ で表す．

例えば，図 9.2 の構造における分配率は，次のように求められる．節点 a と節点 c を回転しないように固定し，節点 b を回転できるようにして点 b に集中モーメント M_b を加える時，節点 b から部材 ba と部材 bc の梁端に伝えられるモーメント M_{ba}, M_{bc} と M_b との関係は，次のように導くことができる．

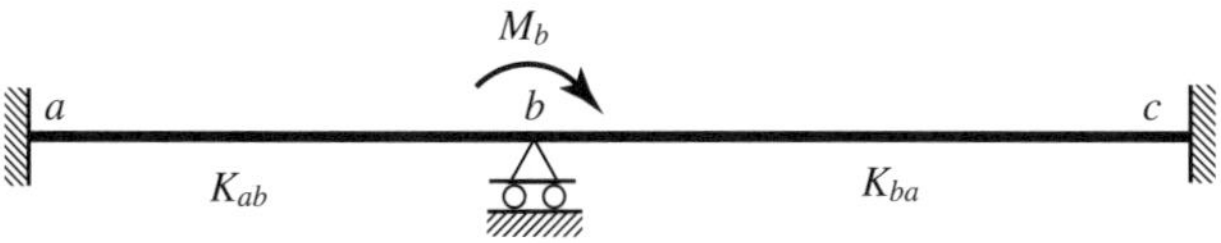

図 9.2　分配率

まず，節点 b を取り出したフリーボディのモーメントの釣合いから，

$$M_b = M_{ba} + M_{bc} \tag{9.3}$$

が成り立つ．次に，部材 ab と部材 bc のたわみ角方程式は次のように書ける．

$$M_{ba} = 2EK_{ab}(2\theta_b + \theta_a) = 2EK_{ab}(2\theta_b + 0) = 4EK_{ab}\theta_b \tag{9.4a}$$

$$M_{bc} = 2EK_{bc}(2\theta_b + \theta_c) = 2EK_{bc}(2\theta_b + 0) = 4EK_{bc}\theta_b \tag{9.4b}$$

最後に，節点 b に生じる回転角 θ_b は，式 (9.3) に式 (9.4a) と式 (9.4b) を代入して θ_b について解いて次のように求められる．

$$\theta_b = \frac{M_b}{4E(K_{ab} + K_{bc})} \tag{9.5}$$

θ_b を再び式 (9.4a) と式 (9.4b) に代入して，節点から梁端に伝えられるモーメント M_{ba}, M_{bc} が定まる．

$$M_{ba} = M_b \frac{K_{ab}}{K_{ab} + K_{bc}} \tag{9.6a}$$

$$M_{bc} = M_b \frac{K_{bc}}{K_{ab} + K_{bc}} \tag{9.6b}$$

一般に，節点 b に接続する部材が j（j が 2 以上）で，部材 i の分配率 $(DF)_i$ は次のように表される．

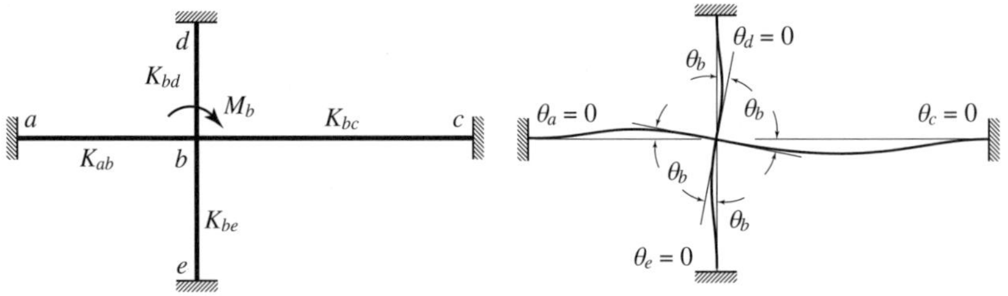

図 9.3　一つの節点に 4 つの部材が集まる場合の分配率

$$(DF)_{bi} = \left(\frac{K_{bi}}{\sum_j K_{bj}} \right) \tag{9.7a}$$

(2)　分配モーメント

節点に働くモーメント M をキャンセルするには，その節点に $-M$ を加える必要がある．その時に節点から部材端 i に伝えられるモーメントのことを**分配モーメント**と呼び M_i' で表す．

したがって，節点 b における分配モーメントは，節点から梁端に伝えられるモーメントの符号を逆にして次のように求められる．

$$M_{bi}' = -M_{bi} = -M_b(DF)_{bi} = -M_b \frac{K_{bi}}{\sum_j K_{bj}} \tag{9.7b}$$

式 (9.7b) から，分配モーメント M_{bi}' はモーメント M_b に $-(DF)_{bi}$ を乗じて得られること，分配率 $(DF)_{bi}$ は，各部材の剛度 K_{bi} に比例することがわかる．また，定義より自明だが，節点 b に集まる部材端での分配率 $(DF)_{bi}$ の和は必ず 1.0 となる．

(3)　到達率

部材の一端の分配モーメント M_{bi}' に対して，その部材の力の釣合いを満たすために，他端に加えられている必要のあるモーメント M_{ib}' を**到達モーメント**と呼び，到達モーメント M_{ib}' と M_{bi}' の比の値のことを**到達率**という．他端が固定の場合には，$\theta_i = 0$ であるから，たわみ角方程式 (9.8a) と式 (9.8b) より，到達モーメント M_{ib}' と分配モーメント M_{bi}' の比の値 $\frac{1}{2}$ が求められる．

$$M_{ib}' = -M_{ib} = -2EK_{bi}\theta_b \tag{9.8a}$$

$$M_{bi}' = -M_{bi} = -4EK_{bi}\theta_b \tag{9.8b}$$

式 (9.8a), (9.8b) から，次の式 (9.9) の関係が導かれ，到達率 C_{bi} は $\frac{1}{2}$ であることがわかる．

$$M_{ib}' = \frac{1}{2}M_{bi}' = C_{bi}M_{bi}' \tag{9.9}$$

このことから，部材の他端が固定の場合には，一様断面の直線部材の到達率は常に $\frac{1}{2}$ となる．

9.3 固定モーメント法による不静定梁の応力算定

固定モーメント法を適用するための手順は 1. から 8. のように表される．

1. たわみ角法と同様に，構造物を部材と節点に分配する．
2. 各部材の剛度 $K = \frac{I}{l}$ を求め，すべての節点においてその節点に接続する部材端の分配率 DF を求める．
3. すべての部材について固定端モーメント（FEM）を求め，すべての節点 j において固定端モーメントの和を求めそれを不釣合いモーメント M_j とする．
4. すべての節点 j について 5. から 7. の操作を繰り返す．
5. 節点 j に接続するすべての部材について，不釣合いモーメント M_j に分配率 $(DF)_{ji}$ と -1 を乗じて i 番目の部材の分配モーメント $-(DF)_{ji}M_j$ を求める．
6. i 番目の部材の他端の到達モーメント $-C_{ji}(DF)_{ji}M_j$ を求める．
7. 節点 j における到達モーメントの和を求め，不釣合いモーメント M_j とする．M_j がどの節点 j でも十分小さければ 8. に進み，そうでなければ 5. から 7. の操作を繰り返す．
8. それぞれの部材端において，固定端モーメント，分配モーメント，到達モーメントの総和を求める．それが，部材端のモーメントとなる．

このように，固定モーメント法では，その計算の流れにおいてたわみ角法のように節点の回転角を陽に計算することはしない．その代わり，節点回転角の変化量に対応した部材端のモーメントの変化量（分配モーメントや到達モーメント）を使って計算を進める．

例 9.1　2 スパンの不静定連続梁 1

図 9.1 の不静定梁の問題に固定モーメント法を適用して，それぞれの部材端のモーメントを求める．以下，表に記入する方法で計算を進める．すべての部材端の数（部材数 × 2）の欄を用意する．表は接続する節点ごとに部材端をグルーピングしておくとわかりやすくなる．

部材の剛度　$K_{ab} = K_{ba} = (\frac{I}{l})_{ab} = \frac{I}{10} = K,\ K_{bc} = K_{cb} = (\frac{I}{l})_{bc} = \frac{I}{10} = K$

すべての部材端の剛度の値を (3) 行目に記入する．

分配率　$(DF)_{bi} = \frac{K_{bi}}{\sum_j K_{bj}}$ を用いすべての部材端の分配率を求める．

節点 b では，

$$(DF)_{ba} = \frac{K_{ab}}{K_{ab} + K_{bc}} = \frac{K}{K + K} = 0.500, \quad (DF)_{bc} = \frac{K_{bc}}{K_{ab} + K_{bc}} = \frac{K}{K + K} = 0.500$$

節点 c では，

$$(DF)_{cb} = \frac{K_{cb}}{K_{cb}} = \frac{K}{K} = 1.000$$

それらすべての部材端の分配率の数値を (4) 行目に記入する．固定支持点の a と b では，そこに加えられたモーメントはどのような大きさでも，同じ大きさの反力が生じ常に釣合い条件は満たされる．したがって，モーメントの分配は必要ないため「分配なし」と (4) 行目に記入する．

固定端モーメントと不釣合いモーメント　固定端モーメントは，両端の回転角がゼロの場合の部材の両端に生じる反力である．モーメントは時計回りを正とする．固定端モーメント C の計算には公式を用いている．

$$P = 120\,\mathrm{kN},\ l = 10\,\mathrm{m},\ a = 4\,\mathrm{m},\ b = 6\,\mathrm{m},\ w = 50\,\mathrm{kN/m}$$

$$C_{ab} = -\frac{Pab^2}{l^2} = -172.8\,\mathrm{kN\,m}, \quad C_{ba} = \frac{Pa^2b}{l^2} = +115.2\,\mathrm{kN\,m}$$

$$C_{bc} = -\frac{wl^2}{12} = -416.7\,\mathrm{kN\,m}, \quad C_{cb} = \frac{wl^2}{12} = +416.7\,\mathrm{kN\,m}$$

中間荷重が存在する部材の部材端には固定端モーメントの数値を (5) 行目に記入する．

この段階では，すべての節点の回転は拘束されている．そのため，節点 b においても節点 c においても，節点に集まる部材端のモーメントの和はゼロではない．すなわち節点における釣合い条件は満足されていない．このように節点ごとに存在するゼロではない力を不釣合い力（不釣合いモーメント）という．(5) 行目までの記入を終えたら，以下 (6) 行目以降の空欄を埋めるように計算を進める．

モーメント分配　モーメント分配は，節点の順に進める．

まず節点 a に着目する．分配率の欄に「分配なし」と記入してあるので，(6) 行目の ab の欄に何も記入しない．

次に，節点 b に着目する．節点 b には不釣合いモーメント $M_b = 115 - 416.7 = -301.5$ が生じている．節点 b の釣合いを回復するためには，M_b に分配率 $-(DF)_{ba}$ と $-(DF)_{bc}$ を乗じて，部材端 ba と bc の分配モーメントを計算する．これらの値を，(6) 行目の 1 回目の D（distribution の略）の行の ba と bc の欄に，150.7, 150.7 とそれぞれ記入する．

最後に，節点 c に着目する．節点 b の回転拘束を回復し，節点 c には不釣合いモーメント $M_c = 416.7$ が生じている．M_c に $-(DF)_{cb} = -1.0$ を乗じて求めた部材端 cb の分配モーメント -416.7 を (6) 行目の cb の欄に記入する．

到達モーメント　到達モーメントは部材の順に進める．

まず部材 ab に着目する．(6) 行目の b 端の分配モーメント 150.7 に到達率 0.5 を乗じて到達モーメント 75.4 を求め，(7) 行目の 1 回目の C（carry over の略）の節点 a の下の ab 端の欄に 75.4 と記入する．一方で，(6) 行目で a 端に分配されたモーメントはゼロであるので，到達モーメントもゼロとなり，(7) 行目の節点 b の ba 端の欄には何も記入しない．

次に部材 bc に着目する．節点 b の bc 端の分配モーメント 150.7 に到達率 0.5 を乗じて到達モーメント 75.4 を求め，(7) 行目の節点 c の cb 端の欄に 75.4 と記入する．さらに，節点 c の cb 端の分配モーメント -416.7 に到達率 0.5 を乗じた到達モーメント -208.4 を求め，同じく (7) 行目の節点 b の bc 端の 1 回目の C の欄に記入する．

繰り返し収束計算　(7) 行目を見ると，1 回目の C の欄には，到達モーメントが記入されており，再び節点 b でも節点 c でもそれらの和はゼロとなはっていない．すなわち，釣合いが成り立っていない．すなわち，不釣合いモーメントは，$M_b = -208.4$, $M_c = 75.4$ となる．そこで，これに分配率 DF を乗じて求めた分配モーメントの値をそれぞれ (8) 行目に記入し，その後さらに到達モーメントの数値を求め，それぞれ (9) 行目に記入する．

以下同様に，分配と到達を繰り返すと，次第に節点の不釣合いモーメントの絶対値は小さくなりゼロに近づいていく．例えば (19) 行目の値を見ると，不釣合いモーメントは節点 b でも 0.4 となっており，最初に考えた固定端モーメントの絶対値と比べて十分に小さいと判断できる．このように十分にゼロに漸近して，誤差が小さいと判断したら，最後は，(20) 行目に分配モーメントを記入し繰り返しを終了する．

部材端のモーメントの総和の計算　最後に，すべての部材端について，部材端ごとに，FEM（固定端モーメント）と繰り返し収束計算の各回の D の欄（分配モーメント）と C の欄（到達モーメント）の数値をすべて加えて最後の (21) 行目の欄に記入する．この数値が，節点から部材端に加えられるモーメントの値となる．この場合には，$M_{ab} = -27.1\,\mathrm{kN\,m}$, $M_{ba} = 406.4\,\mathrm{kN\,m}$, $M_{bc} = -406.4\,\mathrm{kN\,m}$, $M_{cb} = 0\,\mathrm{kN\,m}$ となる．これらの結果は，たわみ角法で得られる結果と一致する．

節点		a	b		c	(1)
部材端		ab	ba	bc	cb	(2)
剛度		K	K	K	K	(3)
分配率 DF		分配なし	0.500	0.500	1.000	(4)
固定端モーメント FEM		−172.8	115.2	−416.7	416.7	(5)
1	D_1		150.7	150.7	−416.7	(6)
	C_1	75.4		−208.4	75.4	(7)
2	D_2		104.2	104.2	−75.4	(8)
	C_2	52.1		−37.7	52.1	(9)
3	D_3		18.9	18.9	−52.1	(10)
	C_3	9.5		−26.1	9.5	(11)
4	D_4		13.1	13.1	−9.5	(12)
	C_4	6.6		−4.8	6.6	(13)
5	D_5		2.4	2.4	−6.6	(14)
	C_5	1.2		−3.3	1.2	(15)
6	D_6		1.6	1.6	−1.2	(16)
	C_6	0.8		−0.6	0.8	(17)
7	D_7		0.3	0.3	−0.8	(18)
	C_7	0.1		−0.4	0.1	(19)
8	D_8		0.2	0.2	−0.1	(20)
Σ モーメント（kN m）		−27.1	406.4	−406.4	0	(21)

9.4 修正剛度

固定モーメント法は，反復数を増やせば誤差は小さくなる．しかし必要な反復回数は問題によって変わる．例えば，例 9.1 の問題では，一番外側でピン支持されている部材 bc ではモーメントの値がゼロに漸近する早さが他の部材より遅い．これは，端部のピン支持点においては，部材の回転は自由で，常にモーメントがゼロであることは自明なのに，モーメントの分配・到達を適用する際に，回転を拘束し到達率を 0.5 として計算をしているためである．

図 9.4 の問題の部材 bc のように，部材が構造物の終端部にあり，終端部がピン支持されている場合は，モーメントの分配と到達について手順の修正を行うことにより，収束計算の反復回数を減らすことができることが知られている．反復回数を減らすために本来の剛度の代わりに使う修正した剛度のことを**修正剛度**という．

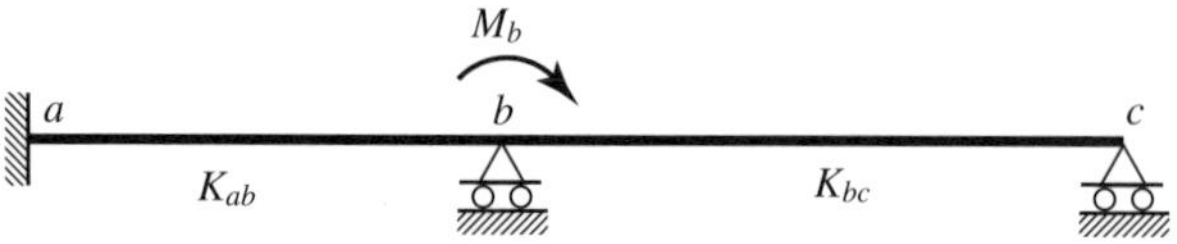

図 9.4　修正剛度

(1)　部材端がピン支持である部材の修正剛度

図 9.4 の連続梁の部材 bc のたわみ角方程式は，節点 c がピン支持の場合，

$$M_{cb} = 2EK_{bc}\,(2\theta_c + \theta_b) = 0 \tag{9.10}$$

が成立するので，常に，$\theta_c = -\frac{\theta_b}{2}$ の関係がある．また，

$$M_{bc} = 2EK_{bc}(2\theta_b + \theta_c) = 2EK_{bc}\left(2\theta_b - \frac{\theta_b}{2}\right) = 3EK_{bc}\theta_b \tag{9.11}$$

も成立するので，式 (9.11) を書き直して，

$$M_{bc} = 4E\left(\frac{3}{4}K_{bc}\right)\theta_b = 4E\left(K_{bc}^m\right)\theta_b \tag{9.12}$$

とする．ここに，K_{bc}^m : 修正剛度（または，**有効剛度**とも呼ばれる）と呼ばれる．部材が構造物の終端部にあり，終端部がピン支持である場合には，$K_{bc}^m = \frac{3}{4}K_{bc}$ で与えられる．この場合には，部材端がピン支持であるため，到達モーメントは常に，

$$M'_{cb} = -M_{cb} = 0 \tag{9.13}$$

である．つまり，**到達率** C $\left(= \frac{M'_{cb}}{M'_{bc}}\right)$ はゼロである．この修正剛度を用いれば，図 9.4 において節点 b に M_b を加えた時の分配モーメントは，次のようになる．

$$M'_{ba} = -M_b\frac{K_{ab}}{K_{ab} + K_{bc}^m} \tag{9.14a}$$

$$M'_{bc} = -M_b \frac{K^m_{bc}}{K_{ab} + K^m_{bc}} \tag{9.14b}$$

このように，分配率 DF を求めるために剛度の代わりに修正剛度を用いる．なお，分配モーメントを修正剛度 K^m_{bc} を適用して求めた部材端については，到達モーメントを求める際，到達率 C の値は 0.5 ではなくゼロとする．

(2)　対称曲げ部材と逆対称曲げ部材の修正剛度

部材端がピン支持である場合以外に，対称な曲げモーメントを受ける部材と逆対象曲げモーメントを受ける部材でも，それぞれ修正剛度を定義して，固定モーメント法を適用する際の収束速度を速めることができる．それぞれ，修正剛度は次のようになる．

$$K^m_{bc} = \frac{1}{2}K_{bc} \quad （対称部材） \tag{9.15}$$

$$K^m_{bc} = \frac{3}{2}K_{bc} \quad （逆対称部材） \tag{9.16}$$

この場合にも，分配モーメントを修正剛度 K^m_{bc} を適用して求めた部材端では他端への到達モーメントを求める際，到達率 C の値は，0.5 ではなくゼロとすることに注意する．

表 9.1　修正剛度

条件	$\dfrac{M_{nf}}{\theta_n}$	修正剛度 K^m_{nf}	部材の応力と変形状態
他端固定 （通常）	$4EK_{nf}$	−	
他端ピン	$3EK_{nf}$ $= 4EK^m_{nf}$	$\dfrac{3}{4}K_{nf}$	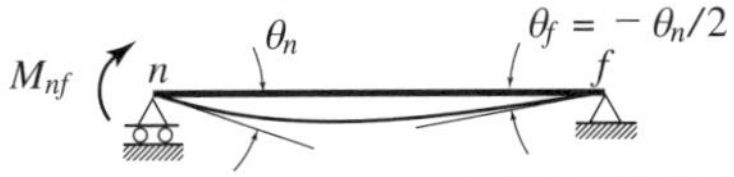
対称曲げ	$2EK_{nf}$ $= 4EK^m_{nf}$	$\dfrac{1}{2}K_{nf}$	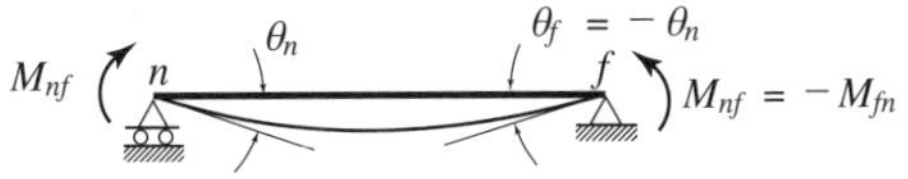
逆対称曲げ	$6EK_{nf}$ $= 4EK^m_{nf}$	$\dfrac{3}{2}K_{nf}$	

例 9.2　2スパンの不静定連続梁 2

例 9.1 と同じ不静定梁の問題を，修正剛度を使って計算する．各部材端の剛度を (3) 行目に記入した後，(4) 行目に修正剛度を記入している．ここで，修正剛度を用いたのは部材端 *bc* である．(5) 行目の部材端 *bc* の分配率 *DF* の計算に修正剛度を用いている．それ以外の部材端は通常の剛度を用いる．(7) 行目において，部材端 *bc* に分配されたモーメント 129.3 は，他端への到達率がゼロとなるので，(8) 行目において，節点 *c* の部材端 *cb* の欄の値はゼロとなる（空欄としてもよい）ことに注意する．修正剛度を使うことにより，2 回の反復で釣合いの誤差を十分に小さくすることができ，計算量を減らす上で効果的であることがわかる．もちろん，得られる解は修正剛度を使わない場合と同じとなることはいうまでもない．

節点		*a*	*b*		*c*	(1)
部材端		*ab*	*ba*	*bc*	*cb*	(2)
剛度		*K*	*K*	*K*	*K*	(3)
修正剛度				0.75*K*		(4)
分配率 *DF*		分配なし	0.571	0.429	1.000	(5)
固定端モーメント *FEM*		−172.8	115.2	−416.7	416.7	(6)
1	D		172.2	129.3	−416.7	(7)
	C	86.1		−208.4		(8)
2	D		119.0	89.4		(9)
	C	59.5				(10)
3	D					(11)
Σ モーメント（kN m）		−27.2	406.4	−406.4	0	(12)

例 9.3　節点に集中モーメントが作用する 2 スパンの不静定連続梁

次の図の連続梁の節点 *C* に外力として偶力が作用する．この時の各部材端のモーメントを求める．

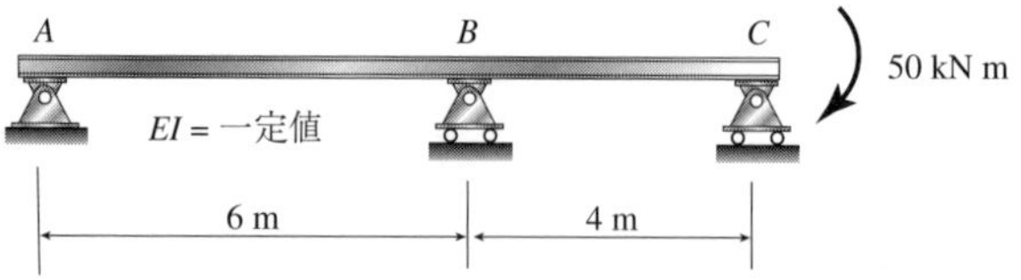

剛度　剛度 $K = \frac{I}{12}$ とおく．

$$K_{AB} = K_{BA} = \frac{I}{6} = 2K,$$

$$K_{BC} = K_{CB} = \frac{I}{4} = 3K$$

修正剛度

$$K^m_{BA} = \frac{3}{4}K_{BA} = 1.5K,$$

$$K^m_{BC} = \frac{3}{4}K_{BC} = 2.25K$$

節点に集中モーメントが働く時は，(7) 行目の第 1 回目の分配モーメント D の欄に，その節点に作用するモーメント 50 kN m に，分配率を乗じた数値を記入する．以下伝達，分配を繰り返して結果を得る．

節点		A	B		C	(1)
部材端		AB	BA	BC	CB	(2)
剛度		$2K$	$2K$	$3K$	$3K$	(3)
修正剛度		$2K$	$1.5K$	$2.25K$	$3K$	(4)
分配率 DF		1.0	0.4	0.6	1.0	(5)
固定端モーメント FEM		0.0	0.0	0.0	0.0	(6)
1	D_1	0.0	0.0	0	50.0	(7)
	C_1			25		(8)
2	D_2		−10.0	−15		(9)
Σ モーメント（kN m）		0.0	−10.0	10.0	50.0	(10)

例 9.4　**左右対称な連続梁 1**

次の左右対称な不静定梁の部材端のモーメントを求める．部材断面の EI は一定値とする．応力状態が左右対称となるので，対称曲げをうける部材 bc では部材端 bc と部材端 cb に修正剛比 $K^m_{bc} = K^m_{cb} = \frac{1}{2}K_{bc}$ を用いる．以下，モーメントの分配を以下のように行う．

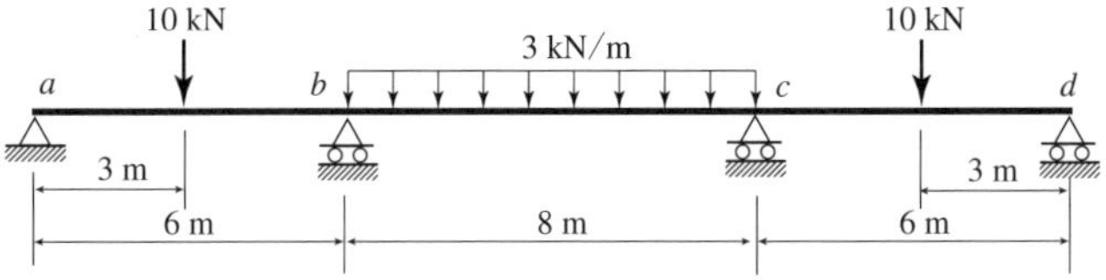

部材 ab と部材 cd は，終端がピン支持である部材であることを考慮し，部材端 ba と部材端 cd では，修正剛度 $K^m_{ba} = \frac{3}{4}K_{ba}$, $K^m_{cd} = \frac{3}{4}K_{cd}$ を用いる．修正剛性を使う場合は，他端への到達率はゼロとして到達モーメントを求めている．一方，部材端 ab と部材端 dc のモーメントは，その $\frac{1}{2}$ が，部材端 ba と部材端 cb に到達モーメントとして伝えられる．部材 bc は，左右対称な部材の修正剛比を適用している．ここにおいては，節点 b と c の回転の拘束を同時に解除することによって直ちに釣合いが満たされる．そのため，部材端 bc と部材端 cb の間では，到達モーメントのやり取りは行われない．

節点		a	b		c		d
部材端		ab	ba	bc	cb	cd	dc
剛度		$\frac{I}{6}=K$	K	$\frac{I}{8}=0.75K$	$0.75K$	K	K
修正剛度			$0.75K$	$0.375K$	$0.375K$	$0.75K$	
分配率 DF		分配なし	0.667	0.333	0.333	0.667	1.000
固定端モーメント FEM		−7.5	7.5	−16.0	16.0	−7.5	7.5
1	D_1	7.5	5.7	2.8	−2.8	−5.7	−7.5
	C_1		3.8			−3.8	
2	D_2		−2.5	−1.3	1.3	2.5	
	C_2		0	0	0	0	
3	D_3	0	0	0	0	0	0
Σ モーメント（kN m）		0	14.5	−14.5	14.5	−14.5	0

例 9.5　左右対称な連続梁 2

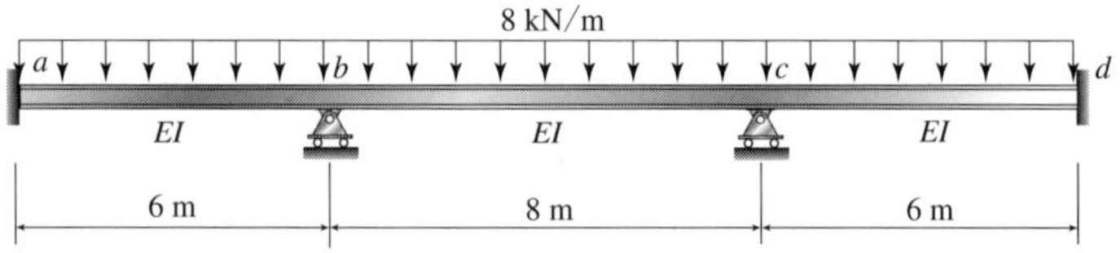

剛度　　剛度 $K=\frac{I}{24}$ とおく．

$$K_{ab}=K_{cd}=\left(\frac{I}{l}\right)_{ab}=\left(\frac{I}{l}\right)_{cd}=\frac{I}{6}=4K,$$

$$K_{bc}=K_{cb}=\left(\frac{I}{l}\right)_{bc}=\frac{I}{8}=3K$$

修正剛度　　$K^m_{bc}=K^m_{cb}=\frac{1}{2}K_{bc}=\frac{1}{2}K_{cb}$

固定端モーメント

$$C_{ab}=-\frac{wl^2}{12}=-\frac{8\times 6^2}{12}=-24\,\mathrm{kN\,m},$$

$$C_{ba}=\frac{wl^2}{12}=\frac{8\times 6^2}{12}=24\,\mathrm{kN}$$

$$C_{bc}=-\frac{wl^2}{12}=-\frac{8\times 8^2}{12}=-42.67\,\mathrm{kN\,m},$$

$$C_{cb}=\frac{wl^2}{12}=\frac{8\times 8^2}{12}=42.67\,\mathrm{kN\,m}$$

$$C_{cd}=C_{ab}=-24\,\mathrm{kN\,m},\quad C_{dc}=C_{ba}=24\,\mathrm{kN\,m}$$

節点		a	b		c		d
部材端		ab	ba	bc	cb	cd	dc
剛度		$4K$	$4K$	$3K$	$3K$	$4K$	$4K$
修正剛度		$4K$	$4K$	$1.5K$	$1.5K$	$4K$	$4K$
分配率 DF		分配なし	0.727	0.273	0.273	0.727	分配なし
固定端モーメント FEM		−24	24	−42.67	42.67	−24	24
1	D_1		13.57	5.10	−5.10	−13.57	
	C_1	6.79					6.79
2	D_2		0	0	0	0	
Σ モーメント（kN m）		−17.21	37.57	−37.57	37.57	−37.57	17.21

9.5　骨組の応力の算定

骨組においても梁と同様に固定モーメント法を適用して解くことができる．ただし，たわみ角法と同じように「節点の移動がない場合」と「節点の移動がある場合」があり，取り扱いに工夫が必要である．

ここまでで示した固定モーメント法の適用例は，すべて節点の移動のない場合であった．そこで，節点の移動がある場合に適用できるように拡張する．拡張の方法は次のとおりである．

1　すべての節点で，回転を固定したままで，移動する節点に変位 Δ を加える．
2　節点移動 Δ によって生じる部材端のモーメントの符号を変えたものを固定端モーメント C とする．
3　節点の移動のない場合と同様にモーメントの分配・伝達を行い，部材の応力を求める．

節点移動によって生じる固定端モーメントには図 9.5 の公式が使うことができる．

(1)　節点の移動量が既知の場合

移動する節点の変位 Δ が数値として既知の場合は，固定端モーメント FEM が具体的な数値で求まる．

(2)　節点に既知の力が作用するが節点の移動量が未知の場合

節点に作用する力の大きさはわかっているが，移動する節点の変位 Δ がわかっていない場合には，(1) の方法は適用できない．しかし，節点の移動を表す独立な変数の数 $n = 1$ の骨組の場合には，次のようにして応力を求めることが可能である．

まず，移動する節点の変位 Δ を具体的な値 Δ' であると仮定して固定法を適用し，そ

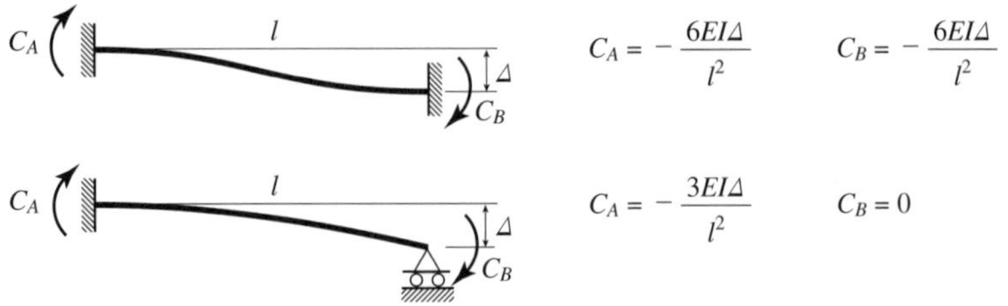

図 9.5　節点移動によって生じる固定端モーメント

の時のすべての部材応力 M' を求める．次に節点に作用する並進力の釣合い条件式（層方程式）を用いて，釣合いが満たされるために節点に作用する力の大きさ R' を求める．

節点力 R を加えた場合の部材応力を M とすると，構造物が線形弾性範囲にあれば，部材応力と外力は比例することから，すべての部材応力について

$$\frac{M}{R} = \frac{M'}{R'} \tag{9.17}$$

が成り立つ．よって，

$$M = M'\left(\frac{R}{R'}\right) \tag{9.18}$$

として，力 R を加えた場合の部材応力 M が求められる．

(3)　節点移動を表す独立な変数が 2 以上の骨組の場合

図 9.6 の 2 層の骨組構造を，固定法を用いて解く場合を考える．この構造物の場合には，1 層目と 2 層目の節点が水平方向に移動することができ，節点の移動を表す独立な変数の数 $n = 2$，つまり，節点移動を表す独立な変数は 2 つある．これを Δ', Δ'' とする．

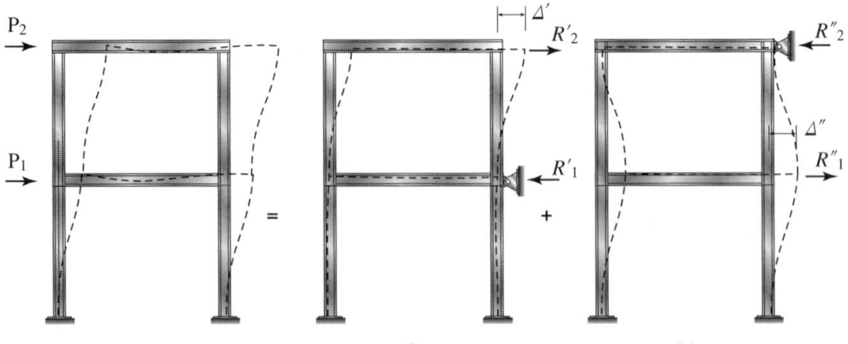

図 9.6　固定モーメント法を 2 層骨組に適用する方法

外力が与えられている時，節点の移動量は未知であるため部材の固定端モーメントを求めることができない．

このような場合には，図 9.6 の (b) と (c) の重ね合わせによって，(a) の状態を表す．(b) のように，節点の回転を固定して，2 層目だけに変位 Δ' が生じるようにすれば，反力 R_1' と水平力 R_2' が求められる．また (c) のように，節点の回転を固定して，1 層目だけに変位 Δ'' が生じるようにすれば，水平力 R_1'' と反力 R_2'' が求められる．Δ' や Δ'' は，仮に用いた値であるため，実際の応力は応力にそれぞれ修正係数 C' と C'' を乗じたものである．

これらの力は，次の水平方向の力の釣合いを表す層方程式を満たしている．

$$P_2 = C'R_2' - C''R_2'' \tag{9.19a}$$

$$P_1 = -C'R_1' + C''R_1'' \tag{9.19b}$$

これらは，C' と C'' に関する連立方程式であり，R_1', R_2', R_1'', R_2'' が定まっていれば解くことができる．

修正係数 C' と C'' が求まれば，図 9.6 (b) と (c) の時の部材応力にそれぞれ，C' と C'' を乗じて重ね合わせることにより，求めたい応力が得られる．

したがって，節点移動を表す独立な変数の数が n の場合には，構造物の応力を求めるのに固定法を適用したとしても，n 元連立方程式を解く必要がある．

例 9.6　節点移動のない骨組

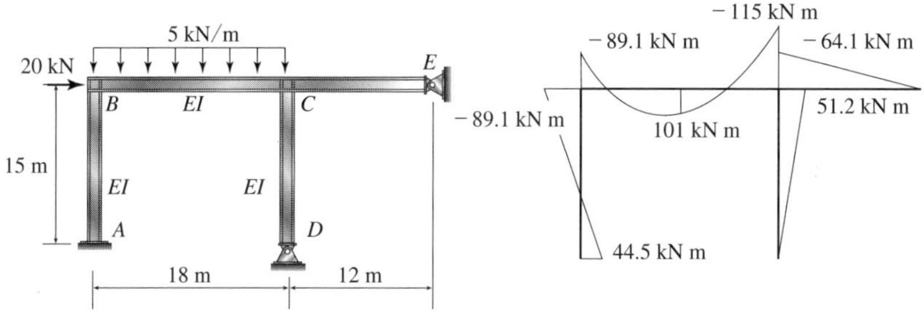

節点		*A*	*B*		*C*			*D*	*E*
部材端		*AB*	*BA*	*BC*	*CB*	*CD*	*CE*	*DC*	*EC*
剛度		$\frac{I}{15}$	$\frac{I}{15}$	$\frac{I}{18}$	$\frac{I}{18}$	$\frac{I}{15}$	$\frac{I}{12}$	$\frac{I}{15}$	$\frac{I}{12}$
修正剛度						$\frac{I}{20}$	$\frac{I}{16}$		
分配率 DF		分配なし	0.545	0.455	0.331	0.298	0.372	1.00	1.00
固定端モーメント				−135	135				
1	D_1		73.6	61.4	−44.6	−40.2	−50.2		
	C_1	36.8		−22.3	30.7				
2	D_2		12.2	10.1	−10.1	−9.1	−11.4		
	C_2	6.1		−5.1	5.1				
3	D_3		2.8	2.3	−1.7	−1.5	−1.9		
	C_3	1.4		−0.8	1.2				
4	D_4		0.4	0.4	−0.4	−0.4	−0.4		
	C_4	0.2		−0.2	0.2				
5	D_5		0.1	0.1	−0.1	0.0	−0.1		
Σ モーメント (kNm)		44.5	89.1	−89.1	115.3	−51.2	−64.1	0.0	0.0

例 9.7　節点移動のある連続梁

たわみ角法の適用例として示した例 8.2 の不静定梁の問題を，固定モーメント法を適用して求める．この問題では，支点 b が 30 mm 沈下した時に生じる部材のモーメントを求める．なお，固定法の適用にあたっては部材 bc には修正剛度を考慮する．

部材の剛度

$$K_{ab} = K_{ba} = \left(\frac{I}{l}\right)_{ab} = \frac{I}{10} = K, \quad K_{bc} = K_{cb} = \left(\frac{I}{l}\right)_{bc} = \frac{I}{10} = K$$

修正剛度

$$K_{bc}^{m} = \frac{3}{4}K_{bc} = 0.75\,K$$

分配率　節点 b では，

$$DF_{ba} = \frac{K_{ab}}{K_{ab} + K_{bc}^{m}} = \frac{K}{K + 0.75K} = 0.571,$$

$$DF_{bc} = \frac{K_{bc}^{m}}{K_{ab} + K_{bc}^{m}} = \frac{0.75K}{K + 0.75K} = 0.429$$

節点 c では，

$$DF_{cb} = \frac{K_{cb}}{K_{cb}} = \frac{K}{K} = 1.000$$

固定端モーメント　節点 b の回転を固定して節点 b が下に 0.03 m 移動する時，

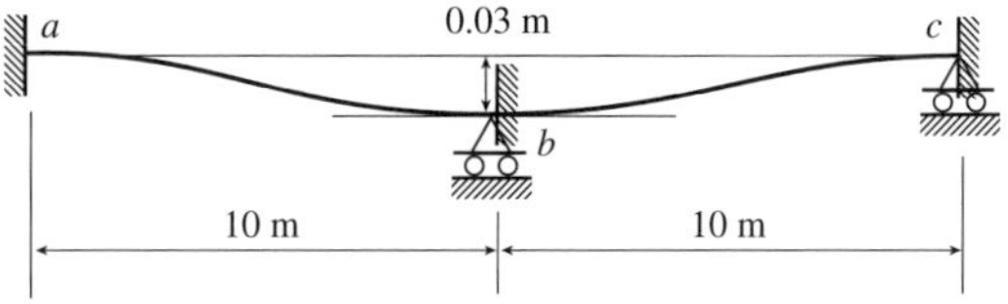

$$\theta_a = \theta_b = 0;\ R_{ab} = R_{ba} = \frac{0.03}{10} = 0.003;\ R_{bc} = R_{cb} = -\frac{0.03}{10} = -0.003;$$

$$M_{ab} = 2EK(2\theta_a + \theta_b - 3R_{ab}) = 2EK(2(0) + (0) - 0.009) = -\frac{18}{10000}EI$$

よって，$FEM_{ab} = -\frac{18}{10000}EI$

$$M_{ba} = 2EK(2\theta_b + \theta_a - 3R_{ba}) = 2EK(2(0) + (0) - 0.009) = -\frac{18}{10000}EI$$

よって，$FEM_{ba} = -\frac{18}{10000}EI$

$$M_{bc} = 2EK(2\theta_b + \theta_c - 3R_{bc}) = 2EK(2(0) + (0) + 0.009) = +\frac{18}{10000}EI$$

よって，$FEM_{bc} = +\frac{18}{10000}EI$

$$M_{cb} = 2EK(2\theta_c + \theta_b - 3R_{cb}) = 2EK(2(0) + (0) + 0.009) = +\frac{18}{10000}EI$$

よって，$FEM_{cb} = +\frac{18}{10000}EI$

以下，表で計算を進める．例 8.2 と同じ答えが得られている．

節点		a	b		c
部材端		ab	ba	bc	cb
剛度		K	K	K	K
修正剛度				$0.75K$	
分配率 DF		分配なし	0.571	0.429	1.000
固定端モーメント FEM		−18	−18	18	18
1	D_1		0	0	−18
	C_1	0		−9	
2	D_2		5.1	3.9	
	C_2	2.6			
3	D_3				
Σ = モーメント $\left(\times\frac{EI}{10000}\text{kN m}\right)$		−15.4	−12.9	12.9	0

例 9.8　水平力の作用する門形骨組

次の門形骨組に 10 kN の水平力が作用する時，固定モーメント法を適用して部材応力を求める．この構造物の場合には，節点の移動を表す独立な変数の数 $n = 1$ であり，節点の移動は，B と C に等しい水平変位 Δ' が生じるものと仮定する．

部材の剛度

$$K_{AB} = K_{BA} = \left(\frac{I}{l}\right)_{AB} = \frac{I}{5} = K, \quad K_{BC} = K_{CB} = \left(\frac{I}{l}\right)_{BC} = \frac{I}{5} = K,$$

$$K_{CD} = K_{DC} = \left(\frac{I}{l}\right)_{CD} = \frac{I}{5} = K$$

修正剛度　　部材 BC は逆対称曲げを受けるので，$K^m_{BC} = 1.5K_{BC} = 1.5K$

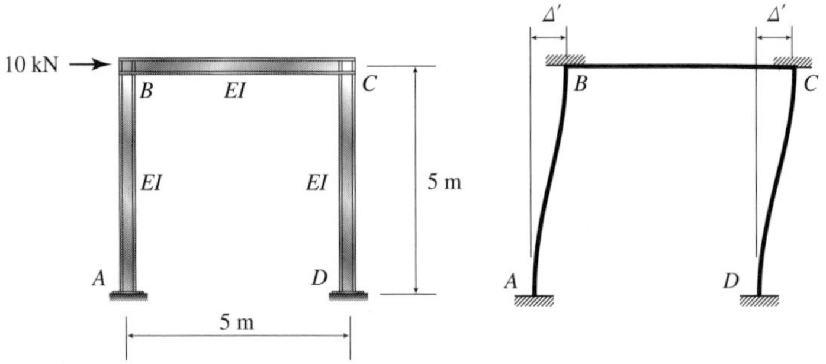

分配率　　節点 B では，

$$(DF)_{BA} = \frac{K_{AB}}{K_{AB} + K^m_{BC}} = \frac{K}{K + 1.5K} = 0.4$$

$$(DF)_{BC} = \frac{K^m_{BC}}{K_{AB} + K^m_{BC}} = \frac{1.5K}{K + 1.5K} = 0.6$$

節点 C では，

$$(DF)_{CB} = \frac{K^m_{BC}}{K^m_{BC} + K_{CD}} = \frac{1.5K}{1.5K + K} = 0.6$$

$$(DF)_{CD} = \frac{K_{CD}}{K^m_{BC} + K_{CD}} = \frac{K}{1.5K + K} = 0.4$$

固定端モーメント　　仮に節点 B と C の回転を固定して，節点 B と節点 C が右に Δ' 移動した時，変形状態を考えて，

$$\theta_A = \theta_B = \theta_C = \theta_D = 0;\ R_{AB} = R_{BA} = \frac{\Delta'}{5};\ R_{CD} = R_{DC} = \frac{\Delta'}{5}$$

たわみ角方程式より，

$$M'_{AB} = 2EK(2\theta_A + \theta_B - 3R_{AB}) = 2E\frac{I}{5}\left(2(0) + (0) - 3\frac{\Delta'}{5}\right) = -\frac{6}{25}EI\Delta'$$

よって $FEM_{AB} = -\frac{6}{25}EI\Delta'$

$$M'_{BA} = 2EK(2\theta_B + \theta_A - 3R_{AB}) = 2E\frac{I}{5}\left(2(0) + (0) - 3\frac{\Delta'}{5}\right) = -\frac{6}{25}EI\Delta'$$

よって $FEM_{BA} = -\frac{6}{25}EI\Delta'$

$$M'_{BC} = M'_{CB} = 0$$

$$M'_{CD} = 2EK(2\theta_C + \theta_D - 3R_{CD}) = 2E\frac{I}{5}\left(2(0) + (0) - 3\frac{\Delta'}{5}\right) = -\frac{6}{25}EI\Delta'$$

よって $FEM_{CD} = -\frac{6}{25}EI\Delta'$

$$M'_{DC} = 2EK(2\theta_D + \theta_C - 3R_{CD}) = 2E\frac{I}{5}\left(2(0) + (0) - 3\frac{\Delta'}{5}\right) = -\frac{6}{25}EI\Delta'$$

よって $FEM_{DC} = -\frac{6}{25}EI\Delta'$

以降，モーメントの分配・到達を以下のように行う．

節点		A	B		C		D
部材端		AB	BA	BC	CB	CD	DC
剛度		$\frac{I}{5} = K$	K	K	K	K	K
修正剛比				$1.5K$	$1.5K$		
分配率 DF		分配なし	0.4	0.6	0.6	0.4	分配なし
固定端モーメント FEM		−6	−6	0	0	−6	−6
1	D_1		2.4	3.6	3.6	2.4	
	C_1	1.2					1.2
2	D_2						
Σ モーメント $\left(\times\frac{EI\Delta'}{25}\text{kN m}\right)$		−4.8	−3.6	+3.6	+3.6	−3.6	−4.8

層方程式に，結果を代入すると，

$$R' = -\left(\frac{M'_{AB} + M'_{BA}}{5} + \frac{M'_{CD} + M'_{DC}}{5}\right) = -\left(\frac{-4.8 - 3.6}{5} + \frac{-3.6 - 4.8}{5}\right)\frac{EI\Delta'}{25}$$

$$= 3.36 \times \frac{EI\Delta'}{25}$$

よって，

$$M_{AB} = M'_{AB}\frac{R}{R'} = -4.8 \times \frac{10}{3.36} = -14.3\,\text{kN m}$$

$$M_{BA} = M'_{BA}\frac{R}{R'} = -3.6 \times \frac{10}{3.36} = -10.7\,\text{kN m}$$

$$M_{CD} = M'_{CD}\frac{R}{R'} = -3.6 \times \frac{10}{3.36} = -10.7\,\text{kN m}$$

$$M_{DC} = M'_{DC}\frac{R}{R'} = -4.8 \times \frac{10}{3.36} = -14.3\,\text{kN m}$$

例 9.9　**鉛直力の作用する門形骨組**

例 9.8 と同じ骨組に，鉛直力が作用する時の部材応力を固定モーメント法により求める．

方針　水平方向への節点移動が起こらないように拘束した時の応力分布と反力 R を求める．

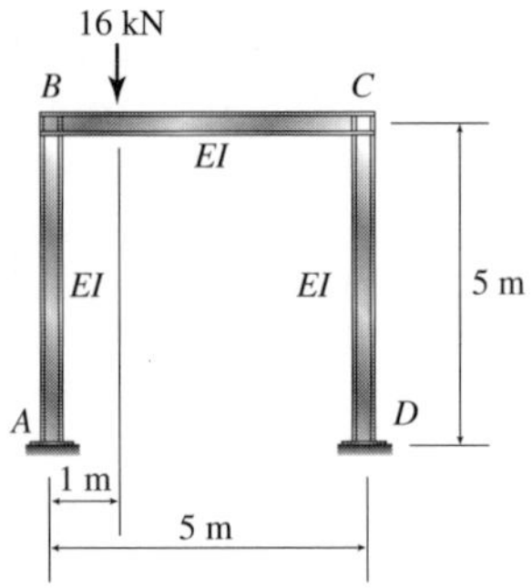

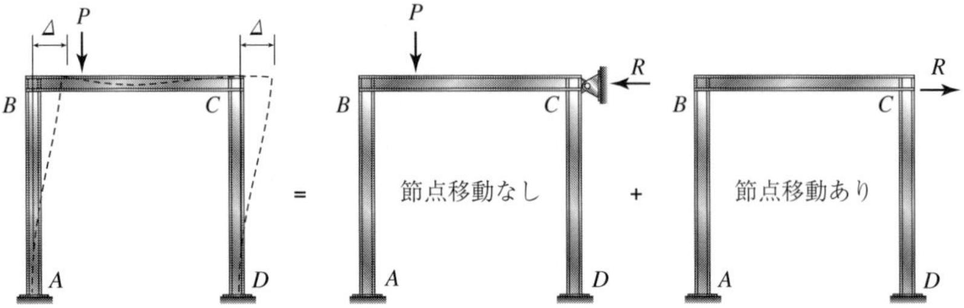

次に，節点移動を考慮して水平力 R を加えた時の応力を求める．この 2 つの場合の重ね合わせにより，鉛直力を受けて節点移動が起こる場合の応力を得る．

部材の剛度

$$K_{AB} = K_{BA} = \left(\frac{I}{l}\right)_{AB} = \frac{I}{5} = K, \quad K_{BC} = K_{CB} = \left(\frac{I}{l}\right)_{BC} = \frac{I}{5} = K$$

$$K_{CD} = K_{DC} = \left(\frac{I}{l}\right)_{CD} = \frac{I}{5} = K$$

分配率

$$(DF)_{BA} = \frac{K_{AB}}{K_{AB} + K_{BC}} = \frac{K}{K + K} = 0.5,$$

$$(DF)_{BC} = \frac{K_{BC}}{K_{AB} + K_{BC}} = \frac{K}{K + K} = 0.5,$$

$$(DF)_{CB} = \frac{K_{BC}}{K_{BC} + K_{CD}} = \frac{K}{K + K} = 0.5,$$

$$(DF)_{CD} = \frac{K_{CD}}{K_{BC} + K_{CD}} = \frac{K}{K + K} = 0.5$$

固定端モーメント

$$(FEM)_{BC} = -\frac{Pab^2}{l^2} = -\frac{16 \times 1 \times 4^2}{5^2} = -10.24\,\mathrm{kN\,m}$$

$$(FEM)_{CB} = \frac{Pa^2b}{l^2} = \frac{16 \times 1^2 \times 4}{5^2} = +2.56\,\mathrm{kN\,m}$$

以下，モーメントの分配を以下のように行う．

節点		A	B		C		D
部材端		AB	BA	BC	CB	CD	DC
剛度		$\frac{I}{5}=K$	K	K	K	K	K
分配率 DF		分配なし	0.5	0.5	0.5	0.5	分配なし
固定端モーメント FEM				−10.24	+2.56		
1	D		+5.12	+5.12	−1.28	−1.28	
	C	+2.56		−0.64	+2.56		−0.64
2	D		+0.32	+0.32	−1.28	−1.28	
	C	+0.16		−0.64	+0.16		−0.64
3	D		+0.32	+0.32	−0.08	−0.08	
	C	+0.16		−0.04	+0.16		−0.04
4	D	0	+0.02	+0.02	−0.08	−0.08	0
$M=\Sigma$		+2.88	+5.78	−5.78	+2.72	−2.72	−1.32

層方程式は，

$$\frac{M_{AB}+M_{BA}}{5}+\frac{M_{CD}+M_{DC}}{5}=\frac{2.88+5.78}{5}+\frac{-2.72-1.32}{5}$$
$$=1.73-0.81=0.92\,\text{kN}$$

水平力 10 kN を加えた時のモーメントは，既に例 9.8 で求めてあり次のとおり．

$M_{AB}=-14.3\,\text{kN m}$,　$M_{BA}=-10.7\,\text{kN m}$,　$M_{BC}=+10.7\,\text{kN m}$

$M_{CB}=+10.7\,\text{kN m}$,　$M_{CD}=-10.7\,\text{kN m}$,　$M_{DC}=-14.3\,\text{kN m}$

よって，鉛直力 16 kN が作用する時のモーメントは，重ね合わせによって，

$$M_{AB}=2.88+\left(\frac{0.92}{10}\right)(-14.3)=1.56\,\text{kN m}$$

$$M_{BA}=5.78+\left(\frac{0.92}{10}\right)(-10.7)=4.80\,\text{kN m}$$

$$M_{BC}=-5.78+\left(\frac{0.92}{10}\right)(+10.7)=-4.80\,\text{kN m}$$

$$M_{CB}=2.72+\left(\frac{0.92}{10}\right)(+10.7)=3.70\,\text{kN m}$$

$$M_{CD}=-2.72+\left(\frac{0.92}{10}\right)(-14.3)=-3.70\,\text{kN m}$$

$$M_{DC}=-1.32+\left(\frac{0.92}{10}\right)(-14.3)=-2.64\,\text{kN m}$$

となる．

9 章の問題

□ **1**　次の不静定構造物の曲げモーメント図を作成し，支点の反力を算定せよ．

(a)

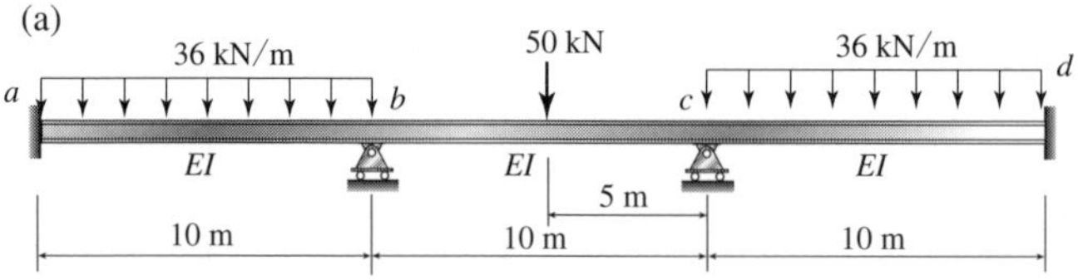

(b)

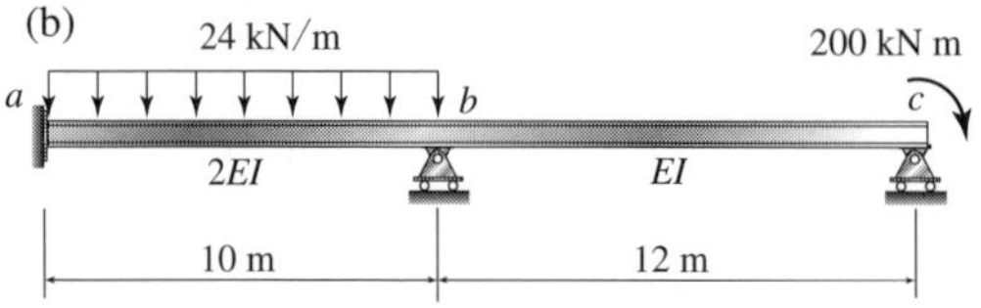

(c)

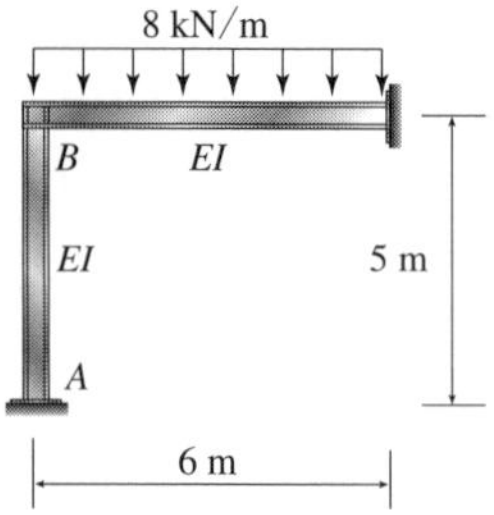

(d)

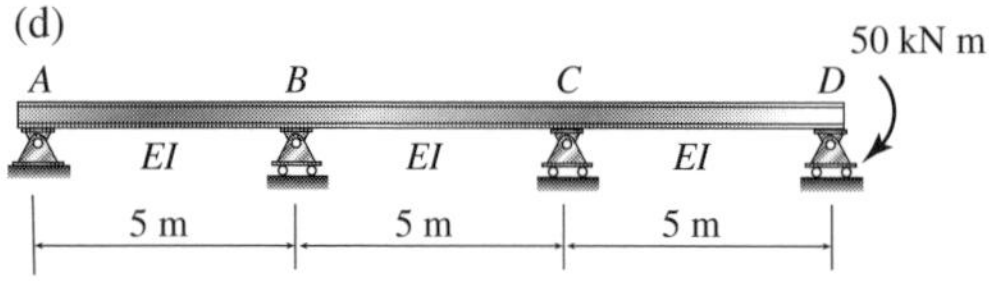

(e)

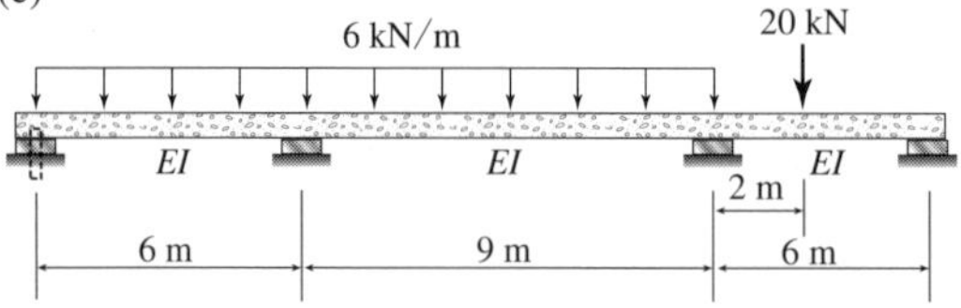

(f)

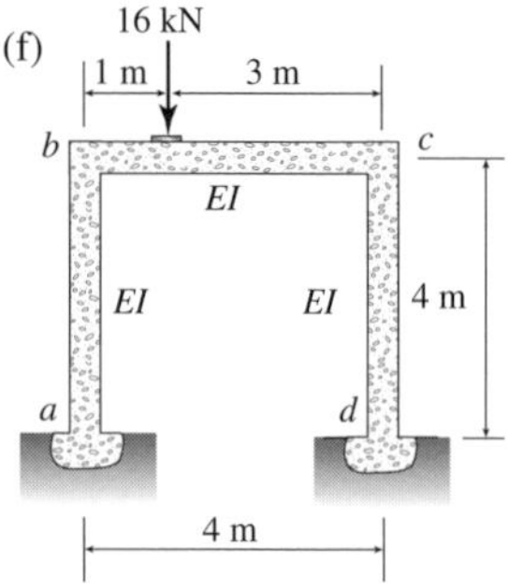

(g)

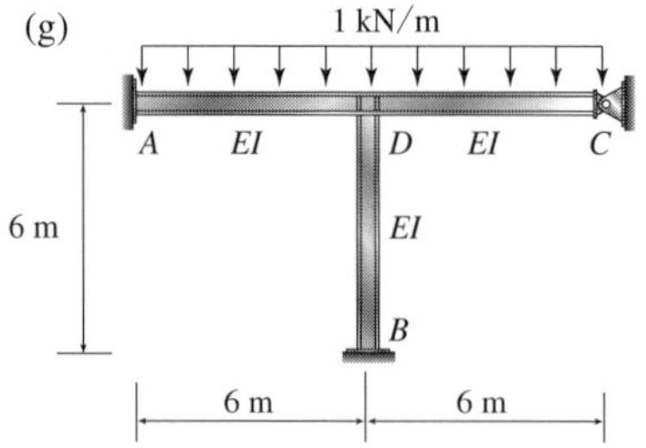

(h)

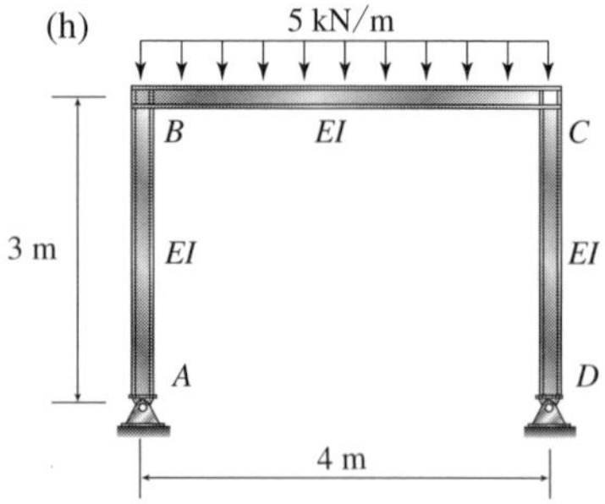

10 横力分布係数法

第 9 章で述べた固定モーメント法は，力の釣合い条件と変形の適合条件の両方を満たす理論解を求めるもので，特に鉛直力を受ける平面骨組のように節点移動が生じない場合に，容易に適用できる実用的な方法として幅広く受け入れられた．しかし水平力が働く多層骨組のように，節点の水平移動の考慮が必要な場合，計算の手間が増加するため，実務にはより計算量の少ない構造解析法が求められていた．

1933 年に，日本建築学会の鉄筋コンクリート構造計算規準に**武藤の横力分布係数法**と呼ばれる方法が採用された．この方法は，多層骨組の耐震設計で，水平力を受ける骨組の各柱の負担せん断力と層間変位を，より少ない計算量で実用的に計算する略算的な構造解析法である．この方法では，部材の変形の適合条件が近似的にしか満たされないが，力の釣合い条件は正しく考慮され，整形で均等スパンの骨組構造では，良い近似解が得られるものとされている．

今ではコンピュータにより，複雑な構造物の構造解析が容易になったとはいえ，骨組構造の耐震設計においては，水平力が地面にまで伝えられる経路や応力の大きさ，構造物の高さ方向の変形分布，ねじれ変形などの三次元の変形挙動を直観的に理解するために，横力分布係数法の原理を理解しておくことは構造設計者にとって有用である．また，この方法は海外の耐震設計に関する技術図書にも広く参照されている．

10.1 耐震設計と地震力

現在の耐震設計では，図 10.1 (a) の建物に働く地震力を慣用的に図 10.1 (b) のように床のレベルに集中させる静的な水平力と考える方法が最も主流である．建物を基礎から立ち上がった片持ち梁と見なした時，j 階を支える水平抵抗要素に生じるせん断

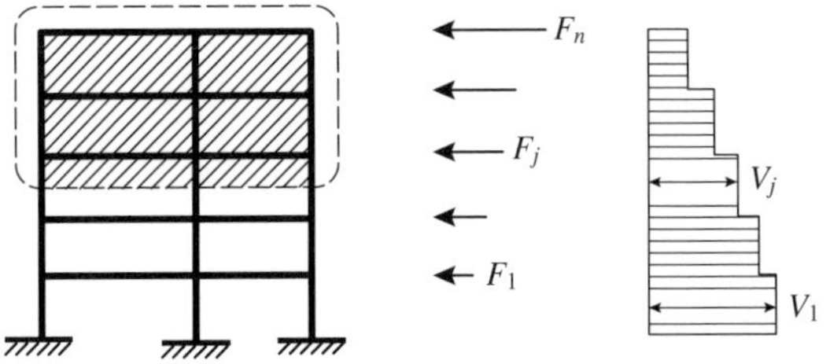

(a) 骨組　(b) 地震力　(c) 層せん断力

図 10.1 耐震設計における地震力と層せん断力

力の総和 V_j は**層せん断力**と呼ばれる．層せん断力 V_j は，図 10.1 (c) のように j 階床から上の階に作用するすべての水平力の和と等しい．各国の耐震設計基準は，耐震設計用に層せん断力 V_j を各階の重量から算出する方法を定めている．

横力分布係数法の目的は，多層骨組の各層の層せん断力 V_j が与えられた時，その層の各柱の負担するせん断力の大きさと層間水平変位の値を，数値で具体的に求めることである．柱の負担せん断力が求められたら，それらに基づき，節点における力の釣合いより，柱と梁の曲げモーメントを求める方法も合わせて提案されている．

10.2 剛　性　比

鉛直方向に一様な断面の柱の上下端の回転を拘束したままで図 10.2 (a) のように相対水平変位 $\varDelta$ を与える．

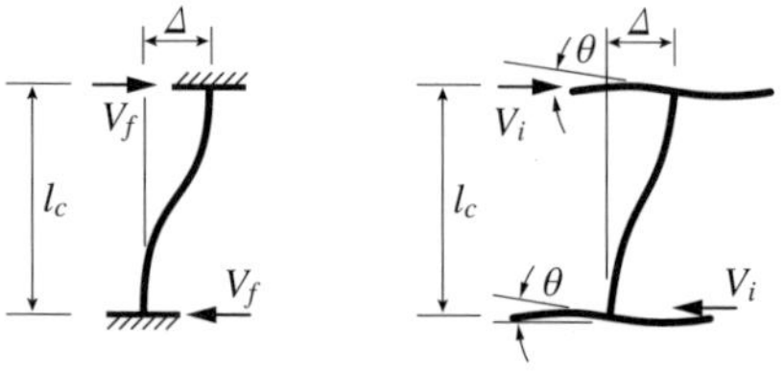

(a)　端部の回転拘束　　(b)　端部の回転あり

図 10.2　せん断力を受ける柱の変位

もし柱が線形弾性範囲にあるなら，柱に生じるせん断力 V_f は，E_c を材料のヤング率，I_c を柱の断面二次モーメント，l_c を柱の高さとして，次式で求められる．

$$V_f = \frac{12E_c I_c}{l_c^3}\varDelta = \frac{12E_c}{l_c^2}\frac{I_c}{l_c}\varDelta \tag{10.1}$$

ここで，同一層内の柱の材料のヤング率 E_c と高さ l_c が共通であれば，式 (10.1) の $\frac{12E_c}{l_c^2}$ を定数 α，$\frac{I_c}{l_c}$ を柱の剛度 k_c に置き換え，式 (10.1) は式 (10.2) となる．

$$V_f = \alpha k_c \varDelta \tag{10.2}$$

実際の骨組では，柱の上下端は完全には拘束されていない．図 10.2 (b) のように梁も変形するので，同じ相対水平変位 $\varDelta$ に対して柱に生じるせん断力 V_i は，式 (10.2) の V_f より小さい．そこで，梁による柱端部の回転の拘束の程度を表す**剛性比**と呼ばれる係数 a を導入し V_i を次の式で表しておく．

$$V_i = \alpha(ak_c)\varDelta \tag{10.3}$$

柱の上下端の回転が完全に拘束された状態では，剛性比 a は 1 だが，柱の上下端に接続する梁の剛性が小さくなるほど，剛性比 a は 1 より小さい値となる．

10.3　単位部分架構

剛性比 a の与え方を考える．まず，図 10.2 (b) のように上下に隣接する階の節点の回転角 θ は同じであるものと仮定し，これらの梁と柱の境界条件も考慮して剛性比 a の値を求める．

同一層に含まれる水平力抵抗要素が，層せん断力を分担する割合を求めるために，図 10.3 のように，骨組を層ごとに部分骨組（実線で示されたもの）に分離する．この時，上の層と下の層の部分骨組が梁を共有している．武藤の横力分布係数法（D 値法）では，梁は上の層と下の層で剛度を半分ずつに分け，それぞれ独立して挙動するものと仮定している．梁の応力は上下の層の梁の応力を求めた後で重ね合わせて求める．

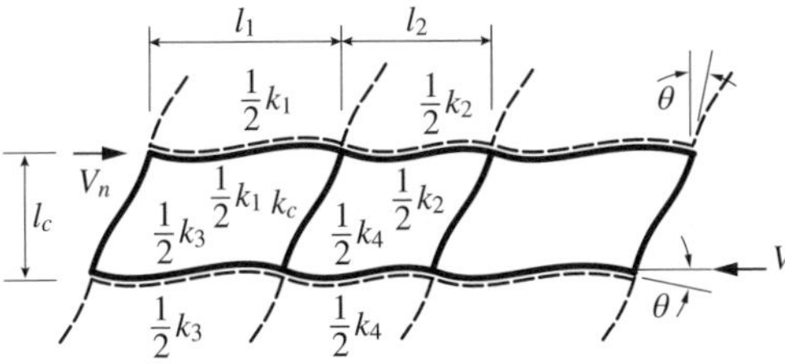

図 10.3　水平力抵抗機構の単純化

梁が柱の端部の回転を拘束する程度を定量化するために，層ごとに分割した部分骨組を，さらに図 10.4 のように柱に着目して梁を反曲点で分割する．上下左右に隣接する階の節点の回転角 θ はいずれも同じと仮定しているので，柱の反曲点位置は柱の中間高さとなる．また柱は上下方向に移動しないと仮定しているので，梁の反曲点位置はスパン中央となる．つまりすべての柱・梁を逆対称曲げ状態と仮定していることになる．梁の反曲点をピン支持点に置き換え，柱 1 本と接続する梁 4 本を取り出し，柱の鉛直方向の移動が起こらないようにした図 10.4 (a) の部分を**単位部分架構**とする．

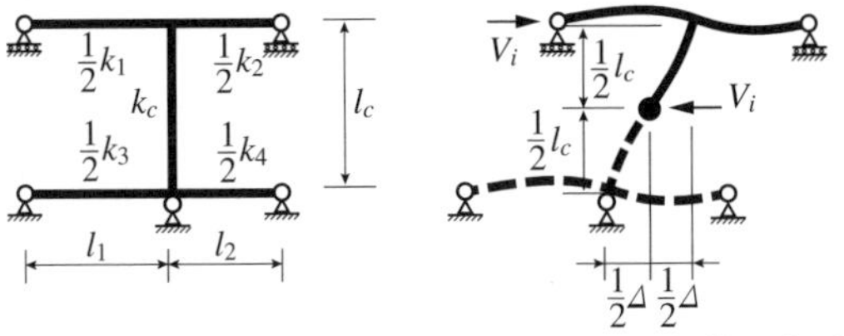

(a)　単位部分架構の支持条件　(b)　単位部分架構の変形状態

図 10.4　単位部分架構

10.4　横力分布係数

図 10.4 (a) の単位部分架構の柱の上端と下端に相対水平変位 $\varDelta$ が生じる時の柱のせん断力 V_i を固定モーメント法を用いて求める．柱の上下端の回転が拘束されたままで，相対水平変位 $\varDelta$ が生じる時に柱の上下端に生じる固定端モーメント M_f は，式 (10.1) の V_f を使って，

$$M_f = \frac{V_f l_c}{2} = \frac{6E_c I_c}{l_c^2}\varDelta = \frac{12E_c}{l_c^2}\frac{l_c}{2}\frac{I_c}{l_c}\varDelta = \alpha l_c \frac{k_c}{2}\varDelta \tag{10.4}$$

となる．次に図 10.4 (b) の上半分の 3 ピン構造を考える．柱頭の節点に接続する部材の剛度は，柱が k_c，梁が，$\frac{1}{2}k_1, \frac{1}{2}k_2$ である．よって，柱へのモーメントの分配率 d_c は式 (10.5) で表される．

$$d_c = \frac{2k_c}{k_1 + k_2 + 2k_c} = \frac{2}{\overline{k} + 2} \tag{10.5}$$

ここに，$\overline{k}$ $(= \frac{k_1+k_2}{k_c})$ は，柱の剛度 k_c を基準とした梁の相対的な剛度を表している．固定モーメント法を適用すると，柱頭の節点の不釣合いモーメントが M_f であれば，柱頭の分配モーメントは $-d_c M_f$ になる．柱も梁も逆対称曲げ状態であるため，修正剛度を適用することができ，到達率をゼロとすることができる．よって，1 回目で収束する．

正しい柱の上端の曲げモーメント M_c は，柱の固定端モーメント M_f に分配モーメント $-d_c M_f$ を加えて求められ，

$$M_c = M_f - d_c M_f = \alpha l_c \frac{k_c}{2}\frac{\overline{k}}{\overline{k} + 2}\varDelta \tag{10.6}$$

となる．したがって，柱に生じるせん断力 V_i と水平変位 $\varDelta$ の関係は式 (10.7) で表される．

$$V_i = \frac{2M_c}{l_c} = \alpha \frac{\overline{k}}{\overline{k} + 2} k_c \varDelta \tag{10.7}$$

部材の断面寸法が上下階で急変しなければ，柱上端の梁と柱下端の梁の剛度は良く似た値となるので，式 (10.8) のように，上下階の 4 本の梁の平均的な剛度で近似する．

$$k_1 + k_2 = k_3 + k_4 = \frac{1}{2}(k_1 + k_2 + k_3 + k_4) \tag{10.8}$$

ここに，k_1, k_2, k_3, k_4：梁の剛度．同様に，柱の剛度を基準とした梁の剛度の値 $\overline{k}$ も，式 (10.9) で置き換えておく．

$$\overline{k} = \frac{k_1 + k_2 + k_3 + k_4}{2k_c} \tag{10.9}$$

以降，式 (10.7) における $\overline{k}$ の算出には，式 (10.9) を用いるものとする．

式 (10.3) と式 (10.7) の右辺の係数を比較すれば，梁の拘束の程度を表す**剛性比** a は，

$\bar{k}$ を用いて式 (10.10) で表せばよいことがわかる．

$$a = \frac{\bar{k}}{\bar{k} + 2} \tag{10.10}$$

そこで，柱の剛度 k_c に剛性比 a を乗じた柱の相対的な剛性値を表す D_i を，式 (10.11) で定義する．

$$D_i = \frac{\bar{k}}{\bar{k} + 2} k_c = a k_c \tag{10.11}$$

相対的な剛性値 D_i を使用すると，層間変位 $\varDelta$ により生じる柱のせん断力 V_i は，次の式に従って決定することができる．

$$V_i = \alpha D_i \varDelta \tag{10.12}$$

式 (10.11) で求められる水平力抵抗部材の相対的な剛性値 D_i のことを**横力分布係数**または単に **D 値**という．

10.5　層せん断力と層間変位

前節に述べた方法により，層の平面に配置されているすべての柱の横力分布係数 D_i が計算される．次に，それらを使ってその層の層間変形 $\varDelta$ を求め，さらにそれぞれの柱に生じるせん断力 V_i を求める方法について述べる．

平面骨組の場合には，層せん断力 V により生じる下床と上床の相対変位 $\varDelta$ は，その層に含まれる柱の横力分布係数 D_i の総和 $\sum D_i$ から，式 (10.13a) で求められる．また，個々の柱に生じるせん断力 V_i は式 (10.13b) で求められる．

$$\varDelta = \frac{V}{\alpha \sum D_i} \tag{10.13a}$$

$$V_i = \frac{D_i}{\sum D_i} V \tag{10.13b}$$

立体骨組においては，各柱の二方向の横力分布係数 D_{ix} と D_{iy} から，層に働く力に方向のせん断力 V_x, V_y と層のねじりモーメント M_t により生じる上床と下床の層間変形 $\varDelta$ の二方向の成分 $\varDelta x', \varDelta y'$ と回転成分 $\varDelta_\theta$ を求め，さらに各柱の水平二方向のせん断力 V_{ix}, V_{iy} を求める．それを具体的に次の (1) から (3) に述べる．

(1)　剛床仮定

建物の床が面内方向に変形せずに剛体として図 10.5 に示すように水平方向に移動もしくは回転すると仮定する．このような床を**剛床**という．ここでは剛床を仮定する．

ある層の柱の下端と上端の相対水平変位は，骨組の主な方向（x 方向とする）の剛床の並進移動による変位成分 $\varDelta'_x$（図 10.5 (a)）とその直交方向（y 方向とする）の並進移動による変位成分 $\varDelta'_y$（図 10.5 (b)），および床に垂直な軸を中心とした剛床の回転変

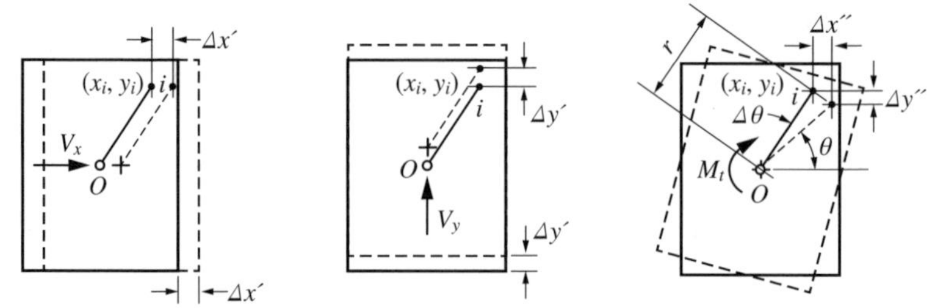

(a)　x 方向の並進変位　　(b)　y 方向の並進変位　　(c)　z 軸周りの回転変位

図 10.5　床の並進変位と回転変位

位成分 Δ_θ（図 10.5 (c)）により表すことができる．なお，床に垂直な軸を中心とした建物の回転 Δ_θ による柱の相対水平変位は，その代わりに 2 つの変位成分 $\Delta x''$ と $\Delta y''$ に分解することができる．

図 10.5 の剛床の移動を考えるにあたって，原点 O を基準とした座標系を考える．水平荷重が働くと，下の剛床の位置を基準に上の剛床が破線の位置に移動するものとする．図 10.5 (a) と図 10.5 (b) は，上の床が x 方向に $\Delta x'$，y 方向に $\Delta y'$ それぞれ並進変位した時の柱の位置をそれぞれ示している．図 10.5 (c) は上の床が角度 $\Delta\theta$（時計回り正）床に垂直な軸の周りに回転変位した時の柱の位置を示している．これらの 3 種類の剛床の動きから生じる変位を重ね合わせると，原点から距離 r_i だけ離れた柱 i の最終位置が決まる．図 10.5 の記号を使うと，柱の下端を基準とした上端の水平変位は，

$$\Delta x_i = \Delta x' + \Delta x_i'' \tag{10.14a}$$

$$\Delta y_i = \Delta y' - \Delta y_i'' \tag{10.14b}$$

となる．この式に，$\Delta x_i'' = r_i \Delta\theta \sin\theta_i = y_i \Delta\theta,\ \Delta y_i'' = r_i \Delta\theta \cos\theta_i = x_i \Delta\theta$ をそれぞれ代入すると，

$$\Delta x_i = \Delta x' + y_i \Delta\theta \tag{10.15a}$$

$$\Delta y_i = \Delta y' - x_i \Delta\theta \tag{10.15b}$$

これらの柱に生じる変位が求められているなら，式 (10.12) を適用して柱のせん断力 V_{ix} と V_{iy} は，次のように求められる．

$$V_{ix} = \alpha D_{ix} \Delta x_i \tag{10.16a}$$

$$V_{iy} = \alpha D_{iy} \Delta y_i \tag{10.16b}$$

ここに，柱の 2 つの横力分布係数 D_{ix} と D_{iy} は，方向別の値であり，x 方向と y 方向の変位に対するものとする．床の回転変位 $\Delta\theta$ により柱自身にもねじり変形が生じるが，柱自体のねじり剛性は小さいので，柱に生じるねじりモーメント T は通常無視さ

れる．

(2)　層間変位

層に作用する水平面内の力 V_x, V_y, M_t と水平抵抗要素に生じる抵抗力の釣合いより，次の式が成立する．

$$V_x = \sum V_{ix} \tag{10.17a}$$

$$V_y = \sum V_{iy} \tag{10.17b}$$

$$M_t = \sum y_i V_{ix} - \sum x_i V_{iy} \quad \text{（時計回り正）} \tag{10.17c}$$

ここに，V_x と V_y は，層せん断力の x 方向の成分と y 方向の成分で，M_t はそれらの力による層のねじりモーメントで，座標系の原点周りで求めた値である．式 (10.15a), (10.15b) の変位を，式 (10.16a), (10.16b) に代入し，その結果を式 (10.17a)–(10.17c) に代入することにより，層間変位の成分 $\varDelta'_x, \varDelta'_y, \varDelta_\theta$ と層に働く力の成分 V_x, V_y, V_t の間の関係を表す式 (10.18a)–(10.18c) が導かれる．

$$\begin{aligned} V_x &= \sum \alpha D_{ix} \varDelta x = \alpha \sum D_{ix} (\varDelta x' + y_i \varDelta\theta) \\ &= \alpha \left(\varDelta x' \sum D_{ix} + \varDelta\theta \sum y_i D_{ix} \right) \end{aligned} \tag{10.18a}$$

$$\begin{aligned} V_y &= \sum \alpha D_{iy} \varDelta y = \alpha \sum D_{iy} (\varDelta y' - x_i \varDelta\theta) \\ &= \alpha \left(\varDelta y' \sum D_{iy} - \varDelta\theta \sum x_i D_{iy} \right) \end{aligned} \tag{10.18b}$$

$$\begin{aligned} M_t &= \sum y_i (\alpha D_{ix} \varDelta x) - \sum x_i (\alpha D_{iy} \varDelta y) \\ &= \alpha \left(\varDelta x' \sum y_i D_{ix} + \varDelta\theta \sum y_i^2 D_{ix} - \varDelta y' \sum x_i D_{iy} + \varDelta\theta \sum x_i^2 D_{iy} \right) \end{aligned} \tag{10.18c}$$

ここで，座標系の原点 O を $\sum y_i D_{ix} = \sum x_i D_{iy} = 0$ となるように選んでおけば，これらの式はさらに簡単になる．このように定まる原点は，横力分布係数の原点周りの一次モーメントがゼロとなる点であり，その層の**剛心**と呼ばれる．剛心に水平力だけを作用させた場合に，ねじりモーメントやねじり変形は生じない．このように座標系を選ぶと，層間変位と層に働く力の関係を表す式 (10.18a)–(10.18c) は，式 (10.19a)–(10.19c) のように簡単になる．

$$V_x = \sum \alpha D_{ix} \varDelta x = \alpha \sum D_{ix} \varDelta x' = \alpha \varDelta x' \sum D_{ix} \tag{10.19a}$$

$$V_y = \sum \alpha D_{iy} \varDelta y = \alpha \sum D_{iy} \varDelta y' = \alpha \varDelta y' \sum D_{iy} \tag{10.19b}$$

$$\begin{aligned} M_t &= \sum y_i (\alpha D_{ix} \varDelta x) - \sum x_i (\alpha D_{iy} \varDelta y) \\ &= \alpha \varDelta\theta \left(\sum y_i^2 D_{ix} + \sum x_i^2 D_{iy} \right) \end{aligned} \tag{10.19c}$$

したがって，下床と上床の相対変位を表す $\Delta x'$, $\Delta y'$ と $\Delta\theta$ について解くと，**層間変位**は，式 (10.20a)–(10.20c) のように表される．

$$\Delta x' = \frac{V_x}{\alpha \sum D_{ix}} \tag{10.20a}$$

$$\Delta y' = \frac{V_y}{\alpha \sum D_{iy}} \tag{10.20b}$$

$$\Delta\theta = \frac{M_t}{\alpha\left(\sum y_i^2 D_{ix} + \sum x_i^2 D_{iy}\right)} = \frac{M_t}{\alpha I_p} \tag{10.20c}$$

$$I_p = \sum y_i^2 D_{ix} + \sum x_i^2 D_{iy} \tag{10.21}$$

式 (10.20c) の右辺の分母に現れる I_p は，剛心周りの横力分布係数の**極二次モーメント**であり，αI_p は，その層のねじれ剛性を表している．

(3)　柱のせん断力

個々の柱に生じるせん断力の二方向の成分は，式 (10.20a)–(10.20c) で得られる層間変位 $\Delta x'$, $\Delta y'$ および $\Delta\theta$ の数値を式 (10.15a), (10.15b) に代入して個々の柱に生じる変位が求められ，さらに，せん断力と水平変位の関係を表す式 (10.16a), (10.16b) に代入すると，次のように各柱の負担するせん断力を算出することができる．

$$V_{ix} = \alpha D_{ix} \Delta x_i = \alpha D_{ix}(\Delta x' + y_i \Delta\theta) = \frac{D_{ix}}{\sum D_{ix}} V_x + \frac{y_i D_{ix}}{I_p} M_t \tag{10.22a}$$

$$V_{iy} = \alpha D_{iy} \Delta y_i = \alpha D_{iy}(\Delta y' - x_i \Delta\theta) = \frac{D_{iy}}{\sum D_{iy}} V_y - \frac{x_i D_{iy}}{I_p} M_t \tag{10.22b}$$

(4)　柱の曲げモーメント

柱のせん断力が決定されれば，柱の曲げモーメントの決定は簡単に完了する．最初の仮定（図 10.4 (b)）によると反曲点位置は，層の高さの中央なので柱の上下端の曲げモーメントを次式で算定することができる．

$$M_i = 0.5 l_c V_i \tag{10.23}$$

10.6　柱の曲げモーメント

式 (10.23) により求められる柱の曲げモーメント分布形は，柱の**反曲点位置**が高さ中央にあると仮定した結果得られたものであり必ずしも正解ではない．例えば一様で整形な骨組では，中間階では柱の反曲点は概ね高さ中央にあるが，最下層に近い柱では反曲点は中央より上に移動し，最上層に近い柱の反曲点は中央より下に移動する．武藤は，高層骨組の柱の反曲点位置に及ぼす階数や高さ方向の位置の影響を厳密な解析法により求め，その解析に近い曲げモーメント分布が得られるような反曲点位置の補正方法を提案している．反曲点位置は図 10.6 (a) に示される柱の下端から反曲点まで

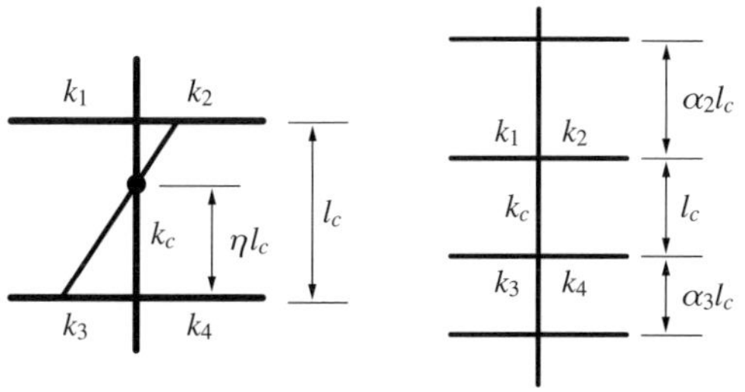

(a)　反曲点高比 η　　　(b)　層高比 α

図 10.6　反曲点位置の補正

の高さ ηl_c で表すものとする．

係数 η は**反曲点高比**と呼ばれている．反曲点高比 η は，**標準反曲点高比** η_0 に，修正係数 η_1, η_2, η_3 を加えて求められる（式 (10.24)）．

$$\eta = \eta_0 + \eta_1 + \eta_2 + \eta_3 \tag{10.24}$$

表 10.1 は，反曲点高さ比の標準値である標準反曲点高比 η_0 に関するもので，梁の剛性と柱の剛性の比 $\overline{k}$，層数 m，および層の位置 n の関数としてその値が示されている．

表 10.2 は，柱の上下での梁の剛性が変化する場合の反曲点位置の移動を考慮するための補正係数 η_1 である．

表 10.3 に示される η_2 および η_3 は，上下の階で層の高さが異なる時の反曲点位置を補正する係数である．

表 10.1 に示された値は，水平方向力の分布形が逆三角形の場合の結果から作成された表である．反曲点高比 η は，本来，水平外力の高さ方向の分布形に影響を受ける．武藤は，他にも水平方向力の分布形が等分布の場合の η_0 の表も別に提供している．

式 (10.24) により，反曲点高比 η が求められたら，柱の下端と上端の曲げモーメントは次の式で求められる．

$$M_i = \eta l_c V_i \quad（下端）,\quad M_i = (1-\eta) l_c V_i \quad（上端） \tag{10.25}$$

梁端に加えられるモーメントは，節点におけるモーメントの釣合いより，節点に生じた上下の柱のモーメントの和を，左右の梁の剛度の比で分配して決定する．このようにして，水平力によってすべての柱と梁に生じている曲げモーメントの値を求める．

表 10.1　多層骨組の標準反曲点高比 η_0（逆三角形荷重）

層数	層	$\bar{k}$								
m	n	0.1	0.2	0.3	0.4	0.6	0.8	1.0	3.0	5.0
1	1	0.80	0.75	0.70	0.65	0.60	0.60	0.55	0.55	0.55
2	2	0.50	0.45	0.40	0.40	0.40	0.40	0.45	0.45	0.50
	1	1.00	0.85	0.75	0.70	0.65	0.65	0.60	0.55	0.55
3	3	0.25	0.25	0.25	0.30	0.35	0.35	0.40	0.45	0.50
	2	0.60	0.50	0.50	0.50	0.45	0.45	0.45	0.50	0.50
	1	1.15	0.90	0.80	0.80	0.70	0.65	0.65	0.55	0.55
4	4	0.10	0.15	0.20	0.25	0.30	0.35	0.40	0.45	0.45
	3	0.35	0.35	0.35	0.40	0.40	0.45	0.45	0.50	0.50
	2	0.70	0.60	0.55	0.50	0.50	0.50	0.50	0.50	0.50
	1	1.20	0.95	0.85	0.80	0.70	0.70	0.65	0.55	0.55
6	6	−0.15	0.05	0.15	0.20	0.30	0.35	0.35	0.45	0.45
	5	0.10	0.25	0.30	0.35	0.40	0.40	0.45	0.50	0.50
	4	0.30	0.35	0.40	0.40	0.45	0.45	0.45	0.50	0.50
	3	0.50	0.45	0.45	0.45	0.45	0.45	0.50	0.50	0.50
	2	0.80	0.65	0.45	0.55	0.55	0.50	0.50	0.50	0.50
	1	1.30	1.00	0.85	0.80	0.70	0.65	0.65	0.55	0.55
8	8	−0.20	0.05	0.15	0.20	0.30	0.35	0.35	0.45	0.45
	7	0.00	0.20	0.30	0.35	0.40	0.40	0.45	0.50	0.50
	6	0.15	0.30	0.35	0.40	0.45	0.45	0.45	0.50	0.50
	5	0.30	0.45	0.40	0.45	0.45	0.45	0.45	0.50	0.50
	4	0.40	0.45	0.45	0.45	0.45	0.50	0.50	0.50	0.50
	3	0.60	0.50	0.50	0.50	0.50	0.50	0.50	0.50	0.50
	2	0.84	0.65	0.60	0.55	0.55	0.50	0.50	0.50	0.50
	1	1.30	1.00	0.90	0.80	0.70	0.65	0.65	0.55	0.55
10	10	−0.25	0.00	0.15	0.20	0.30	0.35	0.40	0.45	0.45
	9	−0.05	0.20	0.30	0.35	0.40	0.40	0.45	0.50	0.50
	8	0.10	0.30	0.35	0.40	0.40	0.45	0.45	0.50	0.50
	7	0.20	0.35	0.40	0.40	0.45	0.45	0.50	0.50	0.50
	5	0.40	0.45	0.45	0.45	0.45	0.50	0.50	0.50	0.50
	3	0.60	0.55	0.50	0.50	0.50	0.50	0.50	0.50	0.50
	2	0.85	0.65	0.60	0.55	0.55	0.50	0.50	0.50	0.50
	1	1.35	1.00	0.90	0.80	0.75	0.70	0.65	0.55	0.55
≧ 12	$m-1$	−0.30	0.00	0.15	0.20	0.30	0.30	0.35	0.45	0.45
	$m-2$	−0.10	0.20	0.25	0.30	0.40	0.40	0.40	0.45	0.50
	$m-3$	0.05	0.25	0.35	0.40	0.40	0.45	0.45	0.50	0.50
	$m-4$	0.15	0.30	0.40	0.40	0.45	0.45	0.45	0.50	0.50
	$m-5$	0.25	0.35	0.40	0.45	0.45	0.45	0.45	0.50	0.50
	$m-6$	0.30	0.40	0.40	0.45	0.45	0.50	0.50	0.50	0.50
	5	0.45	0.45	0.45	0.45	0.50	0.50	0.50	0.50	0.50
	4	0.55	0.50	0.50	0.50	0.50	0.50	0.50	0.50	0.50
	3	0.65	0.55	0.50	0.50	0.50	0.50	0.50	0.50	0.50
	2	0.70	0.70	0.60	0.55	0.55	0.50	0.50	0.50	0.50
	1	1.35	1.05	0.90	0.80	0.70	0.70	0.65	0.55	0.55

表 10.2　上下の梁の剛度変化のための修正値 η_1

α_1	$\bar{k}$								
	0.1	0.2	0.3	0.4	0.6	0.8	1.0	3.0	5.0
0.4	0.55	0.40	0.30	0.25	0.20	0.15	0.15	0.05	0.05
0.5	0.45	0.30	0.20	0.20	0.15	0.10	0.10	0.05	0.05
0.6	0.30	0.20	0.15	0.15	0.10	0.10	0.05	0.05	0.00
0.7	0.20	0.15	0.10	0.10	0.05	0.05	0.05	0.00	0.00
0.8	0.15	0.10	0.05	0.05	0.05	0.05	0.00	0.00	0.00
0.8	0.05	0.05	0.05	0.05	0.00	0.00	0.00	0.00	0.00

$\alpha_1 = \frac{k_1+k_2}{k_3+k_4} < 1$ とする．$\alpha_1 > 1$ の場合には，$1/\alpha_1$ の値で求め η_1 の符号は負とする．最下層は考えないでよい．

表 10.3　標準反曲点高さ比の修正値 η_2 と η_3

α_2	α_3	$\bar{k}$								
		0.1	0.2	0.3	0.4	0.6	0.8	1.0	3.0	5.0
2.0		0.25	0.15	0.15	0.10	0.10	0.10	0.05	0.05	0.00
1.8		0.20	0.15	0.10	0.10	0.05	0.05	0.05	0.00	0.00
1.6	0.4	0.15	0.10	0.10	0.05	0.05	0.05	0.05	0.00	0.00
1.4	0.6	0.10	0.05	0.05	0.05	0.05	0.05	0.00	0.00	0.00
1.2	0.8	0.05	0.05	0.05	0.00	0.00	0.00	0.00	0.00	0.00
1.0	1.0	0.00	0.00	0.00	0.00	0.00	0.00	0.00	0.00	0.00
0.8	1.2	−0.05	−0.05	−0.05	0.00	0.00	0.00	0.00	0.00	0.00
0.6	1.4	−0.10	−0.05	−0.05	−0.05	−0.05	−0.05	0.00	0.00	0.00
0.4	1.6	−0.15	−0.10	−0.10	−0.05	−0.05	−0.05	−0.05	0.00	0.00
	1.8	−0.20	−0.15	−0.10	−0.10	−0.05	−0.05	−0.05	0.00	0.00
	2.0	−0.25	−0.15	−0.15	−0.10	−0.10	−0.10	−0.05	−0.05	0.00

α_2 と α_3 の値は，図 10.6 (b) 層高比により求める．α_2 の値から η_2 を，α_3 の値から η_3 をそれぞれ求める．これらの修正係数は最上層においては η_2 を，最下階においては η_3 を適用する必要はない．

10章の問題

□**1**　次の逆三角形分布の水平外力を受ける平面剛接骨組の曲げモーメント図を武藤の横力分布係数法を用いて作成せよ．部材断面の曲げ剛性は図中に記入されている値を用いる．

(a)

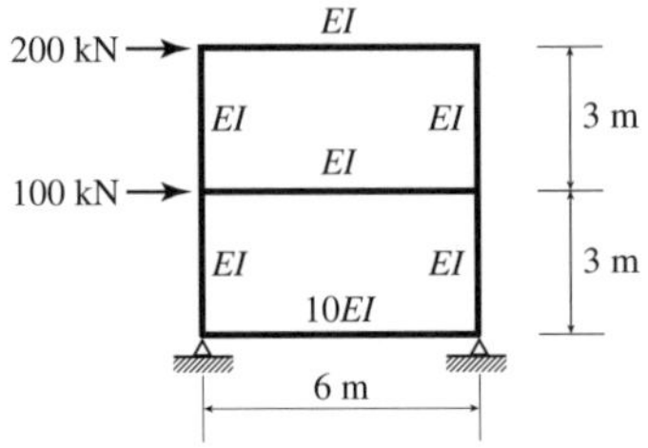

(b)

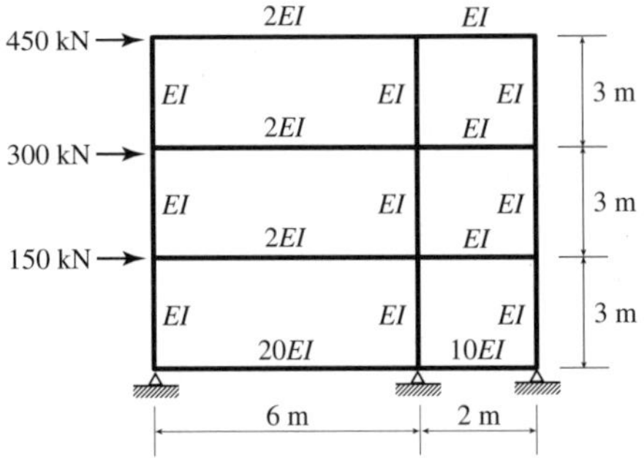

□**2**　次の 1 層の立体骨組の節点 a に ab の方向に水平力が作用する時の床の剛心における変位と，4 本の柱のそれぞれの二方向のせん断力を求めよ．梁の曲げ剛性は ∞ とし，剛床を仮定する．柱断面の曲げ剛性は，x, y のどちらの方向に対しても EI とする．

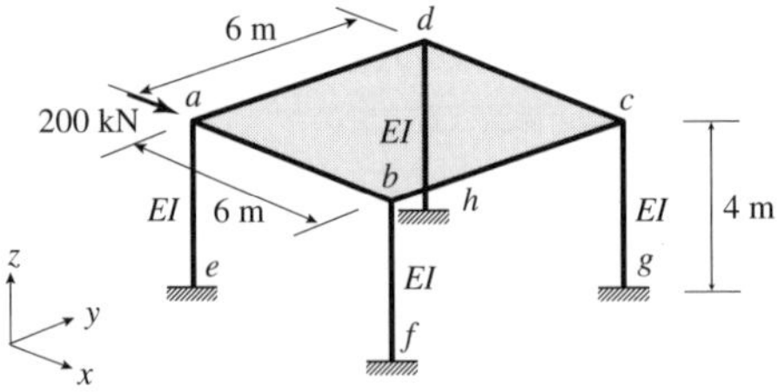

11 マトリクス構造解析

適合法や変位法は，不静定構造物を含む構造解析に広く適用できるが，これらを大規模な構造物の構造解析に適用するには，膨大な計算量が必要となるため，実用的ではなかったことは第 7 章で述べた．しかし，20 世紀の後半に入りコンピュータが発明されると，構造物や部材の力・変位・剛性と，部材と部材の接続状態などのトポロジーを，マトリクスやベクトルで表現し，適合法や変位法の計算手順を，マトリクス演算で表現することが提案された．構造解析の手順がマトリクス演算で表されていれば，計算手順をプログラミング言語で記述することが容易になる．そのため，コンピュータの性能の向上とともに，それまでの適合法や変位法による構造解析は，十分に実用的な方法に変わった．そのような方法は**マトリクス構造解析**と呼ばれている．

建築構造設計の実務では，どちらかというと変位法のほうが主流である．変位法は，静定・不静定の判別が不要で，多次元の問題にも容易に拡張でき，一般性の高い方法であるためであろう．この章では，**変位法**を例として，マトリクス構造解析におけるマトリクスやベクトルの使われ方の基本について学ぶ．

11.1 部材の剛性方程式

変位法では，構造物を節点で分割して部材を取り出すところから始める．そして，各部材について，両端部に働く力と両端部の変位の関係を表す式を用意する．この関係は，式 (11.1) のように，力のベクトル $\mathbf{p}$（左辺）= 剛性マトリクス $\mathbf{K}$ × 変形のベクトル $\mathbf{d}$（右辺）の形で表しておく．

$$\mathbf{p} = \mathbf{K}\mathbf{d} \tag{11.1}$$

ここに，$\mathbf{p}$ は，部材の両端に働く力の成分を要素とする縦ベクトルであり，$\mathbf{d}$ は，部材の両端の変位の成分を要素とする縦ベクトルである．この形式の式を**部材の剛性方程式**といい，またその係数マトリクス $\mathbf{K}$ のことを**部材の剛性マトリクス**という．

例 11.1　一次元のバネの部材の剛性方程式

一次元のバネは，最も簡単な部材の例である．バネの両端に作用させる力のベクトル $\mathbf{p}$ と部材の両端の変位のベクトル $\mathbf{d}$ の間に成り立つ部材の剛性方程式を求める．

バネ定数　バネの引張力 p と伸び d の間には，$p = k_1 d$ の比例関係が成り立つものとする．ここに，k_1：バネのバネ定数，p：力（引張りを正とする），d：変形（伸びを正とする）．

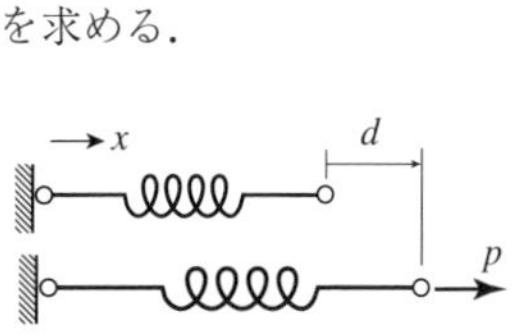

バネの両端に働く力と両端の変位の関係　バネの両端を A 端

と B 端とする．A 端と B 端に x 方向（A 端から B 端に向かう方向とする）に働く力をそれぞれ p_A, p_B とする．A 端と B 端の位置の x 方向の移動量（変位）をそれぞれ d_A, d_B とする．

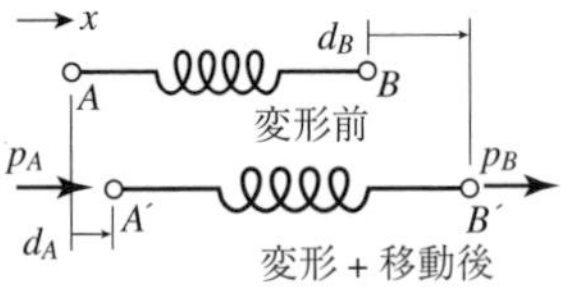

i)　A 端を移動しないように固定した場合（$d_A = 0$）

$p_B = k_1 d_B$　　式 (1)

部材軸方向の力の釣合いから

$p_A = -p_B = -k_1 d_B$　　式 (2)

ii)　B 端を移動しないように固定した場合（$d_B = 0$），

$p_A = k_1 d_A$　　式 (3)

部材軸方向の力の釣合いから

$p_B = -p_A = -k_1 d_A$　　式 (4)

iii)　重ね合わせ：式 (2) と式 (3) の右辺を加えて式 (5) が，式 (1) と式 (4) の右辺を加えて式 (6) が得られ，部材の剛性方程式が求められる．

$p_A = k_1 d_A - k_1 d_B$　　式 (5)

$p_B = -k_1 d_A + k_1 d_B$　　式 (6)

部材の剛性方程式　式 (5) と式 (6) をマトリクスとベクトルを用いて表示すれば，

$\mathbf{p} = \mathbf{Kd}$　　式 (7)

の形で表され，部材の剛性方程式が得られる．

ここに，$\mathbf{p} = \begin{Bmatrix} p_A \\ p_B \end{Bmatrix}, \mathbf{K} = \begin{bmatrix} k_1 & -k_1 \\ -k_1 & k_1 \end{bmatrix}, \mathbf{d} = \begin{Bmatrix} d_A \\ d_B \end{Bmatrix}.$

11.2　座標変換と反傾関係

力や変形の向きや大きさを考える時，それらの量がどの座標系で表されているかも重要である．例 11.1 では，バネに働く力と変位は，右方向を正とする座標系で表した数値の組で表していた．一方で，バネ自体の力と変形は，p（引張力という座標）と d（バネの伸び量という座標）を使い $p = k_1 d$ のように表すこともできる．このように力と変位を表す座標系は，場合によって使い分けることができる．また座標系は直交座標系に限られず，この例のように一般化された座標系も含まれる．

そこで，ある座標系で表された力の成分からなるベクトル $\mathbf{p}$ と，別の座標系で表された力の成分からなるベクトル $\mathbf{p}'$ の関係は，マトリクスの積を使って，

$$\mathbf{p}' = \mathbf{Tp} \tag{11.2a}$$

と表すことができるものとする．式 (11.2a) の式に現れる右辺の係数マトリクス $\mathbf{T}$ は**座標変換マトリクス**と呼ばれている．$\mathbf{p}$ を表す座標系で表した点の変位 $\mathbf{d}$ と $\mathbf{p}'$ の座標系

で表した変位 $\mathbf{d}'$ の間には，座標変換マトリクス $\mathbf{T}$ の転置マトリクス $\mathbf{T}^{\top}$ を介して式 (11.2b) の関係も必ず成立する．

$$\mathbf{d} = \mathbf{T}^{\top}\mathbf{d}' \tag{11.2b}$$

式 (11.2a) に対して式 (11.2b) のような式は，**反傾表現**と呼ばれる．さらに，部材の剛性方程式が $\mathbf{p} = \mathbf{K}\mathbf{d}$ で表される時，$\mathbf{p}'$ と $\mathbf{d}'$ の間に成り立つ剛性方程式は，

$$\mathbf{p}' = \mathbf{K}'\mathbf{d}' \quad \text{ここに} \quad \mathbf{K}' = \mathbf{T}\mathbf{K}\mathbf{T}^{\top} \tag{11.2c}$$

で表される．式 (11.2c) は，必ず成り立つので，様々な種類の部材の剛性方程式を考える際に役にたつ．

例 11.2　**一次元のバネの座標変換マトリクス T**

バネの応力（引張りを正とする）を p，バネの伸びを d（伸びを正とする）とする．この時，バネの応力 p とバネの A 端に加えられる力 p_A，およびバネの B 端に加えられる力 p_B の間にはそれぞれ次の対応関係がある．

$$p_A = -p, \quad p_B = p$$

これは，マトリクスを用いて表示すれば，次のように表される．

$$\begin{Bmatrix} p_A \\ p_B \end{Bmatrix} = \begin{bmatrix} -1 \\ 1 \end{bmatrix} p$$

または

$$\mathbf{p}' = \mathbf{T}\mathbf{p}$$

ここに，$\mathbf{p}' = \begin{Bmatrix} p_A \\ p_B \end{Bmatrix}$, $\mathbf{T} = \begin{bmatrix} -1 \\ 1 \end{bmatrix}$, $\mathbf{p} = p$.

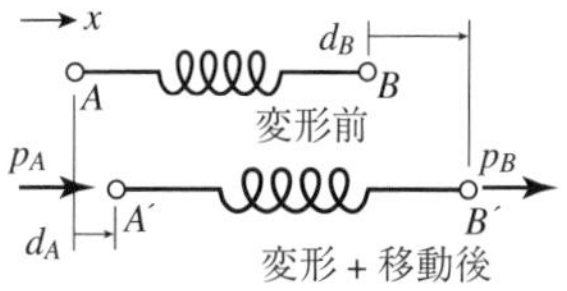

また，バネの両端の変位 d_A と d_B とバネの伸び d の間には次の関係がある．

$$d = d_B - d_A$$

これをマトリクスを用いて表示すれば，次のように表される．

$$d = \begin{bmatrix} -1 & 1 \end{bmatrix} \begin{Bmatrix} d_A \\ d_B \end{Bmatrix}$$

または

$$\mathbf{d} = \mathbf{T}^{\top}\mathbf{d}'$$

ここに，$\mathbf{d}' = \begin{Bmatrix} d_A \\ d_B \end{Bmatrix}$　$\mathbf{T}^{\top} = \begin{bmatrix} -1 & 1 \end{bmatrix}$　$\mathbf{d} = d$

よって，ここに現れる座標変換マトリクス $\mathbf{T}$ を使った変位についての反傾表現がやはり成立していることを確かめることができる．

例 11.3　**座標変換を利用した一次元のバネの剛性マトリクスの計算**

座標変換マトリクス $\mathbf{T}$ を用いて例 11.2 のバネの剛性方程式を求める．バネの応力（引張りを正とする）を p，バネの伸びを d（伸びを正とする）として，$p = k_1 d$（k_1：バネ係数）の関係が成り立つものとする．$p = k_1 d$ の両辺に左から $\mathbf{T}$ を乗じ，右辺の d に $d = \mathbf{T}^{\top}\mathbf{d}'$ を代入する式展開を行うと次のようになる．

$$\mathbf{p}' = \mathbf{T}p = \mathbf{T}kd = (\mathbf{T}k\mathbf{T}^{\top})\mathbf{d}'$$

ここに，

$$\mathbf{T} = \begin{bmatrix} -1 \\ 1 \end{bmatrix},$$

$$\mathbf{K} = \mathbf{T}k\mathbf{T}^{\top} = \begin{bmatrix} k_1 & -k_1 \\ -k_1 & k_1 \end{bmatrix}$$

すなわち，例 11.1 式 (7) の剛性マトリクスと $\mathbf{T}k\mathbf{T}^{\top}$ は等しいことが確かめられた．

11.3　構造物の剛性方程式

変位法で次にするのは，節点における力の釣合い条件を使って，すべての節点に働く外力と変位に関する式を導くことである．ここで導かれる式も**剛性方程式**と呼ばれるが，部材の剛性方程式と区別して**構造物の剛性方程式**と呼ぶ．剛性方程式は**構成方程式**とも呼ばれ，次の式となる．

$$\mathbf{p} = \mathbf{K}\mathbf{d} \tag{11.3}$$

ここに，$\mathbf{p}$ は，構造物のすべての節点に作用する外力もしくは支点の反力を成分とする縦ベクトルであり，$\mathbf{d}$ は構造物に含まれるすべての節点もしくは支点の変位を成分とする縦ベクトルである．また，$\mathbf{K}$ を**構造物の剛性マトリクス**という．図 11.1 は複数のバネが互いに結合された簡単な構造物の例を示している．

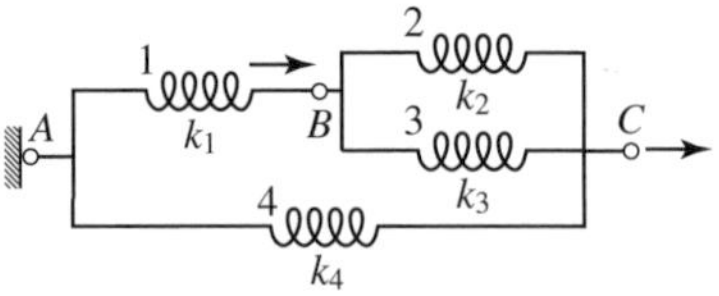

図 11.1　一次元のバネからなる簡単な構造物

例 11.4　**構造物の剛性方程式**

A, B, C の 3 つの節点があり，バネ 1 は節点 A と節点 B に接続し，バネ 2 は節点 B と節点 C に接続する簡単な構造物を考える．すべての節点に働く力とすべての節点の変位の関係をあらわす構造物の剛性方程式を導く．最初に部材の剛性方程式を作成する．

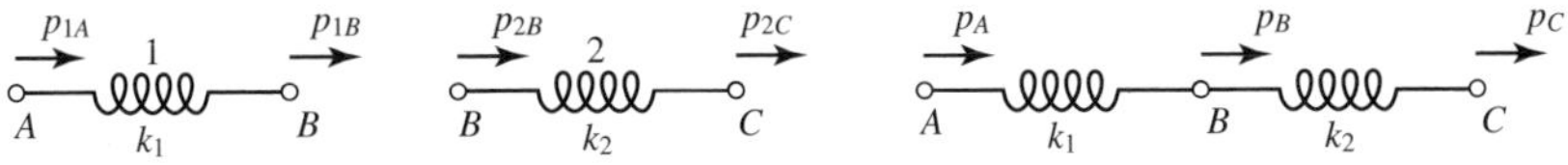

バネ 1 の両端に加える力 p_{1A}, p_{1B} と両端の変位 d_{1A}, d_{1B} の間には，次の関係がある．

$p_{1A} = k_1 d_{1A} - k_1 d_{1B}$　　式 (1a)

$p_{1B} = -k_1 d_{1A} + k_1 d_{1B}$　　式 (1b)

同様にバネ 2 の両端に加える力 p_{2B}, p_{2C} と変位 d_{2B}, d_{2C} の間には，次の関係がある．

$p_{2B} = k_2 d_{2B} - k_2 d_{2C}$　　式 (2a)

$p_{2C} = -k_2 d_{2B} + k_2 d_{2C}$　　式 (2b)

外部から構造物の各節点に加えられる力を p_A, p_B, p_C とすると，各節点における力の釣合い条件より，

$p_A = p_{1A}$　　式 (3a)

$p_B = p_{1B} + p_{2B}$　　式 (3b)

$p_C = p_{2C}$　　式 (3c)

が成り立つ．式 (3a), (3b), (3c) の右辺に，式 (1a), (1b) と式 (2a), (2b) を代入すると，

$p_A = k_1 d_{1A} - k_1 d_{1B}$　　式 (4a)

$p_B = -k_1 d_{1A} + k_1 d_{1B} + k_2 d_{2B} - k_2 d_{2C}$　　式 (4b)

$p_C = -k_2 d_{2B} + k_2 d_{2C}$　　式 (4c)

ここで，$d_A = d_{1A}, d_B = d_{1B} = d_{2B}, d_C = d_{2C}$ とおくと，式 (4a)–(4c) は，

$p_A = k_1 d_A - k_1 d_B$　　式 (5a)

$p_B = -k_1 d_A + (k_1 + k_2)\, d_B - k_2 d_C$　　式 (5b)

$p_C = -k_2 d_B + k_2 d_C$　　式 (5c)

となる．3 つの節点での力の釣合いをまとめて表した式 (5a)–(5c) は，構造物の剛性方程式を表している．式 (5) をマトリクス形式で表すと，式 (6) になる．

$$\begin{Bmatrix} p_A \\ p_B \\ p_C \end{Bmatrix} = \begin{bmatrix} k_1 & -k_1 & 0 \\ -k_1 & k_1 + k_2 & -k_2 \\ 0 & -k_2 & k_2 \end{bmatrix} \begin{Bmatrix} d_A \\ d_B \\ d_C \end{Bmatrix}, \text{ または } \quad \mathbf{p} = \mathbf{K}\mathbf{d} \qquad \text{式 (6)}$$

ここに，d_A：節点 A の変位，d_B：節点 B の変位，d_C：節点 C の変位，p_A：節点 A に作用する外力，p_B：節点 B に作用する外力，p_C：節点 C に作用する外力，k_1：バネ AB のバネ係数，k_2：バネ BC のバネ係数，$[K]$ または $\mathbf{K}$：構造物の剛性マトリクス，$\{p\}$ または $\mathbf{p}$：節点に作用する外力からなるベクトル，$\{d\}$ または $\mathbf{d}$：節点の変位からなるベクトル．

11.4　直接剛性法

構造物の剛性マトリクスを作成するために例 11.4 では，節点ごとに，節点に働く力の釣合い式を作成し，式を整理して構成する係数を求めて，構造物の剛性マトリクスを構築する方法を取っている．しかし，構造物の剛性マトリクスを作成する別の考え方もある．部材に着目して，部材の両端が接続する節点を i と j とする．その部材の剛性マトリクスの 1 行 1 列の要素を，構造物の剛性マトリクスの i 行 i 列に，同様に 1 行 2 列の要素を i 行 j 列に，2 行 1 列の要素を j 行 i 列に，2 行 2 列の要素を j 行 j 列に，それぞれ加え合わせる．これをすべての部材について行い，構造物の剛性マトリクスを構築する方法である．この方法は**直接剛性法**と呼ばれている．

例 11.5　**直接剛性法による全体構造物の剛性マトリクスの作成**

例 11.4 においては，節点ごとに節点に接続するバネを探し出し，節点の釣合い式を立てて剛性方程式の係数を求め，それをすべての節点について繰り返していた．直接剛性法においては，同じ例について次のように，それぞれのバネに着目しマトリクスの係数を足し合わせて，構造物の剛性方程式を求める．

$$\begin{Bmatrix} p_A \\ p_B \\ p_C \end{Bmatrix} = \underbrace{\begin{bmatrix} k_1 & -k_1 & 0 \\ -k_1 & k_1 & 0 \\ 0 & 0 & 0 \end{bmatrix}}_{\text{バネ 1}} \begin{Bmatrix} d_A \\ d_B \\ d_C \end{Bmatrix} + \underbrace{\begin{bmatrix} 0 & 0 & 0 \\ 0 & k_2 & -k_2 \\ 0 & -k_2 & k_2 \end{bmatrix}}_{\text{バネ 2}} \begin{Bmatrix} d_A \\ d_B \\ d_C \end{Bmatrix}$$

例 11.6　**3 つの一次元バネからなる構造の剛性マトリクスの作成**

次の 3 つのバネからなる構造を考える．点 A に右向きに p_A，点 B に右向きに p_B，点 C に右向きに大きさ p_C の力が加えられている．

ここにバネ AB のバネ係数 $k_1 = 1$，バネ BC のバネ係数 $k_2 = 2$，バネ AC のバネ係数 $k_3 = 3$ とする．

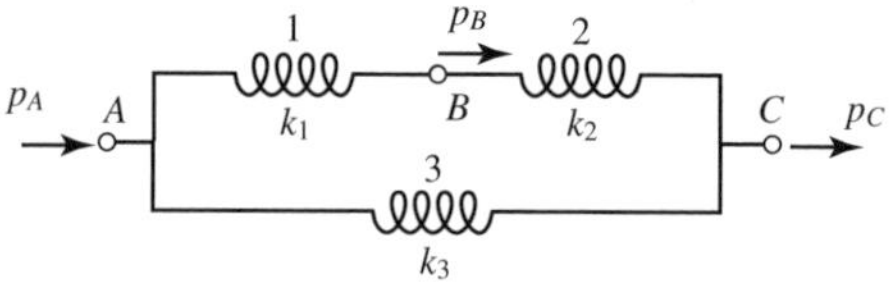

構造物の剛性方程式は，

$$\mathbf{p} = \mathbf{K}\mathbf{d} \qquad \text{式 (1)}$$

ここに，$\mathbf{p} = \begin{Bmatrix} p_A \\ p_B \\ p_C \end{Bmatrix}$，$\mathbf{d} = \begin{Bmatrix} d_A \\ d_B \\ d_C \end{Bmatrix}$

剛性マトリクス $\mathbf{K}$ は，直接剛性法を使えば，次のように与えられる．

$$\mathbf{K} = \begin{bmatrix} 1 & -1 & 0 \\ -1 & 1 & 0 \\ 0 & 0 & 0 \end{bmatrix} + \begin{bmatrix} 0 & 0 & 0 \\ 0 & 2 & -2 \\ 0 & -2 & 2 \end{bmatrix} + \begin{bmatrix} 3 & 0 & -3 \\ 0 & 0 & 0 \\ -3 & 0 & 3 \end{bmatrix} = \begin{bmatrix} 4 & 1 & 3 \\ -1 & 3 & -2 \\ -3 & -2 & 5 \end{bmatrix} \qquad \text{式 (2)}$$

もし，剛性マトリクス $\mathbf{K}$ の逆マトリクス $\mathbf{K}^{-1}$ が存在するのであれば，

$\mathbf{d} = \mathbf{K}^{-1}\mathbf{p}$　　式 (3)

である．式 (3) の右辺の $\mathbf{p}$ に外力の値を代入することにより，左辺の $\mathbf{d}$ の節点の変位の値が求められると考えるかもしれない．しかし，式 (2) の剛性マトリクスには逆マトリクスは存在しない．これは，力学的には当然であって，ABC のうち少なくとも 1 点が固定されていない限り，外力を加えようとするとバネ全体が移動するだけで，バネに力を加えることは不可能である．すなわち力を加えても変位は一意に決定されない．

つまり，構造物の剛性方程式は，支持条件が考慮されていないと未知の変数である節点の変位を求めることができない．

11.5　自由度と多次元への拡張

変位法は，一つの節点に働く力やその節点の変位が一つの成分で表される場合だけではなく，一つの節点の力や変位が 2 つ以上の成分によって表される場合にも拡張できる．そのような例としては，節点に働く力や節点の変位が二次元の平面上にある場合や三次元の空間の中にある場合がある．例えば，二次元の平面上に，バネやトラス部材が配置された場合には，平面上に x 方向と y 方向を定義すれば，一つの節点に働く力と変位は，それぞれ 2 つの独立な成分で表すことができる．このことを，節点あたり 2 つの**自由度**があるという．

部材が，両端の 2 箇所で，他の部材と接続されている時，部材の剛性方程式は，マトリクスを使えば，節点あたりの自由度の数によらず，すべて次のように表される．

$$\mathbf{p}_1 = \mathbf{k}_{11}\mathbf{d}_1 + \mathbf{k}_{12}\mathbf{d}_2 \tag{11.4a}$$

$$\mathbf{p}_2 = \mathbf{k}_{21}\mathbf{d}_1 + \mathbf{k}_{22}\mathbf{d}_2 \tag{11.4b}$$

これらをマトリクスとベクトルで表すと次のようになる．

$$\begin{Bmatrix} \mathbf{p}_1 \\ \mathbf{p}_2 \end{Bmatrix} = \begin{bmatrix} \mathbf{k}_{11} & \mathbf{k}_{12} \\ \mathbf{k}_{21} & \mathbf{k}_{22} \end{bmatrix} \begin{Bmatrix} \mathbf{d}_1 \\ \mathbf{d}_2 \end{Bmatrix} \tag{11.4c}$$

ここに，$\mathbf{p}_1$：**1** 端に作用する力の成分を順に並べた縦ベクトル，$\mathbf{p}_2$：**2** 端に作用する力の成分を順に並べた縦ベクトル，$\mathbf{k}_{11}, \mathbf{k}_{12}, \mathbf{k}_{21}, \mathbf{k}_{22}$：部材の剛性マトリクスの部分マトリクス，$\mathbf{d}_1$：**1** 端の変位の成分を順に並べた縦ベクトル，$\mathbf{d}_2$：**2** 端の変位の成分を順に並べた縦ベクトル．

例 11.7　平面上のバネの剛性方程式

座標系の定義　座標系は，x 軸（右向き正）とそれに直交する y 軸（上向き正）として，節点あたりの自由度の数を 2 とする．

変位と力の定義　バネの向きが x 軸から角度 θ だけ傾いたバネの剛性方程式を考える．部

材端の力と，部材端の変位を表すのに，次の図の記号を用いる．ここに，$p'_{Ax}, p'_{Ay}, p'_{Bx}, p'_{By}$：部材端 A と部材端 B にそれぞれ作用する力の成分，$d'_{Ax}, d'_{Ay}, d'_{Bx}, d'_{By}$：部材端 A と部材端 B の変位のそれぞれの成分，θ：A 端から B 端に向かう方向と x 軸のなす角度（反時計回りを正とする）．

x 軸から角度 θ のトラス部材における両端の力と，トラス部材の引張力 p（$= -p_A = p_B$）の間の関係は，右上の図を参照して次のように表すことができる．

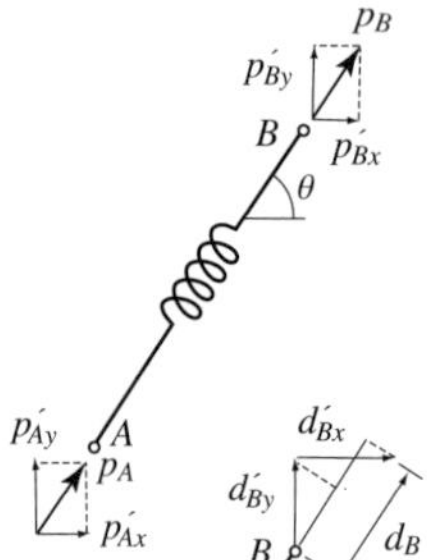

$$p'_{Ax} = -p\cos\theta, \quad p'_{Ay} = -p\sin\theta$$

$$p'_{Bx} = p\cos\theta, \quad p'_{By} = p\sin\theta$$

マトリクス形式で表すと次のように書くことができる．

$$\begin{bmatrix} p'_{Ax} \\ p'_{Ay} \\ p'_{Bx} \\ p'_{By} \end{bmatrix} = \begin{bmatrix} -\cos\theta \\ -\sin\theta \\ \cos\theta \\ \sin\theta \end{bmatrix} p \qquad \text{式 (1)}$$

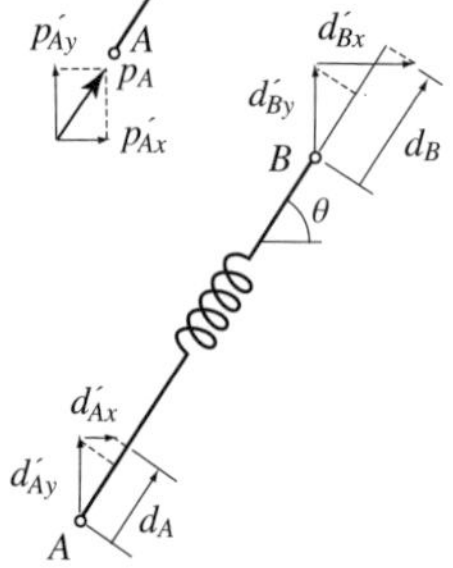

バネの両端の全体座標系における変位 $d'_{Ax}, d'_{Ay}, d'_{Bx}, d'_{By}$ と，トラス部材のび変形 d（$= -d_A + d_B$）の間の関係は，右下の図を参照して

$$d = -d'_{Ax}\cos\theta - d'_{Ay}\sin\theta + d'_{Bx}\cos\theta + d'_{By}\sin\theta \qquad \text{式 (2)}$$

となり，こちらもマトリクス形式で表すと，次のように書くことができる．

$$d = \begin{bmatrix} -\cos\theta & -\sin\theta & \cos\theta & \sin\theta \end{bmatrix} \begin{Bmatrix} d'_{Ax} \\ d'_{Ay} \\ d'_{Bx} \\ d'_{By} \end{Bmatrix} \qquad \text{式 (3)}$$

式 (1) の反傾表現の式 (3) が成り立つことが確かめられる．また，この場合には，座標変換マトリクス $\mathbf{T}$ とその転置マトリクス $\mathbf{T}^\mathsf{T}$ は，式 (4) と式 (5) である．

$$\mathbf{T} = \begin{bmatrix} -\cos\theta \\ -\sin\theta \\ \cos\theta \\ \sin\theta \end{bmatrix} \qquad \text{式 (4)}$$

$$\mathbf{T}^\mathsf{T} = \begin{bmatrix} -\cos\theta & -\sin\theta & \cos\theta & \sin\theta \end{bmatrix} \qquad \text{式 (5)}$$

バネの伸び d とバネの張力 p に関する $p = kd$ の関係を用いて式展開する．

$$\begin{Bmatrix} p'_{Ax} \\ p'_{Ay} \\ p'_{Bx} \\ p'_{By} \end{Bmatrix} = \begin{bmatrix} -\cos\theta \\ -\sin\theta \\ \cos\theta \\ \sin\theta \end{bmatrix} p = \begin{bmatrix} -\cos\theta \\ -\sin\theta \\ \cos\theta \\ \sin\theta \end{bmatrix} kd$$

$$= \begin{bmatrix} -\cos\theta \\ -\sin\theta \\ \cos\theta \\ \sin\theta \end{bmatrix} k \begin{bmatrix} -\cos\theta & -\sin\theta & \cos\theta & \sin\theta \end{bmatrix} \begin{Bmatrix} d'_{Ax} \\ d'_{Ay} \\ d'_{Bx} \\ d'_{By} \end{Bmatrix}$$

すると，右辺の係数マトリクス $\mathbf{T}k\mathbf{T}^{\top}$ は，次の 4 行 4 列の正方マトリクスとなる．

$$\mathbf{K}' = \mathbf{T}k\mathbf{T}^{\top} = k \begin{bmatrix} \cos^2\theta & \sin\theta\cos\theta & -\cos^2\theta & -\sin\theta\cos\theta \\ \sin\theta\cos\theta & \sin^2\theta & -\sin\theta\cos\theta & -\sin^2\theta \\ -\cos^2\theta & -\sin\theta\cos\theta & \cos^2\theta & \sin\theta\cos\theta \\ -\sin\theta\cos\theta & -\sin^2\theta & \sin\theta\cos\theta & \sin^2\theta \end{bmatrix} \qquad \text{式 (6)}$$

トラス部材の長さが L，断面積が A，材料のヤング率が E の時，バネ係数 k を $\frac{EA}{L}$ で置き換えれば，平面トラス構造の解析に用いることができる．つまり，トラスの部材の断面積が A，長さが L，ヤング率が E の材料でできており，向きが x 軸から角度 θ だけ傾いた部材の剛性方程式は，次のように表せる．

$$\begin{Bmatrix} \mathbf{p}_{\mathrm{a}} \\ \mathbf{p}_{\mathrm{b}} \end{Bmatrix} = \begin{bmatrix} \mathbf{k}_{\mathrm{aa}} & \mathbf{k}_{\mathrm{ab}} \\ \mathbf{k}_{\mathrm{ba}} & \mathbf{k}_{\mathrm{bb}} \end{bmatrix} \begin{Bmatrix} \mathbf{d}_{\mathrm{a}} \\ \mathbf{d}_{\mathrm{b}} \end{Bmatrix} \qquad \text{式 (7)}$$

ここに，

$\mathbf{p}_{\mathrm{a}}$：A 端に作用する力の成分 $\begin{Bmatrix} p_{ax} \\ p_{ay} \end{Bmatrix}$，$\mathbf{p}_{\mathrm{b}}$：$B$ 端に作用する力の成分 $\begin{Bmatrix} p_{bx} \\ p_{by} \end{Bmatrix}$

$\mathbf{d}_{\mathrm{a}}$：A 端の変位を表す成分 $\begin{Bmatrix} d_{ax} \\ d_{ay} \end{Bmatrix}$，$\mathbf{d}_{\mathrm{b}}$：$B$ 端の変位を表す成分 $\begin{Bmatrix} d_{bx} \\ d_{by} \end{Bmatrix}$

$$\mathbf{k}_{\mathrm{aa}} = \mathbf{k}_{\mathrm{bb}} = k \begin{bmatrix} \cos^2\theta & \sin\theta\cos\theta \\ \sin\theta\cos\theta & \sin^2\theta \end{bmatrix}, \quad \mathbf{k}_{\mathrm{ab}} = \mathbf{k}_{\mathrm{ba}} = -\mathbf{k}_{\mathrm{aa}} \qquad \text{式 (8)}$$

例 11.8　二次元の構造の変位法による解法

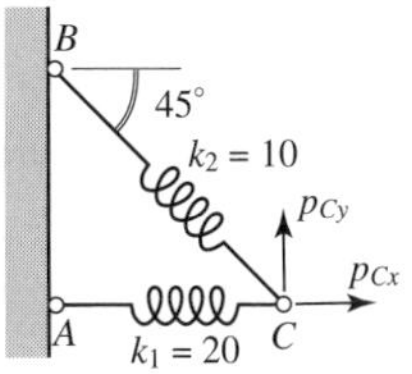

2 つのバネからなる，簡単な二次元の構造の力と変形の関係について考える．ここでは，作用する力に対して，部材の剛性が十分に大きく，変形が小さいので，微小変形の仮定で近似が可能であるものとする．

水平部材 AC（部材 1 とする）の部材の剛性方程式は次式で表される．$k_1 = 20, k_2 = 10$ とする．

$$\begin{Bmatrix} p_{Ax} \\ p_{Ay} \\ p_{Cx} \\ p_{Cy} \end{Bmatrix} = k_1 \begin{bmatrix} 1 & 0 & -1 & 0 \\ 0 & 0 & 0 & 0 \\ -1 & 0 & 1 & 0 \\ 0 & 0 & 0 & 0 \end{bmatrix} \begin{Bmatrix} d_{Ax} \\ d_{Ay} \\ d_{Cx} \\ d_{Cy} \end{Bmatrix} = \begin{bmatrix} 20 & 0 & -20 & 0 \\ 0 & 0 & 0 & 0 \\ -20 & 0 & 20 & 0 \\ 0 & 0 & 0 & 0 \end{bmatrix} \begin{Bmatrix} d_{Ax} \\ d_{Ay} \\ d_{Cx} \\ d_{Cy} \end{Bmatrix} \qquad \text{式 (1)}$$

点 A は固定されていて移動しない．よって，3 番目と 4 番目の釣合い式のみを取り出し，境界条件の $d_{Ax} = d_{Ay} = 0$ を適用すると式 (2) が得られる．

$$\begin{Bmatrix} p_{Cx} \\ p_{Cy} \end{Bmatrix} = \begin{bmatrix} 20 & 0 \\ 0 & 0 \end{bmatrix} \begin{Bmatrix} d_{Cx} \\ d_{Cy} \end{Bmatrix} \qquad \text{式 (2)}$$

斜め部材 BC（部材 2 とする）の剛性方程式は，$\theta = -45$ 度から，$\cos^2\theta = \frac{1}{2}, \sin^2\theta = \frac{1}{2}$, $\cos\theta\sin\theta = -\frac{1}{2}$ より，

$$\begin{Bmatrix} p_{Bx} \\ p_{By} \\ p_{Cx} \\ p_{Cy} \end{Bmatrix} = \frac{k_2}{2} \begin{bmatrix} 1 & -1 & -1 & 1 \\ -1 & 1 & 1 & -1 \\ -1 & 1 & 1 & -1 \\ 1 & -1 & -1 & 1 \end{bmatrix} \begin{Bmatrix} d_{Bx} \\ d_{By} \\ d_{Cx} \\ d_{Cy} \end{Bmatrix} = \begin{bmatrix} 5 & -5 & -5 & 5 \\ -5 & 5 & 5 & -5 \\ -5 & 5 & 5 & -5 \\ 5 & -5 & -5 & 5 \end{bmatrix} \begin{Bmatrix} d_{Bx} \\ d_{By} \\ d_{Cx} \\ d_{Cy} \end{Bmatrix} \qquad \text{式 (3)}$$

となる．点 B も固定されていて移動しない．同様に，境界条件の $d_{Bx} = d_{By} = 0$ を適用すると，

$$\begin{Bmatrix} p_{Cx} \\ p_{Cy} \end{Bmatrix} = \begin{bmatrix} 5 & -5 \\ -5 & 5 \end{bmatrix} \begin{Bmatrix} d_{Cx} \\ d_{Cy} \end{Bmatrix} \qquad \text{式 (4)}$$

よって，重ね合わせの原理により，式 (2) と式 (4) の右辺の係数マトリクスを加えて，

$$\begin{Bmatrix} p_{Cx} \\ p_{Cy} \end{Bmatrix} = \left(\begin{bmatrix} 20 & 0 \\ 0 & 0 \end{bmatrix} + \begin{bmatrix} 5 & -5 \\ -5 & 5 \end{bmatrix} \right) \begin{Bmatrix} d_{Cx} \\ d_{Cy} \end{Bmatrix} = \begin{bmatrix} 25 & -5 \\ -5 & 5 \end{bmatrix} \begin{Bmatrix} d_{Cx} \\ d_{Cy} \end{Bmatrix} \qquad \text{式 (5)}$$

となる．この連立一次方程式を解くと，

$$\begin{Bmatrix} d_{Cx} \\ d_{Cy} \end{Bmatrix} = \frac{1}{100} \begin{bmatrix} 5 & 5 \\ 5 & 25 \end{bmatrix} \begin{Bmatrix} p_{Cx} \\ p_{Cy} \end{Bmatrix} = \begin{bmatrix} 0.05 & 0.05 \\ 0.05 & 0.25 \end{bmatrix} \begin{Bmatrix} p_{Cx} \\ p_{Cy} \end{Bmatrix} \qquad \text{式 (6)}$$

となり，点 C に力が作用する時の点 C の変位は，式 (6) で求めることができる．

例 11.9　二次元の構造の部材応力

例 11.8 の問題で，水平部材 AC の応力は次のように求められる．点 A の変位と点 C の変位からなるベクトルに，座標変換マトリクスの転置行列 $\mathbf{T}^\top$ を前から乗じて，バネの伸び d を求める．この時境界条件の $d_{Ax} = d_{Ay} = 0$ を使って，

$$d = \begin{bmatrix} -\cos\theta & -\sin\theta & \cos\theta & \sin\theta \end{bmatrix} \begin{Bmatrix} d_{Ax} \\ d_{Ay} \\ d_{Cx} \\ d_{Cy} \end{Bmatrix}$$

$$= \begin{bmatrix} -1 & 0 & 1 & 0 \end{bmatrix} \begin{Bmatrix} 0 \\ 0 \\ 0.05p_{Cx} + 0.05p_{Cy} \\ 0.05p_{Cx} + 0.25p_{Cy} \end{Bmatrix}$$

$$= 0.05p_{Cx} + 0.05p_{Cy} \qquad \text{式 (1)}$$

部材 AC の伸び d にバネ係数 $k_1 = 20$ を乗じると，部材 AC の引張力は $p_{Cx} + p_{Cy}$ となる．

次に斜め部材 BC に作用する応力は，次のように求められる．点 B の変位と点 C の変位か

らなるベクトルに，座標変換マトリクスの転置行列を乗じてバネの伸び d を求めることができる．この時境界条件の $d_{Bx} = d_{By} = 0$ を使って，

$$d = \begin{bmatrix} -\cos\theta & -\sin\theta & \cos\theta & \sin\theta \end{bmatrix} \begin{Bmatrix} d_{Bx} \\ d_{By} \\ d_{Cx} \\ d_{Cy} \end{Bmatrix}$$

$$= \begin{bmatrix} -\dfrac{1}{\sqrt{2}} & \dfrac{1}{\sqrt{2}} & \dfrac{1}{\sqrt{2}} & -\dfrac{1}{\sqrt{2}} \end{bmatrix} \begin{Bmatrix} 0 \\ 0 \\ 0.05p_{Cx} + 0.05p_{Cy} \\ 0.05p_{Cx} + 0.25p_{Cy} \end{Bmatrix} = -\sqrt{2} \times 0.1p_{Cy} \qquad \text{式 (2)}$$

部材 BC のバネ係数 $k_2 = 10$ を乗じて，部材 BC の引張力は，$-\sqrt{2}\,p_{Cy}$ となる．

11.6　曲げを受ける部材を含む場合への拡張

平面上に曲げの力を受けて抵抗する部材が配置されている場合には節点に働く力にモーメントを，また，節点の変位に回転を含めて考える必要がある．この場合には，節点あたり 3 つの**自由度**を考えることになる．すなわち，節点に働く力の成分は，x 方向，y 方向の成分に加え，回転に対応する力の成分としてモーメントを考える．節点の変位は，x 方向，y 方向の成分に加えて，節点の回転変位の成分を考える．このようにして，変位法を，曲げを受ける部材を含む構造物に拡張することができる．

部材の剛性方程式を考える時の，部材座標系は，部材方向に x 軸（1 端から 2 端に向かう方向），部材と直交方向に y 軸，平面に直交する方向（右手系）に回転軸（z 軸）をとる．回転は，反時計回りを正とする．平面骨組の梁部材の場合には，それぞれの部材端に 3 つずつ自由度があるので，力の成分と変位の成分の順序は次のようにする．

$$\mathbf{p}_1 = \begin{Bmatrix} p_{1x} \\ p_{1y} \\ m_{1z} \end{Bmatrix}, \quad \mathbf{p}_2 = \begin{Bmatrix} p_{2x} \\ p_{2y} \\ m_{2z} \end{Bmatrix}, \quad \mathbf{d}_1 = \begin{Bmatrix} d_{1x} \\ d_{1y} \\ \theta_{1z} \end{Bmatrix}, \quad \mathbf{d}_2 = \begin{Bmatrix} d_{2x} \\ d_{2y} \\ \theta_{2z} \end{Bmatrix} \qquad (11.5)$$

例 11.10　梁の剛性マトリクス

両端 **1** と **2** を有し，**1** から **2** に向かう方向と x 軸の方向のなす角度がゼロの梁部材を考え剛性マトリクスを導く．ここで，部材は長さ L の直線で，断面が一様であり，断面二次モーメントは I，直交断面積は A とする．式 (1) で表されるこの部材の剛性方程式の k_{11} から k_{66} までの 36 個の係数を導く．

$$\begin{Bmatrix} p_{1x} \\ p_{1y} \\ m_{1z} \\ p_{2x} \\ p_{2y} \\ m_{2z} \end{Bmatrix} = \begin{bmatrix} k_{11} & k_{12} & k_{13} & k_{14} & k_{15} & k_{16} \\ k_{21} & k_{22} & k_{23} & k_{24} & k_{25} & k_{26} \\ k_{31} & k_{32} & k_{33} & k_{34} & k_{35} & k_{36} \\ k_{41} & k_{42} & k_{43} & k_{44} & k_{45} & k_{46} \\ k_{51} & k_{52} & k_{53} & k_{54} & k_{55} & k_{56} \\ k_{61} & k_{62} & k_{63} & k_{64} & k_{65} & k_{66} \end{bmatrix} \begin{Bmatrix} d_{1x} \\ d_{1y} \\ \theta_{1z} \\ d_{2x} \\ d_{2y} \\ \theta_{2z} \end{Bmatrix} \qquad 式 (1)$$

図の強制変形状態 I とは，d_{1y} に大きさ 1 の強制変位を加え，残りの変位はゼロを保持する状態とする．

反曲点が中央の逆対称曲げとなっているからこの時の材端のモーメント m_{1z}, m_{2z} は大きさが等しく次の値：

強制変形状態 I

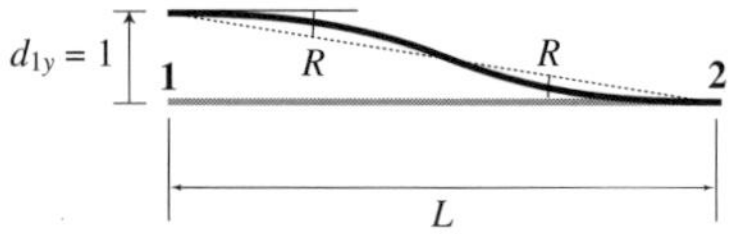

$$m_{1z} = m_{2z} = \frac{6EI}{L} R = \frac{6EI}{L^2} \qquad 式 (2)$$

$$\because \quad R = \frac{1}{L} \quad （部材角）$$

よって，剛性マトリクスの係数 k_{32} と k_{62} は，

$$k_{32} = m_{1z} = \frac{6EI}{L^2} \qquad 式 (3)$$

$$k_{62} = m_{2z} = \frac{6EI}{L^2} \qquad 式 (4)$$

また，部材端の力 p_{1y}，p_{2y} は，せん断力 Q と絶対値が等しく互いに逆符号で，

$$p_{1y} = Q, \quad p_{2y} = -Q \qquad 式 (5)$$

せん断力 Q は，両端のモーメントの和 $m_{1z} + m_{2z}$ を長さ L で除した次の値：

$$Q = \frac{m_{1z} + m_{2z}}{L} = \frac{12EI}{L^3} \qquad 式 (6)$$

よって，剛性マトリクスの係数 k_{22} と k_{52} は，

$$k_{22} = p_{1y} = Q = \frac{12EI}{L^3} \qquad 式 (7)$$

$$k_{52} = p_{2y} = -Q = -\frac{12EI}{L^3} \qquad 式 (8)$$

強制変形状態 II

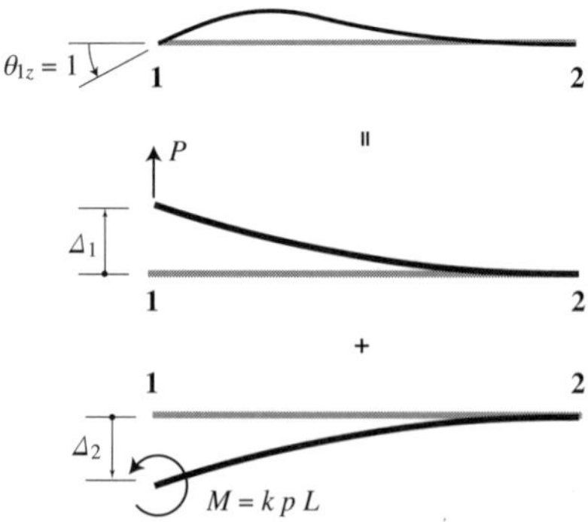

この時の部材端の力 p_{1x}, p_{2x} は，この部材には軸力が働いていないから，$p_{1x} = p_{2x} = 0$ である．よって，剛性マトリクスの係数 k_{12} と k_{42} は，

$$k_{12} = 0 \qquad 式 (9)$$

$$k_{42} = 0 \qquad 式 (10)$$

強制変形状態 II とは，θ_{1z} だけに大きさ 1 の強制変位を加え，残りの変位成分はゼロを保持する状態とする．端部 **2** は固定し，端部 **1** に上向きの力 P と反時計回りのモーメント $M = kPL$（k は未定係数）を作用させる．

この状態での変位は，モールの定理，共役梁法，補仮想仕事法などの古典的な方法で求められ次の値となる．

$$\varDelta_1 = \frac{PL^3}{3EI} \quad 式 (11) \quad \theta_1 = \frac{PL^2}{2EI} \quad 式 (12)$$

$$\varDelta_2 = -k\frac{PL^3}{2EI} \quad 式 (13) \quad \theta_2 = k\frac{PL^2}{EI} \quad 式 (14)$$

記号：y 方向の力 P により端部 **1** に生じる変位，θ_1：y 方向の力 P により端部 **1** に生じる回転角，$\varDelta_2$：モーメント kPL により端部 **1** に生じる変位，θ_2：モーメント kPL により端部 **1** に生じる回転角．

強制変形状態 II では $d_{1y} = 0$ である．つまり，$\varDelta_1 + \varDelta_2 = 0$ でなければならない．この条件を使って未定係数 k を定める．

$$\varDelta_1 + \varDelta_2 = \frac{PL^3}{3EI} - k\frac{PL^3}{2EI} = 0 \quad 式 (15)$$

よって

$$k = \frac{2}{3} \quad 式 (16)$$

$k = \frac{2}{3}$ を使い，端部 **1** に y 方向の力 P とモーメント kPL が作用する時の端部 **1** の回転角 θ_{1z} を求めると，

$$\theta_{1z} = \theta_1 + \theta_2 = -\frac{PL^2}{2EI} + \frac{2}{3}\frac{PL^2}{EI} = \frac{PL^2}{6EI} \quad 式 (17)$$

強制変形状態 II では $\theta_{1z} = 1$ である．そこで $\theta_{1z} = 1$ を代入して，P を逆算して求めると，

$$P = \frac{6EI}{L^2} = p_{1y} = -p_{2y} \quad 式 (18)$$

ゆえに

$$k_{23} = \frac{6EI}{L^2} \quad 式 (19) \quad k_{53} = -\frac{6EI}{L^2} \quad 式 (20)$$

1 端のモーメント m_{1z} と，**2** 端のモーメント m_{2z} は，

$$m_{1z} = \frac{2}{3}PL = \frac{4EI}{L} \quad 式 (21)$$

$$m_{2z} = -m_{1z} + p_{1y}L = -\frac{4EI}{L} + \frac{6EI}{L} = \frac{2EI}{L} \quad 式 (22)$$

よって，

$$k_{33} = \frac{4EI}{L} \quad 式 (23)$$

$$k_{63} = \frac{2EI}{L} \quad 式 (24)$$

また，x 方向には力が生じていないから，$p_{1x} = p_{2x} = 0$ である．そこで，$k_{13} = k_{43} = 0$ となる．このようにして，$k_{13}, k_{23}, k_{33}, k_{43}, k_{53}, k_{63}$ が求められる．ここでは示さないが，同様にして，$d_{2y} = 1$ の変形状態と $\theta_{1z} = 1$ の変形状態を想定すれば，残りの係数がすべて求められ，最後に次の部材の剛性方程式が得られる．

$$
\begin{Bmatrix} p_{1x} \\ p_{1y} \\ m_{1z} \\ p_{2x} \\ p_{2y} \\ m_{2z} \end{Bmatrix}
=
\begin{bmatrix}
\frac{EA}{L} & 0 & 0 & -\frac{EA}{L} & 0 & 0 \\
0 & \frac{12EI}{L^3} & \frac{6EI}{L^2} & 0 & -\frac{12EI}{L^3} & \frac{6EI}{L^2} \\
0 & \frac{6EI}{L^2} & \frac{4EI}{L} & 0 & -\frac{6EI}{L^2} & \frac{2EI}{L} \\
-\frac{EA}{L} & 0 & 0 & \frac{EA}{L} & 0 & 0 \\
0 & -\frac{12EI}{L^3} & -\frac{6EI}{L^2} & 0 & \frac{12EI}{L^3} & -\frac{6EI}{L^2} \\
0 & \frac{6EI}{L^2} & \frac{2EI}{L} & 0 & -\frac{6EI}{L^2} & \frac{4EI}{L}
\end{bmatrix}
\begin{Bmatrix} d_{1x} \\ d_{1y} \\ \theta_{1z} \\ d_{2x} \\ d_{2y} \\ \theta_{2z} \end{Bmatrix}
$$

このように一つの変位成分にのみ変形を与え，それ以外の変位成分をゼロとして，その時に生じている部材端の力を求める方法を逐次適用することにより，梁部材の剛性マトリクスのすべての要素を得ることができる．しかしこの方法には，多数の不静定問題を解くための手間がかかるため，次の章ではよりエレガントで拡張性の高い方法を紹介している．

11.7　節点変位と支点反力の解法

構造物の剛性方程式が得られたなら，未知の節点変位は，連立方程式を解いて求められる．ただし，支点も節点の一つであるものとして剛性方程式を作成した場合，支持条件が考慮されていないため，例 11.6 で述べたように，構造物の剛性マトリクスの逆行列が存在せず未知の変位を求めることができない．安定な構造物であれば，支持点において変位が既知の値である条件を使って，剛性方程式の式を減らすと，構造物の剛性マトリクスの逆行列が存在するようにすることができる．このようにしてから連立方程式を解いて，未知の変位を求めることができる．

例 11.11　一次元のバネからなる一次元構造物の解析

例 11.6 では，次の構造物の点 A が固定されていない場合の剛性方程式を考えた．ここでは点 A が固定され，点 C に力 F を加えた場合を考える．支点には変位が生じない条件として，$d_A = 0$ と，作用する荷重の条件として，$p_B = 0, p_C = F$ を代入すると，式 (1) が得られる．

$$
\begin{Bmatrix} p_A \\ 0 \\ F \end{Bmatrix}
=
\begin{bmatrix} 4 & -1 & -3 \\ -1 & 3 & -2 \\ -3 & -2 & 5 \end{bmatrix}
\begin{Bmatrix} 0 \\ d_B \\ d_C \end{Bmatrix}
\qquad \text{式 (1)}
$$

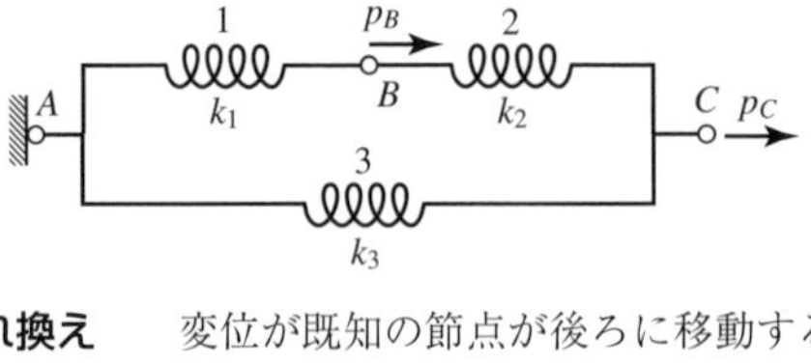

剛性方程式の順序の入れ換え　変位が既知の節点が後ろに移動するように，行と列の順序を入れ替えると式 (1) と等価な式 (2) が得られる．これは，行と列の単なる入れ替えである．

$$\begin{Bmatrix} 0 \\ F \\ p_A \end{Bmatrix} = \begin{bmatrix} 3 & -2 & -1 \\ -2 & 5 & -3 \\ -1 & -3 & 4 \end{bmatrix} \begin{Bmatrix} d_B \\ d_C \\ 0 \end{Bmatrix} \qquad \text{式 (2)}$$

ここから，1 行目の式と 2 行目の式を取り出すと，式 (3) が得られる．

$$\begin{Bmatrix} 0 \\ F \end{Bmatrix} = \begin{bmatrix} 3 & -2 \\ -2 & 5 \end{bmatrix} \begin{Bmatrix} d_B \\ d_C \end{Bmatrix} + \begin{bmatrix} -1 \\ -3 \end{bmatrix} \{0\} \qquad \text{式 (3)}$$

残った 3 行目の式は，

$$\{p_A\} = \begin{bmatrix} -1 & -3 \end{bmatrix} \begin{Bmatrix} d_B \\ d_C \end{Bmatrix} + [4]\{0\} \qquad \text{式 (4)}$$

である．

未知の節点変位　式 (3) の，第 2 項はゼロであることを考慮すれば，式 (3) は式 (5) となる．

$$\begin{Bmatrix} 0 \\ F \end{Bmatrix} = \begin{bmatrix} 3 & -2 \\ -2 & 5 \end{bmatrix} \begin{Bmatrix} d_B \\ d_C \end{Bmatrix} \qquad \text{式 (5)}$$

この連立方程式を解くと，未知の節点変位の d_B と d_C の値が計算される．

$$\begin{Bmatrix} d_B \\ d_C \end{Bmatrix} = \begin{bmatrix} 3 & -2 \\ -2 & 5 \end{bmatrix}^{-1} \begin{Bmatrix} 0 \\ F \end{Bmatrix} = \frac{1}{11} \begin{bmatrix} 5 & 2 \\ 2 & 3 \end{bmatrix} \begin{Bmatrix} 0 \\ F \end{Bmatrix} \simeq \begin{bmatrix} 0.45455 & 0.18182 \\ 0.18182 & 0.27273 \end{bmatrix} \begin{Bmatrix} 0 \\ F \end{Bmatrix} \qquad \text{式 (6)}$$

未知の節点反力　次に反力を求める．反力を表す式 (4) は次のように変形される．

$$\{p_A\} = \begin{bmatrix} -1 & -3 \end{bmatrix} \begin{Bmatrix} d_B \\ d_C \end{Bmatrix} + [4]0 = \begin{bmatrix} -1 & -3 \end{bmatrix} \begin{Bmatrix} d_B \\ d_C \end{Bmatrix} \qquad \text{式 (7)}$$

さらに，計算で求めた節点変位の d_B と d_C の値を代入する．

$$\begin{aligned} \{p_A\} &= \begin{bmatrix} -1 & -3 \end{bmatrix} \begin{Bmatrix} d_B \\ d_C \end{Bmatrix} = \begin{bmatrix} -1 & -3 \end{bmatrix} \begin{bmatrix} 3 & -2 \\ -2 & 5 \end{bmatrix}^{-1} \begin{Bmatrix} 0 \\ F \end{Bmatrix} \\ &= \begin{bmatrix} -1 & -3 \end{bmatrix} \frac{1}{11} \begin{bmatrix} 5 & 2 \\ 2 & 3 \end{bmatrix} \begin{Bmatrix} 0 \\ F \end{Bmatrix} = \begin{bmatrix} -1 & -1 \end{bmatrix} \begin{Bmatrix} 0 \\ F \end{Bmatrix} = -F \qquad \text{式 (8)} \end{aligned}$$

このように，構造物の剛性方程式を解いて，未知の節点変位と，支持点における未知の反力が求められる．

11章の問題

□**1** (a)　一次元のバネからなる構造を考える．C に加える力の大きさが 40.0 kN，B に加える力の大きさが −20.0 kN の時，変位法を適用し，具体的な数値を代入して，部材の応力の大きさを求めるまでの計算の過程と結果を示せ．バネ定数の数値は，$k_1 = 20$ kN/mm, $k_2 = 16$ kN/mm, $k_3 = 8$ kN/mm, $k_4 = 10$ kN/mm とする．

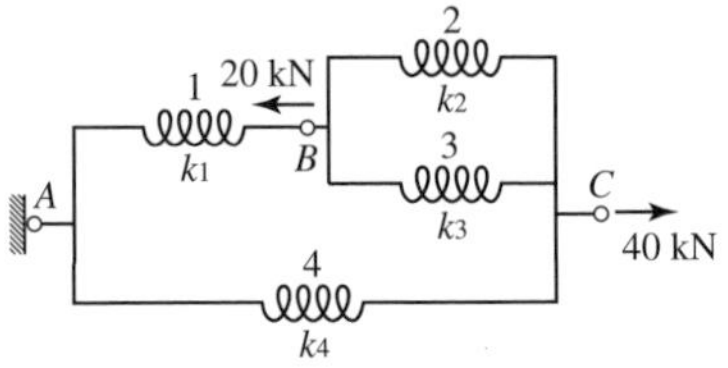

(b)　上の構造において，すべてのバネは 40.0kN までの応力に対して線形弾性範囲にある．しかしどのバネも引張応力が 40.0kN を超えると破断するという．B に加える力を保ったままで，C に加える力を 40.0kN からさらに徐々に増加させていった時，最初に破断が起こるバネはどのバネか．最初に破断が起こる時に C に加えられた力はいくらか．

□**2**　すべての節点で部材がピン接合された右の平面トラス構造がある．変位法を適用し，具体的な数値を代入して，部材の応力の大きさを求めるまでの計算の過程と，得られた結果を示せ．なお，基準座標系の x 方向は右向き正，y 方向は上向き正，部材の応力は引張りを正とする．トラス部材の材料は，ヤング率を E（単位 kN/m^2），断面積を A（単位 m^2）とする．計算の過程においては，EA のまま計算を進めてよい．

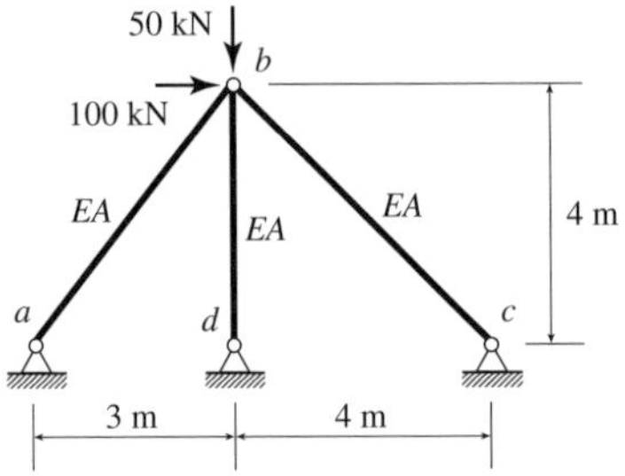

12 変位法による平面骨組の解法

本章では，マトリクスとベクトルを用いて，変位法による平面骨組の解析を行う手順を記述する．本章に述べる平面骨組の解析方法の適用範囲は，以下の場合に限定する．

1. 部材と荷重はすべて同一平面上にある．
2. すべての部材はそれぞれ断面の重心を通る直線で表され，断面は長さに沿って一様である．
3. すべての部材は節点で剛に接合されている．
4. 荷重は節点にのみ作用する．部材に中間荷重が作用する場合は，等価な節点荷重（固定端力）に置き換えて取り扱う．
5. 部材の軸方向の変形と曲げ変形を考慮する．
6. 力の釣合い式は外力が作用していない構造物の形状から定める．このことを微小変形の仮定という．

これらの条件はこの章の説明を複雑にしないようにするため設けたものであり，必須ではない．適用範囲の拡張の例とその方法は，第 13 章で述べる．

12.1 部材の剛性方程式

(1) 座標系の定義

部材の剛性方程式は，部材毎に定義される**部材座標系**で考える．部材座標系は，右手座標系とし（図 12.1），x 軸を部材の **1** 端から **2** 端に向かう方向，y 軸を骨組と同じ平面上にあり x 軸から反時計回りに 90 度回転した方向，z 軸を x-y 平面に直交する方向とする．モーメントと回転の符号は，x 軸から y 軸に向かう方向のモーメントと回

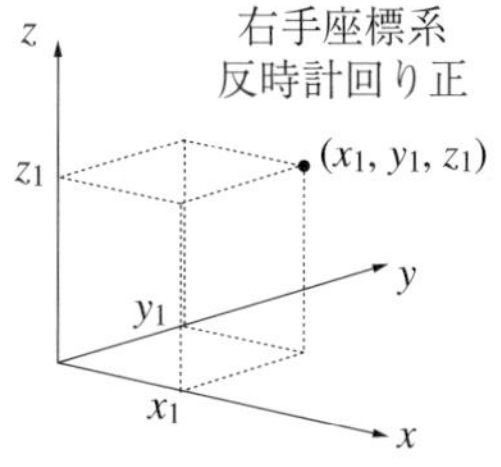

図 12.1　右手座標系

転（z 軸の正の側から見て反時計回り）を正とする．

(2)　変位と力の定義

式 (12.1) の部材の剛性方程式は，部材座標系で表された直線部材の部材端に加える 6 つの力の成分と部材端の 6 つの変位の成分の関係を表している．式 (12.1) の右辺の係数マトリクスは，**部材の剛性マトリクス**である．

$$\begin{Bmatrix} \mathbf{p}_1 \\ \mathbf{p}_2 \end{Bmatrix} = \begin{bmatrix} \mathbf{k}_{11} & \mathbf{k}_{12} \\ \mathbf{k}_{21} & \mathbf{k}_{22} \end{bmatrix} \begin{Bmatrix} \mathbf{d}_1 \\ \mathbf{d}_2 \end{Bmatrix} \tag{12.1}$$

$$\mathbf{p}_1 = \begin{Bmatrix} p_{1x} \\ p_{1y} \\ m_{1z} \end{Bmatrix}, \quad \mathbf{d}_1 = \begin{Bmatrix} d_{1x} \\ d_{1y} \\ \theta_{1z} \end{Bmatrix}, \quad \mathbf{p}_2 = \begin{Bmatrix} p_{2x} \\ p_{2y} \\ m_{2z} \end{Bmatrix}, \quad \mathbf{d}_2 = \begin{Bmatrix} d_{2x} \\ d_{2y} \\ \theta_{2z} \end{Bmatrix}$$

ここに，$\mathbf{p}_1$：外部から部材の **1** 端に作用する力の 3 成分 p_{1x}, p_{1y}, m_{1z} を順に並べた縦ベクトル，$\mathbf{d}_1$：部材の **1** 端の変位の 3 成分 $d_{1x}, d_{1y}, \theta_{1z}$ を順に並べた縦ベクトル，$\mathbf{p}_2$：外部から部材の **2** 端に作用する力の 3 成分 p_{2x}, p_{2y}, m_{2z} を順に並べた縦ベクトル，$\mathbf{d}_2$：部材の **2** 端の変位の 3 成分 $d_{2x}, d_{2y}, \theta_{2z}$ を順に並べた縦ベクトル（図 12.2 参照）．

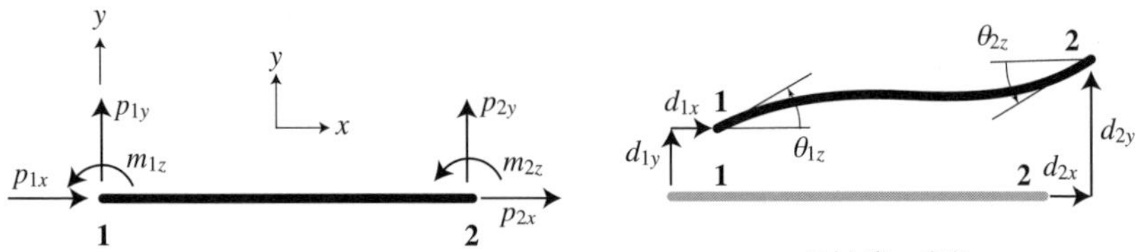

部材端の力　　　　部材端の変位

図 12.2　直線部材の部材端に加える力と変位

(3)　剛性マトリクス

部材が材軸に沿って断面が一様な直線であるので，部材の剛性マトリクスの部分マトリクス $\mathbf{k}_{11}, \mathbf{k}_{12}, \mathbf{k}_{21}, \mathbf{k}_{22}$ は例 11.10 で示したように次のとおりである．

$$\mathbf{k}_{11} = \begin{bmatrix} \frac{EA}{L} & 0 & 0 \\ 0 & \frac{12EI}{L^3} & \frac{6EI}{L^2} \\ 0 & \frac{6EI}{L^2} & \frac{4EI}{L} \end{bmatrix}, \quad \mathbf{k}_{12} = \begin{bmatrix} -\frac{EA}{L} & 0 & 0 \\ 0 & -\frac{12EI}{L^3} & \frac{6EI}{L^2} \\ 0 & -\frac{6EI}{L^2} & \frac{2EI}{L} \end{bmatrix}$$
$$\mathbf{k}_{21} = \begin{bmatrix} -\frac{EA}{L} & 0 & 0 \\ 0 & -\frac{12EI}{L^3} & -\frac{6EI}{L^2} \\ 0 & \frac{6EI}{L^2} & \frac{2EI}{L} \end{bmatrix}, \quad \mathbf{k}_{22} = \begin{bmatrix} \frac{EA}{L} & 0 & 0 \\ 0 & \frac{12EI}{L^3} & -\frac{6EI}{L^2} \\ 0 & -\frac{6EI}{L^2} & \frac{4EI}{L} \end{bmatrix} \tag{12.2}$$

ここに，E：ヤング係数，A：断面積，I：断面二次モーメント，L：部材の長さ．

12.2 座 標 変 換

(1) 座標変換マトリクス

右手座標系において，ある三次元直交座標系 x-y-z で表されるベクトルの成分値を，別の三次元直交座標系 x'-y'-z' で表されるベクトルの成分値に読み替えるには，座標変換マトリクス $\mathbf{T}$ を利用することができる．この座標変換マトリクス $\mathbf{T}$ の成分は，座標系 x-y-z と座標系 x'-y'-z' の方向のそれぞれの位置関係を表す 9 つの角度の余弦から求められる．

$$\mathbf{T} = \begin{bmatrix} \cos\alpha_x & \cos\alpha_y & \cos\alpha_z \\ \cos\beta_x & \cos\beta_y & \cos\beta_z \\ \cos\gamma_x & \cos\gamma_y & \cos\gamma_z \end{bmatrix} \tag{12.3a}$$

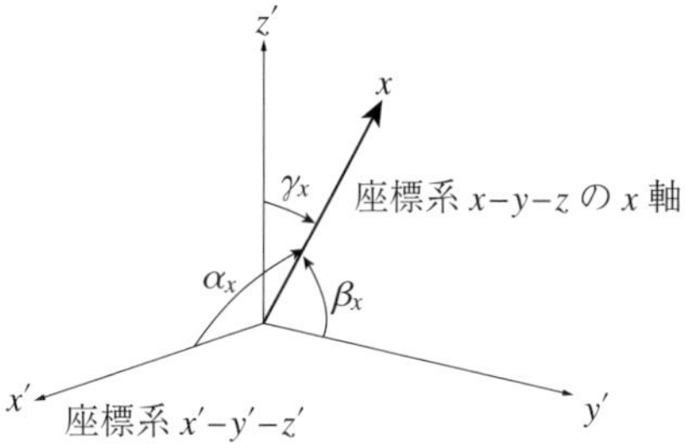

座標系 x-y-z と座標系 x'-y'-z' のなす角度		座標系 x-y-z		
		x 軸	y 軸	z 軸
座標系 x'-y'-z'	x' 軸	α_x	α_y	α_z
	y' 軸	β_x	β_y	β_z
	z' 軸	γ_x	γ_y	γ_z

図 12.3 基準座標系と部材座標系

これを使えば，座標系 x-y-z で表されるベクトル $\mathbf{x}$ と座標系 x'-y'-z' で表されるベクトル $\mathbf{x}'$ の関係は，

$$\mathbf{x}' = \mathbf{T}\mathbf{x} \tag{12.3b}$$

により表すことができる．

例 12.1 座標変換マトリクス

次の図のように部材座標系の x 軸の方向が，基準座標系において $(1,1,1)$ で表され，x-z 平面上に z' 軸があるものとする．この時，y 軸の方向を表すベクトルは，$(-1,1,0)$ であり，z 軸の方向は，$(-1,-1,2)$ である．そこで，余弦定理を適用する．

$$\cos\alpha_x = \cos\beta_x = \cos\gamma_x = \frac{1\times1+1\times0+1\times0}{\sqrt{1^2+0^2+0^2}\sqrt{1^2+1^2+1^2}} = \frac{1}{\sqrt{3}}$$

$$\cos\alpha_y = \frac{-1\times1+1\times0+0\times0}{\sqrt{1^2+0^2+0^2}\sqrt{(-1)^2+1^2+0^2}} = -\frac{1}{\sqrt{2}}$$

$$\cos\beta_y = \frac{-1\times0+1\times1+0\times0}{\sqrt{0^2+1^2+0^2}\sqrt{(-1)^2+1^2+0^2}} = \frac{1}{\sqrt{2}}$$

以下同様に適用しすべての係数を求めて，座標変換マトリクス $\mathbf{T}$ は，

$$
\mathbf{T}=\begin{bmatrix} \frac{1}{\sqrt{3}} & -\frac{1}{\sqrt{2}} & -\frac{1}{\sqrt{6}} \\ \frac{1}{\sqrt{3}} & \frac{1}{\sqrt{2}} & -\frac{1}{\sqrt{6}} \\ \frac{1}{\sqrt{3}} & 0 & \frac{2}{\sqrt{6}} \end{bmatrix}
$$

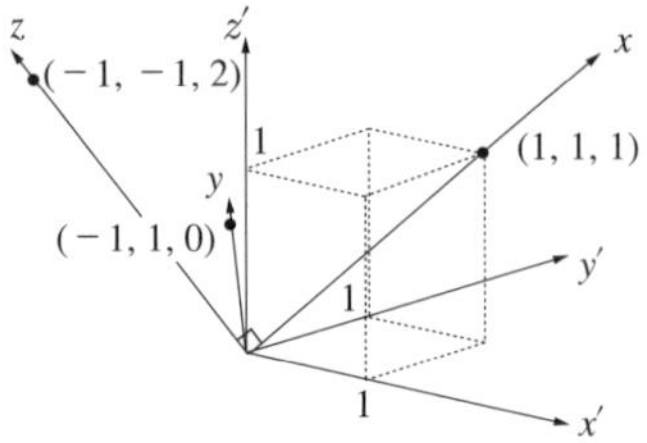

となる．

例 12.2　座標系が z 軸周りに ϕ 回転する場合の座標変換マトリクス

座標系 x'-y'-z' の z' 軸と座標系 x-y-z の z 軸は共通なので，なす角度は $\gamma_z = 0$ である．z' 軸と x 軸および z' 軸と y 軸は常に直交しているので，$\gamma_x = \gamma_y = \frac{\pi}{2}$．$z$ 軸と x' 軸および z 軸と y' 軸も常に直交しているので，$\alpha_z = \beta_z = \frac{\pi}{2}$．また，$\alpha_x = \phi, \beta_x = \frac{\pi}{2} - \phi, \alpha_y = \frac{\pi}{2} + \phi$, $\beta_y = \phi$ の関係があるので，座標変換マトリクス $\mathbf{T}$ は，

$$
\mathbf{T}=\begin{bmatrix} \cos\phi & -\sin\phi & 0 \\ \sin\phi & \cos\phi & 0 \\ 0 & 0 & 1 \end{bmatrix}
$$

よって，三次元空間の力のベクトルやモーメントのベクトル，変位や回転のベクトルの座標変換は次式で表される．

$$
\begin{Bmatrix} p'_x \\ p'_y \\ p'_z \end{Bmatrix} = \begin{bmatrix} \cos\phi & -\sin\phi & 0 \\ \sin\phi & \cos\phi & 0 \\ 0 & 0 & 1 \end{bmatrix} \begin{Bmatrix} p_x \\ p_y \\ p_z \end{Bmatrix}, \quad \begin{Bmatrix} m'_x \\ m'_y \\ m'_z \end{Bmatrix} = \begin{bmatrix} \cos\phi & -\sin\phi & 0 \\ \sin\phi & \cos\phi & 0 \\ 0 & 0 & 1 \end{bmatrix} \begin{Bmatrix} m_x \\ m_y \\ m_z \end{Bmatrix}
$$

$$
\begin{Bmatrix} d_x \\ d_y \\ d_z \end{Bmatrix} = \begin{bmatrix} \cos\phi & -\sin\phi & 0 \\ \sin\phi & \cos\phi & 0 \\ 0 & 0 & 1 \end{bmatrix}^{\mathsf{T}} \begin{Bmatrix} d'_x \\ d'_y \\ d'_z \end{Bmatrix}, \quad \begin{Bmatrix} \theta_x \\ \theta_y \\ \theta_z \end{Bmatrix} = \begin{bmatrix} \cos\phi & -\sin\phi & 0 \\ \sin\phi & \cos\phi & 0 \\ 0 & 0 & 1 \end{bmatrix}^{\mathsf{T}} \begin{Bmatrix} \theta'_x \\ \theta'_y \\ \theta'_z \end{Bmatrix}
$$

平面骨組解析では，面外方向の力 p_z, m_x, m_y や面外方向の変位 d_z, θ_x, θ_y はゼロとしているので，両式から p_z, m_x, m_y と d_z, θ_x, θ_y に関する部分を取り除いて集めると次の座標変換公式が得られる．

$$
\begin{Bmatrix} p'_x \\ p'_y \\ m'_z \end{Bmatrix} = \begin{bmatrix} \cos\phi & -\sin\phi & 0 \\ \sin\phi & \cos\phi & 0 \\ 0 & 0 & 1 \end{bmatrix} \begin{Bmatrix} p_x \\ p_y \\ m_z \end{Bmatrix}, \quad \begin{Bmatrix} d_x \\ d_y \\ \theta_z \end{Bmatrix} = \begin{bmatrix} \cos\phi & -\sin\phi & 0 \\ \sin\phi & \cos\phi & 0 \\ 0 & 0 & 1 \end{bmatrix}^{\mathsf{T}} \begin{Bmatrix} d'_x \\ d'_y \\ \theta'_z \end{Bmatrix}
$$

ここに，$\{d'_x\ d'_y\ \theta'_z\}^{\mathsf{T}}$：基準座標系 x'-y'-z' における変位のベクトル，$\{d_x\ d_y\ \theta_z\}^{\mathsf{T}}$：部材座標系 x-y-z における変位のベクトル．

(2)　部材の剛性マトリクスの座標変換

構造物の剛性方程式を考える場合に，部材ごとに力や変位を表す座標系が異なっていると不都合である．そこで一つの共通の座標系を使う．この座標系のことを**基準座標系**という．本章では，以降，基準座標系で表される量の記号には ′（ダッシュ）を右肩につけて部材座標系と区別する．

平面骨組中の部材 r を取り出し，その部材座標系で成り立つ部材の剛性方程式は，式 (12.1) にならい，式 (12.4a) で表されるものとする．

$$\begin{Bmatrix} \mathbf{p}_1 \\ \mathbf{p}_2 \end{Bmatrix} = \begin{bmatrix} \mathbf{k}_{11} & \mathbf{k}_{12} \\ \mathbf{k}_{21} & \mathbf{k}_{22} \end{bmatrix}_r \begin{Bmatrix} \mathbf{d}_1 \\ \mathbf{d}_2 \end{Bmatrix} \tag{12.4a}$$

同じ部材の部材の剛性方程式を基準座標系で表すと次のようになるはずである．

$$\begin{Bmatrix} \mathbf{p}'_1 \\ \mathbf{p}'_2 \end{Bmatrix} = \begin{bmatrix} \mathbf{k}'_{11} & \mathbf{k}'_{12} \\ \mathbf{k}'_{21} & \mathbf{k}'_{22} \end{bmatrix}_r \begin{Bmatrix} \mathbf{d}'_1 \\ \mathbf{d}'_2 \end{Bmatrix} \tag{12.4b}$$

ここに，$\mathbf{p}'_1, \mathbf{p}'_2$：基準座標系 x'-y'-z' における部材端の力，$\mathbf{p}_1, \mathbf{p}_2$：部材座標系 x-y-z における部材端の力，$\mathbf{k}'_{11}, \mathbf{k}'_{12}, \mathbf{k}'_{21}, \mathbf{k}'_{22}$：基準座標系 x'-y'-z' で表された部材の剛性方程式の係数マトリクス，$\mathbf{d}'_1, \mathbf{d}'_2$：基準座標系 x'-y'-z' における部材端の変位，$\mathbf{d}_1, \mathbf{d}_2$：部材座標系 x-y-z における部材端の変位．

部材 r は，**1** 端から **2** 端への方向が基準座標系の x' 軸から角度 ϕ_r だけ回転している場合，次の座標変換マトリクス $\mathbf{T}_r$ を使う．

$$\mathbf{T}_r = \begin{bmatrix} \cos\phi_r & -\sin\phi_r & 0 \\ \sin\phi_r & \cos\phi_r & 0 \\ 0 & 0 & 1 \end{bmatrix} \tag{12.5}$$

基準座標系で表された部材 r の部材端の力 $\mathbf{p}'_1, \mathbf{p}'_2$ は，部材座標系で表された部材端の力 $\mathbf{p}_1, \mathbf{p}_2$ に，座標変換マトリクス $\mathbf{T}_r$ を乗じて求められる．

$$\mathbf{p}'_1 = \mathbf{T}_r\mathbf{p}_1, \quad \mathbf{p}'_2 = \mathbf{T}_r\mathbf{p}_2 \tag{12.6}$$

一方，部材座標系で表された部材 r の部材端変位 $\mathbf{d}_1, \mathbf{d}_2$ も，基準座標系で表した部材端変位 $\mathbf{d}'_1, \mathbf{d}'_2$ に，座標変換マトリクス $\mathbf{T}_r$ の転置マトリクス $\mathbf{T}_r^\top$ を乗じて求められる．

$$\mathbf{d}_1 = \mathbf{T}_r^\top\mathbf{d}'_1, \quad \mathbf{d}_2 = \mathbf{T}_r^\top\mathbf{d}'_2 \tag{12.7}$$

これらの関係を利用すると，基準座標系における部材端力 $\mathbf{p}'_1, \mathbf{p}'_2$ を，式 (12.6) を使い部材座標の部材端力 $\mathbf{p}_1, \mathbf{p}_2$ で表し，さらにこれらを，式 (12.4a) の右辺で置き換える．

$$\begin{Bmatrix} \mathbf{p}'_1 \\ \mathbf{p}'_2 \end{Bmatrix} = \begin{bmatrix} \mathbf{T}_r & \mathbf{0} \\ \mathbf{0} & \mathbf{T}_r \end{bmatrix} \begin{Bmatrix} \mathbf{p}_1 \\ \mathbf{p}_2 \end{Bmatrix} = \begin{bmatrix} \mathbf{T}_r & \mathbf{0} \\ \mathbf{0} & \mathbf{T}_r \end{bmatrix} \begin{bmatrix} \mathbf{k}_{11} & \mathbf{k}_{12} \\ \mathbf{k}_{21} & \mathbf{k}_{22} \end{bmatrix}_r \begin{Bmatrix} \mathbf{d}_1 \\ \mathbf{d}_2 \end{Bmatrix} \tag{12.8a}$$

さらに式 (12.8a) の右辺の $\mathbf{d}_1$ と $\mathbf{d}_2$ を，式 (12.7) を使いそれぞれ $\mathbf{T}_r^\top\mathbf{d}'_1$ と $\mathbf{T}_r^\top\mathbf{d}'_2$ に置き換える．すると次の式が得られる．

$$\begin{Bmatrix} \mathbf{p}'_1 \\ \mathbf{p}'_2 \end{Bmatrix} = \begin{bmatrix} \mathbf{T}_r & \mathbf{0} \\ \mathbf{0} & \mathbf{T}_r \end{bmatrix} \begin{bmatrix} \mathbf{k}_{11} & \mathbf{k}_{12} \\ \mathbf{k}_{21} & \mathbf{k}_{22} \end{bmatrix}_r \begin{bmatrix} \mathbf{T}_r & \mathbf{0} \\ \mathbf{0} & \mathbf{T}_r \end{bmatrix}^\top \begin{Bmatrix} \mathbf{d}'_1 \\ \mathbf{d}'_2 \end{Bmatrix} \tag{12.8b}$$

式 (12.8b) と式 (12.4b) を比較すると，部材座標系で表された剛性マトリクスと基準座標系で表された剛性マトリクスには，次の関係があることがわかる．

$$\begin{bmatrix}\mathbf{k}'_{11} & \mathbf{k}'_{12}\\ \mathbf{k}'_{21} & \mathbf{k}'_{22}\end{bmatrix}_r = \begin{bmatrix}\mathbf{T}_r & \mathbf{0}\\ \mathbf{0} & \mathbf{T}_r\end{bmatrix}\begin{bmatrix}\mathbf{k}_{11} & \mathbf{k}_{12}\\ \mathbf{k}_{21} & \mathbf{k}_{22}\end{bmatrix}_r\begin{bmatrix}\mathbf{T}_r & \mathbf{0}\\ \mathbf{0} & \mathbf{T}_r\end{bmatrix}^{\top} \tag{12.9}$$

12.3　構造物の剛性方程式

(1)　節点の釣合い方程式

平面骨組構造は，図 12.4 のようにすべての部材が端部で剛に接合されている．構造物には，支持点も含めて全体で n 個の節点が含まれるものとする．

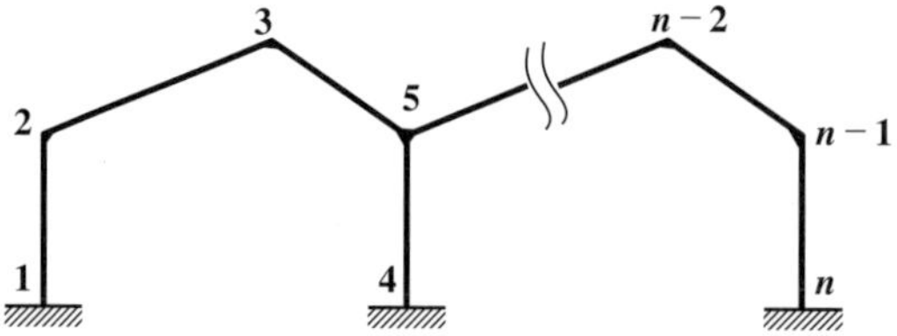

図 12.4　平面骨組構造

構造物の各節点をそれぞれフリーボディとして取り出した時，外部から節点のフリーボディに働く外力 $\mathbf{p}'_i$ と，節点から部材端に働く力 $\mathbf{F}^r_i$ は，図 12.5 に示すように，各成分がそれぞれの力の釣合いを満たしていなければならない．ここでは，すべての釣合い式は，基準座標系で表した力と変位で表すこととする．そこで，i 番目の節点に働く外力 $\mathbf{p}'_i$ と，i 番目の節点から部材端に働く力 $\mathbf{F}^r_i$ の釣合い式を具体的に書き下すと式 (12.10) のようになる．

$$\begin{aligned}
\mathbf{p}'_i &= \sum_{r=1}^{l} \mathbf{F}_i^{r(1)} + \sum_{r=l+1}^{m} \mathbf{F}_i^{r(2)} \\
&= \sum_{r=1}^{l} \left(\mathbf{k}'^{r}_{11}\mathbf{d}'_i + \mathbf{k}'^{r}_{12}\mathbf{d}'_{j_r(i)}\right) + \sum_{r=l+1}^{m} \left(\mathbf{k}'^{r}_{21}\mathbf{d}'_{k_r(i)} + \mathbf{k}'^{r}_{22}\mathbf{d}'_i\right) \\
&= \left(\sum_{r=1}^{l} \mathbf{k}'^{r}_{11} + \sum_{r=l+1}^{m} \mathbf{k}'^{r}_{22}\right)\mathbf{d}'_i + \sum_{r=1}^{l} \mathbf{k}'^{r}_{12}\mathbf{d}'_{j_r(i)} + \sum_{r=l+1}^{m} \mathbf{k}'^{r}_{21}\mathbf{d}'_{k_r(i)}
\end{aligned} \tag{12.10}$$

したがって，構造物の剛性方程式の i 行目の釣合い式に現れる右辺の係数を表す部分マトリクスは，式 (12.11) で表される．

$$\mathbf{k}'_{ii} = \sum_{r=1}^{l} \mathbf{k}'^{r}_{11} + \sum_{r=1}^{m} \mathbf{k}'^{r}_{22}, \quad \mathbf{k}'_{i,j_r(i)} = \begin{cases} \mathbf{k}'^{r}_{12} & (r = 1, \ldots, l) \\ \mathbf{k}'^{r}_{21} & (r = l+1, \ldots, m) \end{cases} \tag{12.11}$$

ここに，$\mathbf{p}'_i$: i 番目の節点に働く外力，m : i 番目の節点に接続するすべての部材の数，l : i 番目の節点に接続する部材のうち **1** 端が i 番目の節点に接続する部材の数，$\mathbf{F}_i^{r(1)}$:

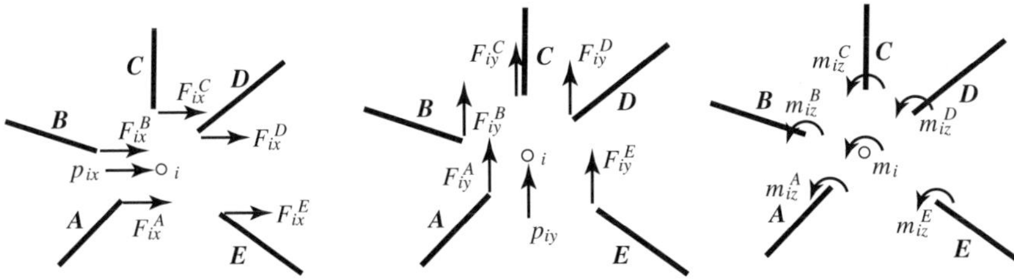

節点の x 方向の力の釣合い　節点の y 方向の力の釣合い　節点の z 軸周りのモーメントの釣合い

図 12.5　平面骨組の節点における力の釣合い

i 番目の節点から部材 r の **1** 端に加えられる力，$\mathbf{F}_i^{r(2)}$：i 番目の節点から部材 r の **2** 端に加えられる力，$\mathbf{d}'_i$：i 番目の節点の変位，$\mathbf{k}''^{r}_{11}, \mathbf{k}''^{r}_{12}, \mathbf{k}''^{r}_{21}, \mathbf{k}''^{r}_{22}$：基準座標系で表された r 番目の部材の剛性マトリクスの部分マトリクス，$j_r(i)$：節点 i に **1** 端が接続する部材 r の他端が接続する節点の番号，$k_r(i)$：節点 i に **2** 端が接続する部材 r の他端が接続する節点の番号．

式 (12.10) で表される構造物の剛性方程式の i 行目の係数マトリクスを求めるには，i 番目の節点に接続する部材をすべて探し出し，それぞれの部材の剛性マトリクスの係数を式 (12.11) に従って組み合わせ足し合わせればよいことがわかる．

このようにすれば，節点ごとの力の釣合い式を，i 番目の節点に働く外力 $\mathbf{p}'_i$ とすべての節点の変位 $\mathbf{d}'$ に係数マトリクスをかけた形式で表すことができる．すべての節点の釣合い式を順番に並べると，式 (12.12a), (12.12b) のようになる．

$$\begin{Bmatrix} \mathbf{p}'_1 \\ \vdots \\ \vdots \\ \mathbf{p}'_i \\ \vdots \\ \mathbf{p}'_n \end{Bmatrix} = \begin{bmatrix} \mathbf{k}'_{11} & \mathbf{k}'_{12} & \cdots & \mathbf{k}'_{1i} & \cdots & \mathbf{k}'_{1n} \\ \vdots & \ddots & & \vdots & & \vdots \\ \vdots & \vdots & \ddots & \vdots & & \vdots \\ \mathbf{k}'_{i1} & \mathbf{k}'_{i2} & \cdots & \mathbf{k}'_{ii} & \cdots & \mathbf{k}'_{in} \\ \vdots & \vdots & & \vdots & \ddots & \vdots \\ \mathbf{k}'_{n1} & \mathbf{k}'_{n2} & \cdots & \mathbf{k}'_{ni} & \cdots & \mathbf{k}'_{nn} \end{bmatrix} \begin{Bmatrix} \mathbf{d}'_1 \\ \vdots \\ \vdots \\ \mathbf{d}'_i \\ \vdots \\ \mathbf{d}'_n \end{Bmatrix} \tag{12.12a}$$

または，

$$\mathbf{p}' = \mathbf{K}'\mathbf{d}' \tag{12.12b}$$

このようにして得られる力の釣合い式の組は，**構造物の剛性方程式**と呼ばれ，係数マトリクス $\mathbf{K}'$ は**構造物の剛性マトリクス**と呼ばれる．また，平面骨組構造では，構造物の節点の数が支点も含めて n の場合には，構造物の剛性マトリクス $\mathbf{K}'$ のサイズは $3n \times 3n$ となる．なお，$\mathbf{K}'$ は対称行列である．また，$\mathbf{K}'$ に逆行列は存在しない．その理由については 12.4 節で述べる.

(2)　直接剛性法

構造物の剛性マトリクスを計算する方法は，式 (12.11) のように節点での力の釣合いに着目し，$\mathbf{K}'$ の要素を一行ずつ計算していく方法が一つの方法として考えられるが，その計算のアルゴリズムは，次の直接剛性法と比べると複雑になることは容易に想像できよう.

直接剛性法は，部材に着目して $\mathbf{K}'$ を作成するアルゴリズムで，通常は，こちらが使われる．節点番号を i とした場合，x' 方向の並進，y' 方向の並進および z' 軸周りの回転の自由度の番号をそれぞれ $(3i-2)$, $(3i-1)$, $(3i)$ とする．構造物の剛性マトリクスを作成する手順は次のようになる．部材 r の両端の節点番号を調べ，**1** 端の節点番号が J，**2** 端の節点番号が K である場合，図 12.6 の位置に部材 r の剛性マトリクスの係数を足し合わせるものとする．例えば，構造物の剛性マトリクスの $(3J-2)$ 行 $(3J-2)$ 列には部材剛性マトリクスの要素の $(k'_{11})_r$ を，$(3J-1)$ 行 $(3J-2)$ 列には $(k'_{21})_r$ を，$(3J)$ 行 $(3J-2)$ 列には $(k'_{31})_r$ のように，計 36 箇所にそれぞれの要素を加える．これを示したのが，図 12.6 である．これを，すべての部材 r について繰り返し，すべての部材について足し合わせが終わると，式 (12.12a) の構造物の剛性マトリクス $\mathbf{K}'$ のすべての係数が得られる.

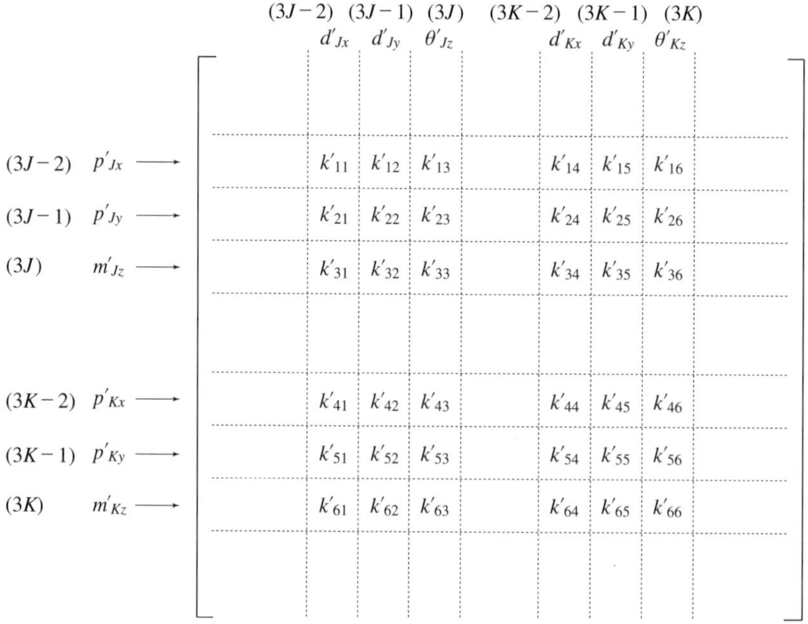

図 12.6　構造物の剛性マトリクス

12.4 自由節点変位と支点反力の解法

12.3 節の方法を適用して計算を行えば，基準座標系で表された構造物の剛性方程式 $\mathbf{p}' = \mathbf{K}'\mathbf{d}'$ の剛性マトリクス $\mathbf{K}'$ が完成する．ただし，ここでは支点も節点として剛性方程式を作成したため，剛性マトリクス $\mathbf{K}'$ には逆マトリクスは存在しない．それは，この構造物は空間に固定されておらず不安定なためである．この式の右辺の $\mathbf{d}'$ には，支点を含むすべての節点変位の成分が含まれており，その一部だけが，未知の節点変位の成分となっている．また，左辺の $\mathbf{p}'$ には，すべての節点に作用する力が含まれているが，外力の他に，支点における未知の反力の成分も含まれている．

そこで，条件式 $\mathbf{p}' = \mathbf{K}'\mathbf{d}'$ から，$\mathbf{d}'$ に含まれる未知である節点変位の成分と，$\mathbf{p}'$ に含まれる未知の支点反力の成分を求めるための式変形が必要となる．この方法のことを**自由節点変位と支点反力の解法**という．

(1) 支点の支持条件

構造物の**支持条件**は様々である．支持条件は，節点のどの成分の変位が拘束されているかに関する制約条件と考えることができる．支持点の節点番号を J とし，その x 方向の変位成分を d_{Jx}，y 方向の変位成分を d_{Jy}，回転の変位成分を θ_{Jz} とおくと，固定支持の場合には $d_{Jx} = d_{Jy} = \theta_{Jz} = 0$ であり，ピンの支持点の場合には $d_{Jx} = d_{Jy} = 0$，ピンローラー支持点の場合には，ローラーの移動可能な方向が x 方向ならば $d_{Jy} = 0$ であり，ローラーの移動の向きが y 方向ならば $d_{Jx} = 0$ である．このように，支持点での変位があらかじめ決まっている場合，**変位が拘束**されているという．変位が拘束されている場合，その変位は構造物の剛性方程式における未知数ではない．なお，斜めのローラーでは以下に述べる方法では支持条件を正しく表すことができないので，第 13 章で述べる特別の扱いをする必要がある．

(2) 剛性マトリクスの再配列

構造物の自由節点の変位の成分はすべて未知数である．しかし，支持点では，変位の成分が指定されている自由度と，変位が未知の値である自由度が混在している．その内訳は既に述べた支持条件により決まる．拘束された変位の成分は，未知数ではなく既知の値である．これに対応する自由度の力の成分は，反力を表しており未知数になる．当然ながら拘束されていない自由度に対応する力は支点であっても外力を表すことになり，既知の値である．したがって，構造物のすべての自由度は，変位が拘束されているものと，変位が拘束されていないもののどちらかになる．このことを考慮して，構造物の剛性方程式 $\mathbf{p}' = \mathbf{K}'\mathbf{d}'$ を表す連立一次方程式は，次のようにして解くことができる．

まず，節点変位ベクトル $\mathbf{p}'$ と，節点力ベクトル $\mathbf{d}'$ の要素の順序を，変位が拘束されない自由度が先に，変位が拘束されている自由度をその後ろになるように，順序を入れ替える．これに合わせて剛性方程式の解が変化しないように，剛性マトリクスの係数も並び替える．すると，式 (12.12a), (12.12b) で求められた構造物の剛性方程式は，式 (12.13) のように式変形される．このような操作を，**剛性マトリクスの再配列**という．剛性マトリクスの再配列は，釣合い式の順序の入れ替えと，一つの釣合い式の中での右辺の項の順序の入れ替えに相当する単なる式変形である．

$$\begin{Bmatrix} \mathbf{p}'_f \\ \mathbf{p}'_s \end{Bmatrix} = \begin{bmatrix} \mathbf{K}'_{ff} & \mathbf{K}'_{fs} \\ \mathbf{K}'_{sf} & \mathbf{K}'_{ss} \end{bmatrix} \begin{Bmatrix} \mathbf{d}'_f \\ \mathbf{d}'_s \end{Bmatrix} \tag{12.13}$$

ここに，$\mathbf{p}'_f$：変位が拘束されない自由度に働く既知の外力のベクトル，$\mathbf{d}'_f$：変位が拘束されない自由度の未知の変位のベクトル，$\mathbf{p}'_s$：変位が拘束された自由度に働く未知の反力のベクトル，$\mathbf{d}'_s$：変位が拘束された自由度の既知の変位のベクトル．

(3)　未知の節点変位

式 (12.13) の 1 番目の式を，部分マトリクスで表したのが式 (12.14) である．

$$\mathbf{p}'_f = \mathbf{K}'_{ff}\mathbf{d}'_f + \mathbf{K}'_{fs}\mathbf{d}'_s \tag{12.14}$$

式中の部分マトリクス $\mathbf{K}'_{ff}$ は，構造物が安定であれば，正定値の対称行列で，逆行列 ${\mathbf{K}'_{ff}}^{-1}$ が存在するので計算しておく．式 (12.14) を $\mathbf{d}'_f$ が左辺にくるように式変形すると ${\mathbf{K}'_{ff}}^{-1}$ を用いて式 (12.15a) が得られる．

$$\mathbf{d}'_f = {\mathbf{K}'_{ff}}^{-1}\left(\mathbf{p}'_f - \mathbf{K}'_{fs}\mathbf{d}'_s\right) \tag{12.15a}$$

この式では，右辺に含まれる記号の値はすべて既知の値かそこから計算できる値なので，未知の節点変位 $\mathbf{d}'_f$ の値が求められる．もし変位が拘束された自由度の変位のベクトル $\mathbf{d}'_s$ の要素がすべてゼロである場合には，

$$\mathbf{d}'_f = {\mathbf{K}'_{ff}}^{-1}\mathbf{p}'_f \tag{12.15b}$$

とさらに簡単に書ける．

(4)　未知の支点反力

式 (12.13) の 2 行目の式は次のとおりである．

$$\mathbf{p}'_s = \mathbf{K}'_{sf}\mathbf{d}'_f + \mathbf{K}'_{ss}\mathbf{d}'_s \tag{12.16}$$

式 (12.16) の右辺に，式 (12.15a) か式 (12.15b) で求められた未知の変位 $\mathbf{d}'_f$ の値と，既知の変位 $\mathbf{d}'_s$ の値を代入すると，未知の支点反力 $\mathbf{p}'_s$ の値が求められる．なお，ここで求められる $\mathbf{d}'$ や $\mathbf{p}'$ は要素の順番が並び替えられているので，最後に元の順序になるように並べ戻す操作が必要となる．

(5)　自由節点に強制変形を与える場合

構造物の解析によっては，指定した節点に強制変位を与え，部材の応力を求める必要がある場合があるかもしれない．これはそれほど難しくはない．強制変位が絶対変位で指定されている場合には，その点を支点とみなし，変位が拘束された自由度とし

て扱い，節点変位 $\mathbf{d}'_s$ に強制変位の値を与えておく．その時の節点変位は，式 (12.15a) で求められる．強制変位を与えた点に生じる反力は，式 (12.16) で求められる．なお，強制変形が絶対変位ではなく，変位が未知の節点と，変位が未知の別の節点との相対変位で与えられている場合にはこの方法では取り扱えない．

(6)　荷重状態が複数ある場合

荷重状態が複数（l 個）の場合，荷重ベクトルを複数用意し，これをまとめたマトリクス $\mathbf{p}'_f = \left[\mathbf{p}'_{f1}\ \mathbf{p}'_{f2}\ \mathbf{p}'_{f3} \cdots\ \mathbf{p}'_{fl}\right]$ とおくことにする．対応する節点変位もマトリクスにまとめて $\mathbf{d}'_f = \left[\mathbf{d}'_{f1}\ \mathbf{d}'_{f2}\ \mathbf{d}'_{f3} \cdots\ \mathbf{d}'_{fl}\right]$ とすると，

$$\mathbf{d}'_f = \mathbf{K}'^{-1}_{ff}\mathbf{p}'_f \tag{12.17}$$

となる．変位法では，剛性マトリクスの逆マトリクスを計算するために多くの演算時間が費やされるが，複数の荷重状態がある場合には，式 (12.17) で計算することにすると，逆行列 $\left(\mathbf{K}'_{ff}\right)^{-1}$ の計算は 1 回でよく，計算時間の節約となる．

12.5　部材端力の解法

前節の式 (12.15) によりすべての支点を含むすべての節点の変位 $\mathbf{d}'$ が求められる．部材ごと，部材の両端部の節点番号を調べ，それらの節点（または支点）の変位 $\mathbf{d}_1, \mathbf{d}_2$ から，節点（または支点）から部材端部に作用する力 $\mathbf{p}_1, \mathbf{p}_2$（部材端力）が求められる．この手順をここでは**部材端力の解法**と呼ぶ．

$$\begin{Bmatrix} \mathbf{p}_1 \\ \mathbf{p}_2 \end{Bmatrix} = \begin{bmatrix} \mathbf{k}_{11} & \mathbf{k}_{12} \\ \mathbf{k}_{21} & \mathbf{k}_{22} \end{bmatrix}_r \begin{Bmatrix} \mathbf{T}_r^{\top}\mathbf{d}'_1 \\ \mathbf{T}_r^{\top}\mathbf{d}'_2 \end{Bmatrix} \tag{12.18}$$

式 (12.4a) が部材座標系で表されていることに注意して，式 (12.18) では，基準座標系の節点変位 $\mathbf{d}'_r$ にその部材の座標変換マトリクスの転置 $\mathbf{T}_r^{\top}$ を乗じて部材座標系の節点変位 $\mathbf{d}_1, \mathbf{d}_2$ に変換してから部材の剛性マトリクス $\mathbf{k}_r$ を乗じている．また，式 (12.18) で得られる部材端力 $\mathbf{p}_1, \mathbf{p}_2$ は部材座標系による値であることに注意する．

12.6　中間荷重の解法

本章の冒頭で，荷重は節点のみに作用するものとすると述べた．本節では，重ね合わせの原理を適用して，節点ではない部材の途中に外力（中間荷重）が働く場合の適用方法について述べる．この方法のことを**中間荷重の解法**と呼ぶ．

中間荷重のある部材を次のように取り扱う．まず両端を仮に固定支持とする．そして，中間荷重を加えた時に両端に生じる反力を別途求めておく．なお，反力を求める

には不静定梁の解析が必要となるが，実際に固定端反力の値を計算するには，例えば，第 8 章のたわみ角法の図 8.2 のように公式をあらかじめ用意して使う．このようにして求められる反力は，**固定端反力**と呼ばれる．固定端反力には，モーメント・軸方向力・部材軸に直交する力の各成分がある．中間荷重の解法では，固定端反力の符号を反対にしたものを**等価節点力**と呼ぶ．

次に，部材端の節点に等価節点力を作用させて変位法による解析を行う．最後に，そこで得られた部材応力に中間荷重が働く両端固定部材の応力を重ね合わせて，部材の途中の応力分布が求まる．

図 12.7 は，門形骨組の水平部材の中央に鉛直荷重 P を加える場合を例として，中間荷重の解法が適用できる理由を説明している．

状態 A は，すべての節点の変位や回転がゼロになるように拘束して，中間荷重 P を作用させた状態である．この時の部材の応力と変形は，中間荷重の作用する水平部材にのみ生じ，その大きさは両端を固定支持として鉛直荷重 P を加えた時の応力と変形に等しい．また実際に節点の変位や回転を拘束するために必要な力は，水平部材の端部に生じる固定端反力と同じである．この場合の固定端反力は，水平部材の両端の節点の上向きの力 $0.5P$ と偶力 $\frac{PL}{8}$ である．

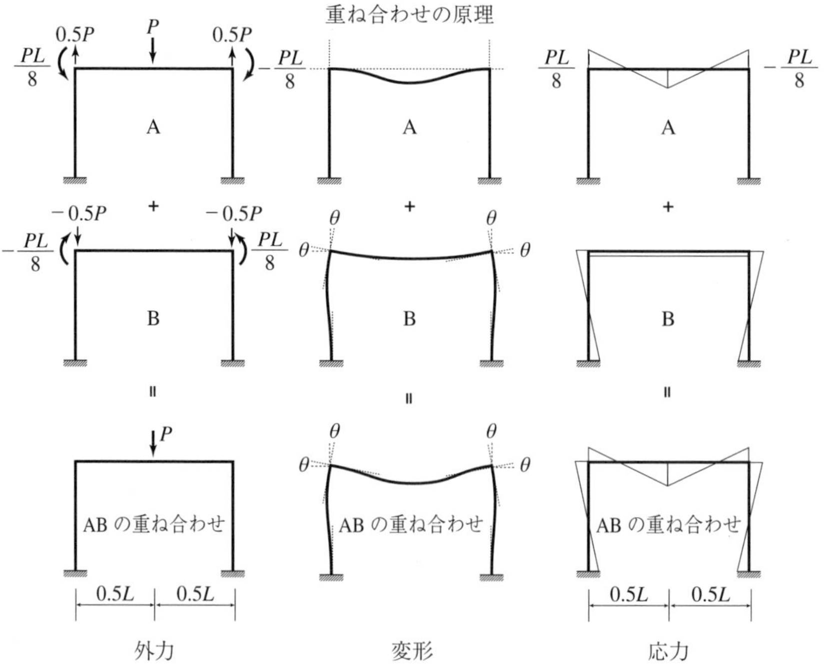

図 12.7　重ね合わせの原理の適用

状態Bは，中間荷重が働く部材の両端に等価節点力を加えた状態である．つまり，水平部材の両端の節点に下向きの力 $0.5P$ と逆向きの偶力 $-\frac{PL}{8}$ を加えている．中間荷重自体は加えていない．状態Bでの節点の変位や回転角および部材端力の値は，変位法を適用して求める．

状態Aと状態Bに重ね合わせの原理を適用すると等価節点力と固定端反力はキャンセルされ，節点に加わえられる外力と中間荷重 P のみが作用した状態となる．したがって，中間荷重が作用する部材の応力と変形は，状態Bの応力（変形）分布に，状態Aの応力（変形）分布を重ね合わせて得られる．

例 12.3　固定端モーメントと中間点の曲げモーメントの例

次の水平力と鉛直力を同時に受ける門形フレームの解析を次の手順で行う．

固定端反力　中間荷重の作用する部材24の，固定端反力を求める．

$$C_2 = \frac{1}{12}wl^2 = \frac{1}{12} \times 12 \times 5^2 = 25\,\mathrm{kN\,m}, \quad C_4 = -C_2 = -25\,\mathrm{kN\,m}$$

$$R_{y2} = \frac{1}{2}wl = \frac{1}{2} \times 12 \times 5 = 30\,\mathrm{kN}, \quad R_{y4} = R_{y2} = 30\,\mathrm{kN}$$

固定端反力の符号を逆にしたものを等価節点力とする．

節点荷重と等価節点力の重ね合わせ　節点荷重と等価節点力を節点ごとに加え合わせて荷重とする．節点2と節点4に作用する外力をベクトルで表せば，それぞれ次のようになる．

$$\mathbf{P}_2 = \begin{Bmatrix} 100 \\ 0 \\ 0 \end{Bmatrix} + \begin{Bmatrix} 0 \\ -30 \\ -25 \end{Bmatrix} = \begin{Bmatrix} 100 \\ -30 \\ -25 \end{Bmatrix}, \quad \mathbf{P}_4 = \begin{Bmatrix} 0 \\ -30 \\ 25 \end{Bmatrix}$$

変位法による骨組の解析　節点荷重 $\mathbf{P}_2$ と $\mathbf{P}_4$ を外力として骨組の解析を行うと，部材端力と支点反力が得られる．曲げモーメント図は次のとおりとなる．この段階では，モーメント分布は部材に沿って線形に変化している．部材24の中央の曲げモーメントは，$\frac{77.5-63.6}{2} = 6.9\,\mathrm{kN\,m}$ となる．

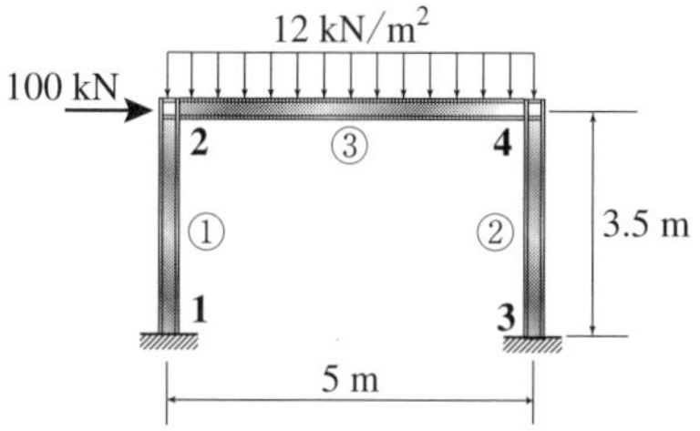

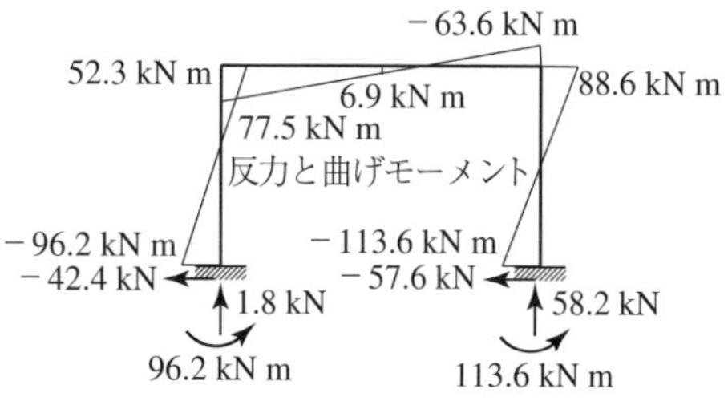

中間荷重を受ける部材の応力分布の算定　中間荷重が作用する部材は，両端固定時の応力分布（下図左）を重ね合わせて修正する．これで，水平力と鉛直力を同時に受ける門形フレームの応力と反力が得られる（下図右）．

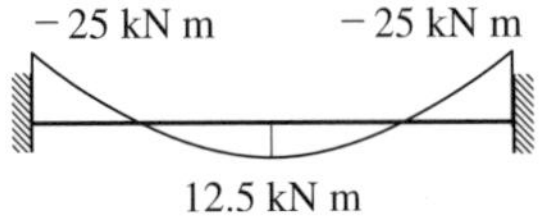

中間荷重が作用する部材の
両端固定時の曲げモーメント

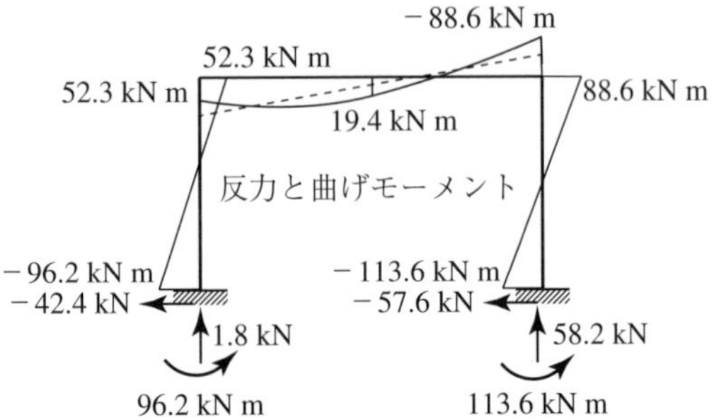

部材の中央の正モーメントは，鉛直力が大きい場合に設計上重要となるので，数値で求めている．この例では，部材 24 の中央のモーメントは重ね合わせにより $12.5 + 6.9 = 19.4$ kN m である．これは，$37.5 - \frac{88.6-52.3}{2} = 19.4$ kN m として求めることもできる．ここに，37.5 kN m は単純支持の梁に中間荷重が働く場合の中央での曲げモーメントである．

12.7　静定基本部材

平面骨組の部材の剛性方程式は，既に 12.1 節で述べたように，一般に次の形で与えられる．(記号は，式 (12.1) による．)

$$\begin{Bmatrix} \mathbf{p}_1 \\ \mathbf{p}_2 \end{Bmatrix} = \begin{bmatrix} \mathbf{k}_{11} & \mathbf{k}_{12} \\ \mathbf{k}_{21} & \mathbf{k}_{22} \end{bmatrix} \begin{Bmatrix} \mathbf{d}_1 \\ \mathbf{d}_2 \end{Bmatrix} \tag{12.19}$$

$$\mathbf{p}_1 = \begin{Bmatrix} p_{1x} \\ p_{1y} \\ m_{1z} \end{Bmatrix}, \quad \mathbf{p}_2 = \begin{Bmatrix} p_{2x} \\ p_{2y} \\ m_{2z} \end{Bmatrix}, \quad \mathbf{d}_1 = \begin{Bmatrix} d_{1x} \\ d_{1y} \\ \theta_{1z} \end{Bmatrix}, \quad \mathbf{d}_2 = \begin{Bmatrix} d_{2x} \\ d_{2y} \\ \theta_{2z} \end{Bmatrix}$$

もし，対象とする部材が，一様断面の直線部材であれば，剛性マトリクスは式 (12.2) で表される．しかし，一様断面ではない場合には式 (12.2) は使えない．様々な部材について，部材の剛性マトリクスの係数を導く方法の一つである静定基本部材を使う考え方について述べる．この方法は 11.6 節の方法より，拡張性が高くエレガントである．

式 (12.19) は，部材が空間に固定されていない状態を表している．そのため部材端の力 $\mathbf{p}_1$ と $\mathbf{p}_2$ が与えられてもその時の変位 $\mathbf{d}_1, \mathbf{d}_2$ は一意に決定できない．そのため，式 (12.19) の部材の剛性マトリクスの逆行列は存在しない．しかし，図 12.8 のように **1** 端を固定して片持ち梁にしてやれば，**2** 端に加える力 p_{2x}, p_{2y}, m_{2z} から直ちに部材に沿った応力分布が定まり，変形状態も特定される．つまり片持ち梁は静定構造物であるため，このように変形を特定することが容易である．この性質を利用して，部材の一部の変位成分を拘束して静定構造物とすることができれば，作用する力と変位の関係を簡単に一対一に対応させることができる．このように空間に固定されていない

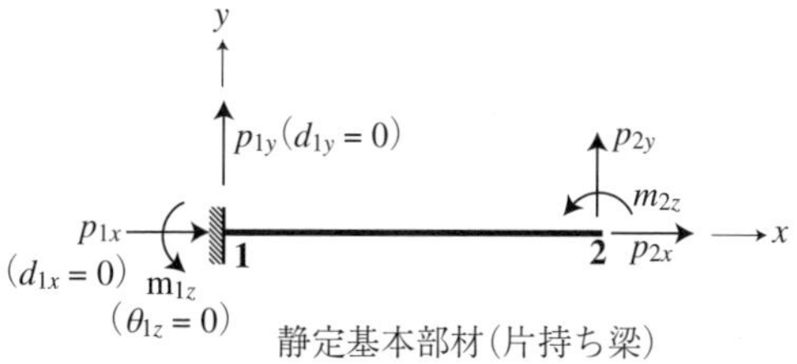

静定基本部材(片持ち梁)

図 12.8　静定基本部材の例

部材を対象として，変位の拘束条件を適切に加えて静定構造物としたものを**静定基本部材**と呼ぶ．ただし，静定基本部材の選び方は一つでない．

12.8　柔性マトリクス

柔性マトリクスは，静定基本部材の変形のし易さを表す量である．柔性マトリクスの各要素の値は，静定基本部材で変位が拘束されていない自由度に単位荷重を与えた時の変位として求められ，部材ごとに固有の値である．柔性マトリクスの係数は，剛性マトリクスの係数を求めるより一般に容易である．その方法を以下に具体的に示す．

静定基本部材においては，変位が拘束されている自由度に関する量を添字 s，変位が拘束されていない自由度に関する量を添字 f で区別することとし，これにより式 (12.19) の部材の剛性方程式の再配列を行えば次式が得られる．

$$\begin{Bmatrix} \mathbf{p}_f \\ \mathbf{p}_s \end{Bmatrix} = \begin{bmatrix} \mathbf{k}_{ff} & \mathbf{k}_{fs} \\ \mathbf{k}_{sf} & \mathbf{k}_{ss} \end{bmatrix} \begin{Bmatrix} \mathbf{d}_f \\ \mathbf{d}_s \end{Bmatrix} \tag{12.20}$$

式 (12.20) において，変位が拘束されている自由度の変位 $\mathbf{d}_s$ の要素はすべてゼロである．そこで，$\mathbf{d}_s = \mathbf{0}$ を代入すれば，

$$\mathbf{p}_f = \mathbf{k}_{ff}\mathbf{d}_f \tag{12.21a}$$

$$\mathbf{p}_s = \mathbf{k}_{sf}\mathbf{d}_f \tag{12.21b}$$

が得られる．

図 12.8 の静定基本部材の場合，式 (12.21a) は，式 (12.22) で具体的に表される．

$$\begin{Bmatrix} p_{2x} \\ p_{2y} \\ m_{2z} \end{Bmatrix} = \mathbf{k}_{ff} \begin{Bmatrix} d_{2x} \\ d_{2y} \\ \theta_{2z} \end{Bmatrix} \tag{12.22}$$

2 端の力と **2** 端の変位は一対一に対応しているので，式 (12.22) に現れる係数マトリクス $\mathbf{k}_{ff}$ には逆マトリクスが存在する．静定基本部材において，$\mathbf{k}_{ff}$ の逆マトリクスを

F の記号で表し，**柔性マトリクス**と呼ぶ．定義より，

$$\mathbf{F} = \mathbf{k}_{ff}{}^{-1} \tag{12.23}$$

である．柔性マトリクスを使うと，式 (12.21a) は式 (12.24) となる．

$$\mathbf{d}_f = \mathbf{F}\mathbf{p}_f \quad \text{または} \quad \mathbf{p}_f = \mathbf{F}^{-1}\mathbf{d}_f \tag{12.24}$$

この式は**柔性方程式**と呼ばれる．

例 12.4　**片持ち梁を静定基本部材とした場合の柔性マトリクス**

図 12.8 に示した，部材の向きが x 軸と平行な断面一様直線部材の片持ち梁の柔性マトリクスを，**1** 端を固定支持とする片持ち梁を静定基本部材とした場合について求める．

1 端を固定した片持ち梁の柔性マトリクス **F** の係数を次のように表す．

$$\mathbf{d}_f = \mathbf{F}\mathbf{p}_f \quad \text{すなわち} \quad \begin{Bmatrix} d_{2x} \\ d_{2y} \\ \theta_{2z} \end{Bmatrix} = \begin{bmatrix} F_{11} & F_{12} & F_{13} \\ F_{21} & F_{22} & F_{23} \\ F_{31} & F_{32} & F_{33} \end{bmatrix} \begin{Bmatrix} p_{2x} \\ p_{2y} \\ m_{2z} \end{Bmatrix}$$

係数 F_{11} は，$p_{2x} = 1, p_{2y} = 0$ および $m_{2z} = 0$ を右辺に代入した時の d_{2x} に等しい．さらに，係数 F_{21} と係数 F_{31} はこの時の d_{2y} と θ_{2z} にそれぞれ等しい．つまり，**2** 端に大きさ 1 の軸力（引張り）を加えた時の **2** 端の変位成分 $d_{2x}, d_{2y}, \theta_{2z}$ を求めることができれば，柔性マトリクスの係数を求めることができることがわかる．

同様に，**2** 端に大きさ 1 の部材に直交する力を加え，もしくは大きさ 1 の集中モーメントを加えた時の **2** 端の変位成分を求めることにより，残りの柔性マトリクスの係数 F_{ij} も求められる．また，柔性マトリクスの場合には，部材のせん断変形の影響を考慮することも容易である．せん断歪度 γ はせん断力 V に比例し，

$$V = \frac{GA}{\kappa}\gamma, \quad \text{または} \quad \gamma = \frac{\kappa}{GA}V$$

で表される．ここに，V：せん断力，G：せん断弾性係数，A：断面積，κ：せん断変形に関する形状係数（長方形の場合には 1.2），γ：せん断歪度である．また，$\frac{A}{\kappa}$：せん断有効断面積である．

まとめると，柔性マトリクスは次のとおりとなる．せん断変形は，せん断力のみに比例し，軸力や曲げの影響はないと仮定すれば，せん断変形を考慮する柔性マトリクスは，せん断力に比例する変形の項だけを加えて求められる．

$$\mathbf{F} = \begin{bmatrix} \frac{L}{EA} & 0 & 0 \\ 0 & \frac{L^3}{3EI} & \frac{L^2}{2EI} \\ 0 & \frac{L^2}{2EI} & \frac{L}{EI} \end{bmatrix} \quad \text{（曲げ変形のみを考慮する場合）}$$

$$\mathbf{F} = \begin{bmatrix} \frac{L}{EA} & 0 & 0 \\ 0 & \frac{L^3}{3EI} + \frac{\kappa L}{GA} & \frac{L^2}{2EI} \\ 0 & \frac{L^2}{2EI} & \frac{L}{EI} \end{bmatrix} \quad \text{（曲げ変形に加えてせん断変形を考慮する場合）}$$

ここに，L：部材長さ，E：ヤング率，I：断面二次モーメント．

例 12.5　単純支持梁を静定基本部材とした場合の柔性マトリクス

1 端をピン支持，**2** 端をピンローラー支持とする単純支持梁を「静定基本部材」に採用し，部材の剛性マトリクスを計算する方法は実際の構造解析プログラムでしばしば使われる．断面が一様である直線材を単純支持した部材を静定基本部材とおけば，柔性マトリクスは次式の係数の行列で与えられる．

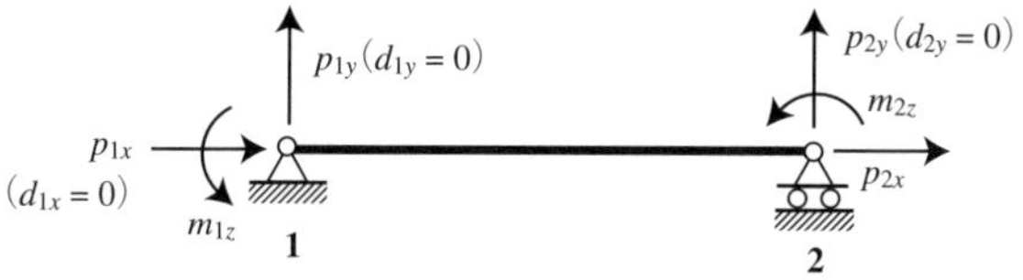

静定基本部材(単純支持梁)

$$\mathbf{d}_f = \mathbf{F}\mathbf{p}_f \quad \text{すなわち} \quad \begin{Bmatrix} d_{2x} \\ \theta_{1z} \\ \theta_{2z} \end{Bmatrix} = \begin{bmatrix} F_{11} & F_{12} & F_{13} \\ F_{21} & F_{22} & F_{23} \\ F_{31} & F_{32} & F_{33} \end{bmatrix} \begin{Bmatrix} p_{2x} \\ m_{1z} \\ m_{2z} \end{Bmatrix}$$

柔性マトリクスの係数は, 右辺において $p_{2x} = 1, m_{1z} = m_{2z} = 0$ とおいて, $d_{2x} = \frac{L}{EA}, \theta_{1z} = 0$, $\theta_{2z} = 0$ を求めておき，$F_{11} = \frac{L}{EA}, F_{21} = 0, F_{31} = 0$ を得る．次に，$m_{1z} = 1, p_{2x} = m_{2z} = 0$ とおいて，$F_{12} = d_{2x} = 0, F_{22} = \theta_{1z} = \frac{L}{3EI}, F_{32} = \theta_{2z} = -\frac{L}{6EI}$ を得る．同様に，$F_{13} = 0$, $F_{23} = -\frac{L}{6EI}, F_{33} = \frac{L}{3EI}$ を得る．まとめると，柔性マトリクス **F** は，次のようになる．

$$\mathbf{F} = \begin{bmatrix} \frac{L}{EA} & 0 & 0 \\ 0 & \frac{L}{3EI} & -\frac{L}{6EI} \\ 0 & -\frac{L}{6EI} & \frac{L}{3EI} \end{bmatrix} \quad \text{(曲げ変形のみを考慮する場合)}$$

$$\mathbf{F} = \begin{bmatrix} \frac{L}{EA} & 0 & 0 \\ 0 & \frac{L}{3EI} + \frac{\kappa}{GAL} & -\frac{L}{6EI} + \frac{\kappa}{GAL} \\ 0 & -\frac{L}{6EI} + \frac{\kappa}{GAL} & \frac{L}{3EI} + \frac{\kappa}{GAL} \end{bmatrix} \quad \text{(曲げ変形に加えてせん断変形を考慮する場合)}$$

ここに，L：部材長さ，E：ヤング率，A：断面積，κ：せん断変形に関する形状係数（長方形 1.2)，G：せん断弾性係数.

例 12.6　カスティリアーノの第 2 定理を用いて柔性マトリクスを求める方法

直線部材 **12** の始端 **1** が完全に固定され，終端 **2** に部材端力 $\mathbf{p}_2$ が作用して，変位 $\mathbf{d}_2$ が生じる片持ち梁を静定基本形として，せん断変形も考慮した部材の剛性マトリクスは，エネルギー法の一種であるカスティリアーノの第 2 定理を用いて導くことができる．カスティリアーノの第 2 定理は，線形弾性材料からなる構造物においては，外力 P_i を加えた時の歪エネルギーの総量 U の変化量は，その力を加えた点の変位 $\varDelta_i$ に等しい．これは，次式で表される．

$$\frac{\partial U}{\partial P_i} = \varDelta_i$$

ここに，U：歪エネルギー，$\varDelta_i$：点 i の変位，P_i：点 i に作用する力.

面内力を受ける長さ L の部材の歪エネルギー U は，次の式により表せる．

$$U = \int_0^L \frac{N_x^2}{2EA_x}\,dx + \int_0^L \frac{V_y^2}{2GA_y}\,dx + \int_0^L \frac{M_z^2}{2EI_z}\,dx$$

ここに，N_x：x 軸方向の軸力，V_y：y 軸方向のせん断力，M_z：z 軸周りの曲げモーメント，E：材料の弾性係数，G：材料のせん断弾性係数 $= \frac{E}{2(1+\nu)}$，A_x：x 軸に直交する断面積，A_y：y 軸方向のせん断有効断面積 $= \frac{A_x}{\kappa}$，I_z：z 軸周りの断面二次モーメント，κ：せん断変形に関する形状係数，$\kappa = 1{,}2$（長方形断面）．

この部材は静定構造なので，外力に対する応力分布は直ちに求められる．

$$N_x = p_{2x},\quad V_y = -p_{2y},\quad M_z = p_{2y}(L-x) + m_{2z}$$

これらの式を U の式に代入すれば，歪みエネルギー U は，

$$\begin{aligned} U &= \int_0^L \frac{p_{2x}^2}{2EA}\,dx + \int_0^L \frac{\kappa p_{2y}^2}{2GA}\,dx + \int_0^L \frac{\{p_{2y}(L-x)+m_{2z}\}^2}{2EI}\,dx \\ &= \frac{p_{2x}^2}{2EA}L + \frac{\kappa p_{2y}^2}{2GA}L + \frac{p_{2y}^2}{6EI}L^3 + \frac{p_{2y}m_{2z}}{2EI}L^2 + \frac{m_{2z}^2}{2EI}L \end{aligned}$$

ここに，A：断面積（$= A_x$），I：断面二次モーメント（$= I_z$）．

カスティリアーノの第 2 定理より，荷重方向の変位は歪エネルギー U をその荷重で偏微分すれば得られるので，

$$\begin{aligned} d_{2x} &= \frac{\partial U}{\partial p_{2x}} = \frac{L}{EA}p_{2x} \\ d_{2y} &= \frac{\partial U}{\partial p_{2y}} = \frac{\kappa L}{GA}p_{2y} + \frac{L^3}{3EI}p_{2y} + \frac{L^2}{2EI}m_{2z} \\ \theta_{2z} &= \frac{\partial U}{\partial m_{2z}} = \frac{L^2}{2EI}p_{2y} + \frac{L}{EI}m_{2z} \end{aligned}$$

として，柔性方程式を求めることができる．マトリクス形式で表せば次の式となる．

$$\begin{Bmatrix} d_{2x} \\ d_{2y} \\ \theta_{2z} \end{Bmatrix} = \begin{bmatrix} \frac{L}{EA} & 0 & 0 \\ 0 & \frac{L^3}{3EI} + \frac{\kappa L}{GA} & \frac{L^2}{2EI} \\ 0 & \frac{L^2}{2EI} & \frac{L}{EI} \end{bmatrix} \begin{Bmatrix} p_{2x} \\ p_{2y} \\ m_{2z} \end{Bmatrix}$$

12.9　釣合いマトリクス

静定基本部材において，変位が拘束されていない自由度に働く力の成分と，変位が拘束されている自由度に働く反力の成分の間に成り立つ釣合い条件を表すために釣合いマトリクスを導入する．

静定基本部材の自由度のうち，変位が固定されている自由度に添字 s を，変位が固定されていない自由度に添字 f を使い，部材の剛性方程式を再配列すれば，部材の剛性方程式は，

$$\begin{Bmatrix} \mathbf{p}_f \\ \mathbf{p}_s \end{Bmatrix} = \begin{bmatrix} \mathbf{k}_{ff} & \mathbf{k}_{fs} \\ \mathbf{k}_{sf} & \mathbf{k}_{ss} \end{bmatrix} \begin{Bmatrix} \mathbf{d}_f \\ \mathbf{d}_s \end{Bmatrix} \tag{12.25}$$

と表される．静定基本部材においては，変位が拘束されている自由度に働く力は反力 $\mathbf{p}_s$ であり，変位が拘束されない自由度に働く力は $\mathbf{p}_f$ である．静定基本部材は静止しているので，その力の釣合い式を変形して次の式の形にする．

$$\mathbf{p}_s + \mathbf{H}\mathbf{p}_f = \mathbf{0} \tag{12.26a}$$

または，式 (12.26a) の第 2 項を右辺に移項して，

$$\mathbf{p}_s = -\mathbf{H}\mathbf{p}_f \tag{12.26b}$$

と表される．式 (12.26a), (12.26b) に現れる係数マトリクス $\mathbf{H}$ のことを**釣合いマトリクス**と呼ぶ．

例 12.7　片持ち梁を静定基本部材とした場合の釣合いマトリクス

部材の向きが x 軸に平行で，**1** 端を固定とした長さ L の片持ち梁を静定基本部材とした場合の釣合いマトリクスを導く．以下に示す釣合いマトリクスは，**1** 端から **2** 端に向かう向きが x 軸の方向となっている梁部材の釣合いマトリクスであることに注意する．

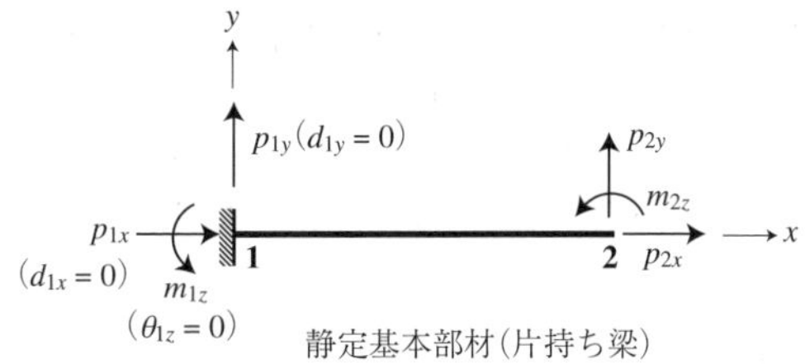

静定基本部材（片持ち梁）

静定基本部材のフリーボディに作用する x 方向と y 方向の力の釣合い式より，

$$p_{1x} + p_{2x} = 0, \quad p_{1y} + p_{2y} = 0$$

部材の **1** 端周りのモーメントの釣合い式より，

$$m_{1z} + m_{2z} + p_{2y}L = 0$$

が成り立つ．これらの 3 つの釣合い式をまとめてマトリクス表示すると，

$$\begin{Bmatrix} p_{1x} \\ p_{1y} \\ m_{1z} \end{Bmatrix} + \begin{bmatrix} 1 & 0 & 0 \\ 0 & 1 & 0 \\ 0 & L & 1 \end{bmatrix} \begin{Bmatrix} p_{2x} \\ p_{2y} \\ m_{2z} \end{Bmatrix} = \begin{Bmatrix} 0 \\ 0 \\ 0 \end{Bmatrix}, \quad \text{または} \quad \mathbf{p}_s + \mathbf{H}\mathbf{p}_f = \mathbf{0}$$

となる．ここに，

$$\mathbf{p}_s = \begin{Bmatrix} p_{1x} \\ p_{1y} \\ m_{1z} \end{Bmatrix}, \quad \mathbf{p}_f = \begin{Bmatrix} p_{2x} \\ p_{2y} \\ m_{2z} \end{Bmatrix}, \quad \mathbf{H} = \begin{bmatrix} 1 & 0 & 0 \\ 0 & 1 & 0 \\ 0 & L & 1 \end{bmatrix}$$

よって，次の式も成り立つ．

$$\begin{Bmatrix} p_{2x} \\ p_{2y} \\ m_{2z} \\ p_{1x} \\ p_{1y} \\ m_{1z} \end{Bmatrix} = \begin{bmatrix} 1 & 0 & 0 \\ 0 & 1 & 0 \\ 0 & 0 & 1 \\ -1 & 0 & 0 \\ 0 & -1 & 0 \\ 0 & -L & -1 \end{bmatrix} \begin{Bmatrix} p_{2x} \\ p_{2y} \\ m_{2z} \end{Bmatrix}, \quad \text{または} \quad \begin{Bmatrix} \mathbf{p}_f \\ \mathbf{p}_s \end{Bmatrix} = \begin{bmatrix} \mathbf{I} \\ -\mathbf{H} \end{bmatrix} \mathbf{p}_f = \mathbf{C}\mathbf{p}_f$$

ここに，マトリクス $\mathbf{C}$ は**接続マトリクス**と呼ばれる．釣合いマトリクス $\mathbf{H}$ の要素は，部材の長さ L のみに依存することから，部材の幾何学的形状のみから定められる．

次に静定基本部材における，両端の変位の関係について考える．

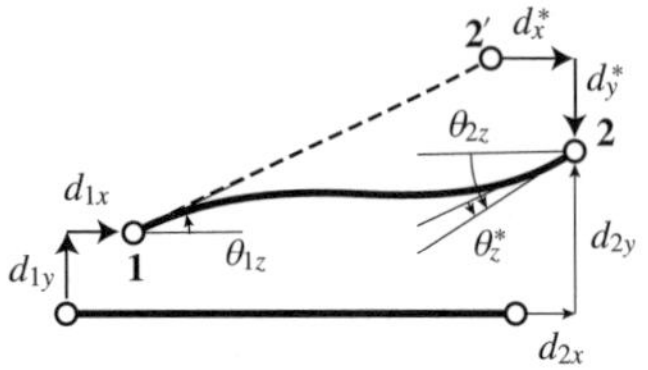

静定基本部材 **12** において，もし片持ち梁が変形しない剛体で，**1** 端の移動として **1** 端を中心とした回転のみが起こるとした場合の **2** 端の位置を **2′** とする．実際の **2** 端の位置は，**1** 端を固定した片持ち梁自体の変形による変位 $\mathbf{d}^* = \begin{bmatrix} d_x^* & d_y^* & \theta_z^* \end{bmatrix}^{\mathsf{T}}$ が付加されているので，**2** 端の位置は **2′** からさらに **2** に移動する．これらの部材の両端の変位と，剛体変位を除いた片持ち梁自体の変形 $\mathbf{d}^*$ の間の関係は，上の図の幾何学的関係から，

$$d_x^* = d_{2x} - d_{1x}$$

$$d_y^* = d_{2y} - d_{1y} - L\theta_{1z}$$

$$\theta_z^* = \theta_{2z} - \theta_{1z}$$

が成り立つ．これらの 3 つの式をまとめてマトリクス表示すると，

$$\begin{Bmatrix} d_x^* \\ d_y^* \\ \theta_z^* \end{Bmatrix} = \begin{Bmatrix} d_{2x} \\ d_{2y} \\ \theta_{2z} \end{Bmatrix} - \begin{bmatrix} 1 & 0 & 0 \\ 0 & 1 & L \\ 0 & 1 & 1 \end{bmatrix} \begin{Bmatrix} d_{1x} \\ d_{1y} \\ \theta_{1z} \end{Bmatrix}, \quad \text{または} \quad \mathbf{d}^* = \mathbf{d}_f - \mathbf{H}^{\mathsf{T}}\mathbf{d}_s$$

となる．さらに，変形すると次のようにかける．

$$\begin{Bmatrix} d_x^* \\ d_y^* \\ \theta_z^* \end{Bmatrix} = \begin{bmatrix} 1 & 0 & 0 & -1 & 0 & 0 \\ 0 & 1 & 0 & 0 & -1 & -L \\ 0 & 0 & 1 & 0 & -1 & -1 \end{bmatrix} \begin{Bmatrix} d_{2x} \\ d_{2y} \\ \theta_{2z} \\ d_{1x} \\ d_{1y} \\ \theta_{1z} \end{Bmatrix}$$

または，

$$\mathbf{d}^* = \begin{bmatrix} \mathbf{I} & -\mathbf{H}^\top \end{bmatrix} \begin{Bmatrix} \mathbf{d}_f \\ \mathbf{d}_s \end{Bmatrix} = \begin{bmatrix} \mathbf{I} \\ -\mathbf{H} \end{bmatrix}^\top \begin{Bmatrix} \mathbf{d}_f \\ \mathbf{d}_s \end{Bmatrix}$$

$$= \mathbf{C}^\top \begin{Bmatrix} \mathbf{d}_f \\ \mathbf{d}_s \end{Bmatrix}$$

ここに，

$$\mathbf{d}^* = \begin{Bmatrix} d_x^* \\ d_y^* \\ \theta_z^* \end{Bmatrix} \quad \mathbf{d}_s = \begin{Bmatrix} d_{1x} \\ d_{1y} \\ \theta_{1z} \end{Bmatrix} \quad \mathbf{d}_f = \begin{Bmatrix} d_{2x} \\ d_{2y} \\ \theta_{2z} \end{Bmatrix} \quad \mathbf{H} = \begin{bmatrix} 1 & 0 & 0 \\ 0 & 1 & 0 \\ 0 & L & 1 \end{bmatrix}$$

よって，釣合いマトリクス $\mathbf{H}$ は，力の釣合いのみならず，剛体変位を除いた片持ち梁の剛体変位を除いた変形 $\mathbf{d}^*$ と，両端の変位との関係を規定していることがわかる．

例 12.8　**単純支持梁を静定基本部材とした場合の釣合いマトリクス**

部材 **12** の **1** 端から **2** 端に向かう向きが x 軸の方向である単純支持梁を静定基本部材とする場合の釣合いマトリクスを導く．

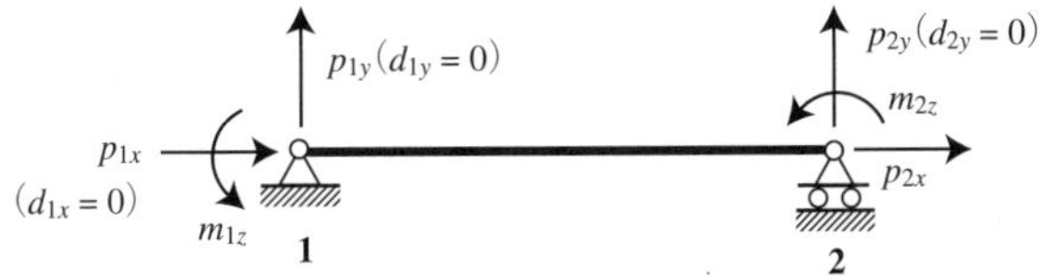

静定基本部材(単純支持梁)

x 方向の力の釣合いより，

$$p_{1x} + p_{2x} = 0$$

さらに，**1** 端と **2** 端のモーメント m_{1z}, m_{2z} の和を部材の長さ L で除した値は，部材のせん断力に等しいことから，y 方向の力の釣合いより，部材端部の力 p_{1y}, p_{2y} とモーメント m_{1z}，m_{2z} の間には次の関係がある．

$$p_{1y} - \frac{1}{L}m_{1z} - \frac{1}{L}m_{2z} = 0$$

$$p_{2y} + \frac{1}{L}m_{1z} + \frac{1}{L}m_{2z} = 0$$

これらの 3 つの式をまとめて，マトリクス表示すると

$$\begin{Bmatrix} p_{1x} \\ p_{1y} \\ p_{2y} \end{Bmatrix} + \begin{bmatrix} 1 & 0 & 0 \\ 0 & -\dfrac{1}{L} & -\dfrac{1}{L} \\ 0 & \dfrac{1}{L} & \dfrac{1}{L} \end{bmatrix} \begin{Bmatrix} p_{2x} \\ m_{1z} \\ m_{2z} \end{Bmatrix} = \begin{Bmatrix} 0 \\ 0 \\ 0 \end{Bmatrix} \text{ または，} \mathbf{p}_s + \mathbf{H}\mathbf{p}_f = \mathbf{0}$$

よって，次の式も成り立つ．

$$\begin{Bmatrix} p_{2x} \\ m_{1z} \\ m_{2z} \\ p_{1x} \\ p_{1y} \\ p_{2y} \end{Bmatrix} = \begin{bmatrix} 1 & 0 & 0 \\ 0 & 1 & 0 \\ 0 & 0 & 1 \\ -1 & 0 & 0 \\ 0 & \frac{1}{L} & \frac{1}{L} \\ 0 & -\frac{1}{L} & -\frac{1}{L} \end{bmatrix} \begin{Bmatrix} p_{2x} \\ m_{1z} \\ m_{2z} \end{Bmatrix} \text{または,} \quad \begin{Bmatrix} \mathbf{p}_f \\ \mathbf{p}_s \end{Bmatrix} = \begin{bmatrix} \mathbf{I} \\ -\mathbf{H} \end{bmatrix} \mathbf{p}_f = \mathbf{C}\mathbf{p}_f$$

ここに,

$$\mathbf{p}_s = \begin{Bmatrix} p_{1x} \\ p_{1y} \\ p_{2y} \end{Bmatrix}, \quad \mathbf{p}_f = \begin{Bmatrix} p_{2x} \\ m_{1z} \\ m_{2z} \end{Bmatrix}, \quad \mathbf{H} = \begin{bmatrix} 1 & 0 & 0 \\ 0 & -\frac{1}{L} & -\frac{1}{L} \\ 0 & \frac{1}{L} & \frac{1}{L} \end{bmatrix}, \quad \mathbf{C} = \begin{bmatrix} \mathbf{I} \\ -\mathbf{H} \end{bmatrix}$$

となる．さらに，この静定基本部材の伸び量 d_x^*，部材の剛体回転を除いた **1** 端と **2** 端の回転角を θ_1^*, θ_2^* とすると，

$$d_x^* = d_{2x} - d_{1x}, \quad \theta_1^* = \theta_{1z} - \frac{d_{2y} - d_{1y}}{L}, \quad \theta_2^* = \theta_{2z} - \frac{d_{2y} - d_{1y}}{L}$$

マトリクス形式で表すと，

$$\begin{Bmatrix} d_x^* \\ \theta_1^* \\ \theta_2^* \end{Bmatrix} = \begin{bmatrix} 1 & 0 & 0 & -1 & 0 & 0 \\ 0 & 1 & 0 & 0 & \frac{1}{L} & -\frac{1}{L} \\ 0 & 0 & 1 & 0 & \frac{1}{L} & -\frac{1}{L} \end{bmatrix} \begin{Bmatrix} d_{2x} \\ \theta_{1z} \\ \theta_{2z} \\ d_{1x} \\ d_{1y} \\ d_{2y} \end{Bmatrix}$$

または,

$$\mathbf{d}^* = \begin{bmatrix} \mathbf{I} & -\mathbf{H}^\top \end{bmatrix} \begin{Bmatrix} \mathbf{d}_f \\ \mathbf{d}_s \end{Bmatrix} = \begin{bmatrix} \mathbf{I} \\ -\mathbf{H} \end{bmatrix}^\top \begin{Bmatrix} \mathbf{d}_f \\ \mathbf{d}_s \end{Bmatrix} = \mathbf{C}^\top \begin{Bmatrix} \mathbf{d}_f \\ \mathbf{d}_s \end{Bmatrix}$$

ここに,

$$\mathbf{d}^* = \begin{Bmatrix} d_x^* \\ \theta_1^* \\ \theta_2^* \end{Bmatrix}, \quad \mathbf{d}_s = \begin{Bmatrix} d_{1x} \\ d_{1y} \\ d_{2y} \end{Bmatrix}, \quad \mathbf{d}_f = \begin{Bmatrix} d_{2x} \\ \theta_{1z} \\ \theta_{2z} \end{Bmatrix}$$

よって，剛体変位を除いた単純支持梁の変形 $\mathbf{d}^*$ は，やはり部材端の変位と釣合いマトリクス **H** から求められる剛体変位により表されることがわかる．

12.10 柔性マトリクスと剛性マトリクスの関係

静定基本部材に何を選んでも，対応する柔性マトリクス **F** と釣合いマトリクス **H** をあらかじめ正しく求めておけば，部材の剛性マトリクス **K** は，以下のように機械的に

導かれる．例 12.7 や例 12.8 で示したように，部材端に働くすべての力の成分と静定基本部材における $\mathbf{p}_f$ には共通に，

$$\begin{Bmatrix} \mathbf{p}_f \\ \mathbf{p}_s \end{Bmatrix} = \begin{bmatrix} \mathbf{I} \\ -\mathbf{H} \end{bmatrix} \mathbf{p}_f \tag{12.27}$$

の関係がある．さらに，部材端のすべての変位の成分から剛体変位の成分を除いた変形 $\mathbf{d}^*$ の間には共通に，

$$\mathbf{d}^* = \begin{bmatrix} \mathbf{I} \\ -\mathbf{H} \end{bmatrix}^{\top} \begin{Bmatrix} \mathbf{d}_f \\ \mathbf{d}_s \end{Bmatrix} \tag{12.28}$$

の関係がある．静定基本部材の変位 $\mathbf{d}_f$ と部材の剛体変位の成分を除いた変形 $\mathbf{d}^*$ は同じものであるので，$\mathbf{d}_f$ を $\mathbf{d}^*$ に置き換えれば，式 (12.24) は，

$$\mathbf{p}_f = \mathbf{F}^{-1}\mathbf{d}^* \tag{12.29}$$

と書ける．式 (12.27) の右辺に式 (12.29) を代入し，さらに式 (12.28) を代入して式変形すると次の式が得られる．

$$\begin{Bmatrix} \mathbf{p}_f \\ \mathbf{p}_s \end{Bmatrix} = \begin{bmatrix} \mathbf{I} \\ -\mathbf{H} \end{bmatrix} \mathbf{p}_f = \begin{bmatrix} \mathbf{I} \\ -\mathbf{H} \end{bmatrix} \mathbf{F}^{-1}\mathbf{d}^* = \begin{bmatrix} \mathbf{I} \\ -\mathbf{H} \end{bmatrix} \mathbf{F}^{-1} \begin{bmatrix} \mathbf{I} \\ -\mathbf{H} \end{bmatrix}^{T} \begin{Bmatrix} \mathbf{d}_f \\ \mathbf{d}_s \end{Bmatrix} \tag{12.30}$$

したがって，これを式 (12.25) と比較すれば，部材の剛性マトリクス $\mathbf{K}$ は，部材の柔性マトリクス $\mathbf{F}$（$= \mathbf{k}_{ff}^{-1}$）と釣合いマトリクス $\mathbf{H}$ を使って次のように表すことができることがわかる．

$$\mathbf{K} = \begin{bmatrix} \mathbf{k}_{ff} & \mathbf{k}_{fs} \\ \mathbf{k}_{sf} & \mathbf{k}_{ss} \end{bmatrix} = \begin{bmatrix} \mathbf{I} \\ -\mathbf{H} \end{bmatrix} \mathbf{F}^{-1} \begin{bmatrix} \mathbf{I} \\ -\mathbf{H} \end{bmatrix}^{\top} \tag{12.31a}$$

また，接続マトリクス $\mathbf{C}$ の記号を導入すると，さらに簡潔に表すことができる．

$$\mathbf{K} = \begin{bmatrix} \mathbf{k}_{ff} & \mathbf{k}_{fs} \\ \mathbf{k}_{sf} & \mathbf{k}_{ss} \end{bmatrix} = \mathbf{C}\mathbf{F}^{-1}\mathbf{C}^{\top} \quad \text{ここに} \quad \mathbf{C} = \begin{bmatrix} \mathbf{I} \\ -\mathbf{H} \end{bmatrix} \tag{12.31b}$$

例 12.9　柔性マトリクスから剛性マトリクスへの変換 1

片持ち梁を静定基本部材とした場合の柔性マトリクスから剛性マトリクスへの変換を式 (12.31a) を用いて行う．

柔性マトリクスの逆行列　柔性マトリクスの逆マトリクス $\mathbf{F}^{-1}$ は，クラメールの公式を用いて求める．

$$\mathbf{k}_{ff} = \mathbf{F}^{-1} = \begin{bmatrix} \frac{L}{EA} & 0 & 0 \\ 0 & \frac{L^3}{3EI} & \frac{L^2}{2EI} \\ 0 & \frac{L^2}{2EI} & \frac{L}{EI} \end{bmatrix}^{-1} = \begin{bmatrix} \frac{EA}{L} & 0 & 0 \\ 0 & \frac{12EI}{L^3} & -\frac{6EI}{L^2} \\ 0 & -\frac{6EI}{L^2} & \frac{4EI}{L} \end{bmatrix}$$

釣合いマトリクス

$$\mathbf{H}=\begin{bmatrix}1&0&0\\0&1&0\\0&L&1\end{bmatrix},\quad \mathbf{H}^{\top}=\begin{bmatrix}1&0&0\\0&1&L\\0&0&1\end{bmatrix}$$

剛性マトリクスへの変換

$$\mathbf{k}_{fs}=-\mathbf{F}^{-1}\mathbf{H}^{\top}=-\begin{bmatrix}\frac{EA}{L}&0&0\\0&\frac{12EI}{L^3}&-\frac{6EI}{L^2}\\0&-\frac{6EI}{L^2}&\frac{4EI}{L}\end{bmatrix}\begin{bmatrix}1&0&0\\0&1&L\\0&0&1\end{bmatrix}$$

$$=\begin{bmatrix}-\frac{EA}{L}&0&0\\0&-\frac{12EI}{L^3}&-\frac{6EI}{L^2}\\0&\frac{6EI}{L^2}&\frac{2EI}{L}\end{bmatrix}$$

$$\mathbf{k}_{sf}={\mathbf{k}_{fs}}^{\top}=\begin{bmatrix}-\frac{EA}{L}&0&0\\0&-\frac{12EI}{L^3}&\frac{6EI}{L^2}\\0&-\frac{6EI}{L^2}&\frac{2EI}{L}\end{bmatrix}$$

$$\mathbf{k}_{ss}=-\mathbf{H}\mathbf{k}_{fs}=-\begin{bmatrix}1&0&0\\0&1&0\\0&L&1\end{bmatrix}\begin{bmatrix}-\frac{EA}{L}&0&0\\0&-\frac{12EI}{L^3}&-\frac{6EI}{L^2}\\0&\frac{6EI}{L^2}&\frac{2EI}{L}\end{bmatrix}$$

$$=\begin{bmatrix}\frac{EA}{L}&0&0\\0&\frac{12EI}{L^3}&\frac{6EI}{L^2}\\0&\frac{6EI}{L^2}&\frac{4EI}{L}\end{bmatrix}$$

自由度の順序が通常のものになるように要素を入れ替えると，

$$\mathbf{k}_{11}=\mathbf{k}_{ss}=\begin{bmatrix}\frac{EA}{L}&0&0\\0&\frac{12EI}{L^3}&\frac{6EI}{L^2}\\0&\frac{6EI}{L^2}&\frac{4EI}{L}\end{bmatrix},\quad \mathbf{k}_{12}=\mathbf{k}_{sf}=\begin{bmatrix}-\frac{EA}{L}&0&0\\0&-\frac{12EI}{L^3}&\frac{6EI}{L^2}\\0&-\frac{6EI}{L^2}&\frac{2EI}{L}\end{bmatrix}$$

$$\mathbf{k}_{21}=\mathbf{k}_{fs}=\begin{bmatrix}-\frac{EA}{L}&0&0\\0&-\frac{12EI}{L^3}&-\frac{6EI}{L^2}\\0&\frac{6EI}{L^2}&\frac{2EI}{L}\end{bmatrix},\quad \mathbf{k}_{22}=\mathbf{k}_{ff}=\begin{bmatrix}\frac{EA}{L}&0&0\\0&\frac{12EI}{L^3}&-\frac{6EI}{L^2}\\0&-\frac{6EI}{L^2}&\frac{4EI}{L}\end{bmatrix}$$

例 12.10 柔性マトリクスから剛性マトリクスへの変換 2

単純支持梁を静定基本部材とした場合の柔性マトリクスから剛性マトリクスへの変換を式 (12.31a) を用いて行う．

柔性マトリクスの逆行列

$$
\mathbf{F}^{-1} = \begin{bmatrix} \frac{L}{EA} & 0 & 0 \\ 0 & \frac{L}{3EI} & -\frac{L}{6EI} \\ 0 & -\frac{L}{6EI} & \frac{L}{3EI} \end{bmatrix}^{-1} = \begin{bmatrix} \frac{EA}{L} & 0 & 0 \\ 0 & \frac{4EI}{L} & \frac{2EI}{L} \\ 0 & \frac{2EI}{L} & \frac{4EI}{L} \end{bmatrix}
$$

釣合いマトリクス

$$
\mathbf{H} = \begin{bmatrix} 1 & 0 & 0 \\ 0 & -\frac{1}{L} & -\frac{1}{L} \\ 0 & \frac{1}{L} & \frac{1}{L} \end{bmatrix}, \quad \mathbf{H}^{\top} = \begin{bmatrix} 1 & 0 & 0 \\ 0 & -\frac{1}{L} & \frac{1}{L} \\ 0 & -\frac{1}{L} & \frac{1}{L} \end{bmatrix}
$$

柔性マトリクスから剛性マトリクスへの変換

$$
\mathbf{k}_{ff} = \mathbf{F}^{-1} = \begin{bmatrix} \frac{EA}{L} & 0 & 0 \\ 0 & \frac{4EI}{L} & \frac{2EI}{L} \\ 0 & \frac{2EI}{L} & \frac{4EI}{L} \end{bmatrix}
$$

$$
\begin{aligned}
\mathbf{k}_{fs} &= -\mathbf{F}^{-1}\mathbf{H}^{\top} = -\begin{bmatrix} \frac{EA}{L} & 0 & 0 \\ 0 & \frac{4EI}{L} & \frac{2EI}{L} \\ 0 & \frac{2EI}{L} & \frac{4EI}{L} \end{bmatrix} \begin{bmatrix} 1 & 0 & 0 \\ 0 & -\frac{1}{L} & \frac{1}{L} \\ 0 & -\frac{1}{L} & \frac{1}{L} \end{bmatrix} \\
&= \begin{bmatrix} -\frac{EA}{L} & 0 & 0 \\ 0 & \frac{6EI}{L^2} & -\frac{6EI}{L^2} \\ 0 & \frac{6EI}{L^2} & -\frac{6EI}{L^2} \end{bmatrix}
\end{aligned}
$$

$$
\mathbf{k}_{sf} = \mathbf{k}_{fs}^{\top}
$$

$$
\begin{aligned}
\mathbf{k}_{ss} &= -\mathbf{H}\mathbf{k}_{fs} = -\begin{bmatrix} 1 & 0 & 0 \\ 0 & -\frac{1}{L} & -\frac{1}{L} \\ 0 & \frac{1}{L} & \frac{1}{L} \end{bmatrix} \begin{bmatrix} -\frac{EA}{L} & 0 & 0 \\ 0 & \frac{6EI}{L^2} & -\frac{6EI}{L^2} \\ 0 & \frac{6EI}{L^2} & -\frac{6EI}{L^2} \end{bmatrix} \\
&= \begin{bmatrix} \frac{EA}{L} & 0 & 0 \\ 0 & \frac{12EI}{L^3} & -\frac{12EI}{L^3} \\ 0 & -\frac{12EI}{L^3} & \frac{12EI}{L^3} \end{bmatrix}
\end{aligned}
$$

自由度の順序を入れ替えれば，例 12.9 の剛性マトリクスと同じになることが確かめられる．

12.11 構造物の剛性マトリクスの特長

これは平面骨組構造の場合に限ったことではないが，構造物の剛性マトリクスは，節点変位と節点に作用する外力の単位を適切に選ぶことにより，必ず**対称マトリクス**（$\mathbf{A} = \mathbf{A}^{\top}$ となるマトリクスのこと）とすることができる．また，一般に対角線上に近い位置にゼロでない要素が，非対角部分でゼロの要素が多くなる．特に，マトリクスで対角線近くにゼロでない要素が集中しているものを**バンドマトリクス**という．また，バンドマトリクスで，マトリクスの中で列方向に最も離れている非ゼロの要素の間隔の数値のことを**バンド幅**という．また，非対角成分に非ゼロ要素が少なくほとんどの要素がゼロであるマトリクスのことを，**スパースマトリクス**（疎なマトリクス）という．

巨大で複雑な構造物の剛性マトリクスは，節点の番号を適切にふることによりバンド幅が小さいスパースマトリクスとなる．このような性質を持つマトリクスでは，逆マトリクスや固有値などの数値計算において有利である．なお，ここでバンド幅は構造物で一意に決まるものではない．バンド幅を小さくするには，一つの部材に接続する節点の番号の差がすべての部材でできるだけ小さな一定値以下となるようにすればよいが，最近では，これらの方法は，処理系自身がマトリクス演算方法の適用方法も含めて，自動的に内部で処理するよう指定できるものも増えてきている．

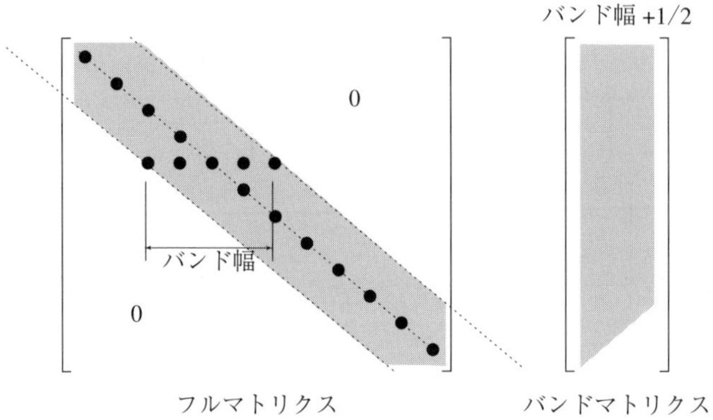

図 12.9　フルマトリクスとバンドマトリクス

12 章の問題

□ **1** 変位法により次の不静定構造の解析を行うプログラムを MATLAB などのマトリクス演算をサポートしているスクリプト言語で作成し，各節点の変位と回転角を計算し，曲げモーメント図を作成せよ．部材の自重は無視してよい．曲げ変形と軸方向変位を考慮する．

(a) 部材の断面積 A は，12000 mm^2，断面二次モーメント I は，1.2×10^7 mm^4，ヤング率 E は 205000 $\mathrm{kN/mm}^2$ とする．また，x は 6 m，y は 6 m とする．

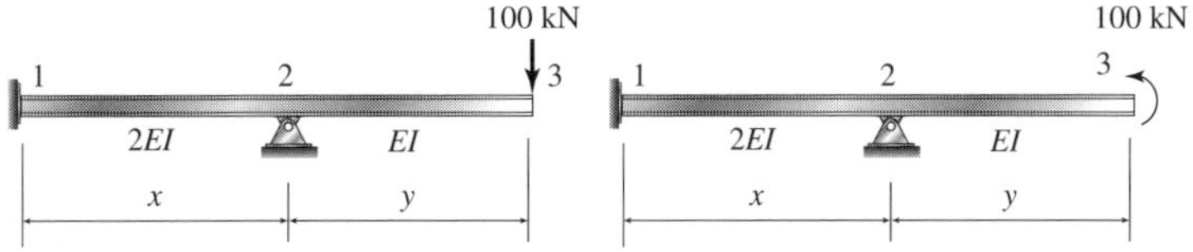

(b) 部材の断面積 A は，すべて 12000 mm^2，断面二次モーメント I は，1.2×10^7 mm^4，ヤング率 E は 205000 $\mathrm{kN/mm}^2$ とする．

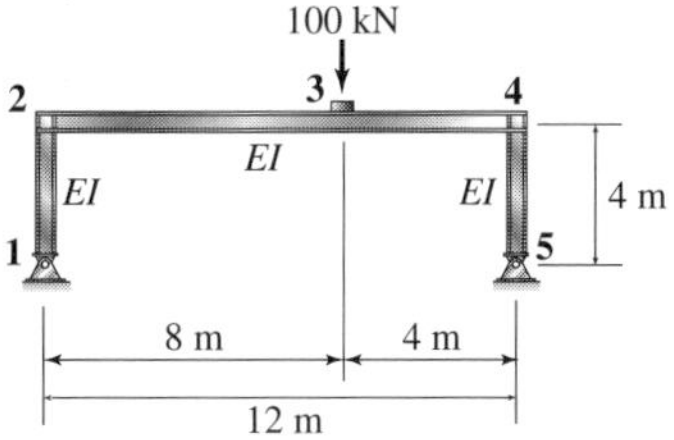

(c) 部材断面は共通で 0.5 m × 0.5 m の正方形断面とし，ヤング率は 205000 $\mathrm{kN/mm}^2$ とする．

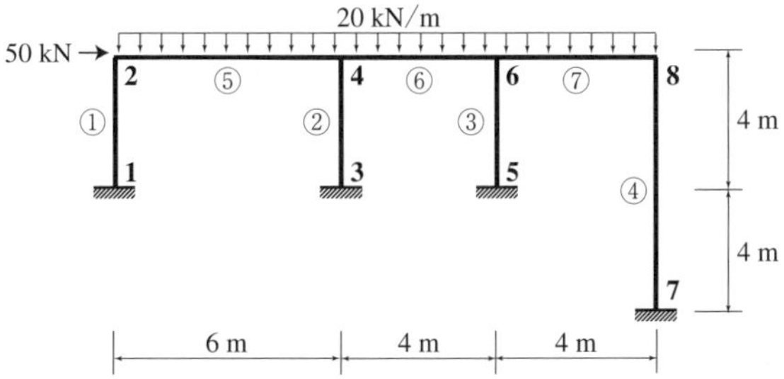

13 部材・境界条件・剛性マトリクスの縮約

本章では，第 12 章の平面骨組の解析法の適用範囲の拡大や，計算時間の短縮などに使われるマトリクス構造解析の応用的な手法について紹介する．

13.1 部材端でピン接合する部材の剛性マトリクス

骨組構造物の中には，図 13.1 の左の図のように骨組の一部にピン接合の部分が含まれるものもある．そのような平面構造物に変位法を適用するためには，ピン接合の場合にはそこに自由度が 2 の節点を設け，剛接合の節点には自由度が 3 の節点を設ける方法が考えられる．この方法だと，図 13.1 の右の図の中央柱の 2 階床の節点の場合には，端部がピン接合する梁の右端部の回転角も考慮する必要があり自由度が 4 の節点とすることが必要となる．

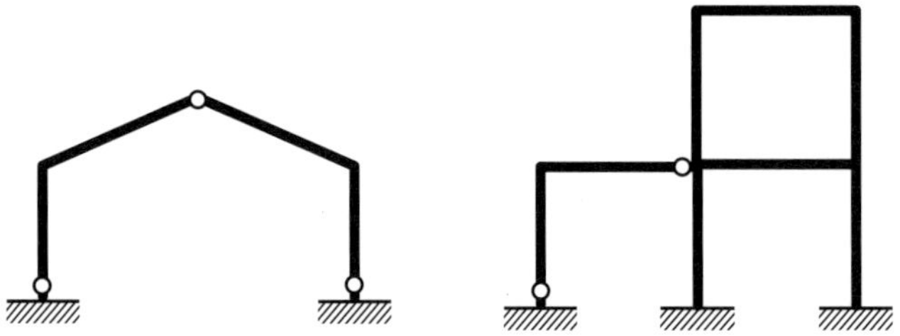

図 13.1 ピン接合する部材を含む構造物

このように，構造物中の部材の接合状態に合わせて，節点あたりの自由度の数を増減して対応する方法は，節点あたりの自由度数を記録しておく必要があり，様々な箇所で計算アルゴリズムをそれに対応させることが必要となりプログラムが煩雑となる．別の方法は，節点あたりの自由度の数を例えば，すべて 3 のままで計算を進め，かわりに部材端部にピンを有する部材を導入する方法がある．この方法は，端部にピンのある部材の剛性マトリクスを準備しておく必要があるが，プログラムはシンプルになる．

なお，端部にピンのある部材を使い構造物をモデル化する場合には，一つの節点に集まる複数の部材端をすべてピンにしてしまうと，その節点の回転の自由度に関する剛性マトリクスの対角要素がゼロとなるため，逆マトリクスが存在せず不安定な構造物となる．そのため，一つの節点に集まる部材のうち少なくとも一つはピンにならないように注意する必要がある．

例 13.1　部材の片側にヒンジがある場合

次の図に示す長さが L，断面積が A，断面の曲げ剛性が EI で一様断面の直線部材の終端部にピンがありヒンジとなり自由に回転する部材の剛性マトリクスを導く．

部材 **1** 端部にピン　　　部材 **2** 端部にピン

部材の **1** 端にヒンジがある場合は次のようになる．

静定基本部材　静定基本部材とするために，**1** 端は固定支持とし **2** 端はピンローラー支持とすると，

$$\mathbf{d}_f = \mathbf{F}\mathbf{p}_f,\quad \mathbf{p}_s = \begin{Bmatrix} p_{1x} \\ p_{1y} \\ m_{1z} \\ p_{2y} \end{Bmatrix},\quad \mathbf{p}_f = \begin{Bmatrix} p_{2x} \\ m_{2z} \end{Bmatrix},\quad \mathbf{d}_s = \begin{Bmatrix} d_{1x} \\ d_{1y} \\ \theta_{1z} \\ d_{2y} \end{Bmatrix},\quad \mathbf{d}_f = \begin{Bmatrix} d_{2x} \\ \theta_{2z} \end{Bmatrix}$$

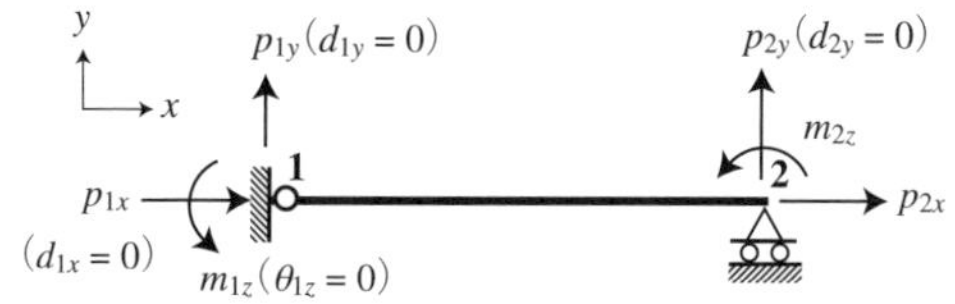

静定基本部材

柔性マトリクスとその逆行列

$$\mathbf{F} = \begin{bmatrix} \dfrac{L}{EA} & 0 \\ 0 & \dfrac{L}{3EI} + \dfrac{\kappa}{GAL} \end{bmatrix},\quad \mathbf{F}^{-1} = \begin{bmatrix} \dfrac{EA}{L} & 0 \\ 0 & 1\bigg/\left(\dfrac{L}{3EI} + \dfrac{\kappa}{GAL}\right) \end{bmatrix}$$

釣合いマトリクス

$p_{1x} + p_{2x} = 0$　（x 方向の力の釣合い式）

$p_{1y} - \dfrac{m_{2z}}{L} = 0$　（**2** 端周りのモーメントの釣合い式）

$m_{1z} = 0$　（**2** 端のピンの位置での曲げモーメントがゼロの条件）

$p_{2y} + \dfrac{m_{2z}}{L} = 0$　（**1** 端周りのモーメントの釣合い式）

マトリクス形式で表すと，

$$
\begin{Bmatrix} p_{1x} \\ p_{1y} \\ m_{1z} \\ p_{2y} \end{Bmatrix} + \begin{bmatrix} 1 & 0 \\ 0 & -\frac{1}{L} \\ 0 & 0 \\ 0 & \frac{1}{L} \end{bmatrix} \begin{Bmatrix} p_{2x} \\ m_{2z} \end{Bmatrix} = \begin{Bmatrix} 0 \\ 0 \\ 0 \\ 0 \end{Bmatrix}
$$

よって，

$$
\mathbf{H} = \begin{bmatrix} 1 & 0 \\ 0 & -\frac{1}{L} \\ 0 & 0 \\ 0 & \frac{1}{L} \end{bmatrix}, \quad \mathbf{H}^{\top} = \begin{bmatrix} 1 & 0 & 0 & 0 \\ 0 & -\frac{1}{L} & 0 & \frac{1}{L} \end{bmatrix}
$$

柔性マトリクスと釣合いマトリクスから，

$$
\mathbf{k}_{ff} = \mathbf{F}^{-1}, \quad \mathbf{k}_{fs} = -\mathbf{F}^{-1}\mathbf{H}^{\top}, \quad \mathbf{k}_{sf} = \mathbf{k}_{fs}^{\top}, \quad \mathbf{k}_{ss} = -\mathbf{H}\mathbf{k}_{fs}
$$

の計算を行い，その後，元の自由度の並びになるよう剛性マトリクスの再配列を行えば，部材の剛性マトリクスが得られる．以下にせん断変形を無視した場合の剛性方程式を具体的に示す．部材の **1** 端部にピンがある場合は次のようになる．

$$
\begin{Bmatrix} p_{1x} \\ p_{1y} \\ m_{1z} \\ p_{2x} \\ p_{2y} \\ m_{2z} \end{Bmatrix} = \begin{bmatrix} \frac{EA}{L} & 0 & 0 & -\frac{EA}{L} & 0 & 0 \\ 0 & \frac{3EI}{L^3} & 0 & 0 & -\frac{3EI}{L^3} & \frac{3EI}{L^2} \\ 0 & 0 & 0 & 0 & 0 & 0 \\ -\frac{EA}{L} & 0 & 0 & \frac{EA}{L} & 0 & 0 \\ 0 & -\frac{3EI}{L^3} & 0 & 0 & \frac{3EI}{L^3} & -\frac{3EI}{L^2} \\ 0 & \frac{3EI}{L^2} & 0 & 0 & -\frac{3EI}{L^2} & \frac{3EI}{L} \end{bmatrix} \begin{Bmatrix} d_{1x} \\ d_{1y} \\ \theta_{1z} \\ d_{2x} \\ d_{2y} \\ \theta_{2z} \end{Bmatrix}
$$

部材の **2** 端部にピンがある場合は次のようになる．

$$
\begin{Bmatrix} p_{1x} \\ p_{1y} \\ m_{1z} \\ p_{2x} \\ p_{2y} \\ m_{2z} \end{Bmatrix} = \begin{bmatrix} \frac{EA}{L} & 0 & 0 & -\frac{EA}{L} & 0 & 0 \\ 0 & \frac{3EI}{L^3} & \frac{3EI}{L^2} & 0 & -\frac{3EI}{L^3} & 0 \\ 0 & \frac{3EI}{L^2} & \frac{3EI}{L} & 0 & -\frac{3EI}{L^2} & 0 \\ -\frac{EA}{L} & 0 & 0 & \frac{EA}{L} & 0 & 0 \\ 0 & -\frac{3EI}{L^3} & -\frac{3EI}{L^2} & 0 & \frac{3EI}{L^3} & 0 \\ 0 & 0 & 0 & 0 & 0 & 0 \end{bmatrix} \begin{Bmatrix} d_{1x} \\ d_{1y} \\ \theta_{1z} \\ d_{2x} \\ d_{2y} \\ \theta_{2z} \end{Bmatrix}
$$

例 13.2　**部材の両端にヒンジがある場合**

次の図に示す，長さが L 断面積が A と断面の曲げ剛性 EI が一様の直線部材で，両方の終端部にピンがあり，ヒンジとなり自由に回転する部材の剛性マトリクスを導く．

部材の両端部にピン

静定基本部材　静定基本部材とするために，**1** 端は固定支持とし，**2** 端は x 方向変位を除いて拘束する．静定基本部材は，次図とする．

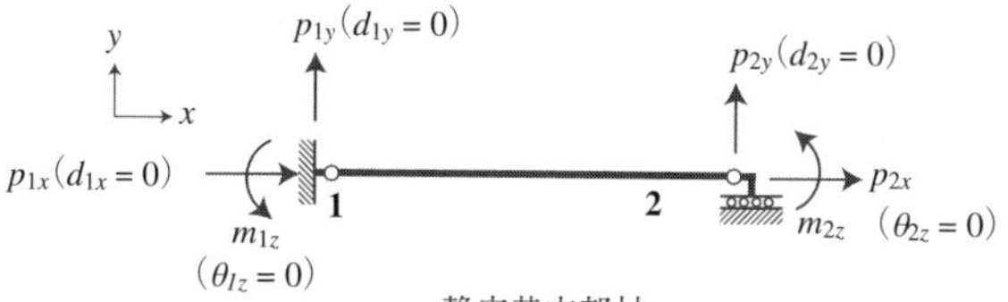

静定基本部材

$$
\mathbf{p}_s = \begin{Bmatrix} p_{1x} \\ p_{1y} \\ m_{1z} \\ p_{2y} \\ m_{2z} \end{Bmatrix}, \quad \mathbf{p}_f = \begin{Bmatrix} p_{2x} \end{Bmatrix}, \quad \mathbf{d}_s = \begin{Bmatrix} d_{1x} \\ d_{1y} \\ \theta_{1z} \\ d_{2y} \\ \theta_{2z} \end{Bmatrix}, \quad \mathbf{d}_f = \begin{Bmatrix} d_{2x} \end{Bmatrix}
$$

柔性マトリクスとその逆行列

$$
\mathbf{F} = \frac{L}{EA}, \quad \mathbf{F}^{-1} = \frac{EA}{L}
$$

釣合いマトリクス　釣合いマトリクス $\mathbf{H}$ は,

$$p_{1x} + p_{2x} = 0 \quad (x\ \text{方向の力の釣合い式})$$

$$p_{1y} = 0 \quad (\mathbf{2}\ \text{端のピンの位置周りのモーメントの釣合い式})$$

$$p_{2y} = 0 \quad (\mathbf{1}\ \text{端のピンの位置周りのモーメントの釣合い式})$$

$$m_{1z} = 0 \quad (\mathbf{1}\ \text{端のピンの位置でモーメントがゼロの条件})$$

$$m_{2z} = 0 \quad (\mathbf{2}\ \text{端のピンの位置でモーメントがゼロの条件})$$

より,

$$
\begin{Bmatrix} p_{1x} \\ p_{1y} \\ m_{1z} \\ p_{2y} \\ m_{2z} \end{Bmatrix} + \begin{bmatrix} 1 \\ 0 \\ 0 \\ 0 \\ 0 \end{bmatrix} \begin{Bmatrix} p_{2x} \end{Bmatrix} = \begin{Bmatrix} 0 \\ 0 \\ 0 \\ 0 \\ 0 \end{Bmatrix}
$$

よって,

$$
\mathbf{H} = \begin{bmatrix} 1 \\ 0 \\ 0 \\ 0 \\ 0 \end{bmatrix}, \quad \mathbf{H}^{\top} = \begin{bmatrix} 1 & 0 & 0 & 0 & 0 \end{bmatrix}
$$

剛性マトリクスへの変換

$$
\mathbf{k}_{ff} = \mathbf{F}^{-1} = \begin{bmatrix} \frac{EA}{L} \end{bmatrix}
$$

$$
\mathbf{k}_{fs} = -\mathbf{F}^{-1}\mathbf{H}^{\top} = -\begin{bmatrix} \frac{EA}{L} \end{bmatrix} \begin{bmatrix} 1 & 0 & 0 & 0 & 0 \end{bmatrix} = \begin{bmatrix} -\frac{EA}{L} & 0 & 0 & 0 & 0 \end{bmatrix}
$$

$$\mathbf{k}_{sf} = \mathbf{k}_{fs}^{\top}$$

$$\mathbf{k}_{ss} = -\mathbf{H}\mathbf{k}_{fs} = -\begin{bmatrix} 1 \\ 0 \\ 0 \\ 0 \\ 0 \end{bmatrix} \begin{bmatrix} -\frac{EA}{L} & 0 & 0 & 0 & 0 \end{bmatrix} = \begin{bmatrix} \frac{EA}{L} & 0 & 0 & 0 & 0 \\ 0 & 0 & 0 & 0 & 0 \\ 0 & 0 & 0 & 0 & 0 \\ 0 & 0 & 0 & 0 & 0 \\ 0 & 0 & 0 & 0 & 0 \end{bmatrix}$$

部材の剛性方程式

$$\begin{Bmatrix} p_{2x} \\ p_{1x} \\ p_{1y} \\ m_{1z} \\ p_{2y} \\ m_{2z} \end{Bmatrix} = \begin{bmatrix} \frac{EA}{L} & -\frac{EA}{L} & 0 & 0 & 0 & 0 \\ -\frac{EA}{L} & \frac{EA}{L} & 0 & 0 & 0 & 0 \\ 0 & 0 & 0 & 0 & 0 & 0 \\ 0 & 0 & 0 & 0 & 0 & 0 \\ 0 & 0 & 0 & 0 & 0 & 0 \\ 0 & 0 & 0 & 0 & 0 & 0 \end{bmatrix} \begin{Bmatrix} d_{2x} \\ d_{1x} \\ d_{1y} \\ \theta_{1z} \\ d_{2y} \\ \theta_{2z} \end{Bmatrix}$$

自由度の順序を並べ替えて，剛性マトリクスを再配列すると次の剛性方程式が得られる．

$$\begin{Bmatrix} p_{1x} \\ p_{1y} \\ m_{1z} \\ p_{2x} \\ p_{2y} \\ m_{2z} \end{Bmatrix} = \begin{bmatrix} \frac{EA}{L} & 0 & 0 & -\frac{EA}{L} & 0 & 0 \\ 0 & 0 & 0 & 0 & 0 & 0 \\ 0 & 0 & 0 & 0 & 0 & 0 \\ -\frac{EA}{L} & 0 & 0 & \frac{EA}{L} & 0 & 0 \\ 0 & 0 & 0 & 0 & 0 & 0 \\ 0 & 0 & 0 & 0 & 0 & 0 \end{bmatrix} \begin{Bmatrix} d_{1x} \\ d_{1y} \\ \theta_{1z} \\ d_{2x} \\ d_{2y} \\ \theta_{2z} \end{Bmatrix}$$

13.2　部材端の剛域を考慮した部材の剛性マトリクス

現実の部材にはある太さがある．しかし構造解析では部材は重心を通る太さのない線としてモデル化される．部材が特に太い時には，材端部の太さの影響が無視し得ないので，便宜上，材端部の節点から一定の長さの範囲を曲げ剛性が無限大の剛域（図 13.2）としてモデル化されることがある．

剛域を除いた弾性部分の部材の剛性方程式がわかっている場合，釣合いマトリクスを用いて，剛域を考慮した部材の剛性方程式を導くことができる．

弾性部材 **12** の長さは L_e で，その両側に剛域があり，材端は節点 ij に接続し，それぞれの剛域長さは，**1** 端側が e_i，**2** 端側が e_j とする．

節点 i, j から剛域端部 i, j に加える力を $\mathbf{p}_i = \{p_{ix} \quad p_{iy} \quad m_{iz}\}^{\top}$ および $\mathbf{p}_j = \{p_{jx} \quad p_{jy} \quad m_{jz}\}^{\top}$ とする．また，弾性部材から剛域端部 1, 2 に加える力を $\mathbf{p}_1 = \{p_{1x} \quad p_{1y} \quad m_{1z}\}^{\top}$ および $\mathbf{p}_2 = \{p_{2x} \quad p_{2y} \quad m_{2z}\}^{\top}$ とする（図 13.3）．また中央の弾性部材の剛性方程式は，

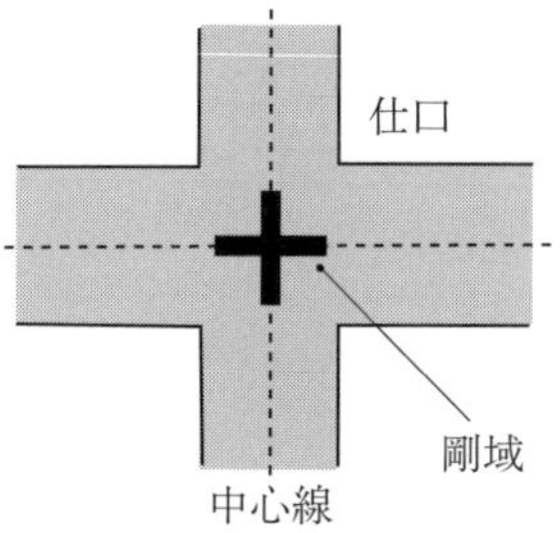

図 13.2　剛域

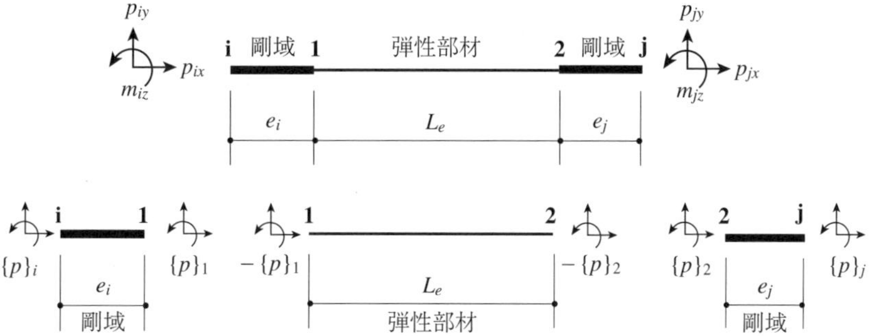

図 13.3　部材端に剛域を有する梁のフリーボディに作用する力

$$\begin{Bmatrix} \mathbf{p}_1 \\ \mathbf{p}_2 \end{Bmatrix} = -\begin{bmatrix} \mathbf{k}_{11} & \mathbf{k}_{12} \\ \mathbf{k}_{21} & \mathbf{k}_{22} \end{bmatrix} \begin{Bmatrix} \mathbf{d}_1 \\ \mathbf{d}_2 \end{Bmatrix} \tag{13.1}$$

で表されるものとする．ここに，剛域端部から弾性部材端部に作用する力と，弾性部材端部から剛域端部に作用する力は符号が逆になるので，式 (13.1) では右辺にマイナスがついていることに留意する．

力の釣合い条件より，釣合いマトリクスを使って，次の関係が成り立つ．

$$\mathbf{p}_i = -\mathbf{H}_{i1}\mathbf{p}_1, \quad \mathbf{p}_j = -\mathbf{H}_{j2}\mathbf{p}_2 \tag{13.2}$$

$$\mathbf{H}_{i1} = \begin{bmatrix} 1 & 0 & 0 \\ 0 & 1 & 0 \\ 0 & e_i & 1 \end{bmatrix}, \quad \mathbf{H}_{j2} = \begin{bmatrix} 1 & 0 & 0 \\ 0 & 1 & 0 \\ 0 & -e_j & 1 \end{bmatrix}$$

また，剛域の端部の変位 $\mathbf{d}_i = \{\, d_{ix} \quad d_{iy} \quad \theta_{iz} \,\}^\top$ および $\mathbf{d}_j = \{\, d_{jx} \quad d_{jy} \quad \theta_{jz} \,\}^\top$ と，弾性部材端部の変位 $\mathbf{d}_1 = \{\, d_{1x} \quad d_{1y} \quad \theta_{1z} \,\}^\top$ および $\mathbf{d}_2 = \{\, d_{2x} \quad d_{2y} \quad \theta_{2z} \,\}^\top$ とする（図 13.4）．これらの変位の間には，釣合いマトリクスを使って，次の関係が成り立つ．

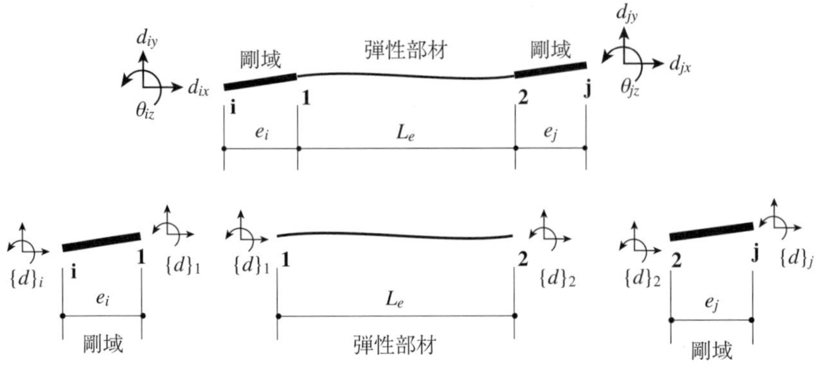

図 13.4　部材端に剛域を有するフリーボディーの部材端変位

$$\mathbf{d}_1 = \mathbf{H}_{i1}^{\top}\mathbf{d}_i, \quad \mathbf{d}_2 = \mathbf{H}_{j2}^{\top}\mathbf{d}_j \tag{13.3}$$

よって,

$$\begin{aligned}
\begin{Bmatrix} \mathbf{p}_i \\ \mathbf{p}_j \end{Bmatrix} &= -\begin{Bmatrix} \mathbf{H}_{i1}\mathbf{p}_1 \\ \mathbf{H}_{j2}\mathbf{p}_2 \end{Bmatrix} = \begin{bmatrix} \mathbf{H}_{i1}\mathbf{k}_{11} & \mathbf{H}_{i1}\mathbf{k}_{12} \\ \mathbf{H}_{j2}\mathbf{k}_{21} & \mathbf{H}_{j2}\mathbf{k}_{22} \end{bmatrix} \begin{Bmatrix} \mathbf{d}_1 \\ \mathbf{d}_2 \end{Bmatrix} \\
&= \begin{bmatrix} \mathbf{H}_{i1}\mathbf{k}_{11}\mathbf{H}_{i1}^{\top} & \mathbf{H}_{i1}\mathbf{k}_{12}\mathbf{H}_{j2}^{\top} \\ \mathbf{H}_{j2}\mathbf{k}_{21}\mathbf{H}_{i1}^{\top} & \mathbf{H}_{j2}\mathbf{k}_{22}\mathbf{H}_{j2}^{\top} \end{bmatrix} \begin{Bmatrix} \mathbf{d}_i \\ \mathbf{d}_j \end{Bmatrix} \\
&= \begin{bmatrix} \mathbf{H}_{i1} & \mathbf{0} \\ \mathbf{0} & \mathbf{H}_{j2} \end{bmatrix} \begin{bmatrix} \mathbf{k}_{11} & \mathbf{k}_{12} \\ \mathbf{k}_{21} & \mathbf{k}_{22} \end{bmatrix} \begin{bmatrix} \mathbf{H}_{i1}^{\top} & \mathbf{0} \\ \mathbf{0} & \mathbf{H}_{j2}^{\top} \end{bmatrix} \begin{Bmatrix} \mathbf{d}_i \\ \mathbf{d}_j \end{Bmatrix}
\end{aligned} \tag{13.4}$$

ゆえに，両端に剛域を有する直線部材の剛性マトリクス $\mathbf{K}_R$ は,

$$\mathbf{K}_R = \mathbf{H}_R\mathbf{K}\mathbf{H}_R^{\top} \quad \text{ここに} \quad \mathbf{K} = \begin{bmatrix} \mathbf{k}_{11} & \mathbf{k}_{12} \\ \mathbf{k}_{21} & \mathbf{k}_{22} \end{bmatrix}, \quad \mathbf{H}_R = \begin{bmatrix} \mathbf{H}_{i1} & \mathbf{0} \\ \mathbf{0} & \mathbf{H}_{j2} \end{bmatrix} \tag{13.5}$$

のように表せることがわかる.

13.3　斜めローラー支承

12.4 節では，自由節点変位と支点反力の解法について説明した．しかし，ローラー支点の傾きが基準座標系に対して 0 度もしくは 90 度以外の場合には適用できなかった．ここでは，節点座標系を導入して，斜めローラー支点の境界条件を正しく適用する方法について述べる.

(1)　節点座標系

構造物の剛性マトリクスを作成する時，力と変位をすべての節点で共通の座標系（基準座標系）で表すことにしておけば，計算のプログラムが簡単にできる．しかし，こ

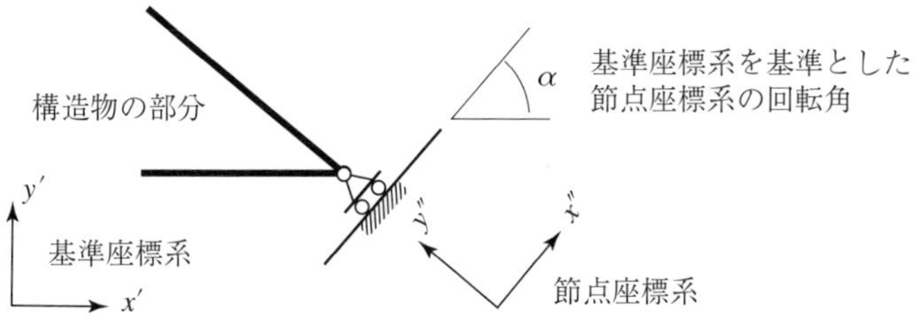

図 13.5　傾きのあるローラー支点と節点座標系

れは構造物の剛性方程式としての不可欠な条件ではない．一部の節点で，変位と力を基準座標と異なる座標系で表す剛性方程式としても，得られる答えは変わらない．この場合，その特定の節点だけに適用される座標系のことを**節点座標系**と呼ぶ．節点座標系は，斜めローラー支持の支持条件を設定する時に役に立つ．本章では，以降，節点座標系で表される力と変位には ″（ツーダッシュ）を記号の右肩につけて他の座標系で表された量と区別する．

(2)　傾きのあるローラー支点の導入

平面骨組におけるローラー支点において，支点が移動する方向を x'' 軸とする．x'' 軸の方向は，基準座標系の x' 軸の方向から角度 α だけ回転しているものとする．ローラー支点のある節点の変位と力は，それぞれの節点座標系で表されるように，構造物の剛性方程式を同値変形しておくと，その節点の拘束条件は，通常のローラーと同じ拘束条件の形，つまり，$d''_{Jy} = 0$ で表現することができるようになる．

(3)　基準座標系と節点座標の座標変換

節点数が N の平面構造物の節点 J の変位について，基準座標系で表したベクトルを $\mathbf{d}'_J$，節点座標系で表したベクトルを $\mathbf{d}''_J$，同様に，節点 J に作用する外力を基準座標系で表したベクトルを $\mathbf{p}'_J$，節点座標系で表したベクトルを $\mathbf{p}''_J$ とする．節点 J の節点座標系の x'' 軸は，基準座標系の x' 軸から反時計回りに角度 α だけ回転しているものとすると，それらの間には次の関係が成り立つ．

$$\mathbf{p}''_J = \mathbf{T}_J^{\mathsf{T}} \mathbf{p}'_J, \quad \mathbf{d}'_J = \mathbf{T}_J \mathbf{d}''_J \quad \text{ここに，} \quad \mathbf{T}_J = \begin{bmatrix} \cos\alpha & -\sin\alpha & 0 \\ \sin\alpha & \cos\alpha & 0 \\ 0 & 0 & 1 \end{bmatrix} \tag{13.6}$$

構造物の変位と力の成分のうち，節点 J に関するものだけを，節点座標系で表されるようにした節点の変位ベクトル $\mathbf{d}''$ と節点に働く力のベクトル $\mathbf{p}''$ を次の式で定義する．

$$\mathbf{p}'' = \begin{Bmatrix} \mathbf{p}'_1 \\ \vdots \\ \mathbf{p}''_J \\ \vdots \\ \mathbf{p}'_N \end{Bmatrix}, \quad \mathbf{d}'' = \begin{Bmatrix} \mathbf{d}'_1 \\ \vdots \\ \mathbf{d}''_J \\ \vdots \\ \mathbf{d}'_N \end{Bmatrix} \tag{13.7}$$

すべての節点変位と節点力が，基準座標系で表された全体構造物の剛性方程式 $\mathbf{p}' = \mathbf{K}'\mathbf{d}'$ は，式 (13.8) で既に求められているものとする．

$$\mathbf{p}' = \begin{Bmatrix} \mathbf{p}'_1 \\ \vdots \\ \mathbf{p}'_J \\ \vdots \\ \mathbf{p}'_N \end{Bmatrix} = \begin{bmatrix} \mathbf{K}'_{11} & \dots & \mathbf{K}'_{1J} & \dots & \mathbf{K}'_{1N} \\ \vdots & \ddots & \vdots & & \vdots \\ \mathbf{K}'_{J1} & \dots & \mathbf{K}'_{JJ} & \dots & \mathbf{K}'_{JN} \\ \vdots & & \vdots & \ddots & \vdots \\ \mathbf{K}'_{N1} & \dots & \mathbf{K}'_{NJ} & \dots & \mathbf{K}'_{NN} \end{bmatrix} \begin{Bmatrix} \mathbf{d}'_1 \\ \vdots \\ \mathbf{d}'_J \\ \vdots \\ \mathbf{d}'_N \end{Bmatrix} \tag{13.8}$$

剛性方程式の J 番目の式の両辺に前から $\mathbf{T}_J^{\top}$ を乗じると式 (13.9) になる．これは同値変形であり連立方程式の解が変わることはない．

$$\begin{Bmatrix} \mathbf{p}'_1 \\ \vdots \\ \mathbf{T}_J^{\top}\mathbf{p}'_J \\ \vdots \\ \mathbf{p}'_N \end{Bmatrix} = \begin{bmatrix} \mathbf{K}'_{11} & \dots & \mathbf{K}'_{1J} & \dots & \mathbf{K}'_{1N} \\ \vdots & \ddots & \vdots & & \vdots \\ \mathbf{T}_{\mathbf{J}}^{\top}\mathbf{K}'_{J1} & \dots & \mathbf{T}_J^{\top}\mathbf{K}'_{JJ} & \dots & \mathbf{T}_J^{\top}\mathbf{K}'_{JN} \\ \vdots & & \vdots & \ddots & \vdots \\ \mathbf{K}'_{N1} & \dots & \mathbf{K}'_{NJ} & \dots & \mathbf{K}'_{NN} \end{bmatrix} \begin{Bmatrix} \mathbf{d}'_1 \\ \vdots \\ \mathbf{d}'_J \\ \vdots \\ \mathbf{d}'_N \end{Bmatrix} \tag{13.9}$$

次に，式 (13.9) の右辺の変位ベクトルの $\mathbf{d}'_J$ を $\mathbf{T}_J\mathbf{d}''_J$ に置き換える．

$$\begin{Bmatrix} \mathbf{p}'_1 \\ \vdots \\ \mathbf{T}_J^{\top}\mathbf{p}'_J \\ \vdots \\ \mathbf{p}'_N \end{Bmatrix} = \begin{bmatrix} \mathbf{K}'_{11} & \dots & \mathbf{K}'_{1J} & \dots & \mathbf{K}'_{1N} \\ \vdots & \ddots & \vdots & & \vdots \\ \mathbf{T}_J^{\top}\mathbf{K}'_{J1} & \dots & \mathbf{T}_J^{\top}\mathbf{K}'_{JJ} & \dots & \mathbf{T}_J^{\top}\mathbf{K}'_{JN} \\ \vdots & & \vdots & \ddots & \vdots \\ \mathbf{K}'_{N1} & \dots & \mathbf{K}'_{NJ} & \dots & \mathbf{K}'_{NN} \end{bmatrix} \begin{Bmatrix} \mathbf{d}'_1 \\ \vdots \\ \mathbf{T}_J\mathbf{d}''_J \\ \vdots \\ \mathbf{d}'_N \end{Bmatrix} \tag{13.10}$$

さらに，左辺を式 (13.7) の $\mathbf{p}''$ の定義により置き換え，右辺も整理すれば，

$$
\begin{Bmatrix} \mathbf{p}'_1 \\ \vdots \\ \mathbf{p}''_J \\ \vdots \\ \mathbf{p}'_N \end{Bmatrix}
=
\begin{bmatrix}
\mathbf{K}'_{11} & \cdots & \mathbf{K}'_{1J}\mathbf{T}_J & \cdots & \mathbf{K}'_{1N} \\
\vdots & \ddots & \vdots & & \vdots \\
\mathbf{T}_J^{\top}\mathbf{K}'_{J1} & \cdots & \mathbf{T}_J^{\top}\mathbf{K}'_{JJ}\mathbf{T}_J & \cdots & \mathbf{T}_J^{\top}\mathbf{K}'_{JN} \\
\vdots & & \vdots & \ddots & \vdots \\
\mathbf{K}'_{N1} & \cdots & \mathbf{K}'_{NJ}\mathbf{T}_J & \cdots & \mathbf{K}'_{NN}
\end{bmatrix}
\begin{Bmatrix} \mathbf{d}'_1 \\ \vdots \\ \mathbf{d}''_J \\ \vdots \\ \mathbf{d}'_N \end{Bmatrix}
\tag{13.11a}
$$

あるいは

$$
\mathbf{p}'' = \mathbf{K}''\mathbf{d}'' \tag{13.11b}
$$

よって，節点 J の節点力と節点変位のみを節点座標系で表した場合の構造物の剛性方程式が得られる．したがって，節点 J についてのみ変位と力を節点座標系で表した場合の剛性マトリクス $\mathbf{K}''$ は，剛性マトリクス $\mathbf{K}'$ と節点 J の座標変換マトリクス $\mathbf{T}_J$ を用いて式 (13.12) のように表されることがわかる．

$$
\mathbf{K}'' =
\begin{bmatrix}
\mathbf{K}'_{11} & \cdots & \mathbf{K}'_{1J}\mathbf{T}_J & \cdots & \mathbf{K}'_{1N} \\
\vdots & \ddots & \vdots & & \vdots \\
\mathbf{T}_J^{\top}\mathbf{K}'_{J1} & \cdots & \mathbf{T}_J^{\top}\mathbf{K}'_{JJ}\mathbf{T}_J & \cdots & \mathbf{T}_J^{\top}\mathbf{K}'_{JN} \\
\vdots & & \vdots & \ddots & \vdots \\
\mathbf{K}'_{N1} & \cdots & \mathbf{K}'_{NJ}\mathbf{T}_J & \cdots & \mathbf{K}'_{NN}
\end{bmatrix}
\tag{13.12}
$$

なお，この方法を用いて解く場合，ローラー支点に外力が作用する場合や，節点に強制変位を与える場合には，それらもやはりあらかじめ節点座標で表しておかなければならない．また，すべての未知の節点変位や反力が求められたら，節点座標系で表された変位と反力は，すべて基準座標系に戻してから部材の応力の計算をすることを忘れてはならない．

例 13.3　斜めローラーを有する平面トラスの解析

斜めのピンローラー支点のある平面トラスの部材のピンローラー支点における変位と反力を求める．部材の長さ L は 4000 mm，断面積 A は 10000 mm^2，ヤング率 E は 200 kN/mm^2 とする．また，支点のローラーの傾き α は 45 度とする．頂部に下向きに 40 kN が働いている．

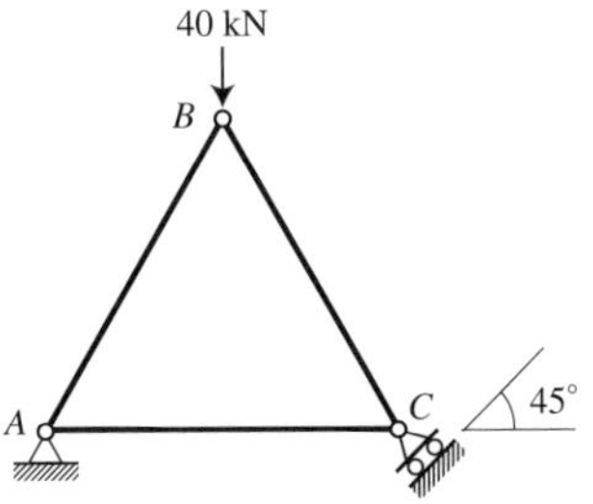

構造物の剛性方程式

$$
\begin{Bmatrix} p'_{Ax} \\ p'_{Ay} \\ p'_{Bx} \\ p'_{By} \\ p'_{Cx} \\ p'_{Cy} \end{Bmatrix} =
\begin{bmatrix}
625.0 & 216.5 & -125.0 & -216.5 & -500.0 & 0 \\
216.5 & 375.0 & -216.5 & -375.0 & 0 & 0 \\
-125.0 & -216.5 & 250.0 & 0 & -125.0 & 216.5 \\
-216.5 & -375.0 & 0 & 750.0 & 216.5 & -375.0 \\
-500.0 & 0 & -125.0 & 216.5 & 625.0 & -216.5 \\
0 & 0 & 216.5 & -375.0 & -216.5 & 375.0
\end{bmatrix}
\begin{Bmatrix} d'_{Ax} \\ d'_{Ay} \\ d'_{Bx} \\ d'_{By} \\ d'_{Cx} \\ d'_{Cy} \end{Bmatrix} \qquad \text{式 (1)}
$$

支点 C における力と変位を節点座標系を使って表すための座標変換マトリクス $\mathbf{T}_J$ は次のようになる．

$$
\mathbf{T}_J = \begin{bmatrix} \cos\alpha & -\sin\alpha \\ \sin\alpha & \cos\alpha \end{bmatrix} = \begin{bmatrix} 0.7071 & -0.7071 \\ 0.7071 & 0.7071 \end{bmatrix} \qquad \text{式 (2)}
$$

剛性マトリクスの 5 行目と 6 行目に左から座標変換マトリクス $\mathbf{T}_J^{\mathsf{T}}$ を乗じ，ついで 5 列目と 6 列目に右から座標変換マトリクス $\mathbf{T}_J^{\mathsf{T}}$ を乗じると，

$$
\begin{Bmatrix} p'_{Ax} \\ p'_{Ay} \\ p'_{Bx} \\ p'_{By} \\ p''_{Cx} \\ p''_{Cy} \end{Bmatrix} =
\begin{bmatrix}
625.0 & 216.5 & -125.0 & -216.5 & -353.6 & 353.6 \\
216.5 & 375.0 & -216.5 & -375.0 & 0 & 0 \\
-125.0 & -216.5 & 250.0 & 0 & 64.7 & 241.5 \\
-216.5 & -375.0 & 0 & 750.0 & -112.1 & -418.2 \\
-353.6 & 0 & 64.7 & -112.1 & 283.5 & -125.0 \\
353.6 & 0 & 241.5 & -418.2 & -125.0 & 716.5
\end{bmatrix}
\begin{Bmatrix} d'_{Ax} \\ d'_{Ay} \\ d'_{Bx} \\ d'_{By} \\ d''_{Cx} \\ d''_{Cy} \end{Bmatrix} \qquad \text{式 (3)}
$$

支持条件を適用し未知の節点変位と反力を求める．剛性方程式の再配列を行うと，

$$
\begin{Bmatrix} p'_{Bx} \\ p'_{By} \\ p''_{Cx} \\ p'_{Ax} \\ p'_{Ay} \\ p''_{Cy} \end{Bmatrix} =
\begin{bmatrix}
250.0 & 0 & 64.7 & -125.0 & -216.5 & 241.5 \\
0 & 750.0 & -112.1 & -216.5 & -375.0 & -418.2 \\
64.7 & -112.1 & 283.5 & -353.6 & 0 & -125.0 \\
-125.0 & -216.5 & -353.6 & 625.0 & 216.5 & 353.6 \\
-216.5 & -375.0 & 0 & 216.5 & 375.0 & 0 \\
241.5 & -418.2 & -125.0 & 353.6 & 0 & 716.5
\end{bmatrix}
\begin{Bmatrix} d'_{Bx} \\ d'_{By} \\ d''_{Cx} \\ d'_{Ax} \\ d'_{Ay} \\ d''_{Cy} \end{Bmatrix} \qquad \text{式 (4)}
$$

未知の変位について解くと，

$$
\begin{Bmatrix} d'_{Bx} \\ d'_{By} \\ d''_{Cx} \end{Bmatrix} =
\begin{bmatrix}
250.0 & 0 & 64.7 \\
0 & 750.0 & -112.1 \\
64.7 & -112.1 & 283.5
\end{bmatrix}^{-1}
\begin{Bmatrix} 0 \\ -40 \\ 0 \end{Bmatrix} =
\begin{Bmatrix} 0.0062 \\ -0.0569 \\ -0.0239 \end{Bmatrix} \text{mm}
$$

未知の反力について解くと

$$
\begin{Bmatrix} p'_{Ax} \\ p'_{Ay} \\ p''_{Cy} \end{Bmatrix} =
\begin{bmatrix}
-125.0 & -216.5 & -353.6 \\
-216.5 & -375.0 & 0 \\
241.5 & -418.2 & -125.0
\end{bmatrix}
\begin{Bmatrix} 0.0062 \\ -0.0569 \\ -0.0239 \end{Bmatrix} =
\begin{Bmatrix} 20.00 \\ 20.00 \\ 28.28 \end{Bmatrix} \text{kN}
$$

ローラー支点の節点座標で表された変位を基準座標に戻すと，

$$\begin{Bmatrix} d'_{Cx} \\ d'_{Cy} \end{Bmatrix} = \mathbf{T}_J \begin{Bmatrix} d''_{Cx} \\ d''_{Cy} \end{Bmatrix} = \begin{bmatrix} 0.7071 & -0.7071 \\ 0.7071 & 0.7071 \end{bmatrix} \begin{Bmatrix} -0.0239 \\ 0 \end{Bmatrix} = \begin{Bmatrix} -0.0169 \\ -0.0169 \end{Bmatrix} \text{mm}$$

ローラー支点の節点座標で表された反力を基準座標に戻すと，

$$\begin{Bmatrix} p'_{Cx} \\ p'_{Cy} \end{Bmatrix} = \mathbf{T}_J \begin{Bmatrix} p''_{Cx} \\ p''_{Cy} \end{Bmatrix} = \begin{bmatrix} 0.7071 & -0.7071 \\ 0.7071 & 0.7071 \end{bmatrix} \begin{Bmatrix} 0 \\ 28.28 \end{Bmatrix} = \begin{Bmatrix} -20.00 \\ 20.00 \end{Bmatrix} \text{kN}$$

となる．この構造物は外的に静定に支持されているので，手計算でも反力が求められるが，得られた答えはそれぞれ一致している．

13.4　弾 性 支 承

現実の構造物の支持条件は，固定，ピン，ローラーのみでは正確には表せない．構造物を支持する地盤や杭などの剛性を考慮して，支点をバネで支持することがある．この場合には支点の変位と反力はバネ定数によって関係づけられている．このような場合には，バネの方向の剛性マトリクス要素にバネ定数を足して，バネの方向の変位が拘束されていないものとして扱うよう，適当な部材に置換することが行われる．

例 13.4　**弾性支持バネと弾性回転バネ**

鉛直方向でバネ係数が k の場合，これを代わりに両端ピンの部材と鉛直ローラーで置き換え，部材の $\frac{EA}{L}$ が k と等しくなるようにすればよい．

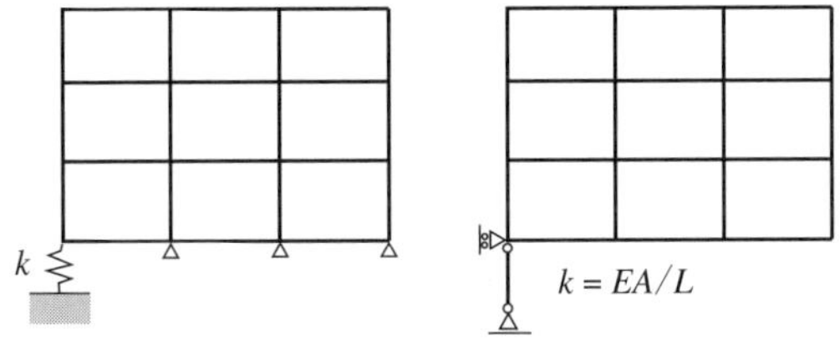

弾性支持バネ

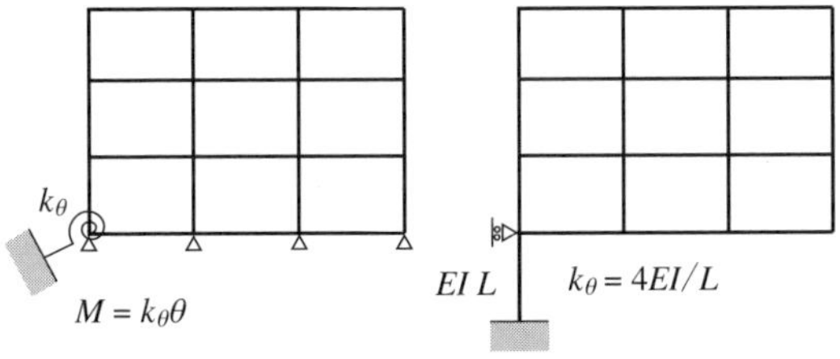

弾性回転バネ

13.5　大規模な剛性方程式の分割

自由度の数が多い大規模の構造物の剛性方程式を変形して，元のすべての釣合い方程式は正しく満たされるようにしながら，要素の数の少ない等価な剛性マトリクスにすることを**剛性マトリクスの縮約**という．この考え方は，コンピュータを利用した大規模な解析の計算時間の短縮やメモリの使用量の節約などに幅広く活用される（図 13.6）.

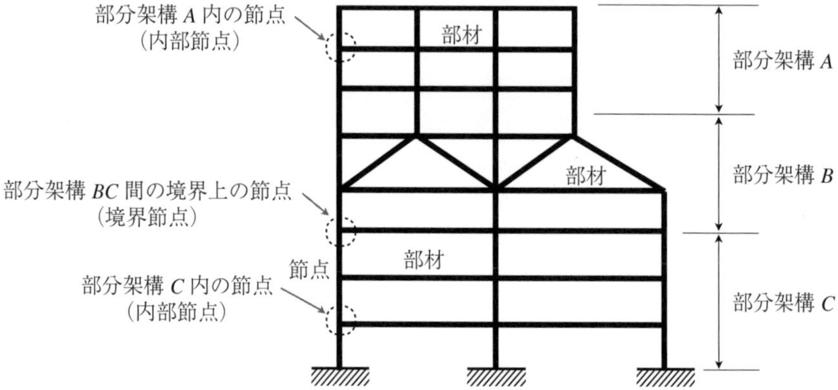

大規模な構造物の解析（外力は示していない）

図 13.6　大規模な構造物と部分架構

全体の構造物の自由度の数を n，選択した自由度の数を i としその変位を $\mathbf{d}_c$ とし，残りの $(n-i)$ 個の自由度の変位を $\mathbf{d}_b$ とする．選択された自由度に加える外力を $\mathbf{p}_c$，残りの自由度に加える外力を $\mathbf{p}_b$ とする．自由度の順序を入れ替える剛性方程式の再配列を行うと，

$$\begin{Bmatrix} \mathbf{p}_b \\ \mathbf{p}_c \end{Bmatrix} = \begin{bmatrix} \mathbf{K}_{bb} & \mathbf{K}_{bc} \\ \mathbf{K}_{cb} & \mathbf{K}_{cc} \end{bmatrix} \begin{Bmatrix} \mathbf{d}_b \\ \mathbf{d}_c \end{Bmatrix} \tag{13.13}$$

特定の選択した自由度を残して縮約した後の剛性方程式は，

$$\widehat{\mathbf{p}}_c = \widehat{\mathbf{K}}_{cc}\mathbf{d}_c \tag{13.14}$$

で表される．ここに，$\widehat{\mathbf{K}}_{cc}$：縮約した i 行 i 列の剛性マトリクス，$\widehat{\mathbf{p}}_c$：縮約した剛性方程式の節点力で，次の式で表される．

$$\widehat{\mathbf{p}}_c = \mathbf{p}_c - \mathbf{K}_{cb}\mathbf{K}_{bb}^{-1}\mathbf{p}_b \tag{13.15}$$

$$\widehat{\mathbf{K}}_{cc} = \mathbf{K}_{cc} - \mathbf{K}_{cb}\mathbf{K}_{bb}^{-1}\mathbf{K}_{bc} \tag{13.16}$$

これを利用して，大規模な剛性方程式を規模の小さなマトリクスの問題に分割して解くための計算手順は，次の 1. から 4. のようになる．

1. 式 (13.13) の係数マトリクスの部分マトリクス $\mathbf{K}_{bb}$ の逆マトリクス $\mathbf{K}_{bb}^{-1}$ を求める．
2. これを，式 (13.15) と式 (13.16) に代入して，$\widehat{\mathbf{p}}_c$ と $\widehat{\mathbf{K}}_{cc}$ を求める．
3. 式 (13.14) の連立方程式 $\widehat{\mathbf{p}}_c = \widehat{\mathbf{K}}_{cc}\mathbf{d}_c$ を解き，$\mathbf{d}_c = \widehat{\mathbf{K}}_{cc}^{-1}\widehat{\mathbf{p}}_c$ を求める．
4. 式 (13.13) の一行目の式を変形して得られる $\mathbf{d}_b = \mathbf{K}_{bb}^{-1}(\mathbf{p}_b - \mathbf{K}_{bc}\mathbf{d}_c)$ の右辺に $\mathbf{d}_c$ を代入して $\mathbf{d}_b$ を求める．

これにより，すべての未知の変位 $\mathbf{d}_c$ と $\mathbf{d}_b$ が求められる．すなわち，大きなマトリクスの問題を 1 回で解く代わりに，より小さなマトリクスの問題を 2 回に分割して解くことができる．

実際には，2 回に分けて解くので，2 つの逆マトリクス $\mathbf{K}_{bb}^{-1}$ と $\widehat{\mathbf{K}}_{cc}^{-1}$ の計算が必要となり，計算量の総和は少なくなるわけではない．ただし，マトリクスのサイズは元のものより小さいので，メモリの少ないコンピュータを使っても解くことができるという長所がある．ここで興味深い点は，この方法は，見かけ上自由度が減っているにも関わらず，元のすべての釣合い方程式は正しく満たされている点である．剛性方程式が縮約されたからといって，考慮すべき部材の剛性が無視されているわけではない．取り除いた自由度に働く外力 $\mathbf{p}_b$ の影響も，$\widehat{\mathbf{p}}_c$ に取り込まれている．このような剛性方程式の縮約の考え方は，様々に応用できる．

例 13.5　剛性マトリクスを縮約して元の剛性方程式と同じ解が得られることの証明

式 (13.13) の剛性方程式の 1 行目の式を使い未知の節点変位について解く．

$$\mathbf{d}_b = \mathbf{K}_{bb}^{-1}(\mathbf{p}_b - \mathbf{K}_{bc}\mathbf{d}_c)$$

ここに得られた $\mathbf{d}_b$ を，式 (13.13) の剛性方程式の 2 行目の式に代入する．

$$\mathbf{p}_c = \mathbf{K}_{cb}\mathbf{K}_{bb}^{-1}(\mathbf{p}_b - \mathbf{K}_{bc}\mathbf{d}_c) + \mathbf{K}_{cc}\mathbf{d}_c$$

右辺を $\mathbf{d}_c$ で整理し，$\mathbf{p}_b$ に関するものを左辺に移項すると，

$$\mathbf{p}_c - \mathbf{K}_{cb}\mathbf{K}_{bb}^{-1}\mathbf{p}_b = \left(\mathbf{K}_{cc} - \mathbf{K}_{cb}\mathbf{K}_{bb}^{-1}\mathbf{K}_{bc}\right)\mathbf{d}_c$$

が得られる．$\widehat{\mathbf{p}}_c = \mathbf{p}_c - \mathbf{K}_{cb}\mathbf{K}_{bb}^{-1}\mathbf{p}_b$ と $\widehat{\mathbf{K}}_{cc} = \mathbf{K}_{cc} - \mathbf{K}_{cb}\mathbf{K}_{bb}^{-1}\mathbf{K}_{bc}$ を使ってこの式を書き直せば，

$$\widehat{\mathbf{p}}_c = \widehat{\mathbf{K}}_{cc}\mathbf{d}_c$$

となる．

例 13.6　サブストラクチャー法

8 つの節点からなる図の平面骨組構造物を考える．剛性方程式を縮約して解を計算する．支持条件を考慮した後の全体構造物の剛性方程式は，次のように表されるものとする．

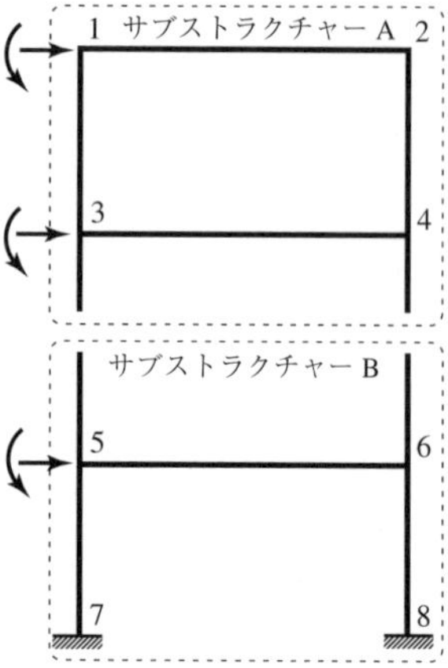

$$\begin{Bmatrix} \mathbf{p}_1 \\ \mathbf{p}_2 \\ \mathbf{p}_3 \\ \mathbf{p}_4 \\ \mathbf{p}_5 \\ \mathbf{p}_6 \end{Bmatrix} = \begin{bmatrix} \mathbf{K}_{11} & \mathbf{K}_{12} & \mathbf{K}_{13} & \mathbf{K}_{14} & \mathbf{K}_{15} & \mathbf{K}_{16} \\ \mathbf{K}_{21} & \mathbf{K}_{22} & \mathbf{K}_{23} & \mathbf{K}_{24} & \mathbf{K}_{25} & \mathbf{K}_{26} \\ \mathbf{K}_{31} & \mathbf{K}_{32} & \mathbf{K}_{33} & \mathbf{K}_{34} & \mathbf{K}_{25} & \mathbf{K}_{36} \\ \mathbf{K}_{41} & \mathbf{K}_{42} & \mathbf{K}_{43} & \mathbf{K}_{44} & \mathbf{K}_{35} & \mathbf{K}_{46} \\ \mathbf{K}_{51} & \mathbf{K}_{52} & \mathbf{K}_{53} & \mathbf{K}_{54} & \mathbf{K}_{45} & \mathbf{K}_{56} \\ \mathbf{K}_{61} & \mathbf{K}_{62} & \mathbf{K}_{63} & \mathbf{K}_{64} & \mathbf{K}_{55} & \mathbf{K}_{66} \end{bmatrix} \begin{Bmatrix} \mathbf{d}_1 \\ \mathbf{d}_2 \\ \mathbf{d}_3 \\ \mathbf{d}_4 \\ \mathbf{d}_5 \\ \mathbf{d}_6 \end{Bmatrix}$$

これを図の A と B の 2 つの部分構造物（サブストラクチャー）に分割する．A の部分構造物内の自由度の変位と力を $\mathbf{d}_c$ と $\mathbf{p}_c$，B の部分構造物内の自由度の変位と力を $\mathbf{d}_b$ と $\mathbf{p}_b$ として上の剛性方程式を整理すると，

$$\begin{Bmatrix} \mathbf{p}_b \\ \mathbf{p}_c \end{Bmatrix} = \begin{bmatrix} \mathbf{K}_{bb} & \mathbf{K}_{bc} \\ \mathbf{K}_{cb} & \mathbf{K}_{cc} \end{bmatrix} \begin{Bmatrix} \mathbf{d}_b \\ \mathbf{d}_c \end{Bmatrix}$$

ここに，

$$\mathbf{d}_c = \begin{Bmatrix} \mathbf{d}_1 \\ \mathbf{d}_2 \\ \mathbf{d}_3 \\ \mathbf{d}_4 \end{Bmatrix}, \quad \mathbf{d}_b = \begin{Bmatrix} \mathbf{d}_5 \\ \mathbf{d}_6 \end{Bmatrix}, \quad \mathbf{p}_c = \begin{Bmatrix} \mathbf{p}_1 \\ \mathbf{p}_2 \\ \mathbf{p}_3 \\ \mathbf{p}_4 \end{Bmatrix}, \quad \mathbf{p}_b = \begin{Bmatrix} \mathbf{p}_5 \\ \mathbf{p}_6 \end{Bmatrix}$$

$$\mathbf{K}_{bb} = \begin{bmatrix} \mathbf{K}_{11} & \mathbf{K}_{12} & \mathbf{K}_{13} & \mathbf{K}_{14} \\ \mathbf{K}_{21} & \mathbf{K}_{22} & \mathbf{K}_{23} & \mathbf{K}_{24} \\ \mathbf{K}_{31} & \mathbf{K}_{32} & \mathbf{K}_{33} & \mathbf{K}_{34} \\ \mathbf{K}_{41} & \mathbf{K}_{42} & \mathbf{K}_{43} & \mathbf{K}_{44} \end{bmatrix}, \quad \mathbf{K}_{bc} = \begin{bmatrix} \mathbf{K}_{15} & \mathbf{K}_{16} \\ \mathbf{K}_{25} & \mathbf{K}_{26} \\ \mathbf{K}_{35} & \mathbf{K}_{36} \\ \mathbf{K}_{45} & \mathbf{K}_{46} \end{bmatrix}$$

$$\mathbf{K}_{cb} = \begin{bmatrix} \mathbf{K}_{51} & \mathbf{K}_{52} & \mathbf{K}_{53} & \mathbf{K}_{54} \\ \mathbf{K}_{61} & \mathbf{K}_{62} & \mathbf{K}_{63} & \mathbf{K}_{64} \end{bmatrix}, \quad \mathbf{K}_{cc} = \begin{bmatrix} \mathbf{K}_{55} & \mathbf{K}_{56} \\ \mathbf{K}_{65} & \mathbf{K}_{66} \end{bmatrix}$$

これらに対して，次の手順を適用する．

1. $\mathbf{K}_{bb}^{-1}$ を求める．
2. $\widehat{\mathbf{p}}_c = \mathbf{p}_c - \mathbf{K}_{cb}\mathbf{K}_{bb}^{-1}\mathbf{p}_b$ により $\widehat{\mathbf{p}}_c$ を求める．
3. $\widehat{\mathbf{K}}_{cc} = \mathbf{K}_{cc} - \mathbf{K}_{cb}\mathbf{K}_{bb}^{-1}\mathbf{K}_{bc}$ により $\widehat{\mathbf{K}}_{cc}$ を求める．
4. 連立方程式 $\widehat{\mathbf{p}}_c = \widehat{\mathbf{K}}_{cc}\mathbf{d}_c$ を解き，$\mathbf{d}_c = \widehat{\mathbf{K}}_{cc}^{-1}\widehat{\mathbf{p}}_c$ を求める．
5. $\mathbf{d}_b = \mathbf{K}_{bb}^{-1}(\mathbf{p}_b - \mathbf{K}_{bc}\mathbf{d}_c)$ の右辺に $\mathbf{d}_c$ を代入して $\mathbf{d}_b$ を求める．

このようにして，すべての未知の変位が求められる．

13.6　構造物内の変位の従属条件

同じ構造物内のある節点の変位と別の節点の変位が常に等しい場合などの，一定の式で表される関係にあることを従属関係にあるという．またそのことを変位の従属条件という．そのような構造物の問題では，変位の従属条件を使って自由度を消去して剛性方程式の大きさを小さくすることができる．この方法も剛性方程式の縮約の応用の一つである．

自由度の数が n の構造物を考える．従属している自由度の数は i で，その変位のベクトルを $\mathbf{d}_e$，残りのすべての変位の成分を $\mathbf{d}_c$ として選択する．自由度の順序を入れ替えて再配列した剛性方程式は，次のとおり．

$$\begin{Bmatrix} \mathbf{p}_e \\ \mathbf{p}_c \end{Bmatrix} = \begin{bmatrix} \mathbf{K}_{ee} & \mathbf{K}_{ec} \\ \mathbf{K}_{ce} & \mathbf{K}_{cc} \end{bmatrix} \begin{Bmatrix} \mathbf{d}_e \\ \mathbf{d}_c \end{Bmatrix} \tag{13.17}$$

従属する変位の成分 $\mathbf{d}_e$ と残りの変位成分 $\mathbf{d}_c$ の間には，次の線形関係があるものとする．

$$\mathbf{d}_e = \boldsymbol{\Gamma}_{ec}\mathbf{d}_c \tag{13.18}$$

ここに，$\boldsymbol{\Gamma}_{ec}$：変位の従属条件を表す i 行 $\times(n-i)$ 列のマトリクス，$\mathbf{d}_e$：従属する自由度の変位の成分からなるベクトル，$\mathbf{d}_c$：残りのすべての変位の成分からなるベクトルとする．

この時，従属する自由度を消去した剛性方程式は，次のように表される．

$$\overline{\mathbf{p}}_c = \widehat{\mathbf{K}}_{cc}\mathbf{d}_c \tag{13.19}$$

ここに，

$$\overline{\mathbf{p}}_c = \mathbf{p}_c + \boldsymbol{\Gamma}_{ec}^{\mathsf{T}}\mathbf{p}_e \tag{13.20}$$

$$\widehat{\mathbf{K}}_{cc} = \mathbf{K}_{cc} + \mathbf{K}_{ce}\boldsymbol{\Gamma}_{ec} + \boldsymbol{\Gamma}_{ec}^{\mathsf{T}}\mathbf{K}_{ec} + \boldsymbol{\Gamma}_{ec}^{\mathsf{T}}\mathbf{K}_{ee}\boldsymbol{\Gamma}_{ec} \tag{13.21}$$

記号：$\overline{\mathbf{p}}_c$：残りの自由度に作用する等価な節点力，$\mathbf{p}_e$：従属する自由度に作用する節点力，$\mathbf{p}_c$：残りの自由度に作用する節点力，$\widehat{\mathbf{K}}_{cc}$：従属する自由度を消去した $(n-i)$ 行 $(n-i)$ 列の剛性マトリクス．

例 13.7　**縮約した剛性方程式で解が得られることの証明**

従属する変位 $\mathbf{d}_e$ を消去するために，式 (13.17) の右辺に式 (13.18) を代入すると，

$\mathbf{p}_e = (\mathbf{K}_{ee}\boldsymbol{\Gamma}_{ec} + \mathbf{K}_{ec})\mathbf{d}_c$　　式 (1)

$\mathbf{p}_c = (\mathbf{K}_{ce}\boldsymbol{\Gamma}_{ec} + \mathbf{K}_{cc})\mathbf{d}_c$　　式 (2)

節点に作用する外力は，便宜上すべて独立な変位の自由度に作用するものとして，$\overline{\mathbf{p}}_c$ であらわせば，従属する変位の自由度に作用する節点力 $\mathbf{p}_e$ と独立な変位の自由度に作用する節点力 $\mathbf{p}_c$ と $\overline{\mathbf{p}}_c$ との間には，力の釣合いより次の関係がなければならない．

$\overline{\mathbf{p}}_c = \mathbf{p}_c + \boldsymbol{\Gamma}_{ec}^{\mathsf{T}}\mathbf{p}_e$　　式 (3)

式 (3) の右辺の $\boldsymbol{\Gamma}_{ec}^{\mathsf{T}}\mathbf{p}_e$ は，従属する変位の自由度に作用する節点力 $\mathbf{p}_e$ を独立な変位の自由度に作用する等価の節点力にしたものである．よって，式 (1) の両辺に $\boldsymbol{\Gamma}_{ec}^{\mathsf{T}}$ を乗じた $\boldsymbol{\Gamma}_{ec}^{\mathsf{T}}\mathbf{p}_e = \boldsymbol{\Gamma}_{ec}^{\mathsf{T}}(\mathbf{K}_{ee}\boldsymbol{\Gamma}_{ec} + \mathbf{K}_{ec})\mathbf{d}_c$ と式 (2) の両辺を加え合わせて，次の式を得る．

$$\overline{\mathbf{p}}_c = \mathbf{p}_c + \boldsymbol{\Gamma}_{ec}^{\top}\mathbf{p}_e = \left(\mathbf{K}_{cc} + \mathbf{K}_{ce}\boldsymbol{\Gamma}_{ec} + \boldsymbol{\Gamma}_{ec}^{\top}\mathbf{K}_{ec} + \boldsymbol{\Gamma}_{ec}^{\top}\mathbf{K}_{ee}\boldsymbol{\Gamma}_{ec}\right)\mathbf{d}_c \qquad \text{式 (4)}$$

よって，従属する自由度を消去した剛性方程式 $\overline{\mathbf{p}}_c = \widehat{\mathbf{K}}_{cc}\mathbf{d}_c$ が得られ，その剛性マトリクス $\widehat{\mathbf{K}}_{cc}$ は，

$$\widehat{\mathbf{K}}_{cc} = \mathbf{K}_{cc} + \mathbf{K}_{ce}\boldsymbol{\Gamma}_{ec} + \boldsymbol{\Gamma}_{ec}^{\top}\mathbf{K}_{ec} + \boldsymbol{\Gamma}_{ec}^{\top}\mathbf{K}_{ee}\boldsymbol{\Gamma}_{ec} \qquad \text{式 (5)}$$

と表される．

例 13.8　変位の従属条件を表すマトリクス Γ の例

全部で 6 の自由度のある構造物において，2 番目の自由度の変位は，3 番目の自由度の変位と常に同じものとする．2 番目の自由度の変位と残りの自由度の変位の関係は式 (1) で，2 番目の自由度に作用する力と残りの自由度に作用する力の関係は式 (2) でそれぞれ表される．

$$\{d_2\} = \begin{bmatrix} 0 & 1 & 0 & 0 & 0 \end{bmatrix} \begin{Bmatrix} d_1 \\ d_3 \\ d_4 \\ d_5 \\ d_6 \end{Bmatrix} \qquad \text{式 (1)}$$

$$\begin{Bmatrix} p_1 \\ p_2 + p_3 \\ p_4 \\ p_5 \\ p_6 \end{Bmatrix} = \begin{Bmatrix} p_1 \\ p_3 \\ p_4 \\ p_5 \\ p_6 \end{Bmatrix} + \begin{bmatrix} 0 \\ 1 \\ 0 \\ 0 \\ 0 \end{bmatrix} \{p_2\} \qquad \text{式 (2)}$$

よって，従属関係を表すマトリクスは，$\boldsymbol{\Gamma}_{ec} = \begin{bmatrix} 0 & 1 & 0 & 0 & 0 \end{bmatrix}$ で表されることがわかる．

例 13.9　剛床仮定と剛性マトリクス

水平力を受ける構造物の場合，床の伸び縮みが生じないように剛と見なすことがある．これは，同じ層の節点において水平変位がすべて同じであると見なすことに他ならない．従属する変位を消去する手法を使えば自由度の多い層状の構造物をより少ない自由度で表すことが可能となる．そのため，骨組の地震応答解析などでしばしば利用される．

下図は，16 の節点（48 自由度）を有する平面骨組である．節点 6, 7, 8 の水平変位の成分は，節点 5 の水平成分と等しい．他の層も同様である．この場合の従属な自由度の数は 9 である．よって，全体構造物における独立な自由度の数は 36，従属する自由度の数は 9 である．

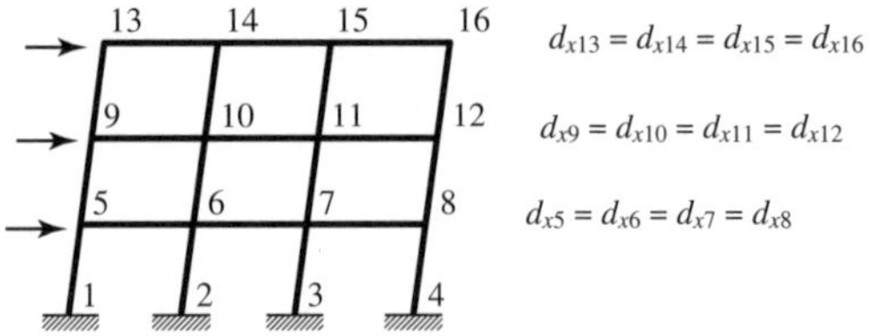

変位の拘束条件 $\mathbf{d}_e = \mathbf{\Gamma}_{ec}\mathbf{d}_c$ と等価な外力 $\overline{\mathbf{p}}_c = \mathbf{p}_c + \mathbf{\Gamma}_{ec}^{\top}\mathbf{p}_e$ を表すマトリクスは，次のようになる．

$$\mathbf{d}_e = \begin{Bmatrix} d_{x6} \\ d_{x7} \\ d_{x8} \\ d_{x10} \\ d_{x11} \\ d_{x12} \\ d_{x14} \\ d_{x15} \\ d_{x16} \end{Bmatrix},\ \mathbf{d}_c = \begin{Bmatrix} d_{x5} \\ d_{x9} \\ d_{x13} \end{Bmatrix},\ \mathbf{p}_c = \begin{Bmatrix} p_{x5} \\ p_{x9} \\ p_{x13} \end{Bmatrix},\ \mathbf{p}_e = \begin{Bmatrix} p_{x6} \\ p_{x7} \\ p_{x8} \\ p_{x10} \\ p_{x11} \\ p_{x12} \\ p_{x14} \\ p_{x15} \\ p_{x16} \end{Bmatrix},\ \mathbf{\Gamma}_{ec} = \begin{bmatrix} 1 & 0 & 0 \\ 1 & 0 & 0 \\ 1 & 0 & 0 \\ 0 & 1 & 0 \\ 0 & 1 & 0 \\ 0 & 1 & 0 \\ 0 & 0 & 1 \\ 0 & 0 & 1 \\ 0 & 0 & 1 \end{bmatrix}$$

$$\overline{\mathbf{p}}_c = \mathbf{p}_c + \mathbf{\Gamma}_{ec}^{\top}\mathbf{p}_e = \begin{Bmatrix} p_{x5} + p_{x6} + p_{x7} + p_{x8} \\ p_{x9} + p_{x10} + p_{x11} + p_{x12} \\ p_{x13} + p_{x14} + p_{x15} + p_{x16} \end{Bmatrix}$$

これらを用いると，従属する変位を消去した剛性方程式は，$\overline{\mathbf{p}}_c = \widehat{\mathbf{K}}_{cc}\mathbf{d}_c$ であり，剛性マトリクス $\widehat{\mathbf{K}}_{cc}$ は，

$$\widehat{\mathbf{K}}_{cc} = \mathbf{K}_{cc} + \mathbf{K}_{ce}\mathbf{\Gamma}_{ec} + \mathbf{\Gamma}_{ec}^{\top}\mathbf{K}_{ec} + \mathbf{\Gamma}_{ec}^{\top}\mathbf{K}_{ee}\mathbf{\Gamma}_{ec}$$

で与えられる．

例 13.10　骨組中のピン節点と剛性マトリクス

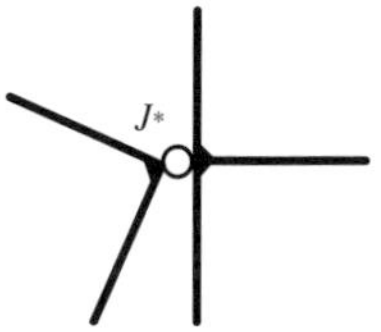

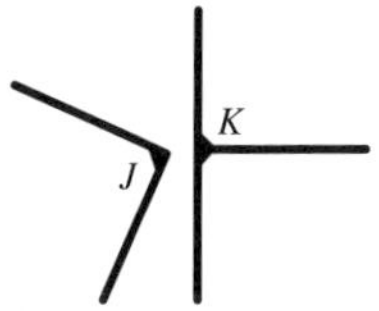

骨組によっては，右の図のように，剛に接合する部材群の節点と，他の剛に接合する部材群が，ピン接合により繋がっている場合がある．このような場合には，部材端部にピンを持つ部材では取り扱うことができない．この節点 J^* を表すには，水平方向に 1，鉛直方向にも 1 それぞれ自由度があり，さらに，回転に関して 2 の自由度があり，合わせて節点あたり 4 つの自由度が必要である．節点ごとに自由度の数が異なる構造物の場合，変位法の計算のアルゴリズムが煩雑になる．そのため，すべての節点の自由度の数を共通にして計算を進めることができる方法が望ましい．このような場合，節点 J^* を複数の節点 J と節点 K が同一場所に重なっているものと考え，2 つの節点の回転変位は独立だが，水平変位は共通であり $d_{xJ} = d_{xK}$ および鉛直変位は共通で $d_{yJ} = d_{yK}$ であるという変位の従属条件を用いて剛性マトリクスを縮約する方法を使えば，節点あたりの自由度の数を増やす必要はない．

節点 J および K に作用する並進力は，便宜上，節点 J に作用するものとし，節点 K には並進力が作用しないものと考える．この場合の，変位の従属条件 $\mathbf{d}_e = \mathbf{\Gamma}_{ec}\mathbf{d}_c$ を表すマトリクスは，次のようになる．

$$
\mathbf{d}_e = \begin{Bmatrix} d_{x_K} \\ d_{y_K} \end{Bmatrix}, \quad \boldsymbol{\Gamma}_{ec} = \begin{bmatrix} 0 & \ldots & 0 & 1 & 0 & 0 & \ldots & 0 \\ 0 & \ldots & 0 & 0 & 1 & 0 & \ldots & 0 \end{bmatrix}, \quad \mathbf{d}_c = \begin{Bmatrix} \vdots \\ \vdots \\ \vdots \\ d_{x_J} \\ d_{y_J} \\ \vdots \\ \vdots \\ \vdots \end{Bmatrix}
$$

ここに，$\mathbf{d_c}$ は，構造物全体の自由度のうち，$\mathbf{d_e}$ を取り除いたものである．

縮約された剛性方程式で用いる外力 $\overline{\mathbf{p}}_\mathbf{c} = \mathbf{p_c} + \boldsymbol{\Gamma}_\mathbf{ec}^\top \mathbf{p_e}$ を表すマトリクスは，次のようになる．

$$
\mathbf{p}_c = \begin{Bmatrix} \vdots \\ \vdots \\ \vdots \\ p_{x_J} \\ p_{y_J} \\ \vdots \\ \vdots \\ \vdots \end{Bmatrix}, \quad \boldsymbol{\Gamma}_{ec}^\top = \begin{bmatrix} 0 & 0 \\ \vdots & \vdots \\ 0 & 0 \\ 1 & 0 \\ 0 & 1 \\ 0 & 0 \\ \vdots & \vdots \\ 0 & 0 \end{bmatrix}, \quad \mathbf{p}_e = \begin{Bmatrix} p_{x_K} \\ p_{y_K} \end{Bmatrix} \quad \text{よって} \quad \overline{\mathbf{p}}_c = \begin{Bmatrix} \vdots \\ \vdots \\ \vdots \\ p_{x_J} + p_{x_K} \\ p_{y_J} + p_{y_K} \\ \vdots \\ \vdots \\ \vdots \end{Bmatrix}
$$

これらを用いると，従属する変位を消去した剛性方程式は，$\overline{\mathbf{p}}_c = \widehat{\mathbf{K}}_{cc}\mathbf{d}_c$ となり，剛性マトリクス $\widehat{\mathbf{K}}_{cc}$ は，

$$
\widehat{\mathbf{K}}_{cc} = \mathbf{K}_{cc} + \mathbf{K}_{ce}\boldsymbol{\Gamma}_{ec} + \boldsymbol{\Gamma}_{ec}^\top \mathbf{K}_{ec} + \boldsymbol{\Gamma}_{ec}^\top \mathbf{K}_{ee}\boldsymbol{\Gamma}_{ec}
$$

で与えられる．

13.7 スーパーエレメント

内部節点に外力が作用しないことがわかっている場合には，剛性方程式の縮約を使って，複数の部材からなる構造物の部分の部材群を単一の部材とする要素（スーパーエレメント，図 13.7）の剛性マトリクスを導くことができる．

部材群の自由度数を n とする．構造物の他の部分と接続している境界上の節点の自由度の変位を $\mathbf{d}_c$，内部の節点の自由度の変位を $\mathbf{d}_b$ とする．自由度の順序を入れ替えて，部材群の剛性方程式を再配列すれば，剛性方程式は次のように表される．

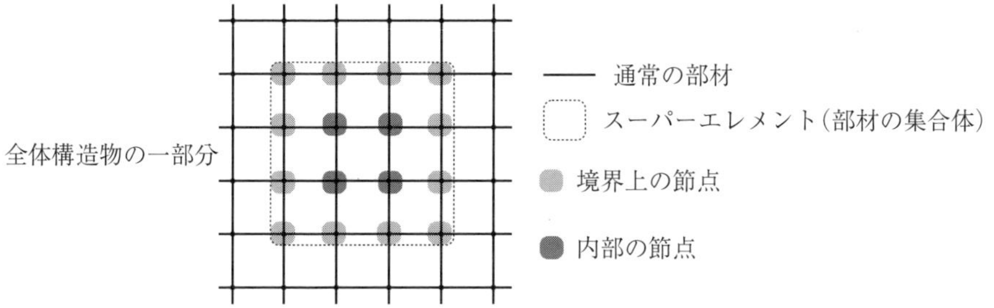

図 13.7　スーパーエレメント

$$\begin{Bmatrix} \mathbf{p}_b \\ \mathbf{p}_c \end{Bmatrix} = \begin{bmatrix} \mathbf{K}_{bb} & \mathbf{K}_{bc} \\ \mathbf{K}_{cb} & \mathbf{K}_{cc} \end{bmatrix} \begin{Bmatrix} \mathbf{d}_b \\ \mathbf{d}_c \end{Bmatrix} \tag{13.22}$$

既に述べた剛性方程式の縮約の方法より次の式が得られる.

$$\overline{\mathbf{p}}_c = \widehat{\mathbf{K}}_{cc}\mathbf{d}_c \tag{13.23}$$

ここに, $\overline{\mathbf{p}}_c = \mathbf{p}_c - \mathbf{K}_{cb}\mathbf{K}_{bb}^{-1}\mathbf{p}_b$, $\widehat{\mathbf{K}}_{cc} = \mathbf{K}_{cc} - \mathbf{K}_{cb}\mathbf{K}_{bb}^{-1}\mathbf{K}_{bc}$.

部材群の内部節点には外力が作用しない場合には, $\mathbf{p}_b = \mathbf{0}$ の条件を使えば, 式(13.23)は, 次式となる.

$$\mathbf{p}_c = \left(\mathbf{K}_{cc} - \mathbf{K}_{cb}\mathbf{K}_{bb}^{-1}\mathbf{K}_{bc}\right)\mathbf{d}_c \tag{13.24}$$

このようにして内部自由度を消去することにより, 全体構造物の自由度の数を減らすことができる. スーパーエレメントは, 耐震壁の要素, 柱梁接合部の要素など, 内部節点に外力が作用しない複数の部材を一つの要素とした部材剛性マトリクスで取り扱うのに適している. また, 節点に集中モーメントが作用しない場合の, 骨組の節点の回転の自由度を消去することができる.

また, この方法では, $\mathbf{K}_{bb}^{-1}$ の計算はスーパーエレメントごとに独立に並行して行える. この特徴的な性質により, 並列計算アルゴリズムを用いて, 極めて大規模な構造物を複数のスーパーエレメントに分割し, それぞれの計算を, 並列計算に割り振ることにより, 並列計算のオーバーヘッドを無視すれば, CPU の数を増やせば増やすほど高速に計算することのできる並列計算アルゴリズムの適用が可能になる.

例 13.11　剛性方程式の縮約を用いた数値計算例

3 層平面骨組について, 剛性マトリクスの縮約によって, 次の 1. から 3. の方法により, 次々に剛性方程式を作成し, 変位と応力を計算する.

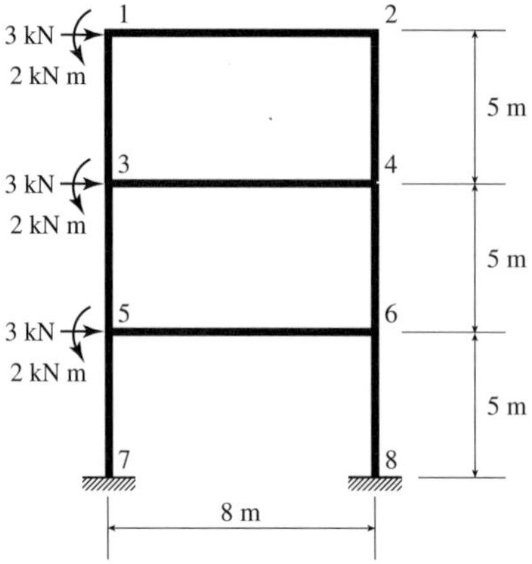

ヤング率：$E = 200 \times 10^3$ MPa 共通
断面二次モーメント：
$I_c = 50 \times 10^6$ mm^4 柱
$I_b = 200 \times 10^6$ mm^4 梁
断面積：$A = 10 \times 10^3$ mm^2 共通

1. （サブストラクチャー法） 節点 1, 2, 3, 4 からなるサブストラクチャー A と節点 5, 6, 7, 8 からなるサブストラクチャー B の 2 つに分離して，サブストラクチャー法により構造物の剛性方程式を解いて，節点の変位を求める．
2. 柱が軸方向剛性が無限に大きいと仮定して鉛直方向の自由度を省略した場合，柱は軸方向に伸び縮みしない（鉛直方向の変位はゼロ）という条件を用いて，節点 1, 2, 3, 4, 5, 6 の自由度のうち鉛直方向の変位の自由度を消去した構造物の剛性マトリクス（12×12）を作成して節点の変位を求める．
3. 2. に加えて剛床を仮定して水平変位の自由度を層あたり一つに減らす場合，節点 1 と 2，節点 3 と 4 および節点 5 と 6 は，それぞれ水平変位が等しいという従属条件（**剛床仮定**という）があることを用いて，節点 2, 4 と 6 の水平方向の変位の自由度を消去して剛性方程式を縮約した構造物の剛性マトリクス（6×6）を求め，剛性方程式を解いて節点の変位を求める．この仮定は，たわみ角法を適用する場合の仮定にほぼ準じたものとなっている．
4. 3. に加えて節点の回転の自由度を消去して各層あたり一つの水平変位の自由度だけを残す場合，節点 1, 2, 3, 4, 5, 6 の回転角の自由度を消去して，剛性方程式を縮約し，構造物の剛性マトリクス（3×3）を求め，剛性方程式を解いて節点の変位を求める．

次に，この方針に従った節点の変位の計算値を次に示す．1. のサブストラクチャー法は，当然ながら，縮約しない場合とまったく同じ解が得られている．2. の柱の軸方向剛性を無限大として鉛直の自由度を消去した場合には，鉛直方向の変位がゼロとなっているが，水平方向の変位は概ね一致している．さらに剛床仮定を加えた 3. の場合には，2. とよく似た結果となっている．さらに回転角の自由度を消去した 4. の場合には，解の誤差が大きくなっている．これは，この例では，外力として節点に集中モーメントを加えているためである．

		1	2	3	4
自由度	縮約なし	サブストラクチャー法	柱の軸方向剛性無限大	2 + 剛床仮定	3 + 回転角の自由度消去
1x	14.12753	14.12753	14.05404	14.05140	14.45763
1y	0.02892	0.02892	0.00000	0.00000	0.00000
1z	−0.00006	−0.00006	−0.00006	−0.00006	0.00000
2x	14.12225	14.12225	14.04877	14.05140	0.00000
2y	−0.02892	−0.02892	0.00000	0.00000	0.00000
2z	−0.00016	−0.00016	−0.00016	−0.00016	0.00000
3x	11.41386	11.41386	11.37492	11.37184	11.61171
3y	0.02691	0.02691	0.00000	0.00000	0.00000
3z	−0.00032	−0.00032	−0.00031	−0.00031	0.00000
4x	11.40772	11.40772	11.36877	11.37184	0.00000
4y	−0.02691	−0.02691	0.00000	0.00000	0.00000
4z	−0.00037	−0.00037	−0.00037	−0.00037	0.00000
5x	6.05691	6.05691	6.04571	6.04260	6.12101
5y	0.01854	0.01854	0.00000	0.00000	0.00000
5z	−0.00051	−0.00051	−0.00051	−0.00051	0.00000
6x	6.05068	6.05068	6.03948	6.04260	0.00000
6y	−0.01854	−0.01854	0.00000	0.00000	0.00000
6z	−0.00058	−0.00058	−0.00058	−0.00058	0.00000

次に，部材端のモーメントの計算値を示す．4. の回転角の自由度消去をした場合を除いて，部材端のモーメントの大きさの誤差はおおむね 0.1%以下となっている．

部材端	縮約なし	1 サブストラクチャー法	2 柱の軸方向剛性無限大	3 2 + 剛床仮定	4 4 + 回転角の自由度消去
1-1	−2.7145e+03	−2.7145e+03	−2.7156e+03	−2.7160e+03	0.0000e+00
2-1	−9.9311e+03	−9.9311e+03	−9.9342e+03	−9.9351e+03	0.0000e+00
3-1	−1.5914e+04	−1.5914e+04	−1.5919e+04	−1.5916e+04	0.0000e+00
4-1	4.7145e+03	4.7145e+03	4.7156e+03	4.7160e+03	6.8302e+03
5-1	8.2418e+03	8.2418e+03	8.2461e+03	8.2467e+03	1.3178e+04
6-1	1.0438e+04	1.0438e+04	1.0447e+04	1.0442e+04	1.4690e+04
7-1	3.7132e+03	3.7132e+03	3.7143e+03	3.7139e+03	0.0000e+00
8-1	7.5591e+03	7.5591e+03	7.5634e+03	7.5628e+03	0.0000e+00
9-1	9.8755e+03	9.8755e+03	9.8845e+03	9.8896e+03	0.0000e+00
1-2	−3.7132e+03	−3.7132e+03	−3.7143e+03	−3.7139e+03	0.0000e+00
2-2	−1.0442e+04	−1.0442e+04	−1.0445e+04	−1.0444e+04	0.0000e+00
3-2	−1.6599e+04	−1.6599e+04	−1.6604e+04	−1.6607e+04	0.0000e+00
4-2	3.6893e+03	3.6893e+03	3.6881e+03	3.6884e+03	6.8302e+03
5-2	7.4756e+03	7.4756e+03	7.4713e+03	7.4735e+03	1.3178e+04
6-2	1.2487e+04	1.2487e+04	1.2479e+04	1.2472e+04	1.4690e+04
7-2	2.8830e+03	2.8830e+03	2.8819e+03	2.8817e+03	0.0000e+00
8-2	6.7234e+03	6.7234e+03	6.7192e+03	6.7170e+03	0.0000e+00
9-2	1.2199e+04	1.2199e+04	1.2190e+04	1.2196e+04	0.0000e+00

最後に，応力と変形状態の縮約をしない場合のモーメント図と変形状態の図を，次に示す．

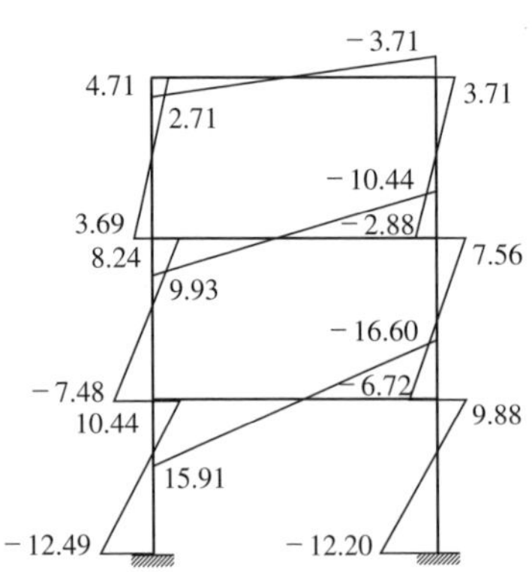

曲げモーメント図

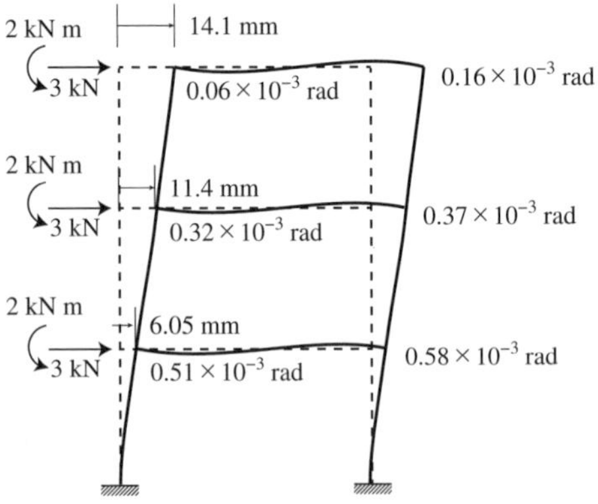

変形状態図

13 章の問題

□ **1**　ピンと斜めローラにより支持された次の梁の応力を求める変位法のスクリプトを作成せよ．部材の諸元と材料の力学特性は図中の値を用いる．

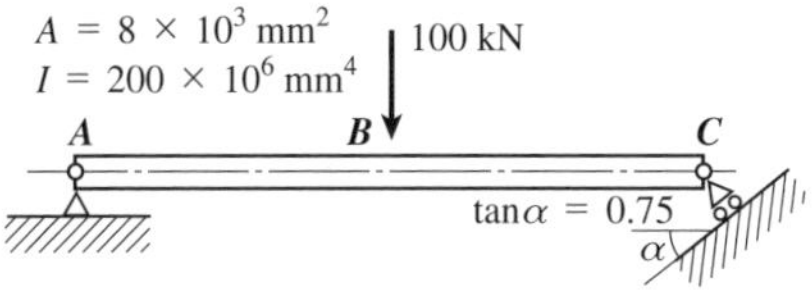

□ **2**　部材の片側がピン接合となっている部材の剛性マトリクスを使い，次の平面構造物の梁の左端部にピン接合部を設けた場合と設けない場合について，変位法のスクリプトを作成して各部材の応力を求めよ．部材の諸元と材料の力学特性は図中の値を用いる．

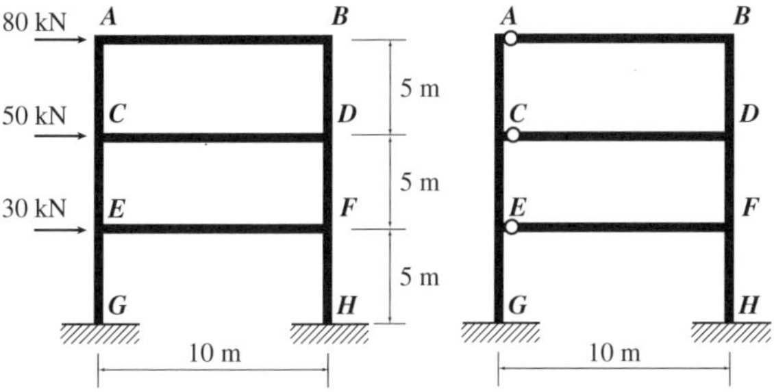

梁，$I = 200 \times 10^6$ mm^4
柱，$I = 50 \times 10^6$ mm^4
ヤング率，$E = 200000$ MPa
軸方向変形は無視して良い

□ **3**　次の門形骨組について，斜めローラー支持と部材端部の剛域を考慮する，変位法のスクリプトを作成し部材の応力を求めよ．部材の諸元と材料の力学特性は図中の値を用いる．

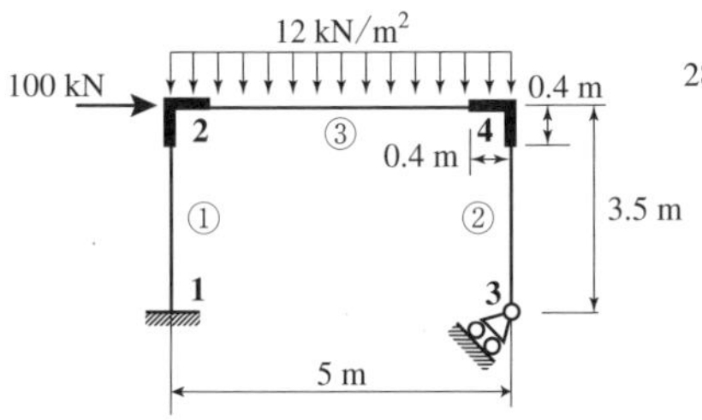

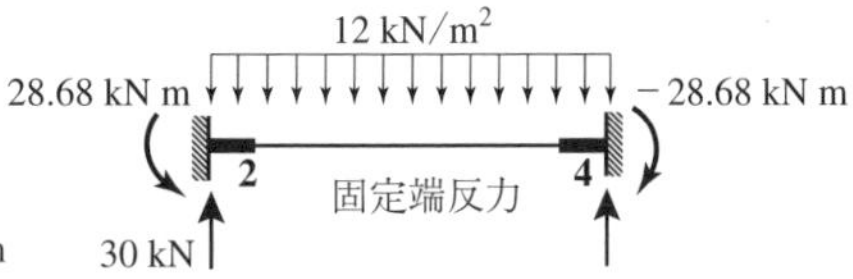

$I = 5.21 \times 10^9$ mm^4　　$E = 20 \times 10^3$ kN/mm^2

$A = 250 \times 10^3$ mm^2　　$G = 9 \times 10^3$ kN/mm^2

□ **4**　両端がピン接合される剛なリンクで節点 2 と節点 3 および節点 5 と節点 6 が結合されている．この時，それぞれ水平変位が等しいことを考慮する．変位法のスクリプトを作成し剛性方程式の縮約の方法を適用して，各部材の応力を求めよ．部材の諸元と材料の力学特性は図中の値を用いる．耐震壁と柱の断面二次モーメントの比 α を 5 としてよい．

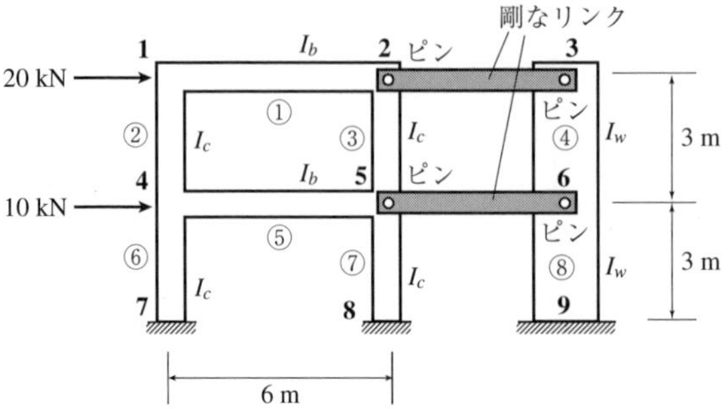

柱，$I_c = 100 \times 10^6\ \mathrm{mm}^4$
梁，$I_b = Ic$
耐震壁，$I_w = \alpha I_c$
ヤング率，$E = 200000$ MPa
柱，$A_c = 100000\ \mathrm{mm}^2$
梁，$A_b = A_c$
耐震壁，$A_w = \sqrt[3]{\alpha} A_c$

14 荷重増分法

本書では，これまで線形弾性である構造物だけを扱ってきた．しかし，今の建築構造設計の実務では，部材の剛性変化や耐力低下，部材が破壊して構造物が重力により倒壊に至る過程の現象などを再現し，個々の部材の損傷量に基づく被害額の評価や，構造物の倒壊に対する安全余裕度の定量化まで行われるようになってきた．そのためには線形弾性範囲を超えた構造解析が必要とされる．そこで，本章では，力と変形の関係が線形弾性ではないことを考慮するための**荷重増分法**と呼ばれる数値計算法と，その構造解析への適用方法について述べ，本書を締めくくることとする．

14.1 構造解析における非線形問題

ある構造物に含まれるすべての部材の力と変形の関係が線形弾性であれば，その構造物の変形量や応力の大きさは，外力の大きさの一次関数で表されるので，このような構造を**線形構造**という．部材の力と変形の関係が線形弾性でない現象を**非線形現象**というが，その要因には，材料非線形と幾何学的非線形がある．**材料非線形**は，構造物を構成する材料の応力とひずみが線形関係にないことであり，コンクリートのひび割れ，鋼材の降伏，コンクリートの圧縮破壊は，その代表的な例である．**幾何学的非線形**は，構造物に作用する外力により構造物の形状が極めて大きく外力と構造物の変形の関係が比例関係から外れることであり，柱が傾くことにより柱が支える重力に加えて横力が生じる**P–デルタ効果**は，幾何学的非線形の一例である．材料非線形や幾何学的非線形などの非線形現象を扱う構造解析法のことを，**非線形構造解析**と呼ぶ．非線形現象は，適切な数学モデルで表す必要がある．解析精度は，そのモデル化の妥当性に大きく依存するため，構造設計に反映させる場合には，解析結果と実験を比較するなどして，妥当性を注意深く評価する必要がある．

例 14.1 幾何学的非線形

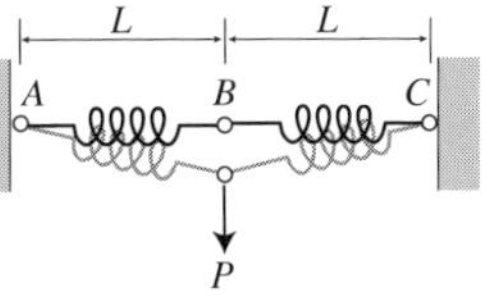

バネ AB とバネ BC は元々は水平の位置にある．2 つのバネの連結点 B にある程度大きな下向きの変形を加えると，徐々に上向きの復元力 P が生じる．その力は，バネに生じる軸力と下向きの変位に比例して増加する．そのため，P は概ね下向き変位の 2 乗に比例して大きくなる．バネの変位と力の関係は，近似的に次の式で表される．

$$\begin{Bmatrix} p_{Ax} \\ p_{Ay} \\ p_{Bx} \\ p_{By} \end{Bmatrix} = \begin{bmatrix} k & 0 & -k & 0 \\ 0 & 0 & 0 & 0 \\ -k & 0 & k & 0 \\ 0 & 0 & 0 & 0 \end{bmatrix} \begin{Bmatrix} d_{Ax} \\ d_{Ay} \\ d_{Bx} \\ d_{By} \end{Bmatrix} + \begin{bmatrix} 0 & 0 & 0 & 0 \\ 0 & \frac{P}{L} & 0 & -\frac{P}{L} \\ 0 & 0 & 0 & 0 \\ 0 & -\frac{P}{L} & 0 & \frac{P}{L} \end{bmatrix} \begin{Bmatrix} d_{Ax} \\ d_{Ay} \\ d_{Bx} \\ d_{By} \end{Bmatrix}$$

このバネ AB の復元力の成分には，k のように一定値となる項と，$\frac{P}{L}$ のように，復元力 P の大きさとともに変化する項がある．そのため点 B の下向き変位が大きくなるにつれ剛性方程式の係数の値は変化する．

このように，力の釣合い式を立てる際に，力を加えたあとの点 B の下向き変位も考えて精確に考慮する解析を大変形解析という．大変形解析は，力と変形の関係が線形関係で表されない非線形構造解析となる．

14.2　荷重増分法の原理

自由度の数が n の構造物を考える．線形構造物の場合，荷重 $\mathbf{P}$ は，構造物の剛性マトリクス $\mathbf{K}$ と各節点の変位 $\boldsymbol{\Delta}$ を乗じた $\mathbf{K\Delta}$ に等しく，荷重 $\mathbf{P}$ が与えられた時の各節点の変位 $\boldsymbol{\Delta}$ は逆マトリクス $\mathbf{K}^{-1}$ に荷重 $\mathbf{P}$ を乗じて計算し，式 (14.2) で求めることができる．

$$\mathbf{P} = \mathbf{K\Delta} \tag{14.1}$$

$$\boldsymbol{\Delta} = \mathbf{K}^{-1}\mathbf{P} \tag{14.2}$$

線形構造物ではない場合，各節点に働く荷重 $\mathbf{P}$ は，変位 $\boldsymbol{\Delta}$ が生じた時の構造物の復元力 $\mathbf{K}(\boldsymbol{\Delta})$ と等しく，次の n 個の式からなる非線形方程式で表されるものとする．

$$\mathbf{P} = \mathbf{K}(\boldsymbol{\Delta}) \tag{14.3}$$

式 (14.3) を解いて，任意の荷重 $\mathbf{P}$ が与えられた時の変位 $\boldsymbol{\Delta}$ を陽に求めることはできない．ただし，節点変位 $\boldsymbol{\Delta}$ が与えられると，構造物を構成する各部材の部材端の変位がわかり，次に各部材の材料の非線形の力と変形の関係より部材端力が求められる．そして各節点における力の釣合いから復元力 $\mathbf{K}(\boldsymbol{\Delta})$ が求められる．この計算の手順が可能であるように数学モデル化されている場合には，任意の荷重 $\mathbf{P}$ が与えられた時の変位 $\boldsymbol{\Delta}$ を，近似的な数値計算により推定することができ，その方法の一つが**荷重増分法**と呼ばれる数値解析法である．ここで**増分**は，変化量のことである．したがって荷重増分法は，荷重の変化量を考える解析方法という意味になる．荷重増分法は，微小な荷重の変化量（増分）と，それに対応する変形の変化量（増分）の間には，近似的に線形関係が成り立つことを利用する方法である．図 14.1 のように，そのときどきの剛性マトリクス $\mathbf{K}$ の係数は，変形に応じて変化していくが，その数値がわかれば，線形関係を少しずつ積み重ねて非線形領域における外力と変形の関係を求めことができるとする考え方である．

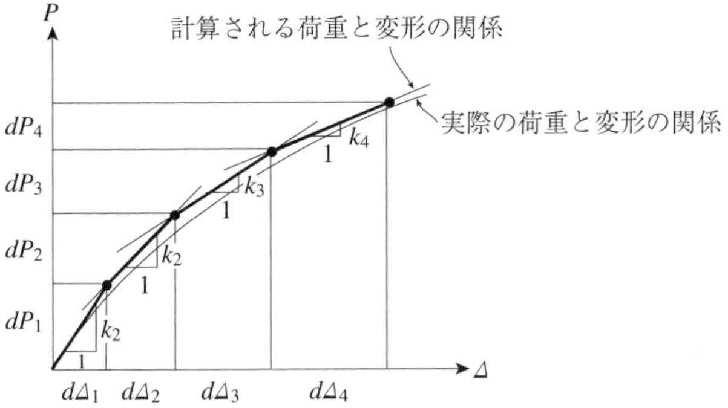

図 14.1　荷重増分と変位増分

荷重増分法は，連続的に変化する荷重 $\mathbf{P}$ から式 (14.3) を満たす連続的な変位 $\mathbf{\Delta}$ を求める方法ではない．有限な個数の外力の組 $\mathbf{P}_i$ とそれに対応する $\mathbf{\Delta}_i$ を求める．すなわち，有限な個数の $\mathbf{P}_i$ に対してそれぞれの点でのみ式 (14.3) の釣合い式を満たす $\mathbf{\Delta}_i$ を求める．

(1)　荷重増分

徐々に荷重をゼロから増加させ，最終的に構造物に作用させる力のベクトルを $\mathbf{P}$ とする．荷重増分法では，$\mathbf{P}$ を n 個の荷重増分 $d\mathbf{P}_i$ に分割し徐々に作用させる．

$$\mathbf{P} = \sum_{i=1}^{n} d\mathbf{P}_i \tag{14.4}$$

ここに，$\mathbf{P}$：構造物の節点に作用させる外力．

(2)　変位増分

荷重増分 $d\mathbf{P}_i$ を構造物に次々に加えていき，それらの総和が荷重 $\mathbf{P}$ となった時に構造物に生じる変位が $\mathbf{\Delta}$ とする．この変位は，それぞれの荷重増分 $d\mathbf{P}_i$ によって生じる変位 $d\mathbf{\Delta}_i$ の和として表されるから，

$$\mathbf{\Delta} = \sum_{i=1}^{n} d\mathbf{\Delta}_i \tag{14.5}$$

となる．ここに，$d\mathbf{\Delta}_i$ は**変位増分**と呼ばれる．i 番目の変位増分 $d\mathbf{\Delta}_i$ は，i 番目の荷重増分 $d\mathbf{P}_i$ に対応するものである．

(3)　荷重増分法の漸化式

荷重増分法において，荷重と変形の関係を求めるには，次の漸化式を用いる．

$$\mathbf{\Delta}_i = \mathbf{\Delta}_{i-1} + d\mathbf{\Delta}_i \tag{14.6a}$$

$$\mathbf{P}_i = \mathbf{P}_{i-1} + d\mathbf{P}_i \tag{14.6b}$$

ここに，$\mathbf{\Delta}_{i-1}$ と $\mathbf{\Delta}_i$ は，それぞれ，一つ前の段階の変位とその次の段階の変位である．

荷重増分が十分小さければ，変位増分 $d\boldsymbol{\Delta}_i$ と荷重増分 $d\mathbf{P}_i$ の間の関係は線形関係で近似できる．この関係は，

$$d\mathbf{P}_i = \overline{\mathbf{K}}_i d\boldsymbol{\Delta}_i \tag{14.7}$$

となる．ここに，$\overline{\mathbf{K}}_i$ は，荷重が $\mathbf{P}_{i-1}$ から $\mathbf{P}_i$ に変化する途中での平均的な剛性を表す剛性マトリクスである．式 (14.7) を $d\boldsymbol{\Delta}_i$ について解くと，

$$d\boldsymbol{\Delta}_i = \overline{\mathbf{K}}_i^{-1} d\mathbf{P}_i \tag{14.8}$$

となる．式 (14.6) の右辺の $d\boldsymbol{\Delta}_i$ を式 (14.8) の右辺で置き換えると，式 (14.9a), (14.9b) の荷重増分法の漸化式が得られる．

$$\boldsymbol{\Delta}_i = \boldsymbol{\Delta}_{i-1} + \overline{\mathbf{K}}_i^{-1} d\mathbf{P}_i \tag{14.9a}$$

$$\mathbf{P}_i = \mathbf{P}_{i-1} + d\mathbf{P}_i \tag{14.9b}$$

式 (14.9a), (14.9b) を i を 1 からはじめて n まで順に適用し計算を進めると，すべての段階における構造物の節点の変位 $\boldsymbol{\Delta}_i$ と荷重 $\mathbf{P}_i$ とが求められる．なお，各段階においては，構造物の部材に生じている応力（または変形）に応じて，各部材の接線剛性マトリクス $\mathbf{k}_{i-1}$ を更新して $\mathbf{k}_i$ を求め，これを用いて，次の段階での構造物の剛性マトリクス $\overline{\mathbf{K}}_i$ を再構築しておく．

各段階において，構造物の節点の変位の増分 $d\boldsymbol{\Delta}_i$ を使って，各部材に生じる変形の増分と応力の増分も求めておけば，それぞれの部材の応力や変形も求められる．

式 (14.9a), (14.9b) で用いる剛性マトリクス $\overline{\mathbf{K}}_i$ に，荷重が $\mathbf{P}_{i-1}$ に達した時（増分の始点）の構造物の**接線剛性マトリクス** $\overline{\mathbf{K}}_{i-1}$ を使う方法を**オイラー法**という．荷重増分が十分に小さければこれも良い近似だが，一定の誤差の蓄積は避けられない方法である．

(4) 荷重増分法の誤差

荷重増分法は，近似的な数値解析であり，正しく計算が行われても，誤差が蓄積して，強度や変形が実際の荷重と変形の関係とかけ離れた結果となることがある．誤差を小さくするには，荷重増分 $d\mathbf{P}_i$ の刻みをできるだけ小さく計算を進めることはもちろん重要であるが，それだけでは計算量が増大する問題がある．そこで，荷重増分法の適用においては，誤差を評価しながら計算を進め，力の釣合いが正しく成り立っているかを確かめつつ計算を進める手法が併用される．

荷重増分の漸化式により，式 (14.9a) で求められた変位 $\boldsymbol{\Delta}_i$ を再び式 (14.3) に代入して求めた正しい復元力 $\mathbf{K}(\boldsymbol{\Delta}_i)$ と，式 (14.9b) で求められる復元力 $\mathbf{P}_i$ との差を $\boldsymbol{\Psi}(\boldsymbol{\Delta}_i)$ とおいたのが次の式である．

$$\boldsymbol{\Psi}(\boldsymbol{\Delta}_i) = \mathbf{P}_i - \mathbf{K}(\boldsymbol{\Delta}_i) \tag{14.10}$$

ここに，$\boldsymbol{\Psi}(\boldsymbol{\Delta}_i)$ は，各段階における力の釣合いに関する誤差で**不釣合い力**と呼ばれる．一般に，構造物のどこかで剛性変化が起こると，$\boldsymbol{\Psi}(\boldsymbol{\Delta}_i)$ はゼロベクトルにはならない．

$\boldsymbol{\Psi}(\boldsymbol{\Delta}_i)$ がゼロベクトルでないということは力の釣合い式が正しく満たされていないことになる．このまま，引き続き漸化式の計算を進めると，誤差が蓄積し計算結果と実際の現象が次第に乖離していくことになる．

誤差を減らす方法の中では，比較的簡便な方法が，**不釣合い力の解除**と呼ばれる方法である．これは次の段階の荷重増分から前の段階の不釣合い力 $\boldsymbol{\Psi}(\boldsymbol{\Delta}_{i-1})$ を引いたものとする方法である．すなわち，式 (14.7) の代わりに，荷重増分 $d\mathbf{P}_i$ を $d\mathbf{P}_i - \boldsymbol{\Psi}(\boldsymbol{\Delta}_{i-1})$ に置き換えた式 (14.11) を用いる方法である．

$$d\mathbf{P}_i - \boldsymbol{\Psi}(\boldsymbol{\Delta}_{i-1}) = \overline{\mathbf{K}}_i d\boldsymbol{\Delta}_i \tag{14.11}$$

この方法は計算量が少なくて済むが，それぞれの荷重増分のステップの終点で $\mathbf{P}_i = \mathbf{K}(\boldsymbol{\Delta}_i)$ が成立することは保証されておらず，誤差がある程度蓄積していくことを防ぐことができない．ただし，力と変形の関係が折れ線で表されるなどの理由で，剛性変化の頻度が少ない非線形構造物においては有用な方法と見なされている．

(5)　収束計算

荷重増分のステップの始点と終点の両方で $\mathbf{P} = \mathbf{K}(\boldsymbol{\Delta})$ が成立するようことを確認し誤差を蓄積させない方法もある．つまり，式 (14.10) の不釣合い力 $\boldsymbol{\Psi}(\boldsymbol{\Delta}_i)$ が，できるだけゼロベクトルに近くなるよう $\boldsymbol{\Delta}_i$ を選び直す方法である．その一つとしてニュートン–ラフソン法を紹介する．図 14.2 は**ニュートン–ラフソン法**による収束計算の概念を示している．この方法では，不釣合い力を求めた次のステップで解除する式 (14.11) の代わりに，式 (14.12) の手順により，次の段階に移る前に，$\boldsymbol{\Psi}(\boldsymbol{\Delta}_i^j)$ が十分にゼロベクトルに近くなるまで $\boldsymbol{\Delta}_i^j$ の修正を繰り返す．

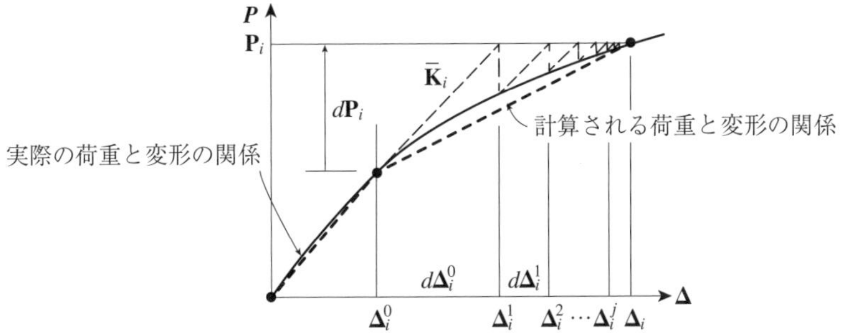

図 14.2　ニュートン–ラフソン法

はじめに，仮定する変位ベクトル $\boldsymbol{\Delta}_i^0$ を前のステップの変位 $\boldsymbol{\Delta}_{i-1}$ とおいて以下の計算を進める．$\boldsymbol{\Delta}_i^j$ を修正するための計算の手順は次のとおりである．

$$\boldsymbol{\Delta}_i^1 = \boldsymbol{\Delta}_i^0 + \overline{\mathbf{K}_i}^{-1} d\mathbf{P}_i; \qquad \boldsymbol{\Psi}(\boldsymbol{\Delta}_i^1) = \mathbf{P}_i - \mathbf{K}(\boldsymbol{\Delta}_i^1)$$

$$\boldsymbol{\Delta}_i^2 = \boldsymbol{\Delta}_i^1 + \overline{\mathbf{K}_i}^{-1} \boldsymbol{\Psi}(\boldsymbol{\Delta}_i^1); \qquad \boldsymbol{\Psi}(\boldsymbol{\Delta}_i^2) = \mathbf{P}_i - \mathbf{K}(\boldsymbol{\Delta}_i^2)$$

$$\vdots$$

$$\boldsymbol{\Delta}_i^j = \boldsymbol{\Delta}_i^{j-1} + \overline{\mathbf{K}}_i^{-1}\boldsymbol{\Psi}(\boldsymbol{\Delta}_i^{j-1}); \quad \boldsymbol{\Psi}(\boldsymbol{\Delta}_i^j) = \mathbf{P}_i - \mathbf{K}(\boldsymbol{\Delta}_i^j) \quad (j = 1, 2, 3, \ldots) \tag{14.12}$$

繰り返すにつれて，不釣合い力 $\boldsymbol{\Psi}(\boldsymbol{\Delta}_i)$ と変位の増分 $d\boldsymbol{\Delta}_i^j = \boldsymbol{\Delta}_i^j - \boldsymbol{\Delta}_i^{j-1}$ のベクトルは，要素の大きさが次第に小さくなっていく．収束の判断は，変位の増分 $d\boldsymbol{\Delta}_i^j$ により行う．変位の増分 $d\boldsymbol{\Delta}_i^j$ が十分に小さいことの判定条件には，誤差 $\|\epsilon\|$ を要素の絶対値の平均（式 (14.13a)），自乗和平均の平方根（式 (14.13b)）または，最大要素（式 (14.13c)）を使って求める方法がある．

$$\|\epsilon\| = \frac{1}{N}\sum_{k=1}^{N}\left|\frac{d\boldsymbol{\Delta}_k}{\boldsymbol{\Delta}_{\mathrm{ref}}}\right| \tag{14.13a}$$

$$\|\epsilon\| = \sqrt{\frac{1}{N}\sum_{k=1}^{N}\left(\frac{d\boldsymbol{\Delta}_k}{\boldsymbol{\Delta}_{\mathrm{ref}}}\right)^2} \tag{14.13b}$$

$$\|\epsilon\| = \left|\frac{d\boldsymbol{\Delta}_k}{\boldsymbol{\Delta}_{\mathrm{ref}}}\right| \tag{14.13c}$$

ここに，N：未知の変位の個数，$d\boldsymbol{\Delta}_k$：変位の増分 $d\boldsymbol{\Delta}_i^j$ の k 番目の要素，$\boldsymbol{\Delta}_{\mathrm{ref}}$：変位の基準値で，各節点の最大変位などが使われる．判定条件の誤差 $\|\epsilon\|$ は，必要な精度に応じて 10^{-2} から 10^{-6} 程度の値が使われる．

この方法は，式 (14.11) に示された不釣合い力の解除の方法よりも，相対的に精確な解が得られる．しかし計算量は増大する．またいずれの場合にも，接線剛性マトリクス $\overline{\mathbf{K}}_i$ の行列式がゼロに近づいたり，負の値になると，解が収束しにくくなる．このような場合には，荷重増分をさらに小さくしたり，必要に応じて別の収束計算の方法を用いることが必要となる．

例 14.2　**荷重増分法**

一次元のバネからなる次の構造の点 B と点 C に，徐々に増加する力 P と αP（α はある定数）を加える．荷重増分法を使って荷重 P と点 B の変位 $\boldsymbol{\Delta}_B$ および荷重 P と点 C の変位 $\boldsymbol{\Delta}_C$ の関係を求める．

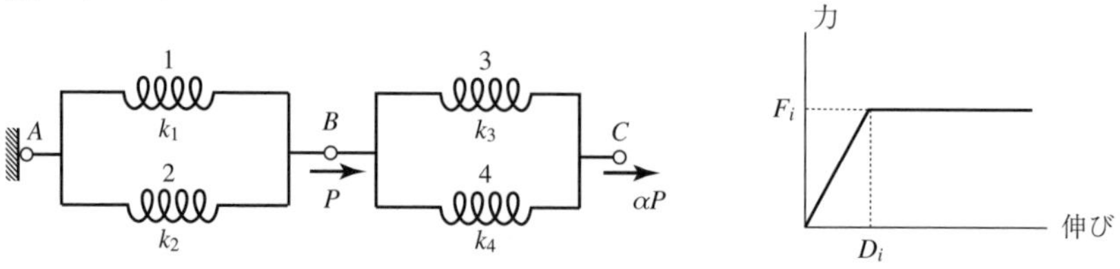

バネの剛性は，i 番目のバネにおいて，伸び D が $0 \leqq D \leqq D_i$ の範囲で $\frac{F_i}{D_i}$ で，伸び D が $D_i \leqq D$ の範囲でゼロとする．

バネの特性値 D_i（折れ曲がり点の変位）と F_i（折れ曲がり点の力）は次の表で与えられている．

バネの復元力特性値

D_1	F_1	D_2	F_2	D_3	F_3	D_4	F_4
1	4	3	2	3	3	4	1

計算のアルゴリズムを次のフローチャートに示す．ここでは荷重刻みをできるだけ小さくして誤差を小さくする方針とする．また，剛性マトリクスの行列式を計算しゼロになると構造物は不安定となったと判定する．

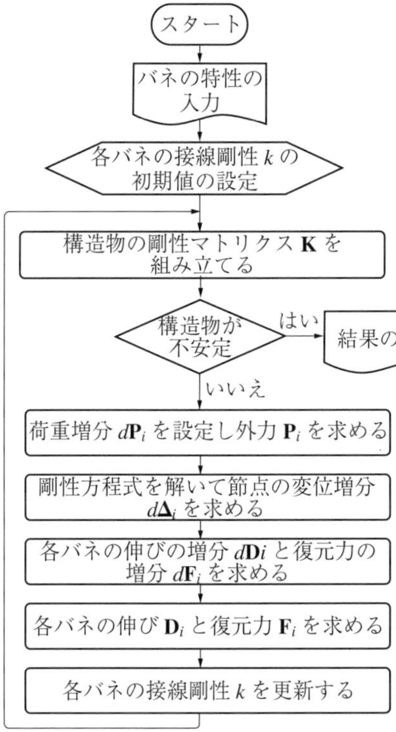

$(D_1,F_1) = (1,4)\quad (D_2,F_2) = (3,2)$
$(D_3,F_3) = (3,3)\quad (D_4,F_4) = (4,1)$

$k_1 = (F_1/D_1)\quad k_2 = (F_2/D_2)$
$k_3 = (F_3/D_3)\quad k_4 = (F_4/D_4)$

$$\mathrm{K} = \begin{bmatrix} k_1 + k_2 + k_3 + k_4 & -k_3 - k_4 \\ -k_3 - k_4 & k_3 + k_4 \end{bmatrix}$$

$d\mathbf{P}_i \qquad \mathbf{P}_i = \mathbf{P}_{i-1} + d\mathbf{P}_i$

$d\boldsymbol{\Delta}_i = \mathbf{K}_i^{-1} d\mathbf{P}_i \qquad \boldsymbol{\Delta}_i = \boldsymbol{\Delta}_{i-1} + d\boldsymbol{\Delta}_i$

$$d\mathbf{D}_i = \begin{bmatrix} 1 & 0 \\ 1 & 0 \\ -1 & 1 \\ -1 & 1 \end{bmatrix} d\boldsymbol{\Delta}_i \qquad d\mathbf{F}_i = [k_1 \quad k_2 \quad k_3 \quad k_4]\, d\mathbf{D}_i$$

$\mathbf{D}_i = \mathbf{D}_{i-1} + d\mathbf{D}_i \qquad \mathbf{F}_i = \mathbf{F}_{i-1} + d\mathbf{F}_i$

もし $D_{1i} > D_1$ なら $k_1 = 0$ とする
もし $D_{2i} > D_2$ なら $k_2 = 0$ とする
もし $D_{3i} > D_3$ なら $k_3 = 0$ とする
もし $D_{4i} > D_4$ なら $k_4 = 0$ とする

グラフは，α を 2.0 とした場合で，縦軸は節点荷重を，横軸は節点の変位を示す．2 本の線は，それぞれ節点 B と節点 C の荷重と節点変位の関係を表している．節点 B に加える力 P_B が 2.0，節点 C に加える力 P_C が 4.0（$= 2P_B$）で構造物が不安定になったことがわかる．次のグラフは，構造物の 4 つのバネのそれぞれの応力と伸びの関係を示している．バネ 1 とバネ 3 が強度に達したあと，バネ 2 とバネ 4 が同時に強度に達していることが示されている．

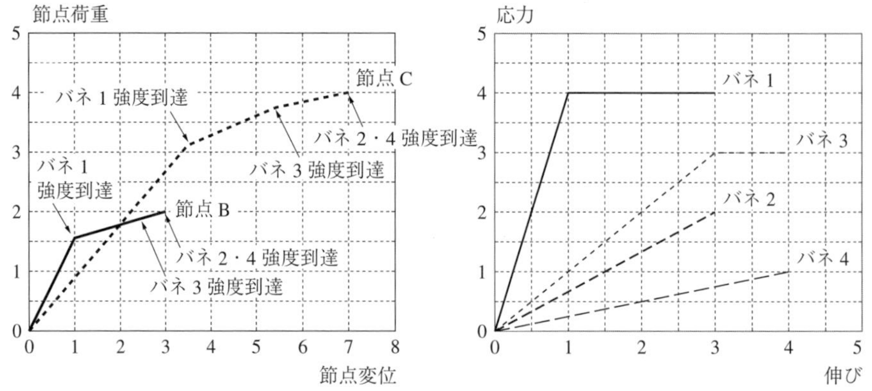

14.3　プッシュオーバー解析

建築物の耐震設計の実務においては，地震力に相当する水平力を一方向に漸増させて作用させ，荷重増分法により構造物の復元力と変形の関係を求める解析（**プッシュオーバー解析**とも言われる）が用いられてる．プッシュオーバー解析を適用するには，部材の接線剛性マトリクスが応力の増大につれて刻々変化する様子を表すモデル化が必要となる．

骨組構造物では，柱や梁の部材の非線形領域における力と変形の関係を表す剛性マトリクスの作成方法が必要である．**材端バネモデル**は，そのような目的のためにギバーソンが 1967 年に提案したもので，弾性直線部材の端部に非線形の回転バネを設け，部材にひび割れが入ったり曲げ降伏したりする現象を，回転バネの剛性を変化させることにより表現しようとしたものである（図 14.3）．

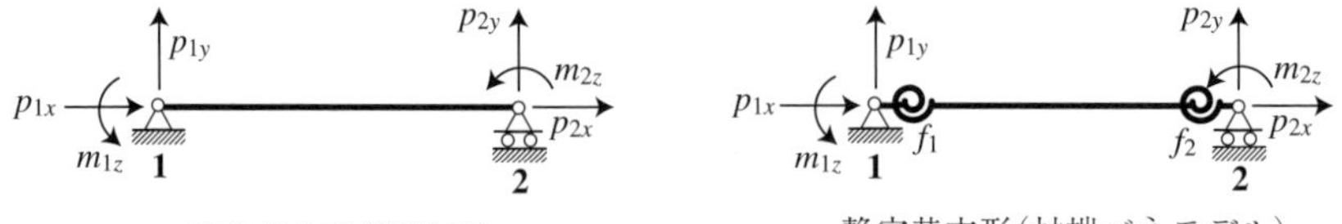

静定基本形(弾性梁)　　静定基本形(材端バネモデル)

図 14.3　材端バネモデルの静定基本形

(1)　材端バネモデルの柔性マトリクス

長さが L で，曲げ剛性が EI の断面一様直線部材の材端に，長さのない回転バネがあり，それらの柔性（回転剛性の逆数）は，**1** 端で f_1，**2** 端で f_2 とする．部材の一端をピン支持，他端をローラー支持とする静定基本部材とした場合，この部材の柔性マトリクスは，次のようになる．

曲げ剛性が EI の弾性直線部材の柔性方程式は，例 12.17 に示したように，

$$\begin{Bmatrix} d_{2x} \\ \theta_{1z} \\ \theta_{2z} \end{Bmatrix} = \begin{bmatrix} \frac{L}{EA} & 0 & 0 \\ 0 & \frac{L}{3EI} & -\frac{L}{6EI} \\ 0 & -\frac{L}{6EI} & \frac{L}{3EI} \end{bmatrix} \begin{Bmatrix} p_{2x} \\ m_{1z} \\ m_{2z} \end{Bmatrix} \tag{14.14}$$

両端の回転角 θ_{z1} と θ_{z2} には，回転バネの回転量 $f_1 m_{z1}$ と $f_2 m_{z2}$ が加わるため，両端に回転バネのある場合の柔性方程式は，式 (14.15) となる．

$$\begin{Bmatrix} d_{2x} \\ \theta_{1z} \\ \theta_{2z} \end{Bmatrix} = \begin{bmatrix} \frac{L}{EA} & 0 & 0 \\ 0 & \frac{L}{3EI} + f_1 & -\frac{L}{6EI} \\ 0 & -\frac{L}{6EI} & \frac{L}{3EI} + f_2 \end{bmatrix} \begin{Bmatrix} p_{2x} \\ m_{1z} \\ m_{2z} \end{Bmatrix} \tag{14.15}$$

したがって，静定基本部材の柔性マトリクス $\mathbf{F}$ は次のとおり．

$$\mathbf{F} = \begin{bmatrix} \frac{L}{EA} & 0 & 0 \\ 0 & \frac{L}{3EI} + f_1 & -\frac{L}{6EI} \\ 0 & -\frac{L}{6EI} & \frac{L}{3EI} + f_2 \end{bmatrix} \tag{14.16}$$

両端の回転バネの柔性 f_1, f_2 は，それぞれの材端の曲げモーメントの変化につれて刻々変化するものであり，剛性低下が進むほど大きくなるように定めることが行われているが，定め方については本書の範囲を超えるのでここでは述べない．釣合いマトリクス $\mathbf{H}$ と組み合わせて，部材の剛性マトリクス $\mathbf{K}$ に変換する方法は既に例 12.12 で説明した．

14 章の問題

□ **1**　下図左の構造物に，徐々に増加する力 P と $2P$ を加える．バネの力と伸びの関係は下図右のように 3 折線で表される弾塑性特性を有するものとする．4 つのバネの中で i 番目のバネの特性値 D_{yi}（最初の折れ曲がり点の伸び），F_{ui}（2 つめの折れ曲がり点の力）の値は表に与えられるものとする．荷重増分法を適用して，節点 C の変位と支点 A の反力の関係を表す折線グラフを表示し，倒壊荷重を求めるスクリプトを作成せよ．

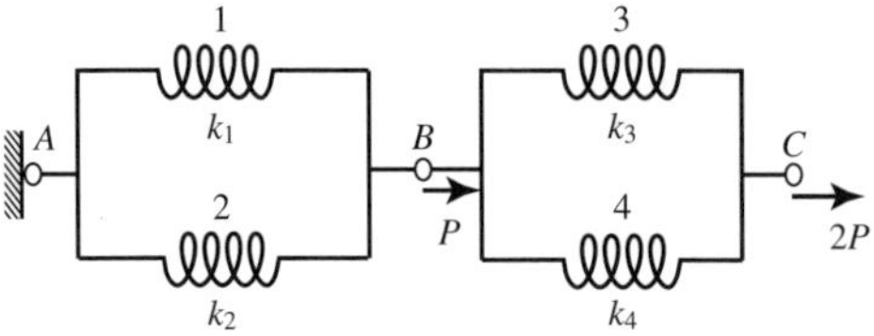

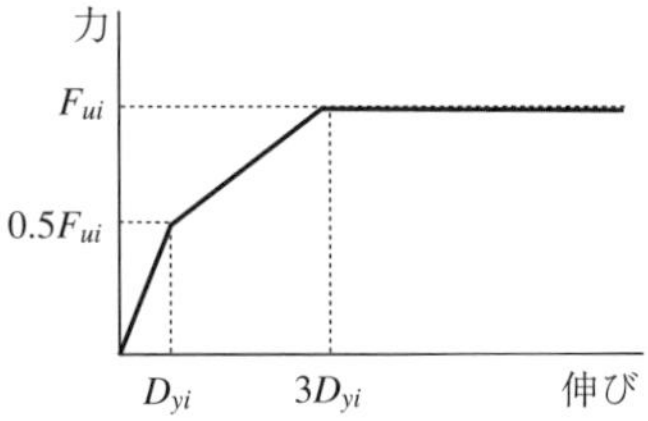

バネの復元力特性値

ケース	D_1	F_1	D_2	F_2	D_3	F_3	D_4	F_4
1	2	5	4	3	3	3	5	2
2	3	6	3	4	5	4	6	3
3	1	7	4	2	4	5	6	1
4	2	4	3	3	3	4	5	2
5	3	5	4	4	2	3	4	3

付録　材料力学入門

A.1　応力度とひずみ度

応力度は単位面積あたりの応力の大きさである．**ひずみ度**は単位長さあたりの変形量の大きさで無次元数である．材料は，応力度が増加するとひずみ度も増大する．材料の種類により応力度とひずみ度の関係は異なる．応力度とひずみ度には次の種類がある．

(a)　直応力度と線ひずみ度

直応力度 σ は，物体内の仮想の切断面に直交する方向の応力の単位面積あたりの大きさをいう．図 A.1 のように，応力が切断面に均等に分布する場合，応力度は，切断面の両側に作用する一対の逆向きの力の大きさ F と，切断面の面積 A から次の式で表される．

$$\sigma = \frac{F}{A} \quad \text{（直応力度）} \tag{A.1}$$

線ひずみ度 ϵ は，材が伸びあるいは縮む時の単位長さあたりの長さの変化量（伸びあるいは縮み）．一様断面積の部材の場合，線ひずみ度 ϵ は，長さの変化量 Δl と部材の長さ l から次の式で表される．

$$\epsilon = \frac{\Delta l}{l} \quad \text{（線ひずみ度）} \tag{A.2}$$

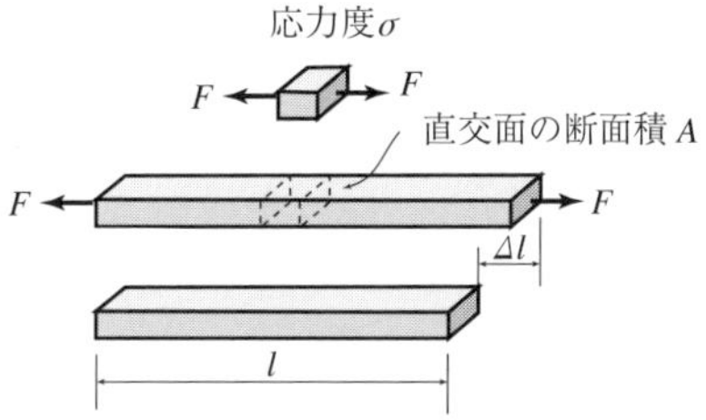

図 A.1　直応力度と線ひずみ度

(b)　せん断応力度とせん断ひずみ度

せん断応力度 τ は，物体内の仮想の切断面に平行な向きに作用する応力の単位面積あたりの大きさ．図 A.2 のように，せん断応力が一様に分布する場合，せん断応力度 τ は，切断面の両側に作用する一対の逆向きの力 V（**せん断力**という）と断面積 A から次の式で表される．

$$\tau = \frac{V}{A} \quad \text{（せん断応力度）} \tag{A.3}$$

せん断ひずみ度 γ は，材の中に横ずれが生じる時のゆがみの程度である．せん断ひずみ度 γ は，次の式で表される．

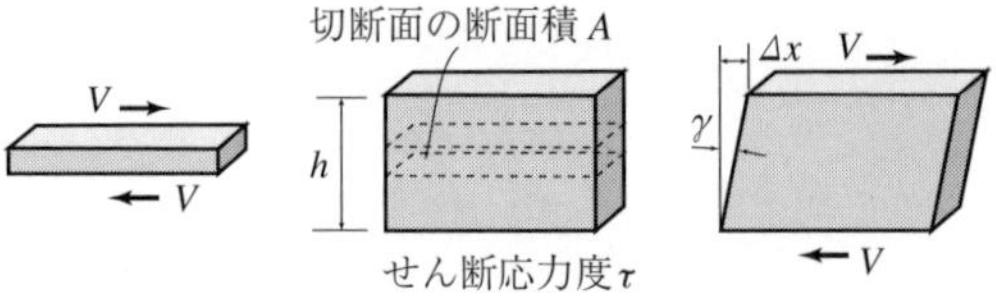

図 A.2　せん断応力度とせん断ひずみ度

$$\gamma = \frac{\Delta x}{h} \quad \text{（せん断ひずみ度）} \tag{A.4}$$

ここに，h は 2 つの切断面の距離を，Δx はその 2 つの切断面の間で生じる横ずれ変位の大きさである．

例 A.1　直応力度とせん断応力度 1

円筒の外径 D を 100 mm，円筒厚さ t を 2 mm とする．円筒の両端に引張力 $P = 100$ N とねじりモーメント $T = 100$ N m を加える．円筒に直交する円形断面に生じている応力を求める．

直応力度 σ　引張力 P は，直応力度 σ に円形断面の断面積を乗じたものに等しい．よって

$$P = \sigma \frac{\pi}{4}\left\{D^2 - (D-2t)^2\right\} \quad \text{つまり，} \quad 100 = \sigma \frac{\pi}{4}\left(100^2 - 96^2\right)$$

直応力度 σ について解くと，$\sigma = 0.162\,\mathrm{N/mm^2} = 0.162\,\mathrm{MPa}$

せん断応力度 τ　せん断応力度 τ に円筒の断面積とモーメントの腕の長さ $\frac{D-t}{2}$ を乗ずると，ねじりモーメント T が得られ，

$$T = \frac{\pi}{4}\left\{D^2 - (D-2t)^2\right\}\tau\frac{D-t}{2} \quad \text{つまり} \quad 100 \times 10^3 = \frac{\pi}{4}\left(100^2 - 96^2\right) \times \tau \times 49$$

せん断応力度 τ について解くと，$\tau = 3.31\,\mathrm{N/mm^2} = 3.31\,\mathrm{MPa}$

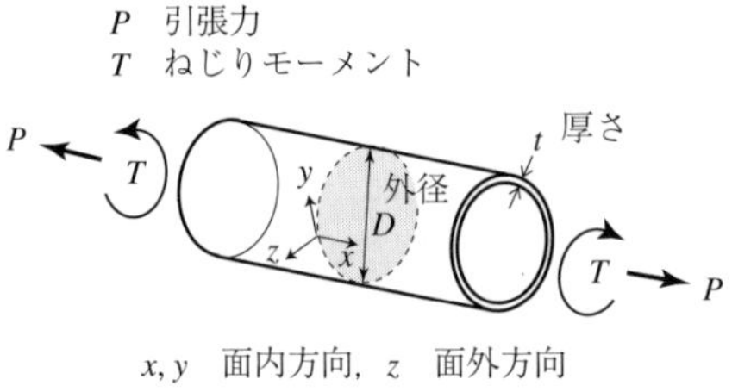

例 A.2　直応力度とせん断応力度 2

例 A.1 の円筒の両側に密閉できる蓋をとりつけ，円筒内部に圧力 $p = 1\,\mathrm{N/mm^2}$（MPa）の高圧水を封入した．この時，筒の方向に平行な断面に生じている直応力度 σ_l（$= \sigma_x$），円筒の方向に直交する断面に生じている直応力度 σ_t（$= \sigma_y$）を求める．

$$\sigma_l = \frac{p \times \pi(D-2t)^2}{\pi D^2 - \pi(D-2t)^2} = \frac{1 \times 96^2}{(100^2 - 96^2)} = 11.8\,\mathrm{MPa}$$

$$\sigma_t = \frac{p \times (D - 2t)}{2t} = \frac{1 \times 96}{4} = 24.0\,\mathrm{MPa}$$

A.2 弾性変形と塑性変形

(a) 変形

弾性は，物体に力を加えると変形が増大し，取り除くと元の状態に復元するような力学的性質のことをいい，そのような変形を**弾性変形**という．弾性で特に力の大きさと変形の大きさが正比例することを**線形弾性**という（図 A.3）．

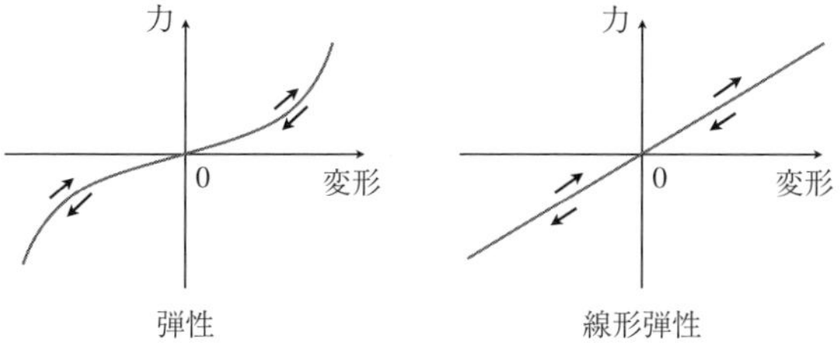

図 A.3 弾性と線形弾性

塑性は，力を加えた後，力を取り除くと前の状態に復元せず変形が残ってしまう力学的性質のことをいい，そのような変形を**塑性変形**という．また，元に戻らないで残ってしまった変形のことを**残留歪**あるいは**永久歪**という（図 A.4）．塑性変形が生じない限界のことを**弾性限度**という．

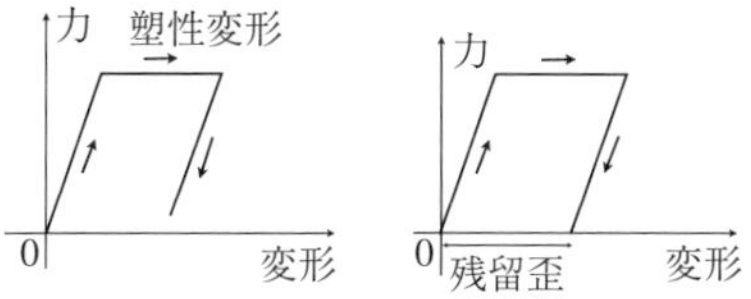

図 A.4 塑性変形と残留歪

(b) ヤング率とせん断弾性係数

線形弾性材料では，応力度とひずみ度は互いに正比例する．この性質は**フックの法則**と呼ばれ，直応力度とせん断応力度についてそれぞれ次の式で表されることをいう．

$$\sigma = E\epsilon \tag{A.5}$$

$$\tau = G\gamma \tag{A.6}$$

ここに，E は**ヤング率**もしくは**縦弾性係数**，G は**せん断弾性係数**または**横弾性係数**という（図 A.5）．ヤング率が大きいほど，その材料は固くて変形しにくい．

これらの弾性係数は，材料に固有の定数である．弾性係数の単位には，Pa（$\mathrm{N/m^2}$），MPa（$\mathrm{N/mm^2}$）が使われる．ヤング率は，鋼・鋳鉄で約 210×10^9 Pa，チタンが約 120×10^9 Pa，

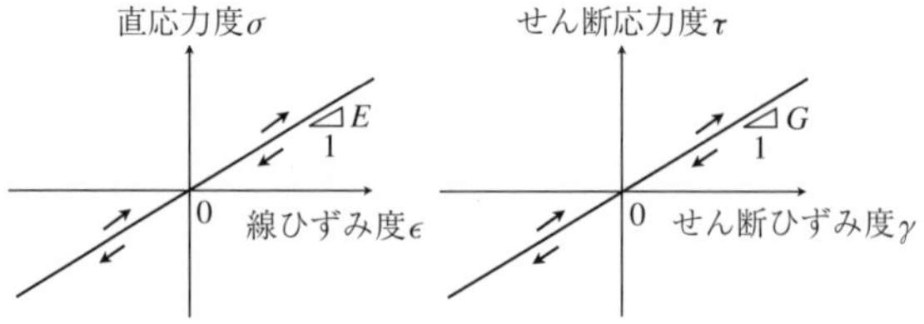

図 A.5　弾性係数 E とせん断弾性係数 G

アルミが約 73×10^9 Pa，ガラスが約 73×10^9 Pa，コンクリートが 15×10^9–30×10^9 Pa 程度，木材が 15×10^9 Pa 程度．（木材は，樹種と繊維の向きにより変動が大きい．）

(c)　ポアソン比

物体が縦方向に力を受けると，力を受けない横方向にもわずかに変形する．**ポアソン比** ν は，縦ひずみ度 ϵ_1（縦の変形）に対してそれに直交する方向の横ひずみ度 ϵ_2（横の変形）の比のことをいう（図 A.6）．ポアソン比は材料に固有の定数である．鋼材ではおよそ $\frac{1}{3}$，コンクリートではおよそ $\frac{1}{5}$ で，弾性変形の範囲ではポアソン比は一定値となる．

$$\nu = \frac{\epsilon_2}{\epsilon_1} \tag{A.7}$$

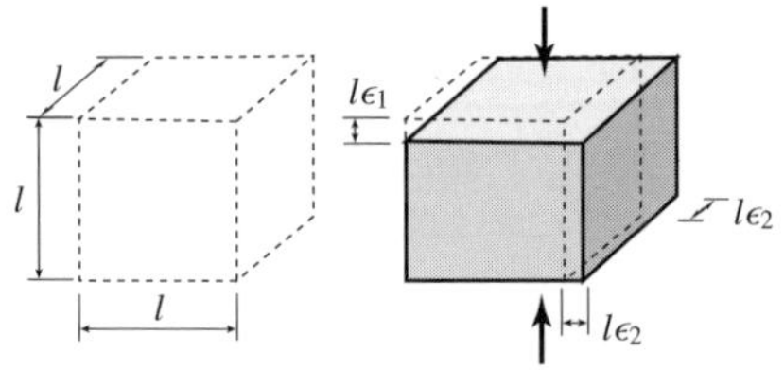

図 A.6　ポアソン比

例 A.3　主な構造材料のヤング率とポアソン比（単位：GPa = 10^9 Pa）

材料	ヤング率 (E)	ポアソン比 (ν)
松	9	–
オーク	13	–
コンクリート（圧縮）	30–50	0.2–0.3
アルミニウム	70	0.345
ガラス	80	0.27
黄銅	100.6	0.35
チタン	115.7	0.321
銅	129.8	0.343
炭素繊維強化プラスチック	125–150	–
鋼	201–216	0.28–0.30

(d)　体積弾性係数

静水圧 σ_V を受ける物体の体積が，V から $V+\Delta V$ に変化する時 $\frac{\Delta V}{V}$ を体積ひずみ度という．静水圧 σ_V と体積ひずみ度 $\frac{\Delta V}{V}$ の比は材料に固有の定数であり，**体積弾性係数** K と呼ばれる（図 A.7）．これらの間では次の関係が成り立つ．

$$\sigma_V = K\frac{\Delta V}{V} \tag{A.8}$$

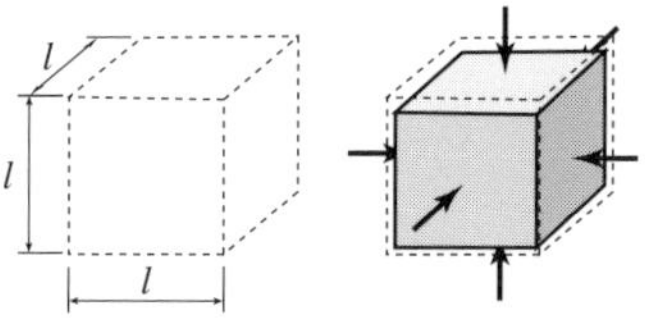

図 A.7　体積弾性係数 K

(e)　弾性係数とせん断弾性係数の関係

等方性を有する線形弾性体では，ヤング係数 E，せん断弾性係数 G とポアソン比 ν の間に次の関係がある．なお**等方性**材料とは，弾性係数などの力学特性に方向性のない材料のことをいう．

$$G = \frac{E}{2(1+\nu)} \tag{A.9}$$

例 A.4　ヤング率とせん断弾性係数

線形弾性範囲にある鋼材は，等方性を有するため，せん断弾性係数 G は，式 (A.9) より，$\nu = 0.29,\ E = 210\times 10^9$ Pa として，

$$G = \frac{210\times 10^9}{2\times(1+0.29)} \approx 81.4\times 10^9\ \text{Pa}$$

A.3　主　応　力

(a)　応力状態の表現

固体に生じている応力には，直応力とせん断応力があるが，いかなる応力状態も，直応力度とせん断応力度の組合せで一意に表される．ただし，応力値を考える仮想切断面の向きにより，直応力度とせん断応力度の値が変わる．よって，応力状態は仮想切断面の向きを合わせて示すことにより初めて正確に定義される．

(b)　主応力

固体に生じているあらゆる応力状態は，仮想切断面を適切に選ぶと，せん断応力度 τ_{xy} $(=\tau_{yx})$ がゼロとなる．このような仮想切断面のことを**主応力面**と呼ぶ．これらに対応する 2 つの直応力成分 $\sigma_{\mathrm{I}}, \sigma_{\mathrm{II}}$ のことを**主応力**と呼ぶ（図 A.8）．

2 つの主応力 $\sigma_{\mathrm{I}}, \sigma_{\mathrm{II}}$ は，x 軸および y 軸に平行な直応力成分を σ_x, σ_y，せん断応力度成分を τ_{xy} とすると，

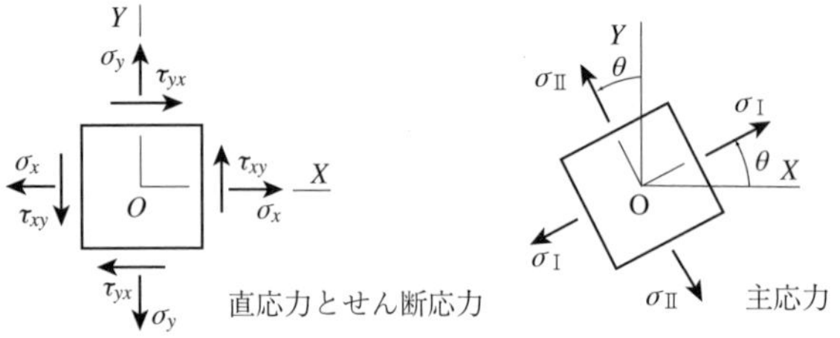

図 A.8 主応力

$$\sigma_{\mathrm{I,II}} = \frac{1}{2}\left(\sigma_x + \sigma_y\right) \pm \sqrt{\frac{1}{4}(\sigma_x - \sigma_y)^2 + \tau_{xy}^2} \quad \text{（主応力）} \tag{A.10}$$

で表される．x 軸からの主応力面の向きのなす角度 θ と応力度の間には次の関係がある．

$$\tan 2\theta = \frac{2\tau_{xy}}{\sigma_x - \sigma_y} \quad \text{（}\theta\text{：主応力面の傾きの角度）} \tag{A.11}$$

なお，直交する方向のせん断応力度の大きさは互いに等しくなるという性質がある．

実際の構造物内に生じる応力度やひずみ度は一様ではなく分布しており簡単に表すことはできない．曲げやせん断力を受けて内部で複雑に変化する．

例 A.5　主応力

厚さ t の板の面上方向に直応力度 $\sigma_x = -10.0\,\mathrm{MPa}$（引張り正），直応力度 $\sigma_y = 0$，せん断応力度 $\tau_{xy} = 5.0\,\mathrm{MPa}$ が作用する．この時の 2 つの主応力度 $\sigma_{\mathrm{I}}, \sigma_{\mathrm{II}}$ の大きさと，主応力面の傾きの角度 θ を求める．

$$\begin{aligned}\sigma_{\mathrm{I,II}} &= \frac{1}{2}\left(\sigma_x + \sigma_y\right) \pm \sqrt{\frac{1}{4}(\sigma_x - \sigma_y)^2 + \tau_{xy}^2}\\ &= \frac{1}{2} \times (-10) \pm \sqrt{\frac{1}{4}(-10)^2 + 5^2} = -5 \pm 7.071\end{aligned}$$

$\sigma_{\mathrm{I}} = -12.7\,\mathrm{MPa};\ \sigma_{\mathrm{II}} = 2.1\,\mathrm{MPa};$

$$\tan 2\theta = \frac{2\tau_{xy}}{\sigma_x - \sigma_y} = \frac{2 \times 5}{-10} = -1;\ 2\theta = -45\ \text{度};\ \theta = -22.5\ \text{度}$$

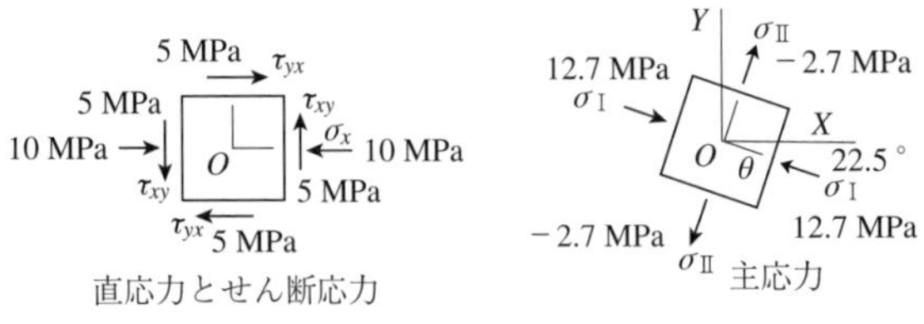

A.4 温度応力

(a) 線膨張率

変形が拘束されていない物体は，温度の変化により長さが変化する．長さ l の部材が，摂氏1度の温度変化により，Δl だけ長さが変化する時，$\alpha = \frac{\Delta l}{l}$ の値を，**線膨張率** α（単位：1/K）と呼ぶ．よって，温度が ΔT（単位：K）変化した時の，伸び量 Δl は次の式となる．

$$\Delta l = \alpha l \Delta T \tag{A.12}$$

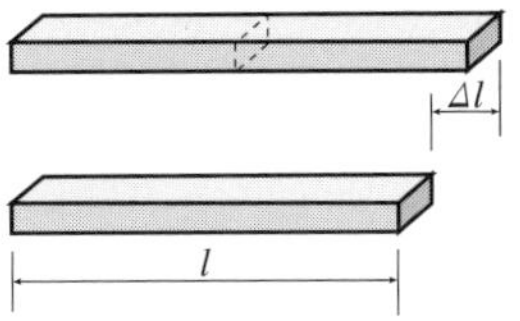

図 A.9 線膨張ひずみ

例 A.6 熱膨張係数

温度が 20°C での線膨張係数 α（単位：10^{-6}/K）は，鋼が12程度，コンクリートが7〜14，木材は，繊維に平行な向きで3〜6，繊維に直交する向きで35〜60である．鋼とコンクリートの線膨張係数は互いに近い値となっている．

(b) 温度応力

変形を妨げられる拘束された物体は，温度の変化により内部に応力が生じる．このような応力を**温度応力**と呼ぶ．

例 A.7 温度応力

長さ l（= 1 m），直径 d（= 22 mm）の丸鋼棒の温度が20度上昇した時の伸び量と，両端を拘束して固定した場合の温度応力 σ および反力 R を求める．

伸び量 $\Delta l = \alpha l \Delta T$ の式に，$\alpha = 12 \times 10^{-6}, l = 1.0, \Delta T = 20.0$ を代入して，

$$\Delta l = 12 \times 10^{-6} \times 1 \times 20 = 240 \times 10^{-6}\,\mathrm{m} = 0.24\,\mathrm{mm}$$

となる．一方，温度応力は，$\sigma = E\epsilon = E\frac{\Delta l}{l}$ より，$\Delta l = 0.24\,\mathrm{mm}$，$E = 210 \times 10^9\,\mathrm{Pa}$ を代入して，

$$\sigma = 210 \times 10^9 \times \frac{240 \times 10^{-6}}{1} = 50.4 \times 10^6\,\mathrm{Pa} = 50.4\,\mathrm{MPa}$$

となる．最後に反力は，$R = A\sigma$ より，$A = \frac{\pi d^2}{4} = \frac{\pi 0.022^2}{4}$ を代入して，

$$R = \frac{\pi 0.022^2}{4} \times 50.4 \times 10^6 = 19.2 \times 10^3\,\mathrm{N} = 19.2\,\mathrm{kN}$$

となる．

A.5 摩擦応力

接触面に加わる垂直圧力を N として，物体を移動させるための力 P を少しずつ増大させていったところ，P が R の時に滑って動き出す現象が見られる．この時の抵抗力 R のことを**摩擦応力**と呼ぶ（図 A.10）．R は接触面の広がりの大小によらず垂直圧力 N に比例することが経験的に知られている．すなわち，次の関係がある．

$$R = \mu N \tag{A.13}$$

ここに，μ：摩擦係数で，面の性質により決まる値．建築構造の設計で用いられる μ の値は，乾燥状態での鉄と鉄では，0.1〜0.2 程度，乾燥した木材同士で 0.4〜0.6 程度，平滑なコンクリート面同士で 0.4〜0.5 程度，凹凸のあるコンクリート同士で 0.6〜0.8 程度とされる．

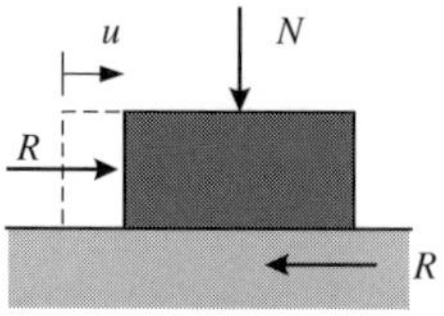

$R = \mu N$

図 A.10　摩擦応力

例 A.8　摩擦応力

平滑で水平なコンクリートの床面上に，0.1 m × 1.0 m × 1.0 m の正方形のコンクリート板を置いた．この板を水平方向に移動させるため，水平方向の力 P を少しずつ増大させていったところ，P が R の時に，コンクリート板が滑って動き出したものとする．コンクリートの単位体積重量を 22 kN/m^3，摩擦係数を $\mu = 0.50$ として，摩擦応力 R を推定する．摩擦応力は，$R = \mu N$ より，$R = 0.50 \times 0.1 \times 1 \times 1 \times 22 = 1.1$ kN.

A.6 曲げ応力

(a) 曲げ理論

曲げ理論により，純曲げを受ける棒材の断面の曲げモーメントと断面の変形の関係について次の式が成り立つことが知られている．

$$M = EI\phi \tag{A.14}$$

ここに，M：曲げモーメント（単位：N m），ϕ：曲率（単位：rad/m）で単位長さあたりの角度の変化量，E：ヤング率（単位：N/m^2），I：断面の図心周りの断面二次モーメント（単位：m^4）．

(b) 曲げ理論の仮定

曲げ理論は，次の仮定の下に導かれている．

1. フックの法則：応力度はひずみ度に比例する．
2. 平面保持の仮定（ベルヌーイの定理）：梁の軸に直角な平面は，曲げモーメントを受けて曲がった後も梁の軸に直角な平面となる．
3. 微小変形の仮定：たわみは小さく，たわみ角は 1 に比べて十分に小さい．

(c) 中立軸

棒材が曲げモーメントを受けて曲がる時，ある面を境に一方の繊維は伸び，他方は縮む．断面の中央付近には，伸びも縮みもしない面がある．これを**中立軸**という．材料の線形弾性範囲内では，軸力がゼロであれば中立軸は断面の図心を通る線となる．

(d) 断面一次モーメント

図 A.11 に示すように棒材の断面を細かく分割し，各部分の面積 dA に x 軸からの距離 y を乗じたものの総和を**断面一次モーメント**と呼び記号 S_x で表す．直交する軸（y 軸）に対しても同様に定義される．

$$S_x = \int_A y\,dA \tag{A.15a}$$

$$S_y = \int_A x\,dA \tag{A.15b}$$

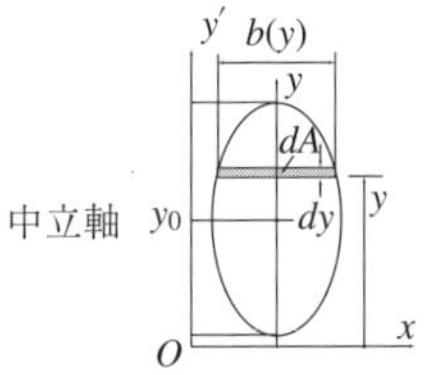

図 A.11 曲げを受ける棒材の直交断面

(e) 図心・重心

棒材の直交断面上の点のうち，その点を通るどの軸に対しても断面一次モーメント S がゼロである点を，**図心**または**重心**と呼ぶ．例えば，対称断面では，中央の点が図心となる．断面が座標軸に対して任意の位置におかれた場合，x 軸に対する断面一次モーメント S_x は，x 軸から図心までの距離 y_n に断面の面積 A を乗じた値に等しい．このことから，逆に図心の位置 x_n と y_n は，断面一次モーメントを面積で除して求められる．

$$y_n = \frac{S_x}{A} \tag{A.16a}$$

$$x_n = \frac{S_y}{A} \tag{A.16b}$$

(f) 断面二次モーメント

棒材の直交断面を細かく分割し，その各部分の面積 dA に x 軸からの距離 y の自乗を乗じたものの総和を**断面二次モーメント**と呼び記号 I_x を使って表し，直交する軸（y 軸）に対しても同様に定義される．

$$I_x = \int_A y^2 \, dA \tag{A.17a}$$

$$I_y = \int_A x^2 \, dA \tag{A.17b}$$

(g)　平面保持の仮定

棒材の材軸に直角な断面は，棒材が曲げモーメントにより曲がった後も材軸に直角であるという仮定を平面保持の仮定という．平面保持の仮定が成り立つものとすれば，曲げモーメントを受ける梁の変形状態は図 A.12 のようになる．

長さ dx の棒材が曲げを受けて変形して，点 O を中心とする半径 ρ の弧になっている．変形した後も棒材の長さ dx は中立軸 ab 上では変化しない．しかし中立軸より下の点では長くなり上の点では短くなっている．そこで，今線分 be を，線分 aO に平行になるように中立軸上の点 b から引く．線分 be は曲げモーメントを受ける前の断面の向きを表しており，曲げを受けることによって線分 bd の向きが変化している．すなわち，元の断面が $d\theta$ 回転している．このことから，中立軸から c 離れた点では，$cd\theta$ だけ長さに変化が生じている．つまり，区間 dx における材軸方向の縮み dl と曲率半径 ρ の間には次の関係が成り立つ．

$$dl = c\,d\theta = c\frac{dx}{\rho} \tag{A.18}$$

ここに，ρ：曲率半径（単位：1/m），c：中立軸からの距離（単位：m）．

(h)　曲率

図 A.12 に示された線分 aO の長さ ρ は曲率半径と呼ばれる．曲率半径の逆数は，曲率と呼ばれ，記号 ϕ を使い表される．曲率 ϕ は，曲がり方の強さを表すもので，大きいほど急に曲がることを表す．

$$\phi = \frac{1}{\rho} \quad \text{（曲率）} \tag{A.19}$$

また，曲率は棒材の材軸方向を表す角度の変化率（単位長さあたりの角度の変化）に等しい．

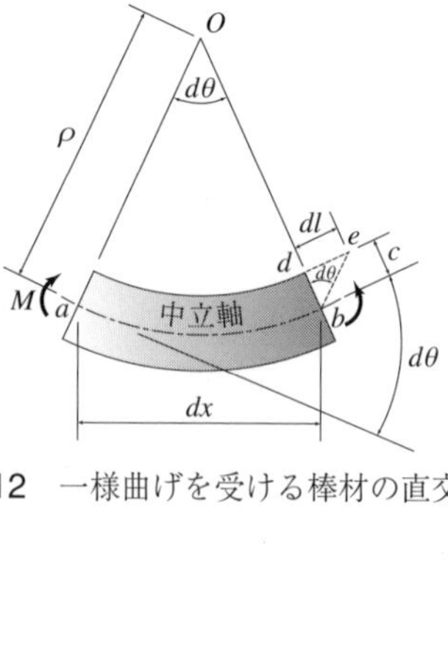

図 A.12　一様曲げを受ける棒材の直交断面

(i)　ひずみ度の分布

棒材の直交断面において，中立軸からの距離 c の点の材軸方向の圧縮の線ひずみ度 ϵ は，縮み長さ dl を全体の長さ dx で割って式 (A.20) で求められる．

$$\epsilon = \frac{dl}{dx} \tag{A.20}$$

式 (A.20) に式 (A.18) を代入すると，次の式となる．

$$\epsilon = \frac{c}{\rho} = c\phi \tag{A.21}$$

つまり，棒材の直交断面の材軸方向の線ひずみ度は，図 A.13 に示されるように中立軸からの距離 c に比例する．したがって，平面保持の仮定は，その線ひずみ度が中立軸からの距離 c に比例することと言い換えることもできる．

(j)　曲げを受ける断面の応力度の分布

フックの法則 $\sigma = E\epsilon$ に従う材料であれば，棒材の直交断面に働く直応力度 σ は，図 A.14 に示すように，次の式が成り立つ．

$$\sigma = E\frac{c}{\rho} = E\phi c \tag{A.22}$$

つまり，線形弾性材料であれば，応力度 σ も中立軸からの距離 c に比例して変化する．

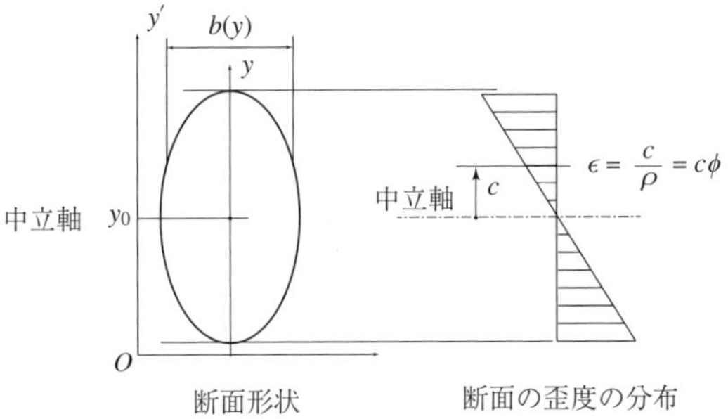

図 A.13　曲げを受ける棒材の断面のひずみ度の分布

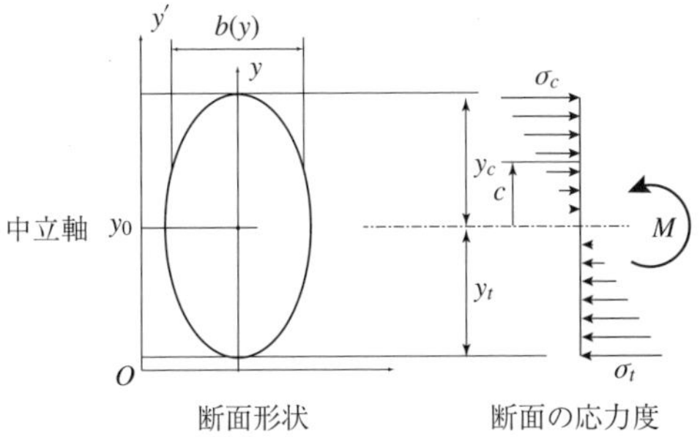

図 A.14　曲げを受ける棒材の断面の直応力度の分布

(k) **曲げモーメント**

棒材の直交断面に分布して作用する直応力に，中立軸からの距離 $c = y - y_0$ を乗じて，総和をとって求められる $\int_A (y - y_0)\sigma\, dA$ は，断面が抵抗している曲げモーメント M と等しくなければばならない．

したがって，式 (A.22) で得られている棒材の直交断面の直応力度分布を使って，曲げモーメント M を計算することができ，次のようになる．これが，曲げ理論の式 (A.14) が導かれる理由である．

$$M = \int_A (y - y_0)\sigma\, dA = \frac{E}{\rho}\int_y (y - y_0)^2 b(y)\, dy = \frac{EI}{\rho} = EI\phi \tag{A.23}$$

ここに，積分 $\int_A (y - y_0)^2 b(y)\, dy$ は，棒材の直交断面の図心周りの「断面二次モーメント」である．断面二次モーメント I は，断面の形状と基準となる軸からの距離により決まる断面の特性値であり，式 (A.17) から計算することができる．

断面二次モーメントに関して，図心周りの断面二次モーメントが I_g で，直交断面の面積が A と計算されていれば，図心から e だけ隔たった軸周りの断面二次モーメント I_x と，I_g, A, e との間には次の関係がある．

$$I_x = I_g + Ae^2 \tag{A.24}$$

この式より，図心周りの断面二次モーメントの値は，常に最小値となる．断面二次モーメントが大きいほど曲がりにくい．棒材の断面形状を工夫して，中立軸から遠い位置に材料を多く配置すれば，同じ量の材料でより曲がりにくい棒材とすることが可能である．

(l) **断面上の直応力度の分布**

棒材の断面に作用する曲げモーメント M とその断面の図心周りの断面二次モーメント I がわかっていれば，断面の中立軸からの距離 y の位置での材軸方向の直応力度 σ は次のように求められる．

$$\sigma = E\frac{y}{\rho} = E\phi y = \frac{M}{I}y \tag{A.25}$$

(m) **断面係数**

棒材の断面で中立軸から最も離れた点の応力度を縁応力度という．棒材に曲げモーメント M が作用し，直交断面上の中立軸から引張側，圧縮側までの距離を y_t あるいは y_c とすると，縁応力度 σ_c, σ_t はそれぞれ，次の式となる．

$$\sigma_c = \frac{M}{I}y_c, \quad \sigma_t = \frac{M}{I}y_t, \quad \text{ここに} \quad Z_c = \frac{I}{y_c}, \quad Z_t = \frac{I}{y_t} \tag{A.26}$$

$$\sigma_c = \frac{M}{Z_c}, \quad \sigma_t = \frac{M}{Z_t} \tag{A.27}$$

となる．ここに Z_c, Z_t は，**断面係数**と呼ばれており，断面の図心周りの断面二次モーメント I と中立軸から断面の縁までの距離から決まる値である．

(n) **断面に沿ったせん断応力度の分布**

棒材の材軸に沿って曲げモーメントが変化する時，その断面には曲げモーメントの他にせん断力も発生している．

図 A.15 に示すように，せん断力を受ける棒材の直交断面上のせん断応力は，断面上で一様ではない．断面形状によって異なるが，一般にはせん断応力度は，中立軸で最大となり，縁においてゼロとなる．線形弾性材料の長方形断面の場合，せん断応力度分布は放物線で表され，中立軸の最大せん断応力度 $\tau_{\max}$ は，

$$\tau_{\max} = \frac{3}{2}\frac{V}{bD} \tag{A.28}$$

となる．ここに V：せん断力，b：長方形断面の幅，D：長方形断面のせい．

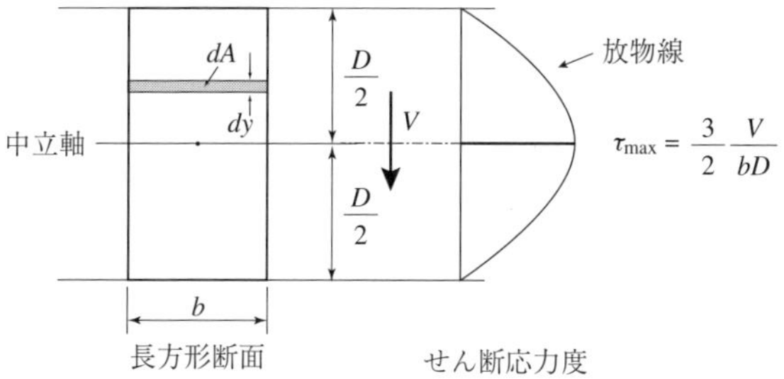

図 A.15　せん断力を受ける棒材の断面のせん断応力度の分布

例 A.9　**断面二次モーメントと断面係数**

長方形梁の図心に対する断面二次モーメントを求める．曲げを受ける方向に対して，それぞれの断面二次モーメントがある．ここでは，x 軸周りの曲げに対するものと y 軸周りの曲げに対する，図心周りの断面二次モーメントをそれぞれ，I_x, I_y とする．

$$I_x = \int_{-\frac{h}{2}}^{\frac{h}{2}} y^2\,dA = b\int_{-\frac{h}{2}}^{\frac{h}{2}} y^2\,dy = b\left[\frac{y^3}{3}\right]_{-\frac{h}{2}}^{\frac{h}{2}} = \frac{bh^3}{12}$$

同様に，

$$I_y = \frac{b^3h}{12}$$

x 軸周りの曲げに対するものと，y 軸周りの曲げに対するそれぞれの断面係数 Z_x, Z_y は，

$$Z_x = \frac{I_x}{y} = \frac{\frac{bh^3}{12}}{\frac{h}{2}} = \frac{bh^2}{6},\quad Z_y = \frac{I_y}{y} = \frac{\frac{b^3h}{12}}{\frac{b}{2}} = \frac{b^2h}{6}$$

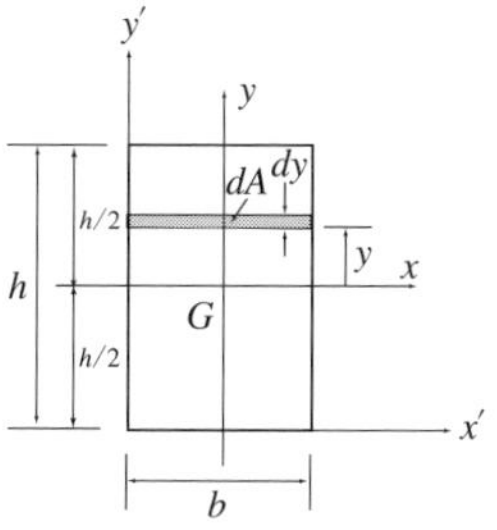

例 A.10 曲げを受ける梁の応力度

等分布荷重 $w = 4.0\,\mathrm{kN/m}$ を受けるスパン $l = 2.0\,\mathrm{m}$ の木造長方形梁（断面は $b \times h = 100 \times 150\,\mathrm{mm}$）のスパン中央断面における曲げ応力度を求める．単純両端支持の静定梁の中央断面における曲げモーメント M は，

$$M = \frac{wl^2}{8} = \frac{4000 \times 2.0^2}{8} = 2000\,\mathrm{N\,m}$$

長方形断面の断面二次モーメント I と断面係数 Z は，

$$I = \frac{bh^3}{12} = \frac{0.1 \times 0.15^3}{12} = 28.125 \times 10^{-6}\,\mathrm{m}^4$$

$$Z = \frac{bh^2}{6} = \frac{0.1 \times 0.15^2}{6} = 375 \times 10^{-6}\,\mathrm{m}^3$$

ゆえに中立軸から距離 y（単位 m）の点の応力度 σ は，

$$\sigma = \frac{M}{I}y = \frac{2000}{28.125 \times 10^{-6}}y = 71.11 \times 10^6 \times y = 71.1y\,(\mathrm{N/mm^2})$$

縁応力度は，

$$\sigma_c = \sigma_t = \frac{M}{Z} = \frac{2000}{375 \times 10^{-6}} = 5.333 \times 10^6\,\mathrm{N/m^2}$$

索　　引

ア　行

カ　行

サ 行

タ　行

ナ　行

ハ　行

マ　行

ヤ　行

著者略歴

塩原《しおはら》　等《ひとし》

1986年　東京大学工学系研究科博士課程修了

現　在　東京大学教授，工学博士

主要著書

「鉄筋コンクリート構造保有水平耐力計算規準・同解説」（分担執筆，日本建築学会，2021）

「既存壁式（プレキャスト）鉄筋コンクリート造建築物の耐震診断指針」（分担執筆，日本建築防災協会，2003）

「現場打ち同等型プレキャスト鉄筋コンクリート構造設計指針（案）・同解説（2002）」（分担執筆，日本建築学会，2002）

「Design of Modern Highrise Reinforced Concrete Structures」（共著，Imperial College Press，2001）

新・建築学＝TKA-2

建築構造解析

2024年　2　月　10　日 ©　　　　初　版　発　行

著者　塩　原　　等　　　　発行者　矢　沢　和　俊

印刷者　山　岡　影　光

製本者　小　西　恵　介

【発行】　　　**株式会社　数理工学社**

〒151–0051　東京都渋谷区千駄ヶ谷 1 丁目 3 番 25 号

編集 ☎ (03) 5474–8661 (代)　　サイエンスビル

【発売】　　　**株式会社　サイエンス社**

〒151–0051　東京都渋谷区千駄ヶ谷 1 丁目 3 番 25 号

営業 ☎ (03) 5474–8500 (代)　　振替 00170–7–2387

FAX ☎ (03) 5474–8900

印刷　三美印刷（株）　　製本　（株）ブックアート

ISBN978–4–86481–106–4

PRINTED IN JAPAN

サイエンス社・数理工学社のホームページのご案内

https://www.saiensu.co.jp

ご意見・ご要望は

suuri@saiensu.co.jp まで．

◉ 電気・電子工学テキストライブラリ ◉
USE-B7

高電圧工学概論

基礎から実践まで

脇本隆之

数理工学社

編者のことば

20 世紀後半以後の工学領域の進展は，人々に利便性をもたらし，従来の生活を大きく変化させてきました．しかし工学には，新たなパラダイムとして［社会生活の知恵］としての面を併せもつことも要請されています．したがって，工学技術の高度な進展に伴い，益々その論理性・社会との共生が強く求められてきています．

たとえば，建築物・土木構造物においては，自然と調和した環境づくりや景観美が重視され，機械・電気・電子機器等においても「人間にやさしく使い易い機能と美しさ」が追求されています．さらに教育方法論の面からは工学の未来を切り拓くための「創造性工学（engineering design）教育」をどのように実施していくか，大きな課題といえます．また，現在の工学教育（特に基礎的科目）を考えたとき，先端の工学技術との関わりを強く意識するなど今後の電気・電子工学教育のニーズに合った使い易くわかり易い書籍の出版が望まれています．

このような観点から本「電気・電子工学テキストライブラリ」は，「電気電子基礎・専門」「電気工学」「電子工学」分野における従来の伝統的工学の枠組みを尊重しつつも，再生可能エネルギー，自動運転，電気自動車，スマートフォン，AI，Big Data，IoT など最新の知見の流れを取り入れ，創造性教育などにも配慮した電気・電子工学基礎領域全般に亘る新鮮な書を目指し，時代の要請に応える電気・電子基礎書目の体系的構築を図ったものです．それゆえ，電気・電子工学について通暁された著者の周到な配慮のもとに，使い易くわかり易く構成されたテキストとなっています．ライブラリ全般に亘って理解を助ける有効な手段として，できるだけ具体的な問題から例題や演習問題を作り，その解答についても少し詳しく説明することに加え，CG 等も随所にとりいれています．本ライブラリは基礎的知識習得のための十分な内容を網羅しており，電気・電子工学科の学生だけでなく，工学系全般の学生諸君にも役に立ち得るものと考えています．最先端の技術も基礎学問を土台に年月をかけて積み上がってきたことを鑑みると，大学で基礎をしっかりと身につけて土台を確固たるものにし